电子竞技产业化的
行政法律机制建构研究

Research on the Development of Administrative Legal
Mechanism of E-sports Industrialization

刘福元◎著

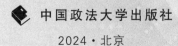

中国政法大学出版社

2024·北京

图书在版编目（ＣＩＰ）数据

电子竞技产业化的行政法律机制建构研究/刘福元著. —北京：中国政法大学出版社，2024.3
ISBN 978-7-5764-1285-7

Ⅰ.①电… Ⅱ.①刘… Ⅲ.①电子游戏—运动竞赛—体育产业—法律—研究—中国
Ⅳ.①D922.164

中国国家版本馆CIP数据核字(2024)第018621号

出 版 者	中国政法大学出版社
地 址	北京市海淀区西土城路 25 号
邮寄地址	北京 100088 信箱 8034 分箱　邮编 100088
网 址	http://www.cuplpress.com (网络实名：中国政法大学出版社)
电 话	010-58908441(编辑室) 58908334(邮购部)
承 印	保定市中画美凯印刷有限公司
开 本	720mm×960mm　1/16
印 张	19.75
字 数	330 千字
版 次	2024 年 3 月第 1 版
印 次	2024 年 3 月第 1 次印刷
定 价	79.00 元

本书获得东北财经大学出版基金资助

国家社科基金一般项目"'放管服'背景下电子竞技产业化的行政法津机制建构研究"（19BZZ092）研究成果

内容提要

　　随着我国经济结构和文化产业政策逐步趋向开放性与多元化，以互联网和电子软硬件设备为载体的电子竞技，不仅日益凸显出其在竞技性、公平性和团队性等方面所表达的精神内涵，在文化、教育、社交等方面所体现的正向功用，而且作为"新兴产业"以及经济发展"新动能"，其对经济增长、消费增长、新增就业等的贡献也已不容忽视。而电子竞技场域中的各项关键问题，如政府主体的身份定位、政策扶持的细化实施，以及假赛惩处的罚则应对、职业选手的权益保障等，皆应融入以简政放权、放管结合、优化服务为核心导向的"放管服"行政机制改革中，构建并完善以"包容审慎监管"和"创新服务方式"为主导的制度规范体系。本书将电子竞技场域中的诸要素按照"概念-主体-产业-政策"的线索划分为"概念界定-政策梳理-主体构设-产业分层-空间布局-假赛惩处-执裁公正-选手权益-高校教育"9个模块，在分别对其现行制度规范进行梳理和分析、对其已有实践范例进行考察和评述的基础上，提出相应的制度建议和实践对策，以期构建一套周延、详细乃至"全方位"的行政法律机制，从而为电子竞技产业的持续、健康、快速发展及其法治化进程提供参照和借鉴。

目 录

导　言

一、问题的提出

作为晚近兴起且快速扩张的新事物，电子竞技已经引起了经济、体育、文化、教育和新闻传播等诸多领域研究者的重视；作为"新兴产业"，以及经济发展的"新动能"，电子竞技在部分层面上已经接近传统的体育文化产业，成为我国产业结构中快速发展的有生力量。与此同时，以简政放权、放管结合、优化服务为核心导向的"放管服"行政机制改革，也在取得显著成效的基础上进入攻坚阶段。2018 年 6 月，李克强在全国深化"放管服"改革转变政府职能电视电话会议上的讲话中指出，应当"坚持对新兴产业实施包容审慎监管"，"监管不能削足适履、简单套用老办法，否则就可能将其扼杀在萌芽状态"，但也"不能以此为借口放任自流，出了问题不去管"。这也意味着，"放管服"改革在电子竞技等新兴产业的适用中呈现出复杂和权衡的态势，进而应当构建以行政法律规范为载体的电子竞技产业化的扶持和监管机制。其要点包括：

第一，将"放管服"的改革方略和电子竞技产业相对接，为该产业的扶持和监管提供理论基础和指导思想。尽管电竞产业的高速增长只有 6 年左右时间，并且尽管其产业链条、盈利模式和参与主体都有着明显不同于传统产业的特殊性，但作为我国产业结构中的新成员，对其扶持和监管应当与"放管服"的改革思路相一致，或者说，将电竞产业纳入其中既是当前行政机制改革的应有之义，亦是该产业健康发展的必由之路。

第二，行政法律机制建构有助于电竞产业的规范有序发展。在电竞产业快速发展的同时，其各个产业环节都凸显出一些问题，如游戏本体的合规性问题、赛事运营各方的责任分配问题、职业选手的权益保障问题等，而对这些问题的规范在行政法领域还不够完善或存在欠缺，相应的弥补和建构是必不可少的工作。

第三，只有多元机制的建构与完善才是解决电竞产业问题的可行路径。一方面，对于电竞产业，不仅要"放权"，而且要"监管"和"服务"——目前已有部分地方制定了扶持电竞产业发展的规范性文件，亦有较多地方在有关促进投资、消费、产业发展的文件中将电竞纳入其中，但专门对电竞产业及其各环节进行监管和服务的文件还相对较少。为此，应当就现行政策文件和制度规范进行梳理、分析和对照，进而提出电子竞技场域中行政法律机制的立法和完善建议。另一方面，对于电竞产业不同环节、不同参与主体的规制呈现出多元趋势，以至于"政府监管-行业自律-内部章程"也在规范主体的视角下愈发多元化。因此，应当以"细分产业链"的方式解构电子竞技产业的复杂系统，在宏观产业政策的基础上，分别为各产业环节构建行政法律机制。

二、研究主题的导向与构成

李克强在全国深化"放管服"改革转变政府职能电视电话会议上的讲话中指出："'放管服'改革旨在推动政府职能深刻转变，使市场在资源配置中起决定性作用和更好发挥政府作用"。《国务院办公厅关于创新管理优化服务培育壮大经济发展新动能加快新旧动能接续转换的意见》（2017）中指出："在新兴经济领域贯彻更加包容和鼓励创新的治理理念，推动从处理具体事项的细则式管理转变为事先设置安全阀及红线的触发式管理。加强协同配合、鼓励多方参与，引导新产业新业态健康有序发展，释放经济发展新动能，促进传统领域管理创新、转型升级。"即如学者所言，在"放管服"改革方略中，"放"是简政放权，旨在重新界定政府、市场、社会的边界和相互关系，以进一步激发市场活力和社会创造力；"管"是放管结合，旨在加强监管创新，为市场与社会的运转提供良好秩序，以进一步促进社会公平正义；"服"是优化服务，旨在形成一套新的治理理念、治理机制、治理体系，以进一步建设服务型政府——三者环环相扣，协同统一才具有高效性。[1]在电竞产业领域，"放管服"改革同样应当是"放""管"和"服"三者的结合，不宜片面实施某一方面而忽视其他方面。具体而言：

第一，在"放"的层面，电子竞技产业已经逐渐从以往的禁止和抑制转变

---

〔1〕 参见吴春："'互联网+'背景下深化'放管服'改革的路径探析"，载《中共济南市委党校学报》2018 年第 6 期，第 45—46 页。

为允许和扶持。一方面，尽管依托于电子游戏的电子竞技确实存在着内容违规、误导青少年，甚至和主流社会文化不一致等问题，但随着政府和社会对电子竞技的认知越来越充分，其在竞技性、公平性和团队性等方面所表达的精神内涵，以及在文化、教育、社交等方面所体现的正向作用也逐渐凸显出来；另一方面，作为"新动能"的电竞产业对经济增长、消费增长、新增就业等的贡献也不容忽视——在当前科技发展的时代背景下，对电子竞技采取"推动良性发展""充分引导监督""提供优良服务"这一"放管服"并重的政策方案是最为理性的选择。目前，有些地区在举办电竞赛事、开展选手集训、构建研发基地、打造服务平台等方面已经形成了相对完备的政策体系，值得其他地方参考和借鉴。

第二，在"管"的层面，电子竞技产业应当在"包容审慎监管"的模式下，形成完备的政府监管机制。①就监管主体而言，"放管服"改革要求"健全审管衔接机制，形成监管合力"，推进跨部门联合监管和"互联网+监管"模式。而目前电竞场域的监管主体较多，在中央层级至少涉及文化和旅游部、工业和信息化部、国家广播电视总局、国家体育总局和国家知识产权局等部门，无论是"相对集中监管权"还是"跨部门协同监管"，都需要形成新的方案。②就监管时段而言，"放管服"改革要求"加强和创新事中事后监管"。目前，各地方对电竞企业、俱乐部等的设立许可已经呈现出逐渐宽松的态势，但对游戏本体、直播平台等的内容审查则趋于严格，审查规则还有待进一步细化。③就监管方针而言，"放管服"改革要求"以公平、有序为方向加强和创新监管，不断提高监管效能"。而目前电竞场域已经出现了部分头部企业占比过大、初创企业生存艰难等问题，政府监管不应对不同企业实行区别对待，而应对所有企业存在的问题予以妥善指导，并对违规或侵权行为追究责任。

第三，在"服"的层面，政府机关应当强化服务意识，创新服务方式，为电竞场域中的各层次主体提供优良的行政服务。比如：为游戏开发商提供高效的审批服务及知识产权保护；为赛事运营商提供地理、场馆、交通、观众等行政信息服务及赛事举办时的安全保障；为俱乐部、职业选手确定合理的竞赛规程和身份、职业等各项保障；为赛事的赞助方、参与人、主播、周边产品经销商等提供公平有序的商事环境；等等。同时，政府机关还应指导电竞行业提高自律管理的水平和能力，搭建企业与政府部门的沟通协调桥梁，以促进行政服务的便捷性和实时性。

三、研究进路与基本框架

本书的主旨在于：其一，以"放管服"的改革方略为理论基础和指导思想，将之与电子竞技产业相对接，或者将电子竞技产业化的扶持和监管纳入"放管服"的改革框架中。其二，以"细分产业链"的方式解构电子竞技产业的复杂系统，在宏观产业政策的基础上，分别为各产业环节构建行政法律机制。其三，通过对现行政策文件和制度规范的细致梳理、分析和对照，提出电子竞技场域中行政法律机制的立法和完善建议。本书的基本思路是：将电子竞技场域中的诸要素按照"概念－主体－产业－政策"的线索划分为"概念界定－政策梳理－主体构设－产业分层－空间布局－假赛惩处－执裁公正－选手权益－高校教育"9个模块。首先，从概念界定的角度厘清电子竞技的基本定位；之后，系统性地梳理中央至各地方不同类型的电竞相关"政策"，并探讨政府主体在电竞场域中以监管和服务为代表的应然身份及路径；随后，对电竞产业链进行"分层"，从中析出软件产业、竞赛表演产业、直播产业等环节，并阐明核心、线下和线上环节的发展模式、主要问题及政策应对；最后，对各个环节进行微观研究，包括场馆地产和旅游产业中的空间布局问题，竞赛表演产业中的假赛惩处、执裁公正和选手权益问题，以及培养电竞产业人才的高校教育问题。在此基础上，本书共由九章组成。

第一章论述电子竞技的概念解纷。"电子竞技是否属于体育"这一基础性争议伴随了电子竞技诞生、成长和高速发展的全过程。为解除这一概念纷争，可以从两个层面入手：①在理论层面上，通过对照电子竞技和体育的构成要素、辨析"身体活动"的程度和表现可知，"竞技"是能够包含"电子竞技"和"体育"的上位概念，"电子竞技"属于"竞技"的一种，"体育"也属于"竞技"的一种，二者处于大体平行的状态。②在实务层面上，从监管主体的角度看，没有任何一个部门的职权能像体育行政部门那样接近于电子竞技，无论电子竞技的归属如何，都只能由体育行政部门主导监管；从法律规制的角度看，体育行政部门至少应当对竞赛规则、赛事举办、赛事参与者等"竞技"事项完善立法，并对体育类法律规范的适用、第三方规则的审查等问题加以明确。

第二章论述电子竞技产业的扶持政策。各级政府近年来陆续出台了数量较多的有关电竞产业发展的规范性文件，包括中央层级的综合性文件、地方层级的综合性文件，以及地方层级的电竞专项文件，都在整体上表达了对电子竞技产业的肯定与扶持政策导向，在规范内容、扶持事项、对应条款等方面，部分文件的政策方案合理可行、行文表述详尽具体，但也有部分文件过于宏观和笼统，需要进一步改进和完善。在各项政策措施中，政府引导资金居于更为关键的地位，对以之为主导或核心的电竞专项文件进行详细分析，并比对其间存在的优势和不足，对电子竞技这一新兴产业的快速健康发展具有更为重要的意义。

第三章论述电竞场域中政府主体的身份转型与路径重设。电子竞技及相关产业的高速发展，以及不同于传统体育/竞技项目的性质和特征，促使政府主体重新寻找与之相匹配的身份定位与政策路径。以四层结构为主体、以"举办和参与"为表现形式的举国体制，虽然在竞技体育场域中富有成效，但在职业体育场域中不甚理想，在电竞场域中则更加难以适用。对此，政府主体应当将电竞场域的管理体制转换为"监管和服务"：在监管层面，应当以包容审慎监管为原则，以法律规范的形式为之设定标准、规则和界限，并对赛事监管措施、经营管理要求等事项加以改进和优化；在服务层面，则应以创新服务方式为目标，将服务融入监管过程中，并在信息技术、规则制定、知识产权保护等方面主动提供全方位的服务。

第四章论述电子竞技的产业分层与政策应对。近几年，电子竞技产业的运行状况及增长速度，显示了以"线上线下相融合"为导向之一的"新业态"发展模式的积极效用。经过近年来的高速发展，电子竞技已经形成了复杂多元的产业链条，包括软件产业、竞赛表演产业、直播产业、周边产业等13个环节，并可将之划分为"核心环节和非核心环节""线上环节和线下环节"两种层次。通过总结各环节的发展模式和主要问题、梳理各地方电竞专项文件中的政策措施并进行对比和分析可知：明确软件产业的核心地位并强化扶持力度、推进线上线下环节的协调配合并对重要资源配置和核心技术开发予以扶持、完善监管和服务规范并与各环节形成对应关系等，是电竞产业链中更具可行性的政策应对方案。

第五章论述城市电竞产业发展的空间布局与政策联动。由于电子竞技产业能够引领城市经济的整体发展、带动若干其他产业发展并对当地的社会凝聚力等具有正向作用，近年来部分城市将其作为本地经济发展的重点，并进行了多层次的空间布局：宏观维度下的电竞小镇，应当覆盖电竞产业链各个环节并促进其整体发展、实现关联产业的融合发展等；中观维度下的电竞场馆，应当开拓复合式的投资方式、探索复合式的运营理念等；微观维度下的电竞酒店，则应以电竞用户为基准制定差异化的价格策略，以顾客需求为基准实现差异化的功能设定等。通过梳理各地方发布的电竞专项文件可知，细化各个维度的政策和资金支持、明确相应领域的审批和规范方案，并形成三重维度间的联动措施，是推动电竞及关联产业蓬勃发展的重要途径。

第六章论述电竞场域中的假赛惩处机制。在电子竞技的综合影响力和关注度逐年提高的背景下，频频发生的假赛事件也给电竞场域带来了难以估量的负面影响，而构建周延且高效的电竞假赛惩处机制，是整顿赛事环境、改善竞赛风气的当务之急。由于电子竞技与传统体育/竞技项目有着较为明显的区别，其监管主体亦呈现出多元分立的局面，不同主体对应的处罚权限、依据和具体措施也有所不同。在实然主体方面，电竞俱乐部对应的是"初步"罚则，以单方解除合同为主要措施；游戏厂商/联盟对应的是"核心"罚则，以禁赛和禁止关联行为等为主要措施。在应然主体方面，电竞协会难以行使实质意义上的处罚权，而国家机关对应的则是"校正"罚则，即有必要通过行政处罚和刑罚来对现有机制加以补充或补强，从而借助惩处力度给予电竞赛场一方净土。

第七章论述电竞执裁公正的法理界说与制度建构。随着近年来电子竞技系列赛事数量的稳步增长和体制的逐渐成熟，公平竞争原则的适用性与重要性已然充分显现出来，特别是其中的执裁公正问题及争议判罚事件严重影响着电子竞技的公信力和整体形象。为塑造并保障优良的赛事环境，电竞执裁公正的校正机制应当分别从赛事规则、裁判员制度和申诉制度入手，覆盖"事前-事中-事后"三个时间节点，依托"规则-主体-程序"三重法理支撑，形成严整且立体的三维制度体系。其中，赛事规则的周延化通过细化执裁依据来应对比赛中出现的特殊情形，而遵从先例、裁量基准能够缩减执裁的任意性；裁判员制度的类型化通过选拔、培训、考察、回避、惩戒等规则来应对执裁能力和道德素养两种类型的问题；申诉制度的实效化则是在裁判员/主办方主动回应争议的基础上，为遭受不公正对待的参赛方提供伸张正义的救济途径。

第八章论述电竞职业选手的三维规则体系。随着电子竞技产业的高速发展，电竞职业选手也受到了越来越多的关注，其在权益保障、违规处罚与申诉救济等方面的规则体系建构，已然成为行业内部合规并健康运转的重要课题。在权益保障方面，注册管理制度有助于将电竞选手纳入国家运动员的统一管理，最低薪酬保障和工资帽制度有助于选手工资的相对均衡，而加强合同监管则有助于合同条款与选手权益相一致；在违规处罚方面，电竞规则中行为和罚则对应关系的设定、各类规范中欠缺事项的补充，以及对选手日常行为管控的细化，即需进一步完善之处；在申诉救济方面，无论是合同争议还是违规处罚争议，在确保联盟优先救济的同时，积极利用并开拓仲裁和诉讼等外部途径，则是确保争议得到公平处理、选手权益得到充分保障的必由之路。

　　第九章论述电竞高校教育的挑战与应对。电竞产业的高速发展催生了相关人才的需求和高校专业教育的需求，而为产业发展培养并输送人才即是电竞教育建设的目标之一。为构建和完善"产业链–岗位需求–人才培养"相衔接的电竞高校教育，首先，需要厘清各个产业环节所对应的职业岗位和人才需求，从而将相应的知识和技能映射到电竞教育的专业设置中；其次，需要以各地方发布实施的电竞教育政策为蓝本，从专业开设、专业招生、课程设置、师资配备和学生实训等方面入手，探索电竞专业建设中的具体问题及应对方案；最后，则需要根据学生就业意向和行业招聘情况适时调整培养方案，并推动电竞高校教育改革，从而在产业发展的引导下为学生的专业学习和技能实训打开通往行业第一线的通道。

第一章　电子竞技的概念解纷

　　电子竞技（Electronic Sports）自诞生之日起，其是否应当归属于"体育"（sports/ physical culture）就存在着诸多争议。从 2001 年中国选手马天元、韦奇迪在 WCG（世界电子竞技大赛）上获得"星际争霸 2V2"项目的冠军，[1]到 2021 年 EDG 电子竞技俱乐部继 IG 电子竞技俱乐部和 FPX 电子竞技俱乐部之后再次代表中国战队获得《英雄联盟》全球总决赛的冠军。电子竞技在我国有 20 多年的发展历史；在此期间，我国电子竞技市场规模已超过 1474 亿元，[2]并以 460.1 亿美元的游戏收入和 6.85 亿人的玩家数量[3]位列世界第一；作为主流媒体的央视新闻官方微博和共青团中央官方微博也分别将 FPX 电子竞技俱乐部夺冠列入"2019 运动员天团"[4]和"2019 感人瞬间"[5]。尽管如此，"电子竞技是否属于体育"这一带有概念、性质、种属等根本性的争议，在学术研究，抑或社会舆论中仍然不绝于耳。一方面，在底层理论上，电子竞技确实应当有一个更为清晰、更为明确的定位；另一方面，和其他经济领域相同，电子竞技从赛事运营到产业发展再到相关权利的保护，都离不开行政监管，离不开当前以简政放权、创新监管和优化服务为核心的"放管服"改革。而通过厘清电子竞技的概念来增强"放管服"改革在电竞场域的针对性，以及通过"放管服"视域下监管主体的改革路径来解除电子竞技的概念纷争，即是本章的主旨。

---

〔1〕　参见张轩、张大鹏主编：《电子竞技史》，电子工业出版社 2019 年版，第 120—121 页。

〔2〕　参见艾瑞咨询："2021 年中国电竞行业研究报告"，载 https://report. iresearch. cn/report/202104/3770. shtml，最后访问日期：2022 年 3 月 28 日。

〔3〕　See Newzoo, "Top 10 Countries/Markets by Game Revenues", available at https://newzoo. com/insights/rankings/top−10−countries−by−game−revenues/, last visited on 2022−03−28.

〔4〕　参见"央视新闻发 2019 致敬'运动员天团'《英雄联盟》FPX 战队在列"，载 https://www. gamersky. com/news/201912/1252710. shtml? tag=wap，最后访问日期：2022 年 3 月 28 日。

〔5〕　参见大电竞："共青团中央官博视频回顾'2019 感人瞬间'，'FPX 夺冠'入选！"载 https://baijiahao. baidu. com/s? id=1655227165749267029&wfr=spider&for=pc，最后访问日期：2022 年 3 月 28 日。

第一节 概念之争：下位的"体育"和上位的"竞技"

一、"体育"和"电竞"的构成要素及对照

尽管我国现行《体育法》（1995 年首次颁布，2022 年第 3 次修改）[1]并未直接对"体育"的概念进行规定，[2]但其在学理上已经有了相当丰富的研究和探讨，较为常见的是通过提取体育的诸要素/特征对其进行概念性诠释。比如，贝洛夫教授认为，体育应具有四个因素：①人类的或者动物的一种活动；②一个或者更多的参与者，与其他对手相互竞争；③按照事先既定的规则；④目的是追求谁能够获胜，并且决定谁将获胜。[3]周爱光教授认为，规则性、竞争性和娱乐性是体育不可或缺的本质特征。[4]国际体育联合会认为，一项体育运动应当符合如下条件：①有竞争要素；②对于生命体无伤害；③不依赖于某个单一体育器材提供商；④不包含刻意为比赛设计的运气因素。[5]需要注意的是，上述观点都将"竞争性"列为体育的必备要素之一，更有论者将"一成不变的排名制度"视为各类体育比赛最为显著的共同特性[6]。除此之外，体

---

〔1〕 为表述方便，本书中涉及的我国法律法规直接使用简称，省去"中华人民共和国"字样，如《中华人民共和国体育法》简称为《体育法》，全书统一。必须说明的是，《体育法》对全民健身、青少年和学校体育、竞技体育分章进行了规定，但本章所探讨的体育仅指竞技体育。

〔2〕 有论者指出："对'体育'概念的界定会直接涉及一些项目是否应该属于《体育法》调整的范围，如电子竞技、热气球、滑翔伞等。只有确定了'体育'的概念才能明确《体育法》的调整范围、调整对象，在今后的体育执法中才能将相关项目纳入执法事项范围。""如果根据《体育法》，电子竞技不属于体育，那么电子竞技领域以后的相关问题就不能适用《体育法》的一些规定。" 参见姜熙："比较法视角下的我国《体育法》修改研究——基于 30 国体育法的文本分析"，载《体育科学》2019 年第 7 期，第 66、67 页。有论者则持相反态度："没有任何法律体系……会认为有必要规定一个对于体育性质的概念进行界定的办法，或对该术语进行法律上的定义……体育法不会或尚未尝试对什么是体育这一定义进行限制。" 参见［英］米歇尔·贝洛夫、蒂姆·克尔、玛丽·德米特里：《体育法》，郭树理译，武汉大学出版社 2008 年版，第 112 页。

〔3〕 参见［英］米歇尔·贝洛夫、蒂姆·克尔、玛丽·德米特里：《体育法》，郭树理译，武汉大学出版社 2008 年版，第 112—113 页。

〔4〕 参见周爱光主编：《体育法学概论》，高等教育出版社 2015 年版，第 7 页。

〔5〕 参见张轩、巩晓亮主编：《电子竞技新论》，电子工业出版社 2019 年版，第 5—6 页。

〔6〕 参见［美］布拉德·汉弗莱斯、丹尼斯·霍华德主编：《体育经济学·第二卷》，赵长杰译，格致出版社、上海人民出版社 2012 年版，第 6 页。

育的特征还包括公共属性[1]/社会属性[2]，结果无法预料[3]，乃至一定程度的外交属性[4]等。

而在"电子竞技"一端，较具权威性的定义来自国家体育总局，即"利用高科技软、硬件设备作为运动器械进行的人与人之间的智力对抗运动。通过运动，可以锻炼和提高参与者的思维能力、反应能力、心眼四肢协调能力和意志力，培养团队精神"[5]。同样具有代表性的定义在于，"以电子竞技游戏为基础，以电子设备等硬件为器械，依托于包括互联网在内的软硬件技术，在统一的竞赛规则保障之下公平进行的对抗性比赛。"[6]从中可以提取出的最为典型的要素/特征即是"电子"载体——无论是作为赛事平台的竞技游戏，还是作为操作工具的计算机/手机硬件，或是作为连接赛事参与者桥梁的互联网信息技术，都是以"电子"为核心展开的。除此之外，电子竞技还包括竞争性、规则性、高强度的训练，乃至民族主义色彩[7]等与体育类似的特征，以及竞技游

---

[1] "体育在性质上更多的是一种公共活动而不是一种私人活动……我们将体育活动视为具有更多的公共性而不是私人性"。参见［英］米歇尔·贝洛夫、蒂姆·克尔、玛丽·德米特里：《体育法》，郭树理译，武汉大学出版社 2008 年版，第 252 页。

[2] "体育运动的社会驱动力包括：体育运动的大众参与程度……良好的体育组织管理、社会的接受和包容程度、作为教育手段的体育运动……" 参见［丹麦］乌尔里克·瓦格纳、拉斯穆斯·K. 斯托姆、［英］克劳斯·尼尔森：《当体育遇上商业：体育赛事管理及营销》，胡晓红、张悦译，中国友谊出版公司 2018 年版，第 19 页。

[3] 参见［美］布拉德·汉弗莱斯、丹尼斯·霍华德主编：《体育经济学·第一卷》，邓亚萍、张宁、侯海强译，格致出版社、上海人民出版社 2012 年版，第 143 页。

[4] "世界上大多数国家都利用体育为外交服务……如果一个国家代表队参加了奥运会，通常也就意味着该国已经得到了其他参赛国的承认……国家可以利用体育运动作为外交承认的一种形式，包括奥运会在内的体育运动可以促进相关国家之间建立或者恢复外交关系。" 参见周爱光主编：《体育法学概论》，高等教育出版社 2015 年版，第 96 页。

[5] 超竞教育、腾讯电竞主编：《电子竞技运动概论》，高等教育出版社 2019 年版，第 1 页。

[6] 直尚电竞主编：《电子竞技导论》，高等教育出版社 2018 年版，第 8 页。而相应的电竞赛事则被定义为"以竞技为核心，在有效规则下以信息技术为载体，实现人与人之间在虚拟场景进行对抗运动的集众性活动"。参见超竞教育、腾讯电竞主编：《电子竞技运动概论》，高等教育出版社 2019 年版，第 64 页。

[7] 民族主义色彩不仅在中国电竞产业，乃至全球电竞产业都十分严重。在美国举办的《DOTA2》游戏邀请赛上，美国玩家为本土战队 EG 加油的声音则是"USA"。WCG 在全球电竞产业能取得巨大的影响力……也源于其与奥运会相似的国家奖牌排名机制……中国银川政府举办的 WCA（继 WCG 之后的世界电子竞技大赛）、阿里巴巴举办的 WESG（世界电子竞技运动会）等，均有类似的机制。参见王萌、路江涌、李晓峰：《电竞生态：电子游戏产业的演化逻辑》，机械工业出版社 2018 年版，第 43 页。

戏迭代速度快[1]、有版权归属等与体育不同的特征。我们将"体育"和"电子竞技"的诸要素,以及同为"电子游戏"的"单机游戏"和"网络游戏"的诸要素对照如下:

表1-1 "体育"与"电子竞技"等概念的构成要素对照

		体育	电子竞技	单机游戏	网络游戏
运动属性	身体活动	√大肌肉群的全身运动	√手、腕、肩等局部运动;思维、反应、心眼四肢协调能力	√手、腕、肩等局部运动	√手、腕、肩等局部运动
	体能支持	√	√	×	×
竞争属性	复数的参与者	√	√	×	√
	对抗性	√	√	×	×
	以获胜为目的	√	√	×以娱乐为目的	×以娱乐为目的
	高强度的训练	√	√	×	×
	专门的训练基地和场所	√	√	×	×
规则属性	规则性	√比赛规则	√游戏规则+比赛规则	√游戏规则	√游戏规则
	公平性	√	√	×可通过修改取得优势	×可通过付费取得优势
	不包含刻意设计的运气因素	√	√	×	×

---

[1] 与足球、篮球等存续时间长、规则相对稳定的体育项目相比,电子竞技的多变性至少表现在两个方面:一是在电子竞技的项目列表中,每个时期都会有新游戏加入、旧游戏退出;二是仅就某一个竞技游戏来说,为改善平衡性、增加新元素、开创新玩法,游戏版本会不断更新,游戏规则也会不断改变。即如论者所言,"《英雄联盟》的盛行,也导致《星际争霸》和《魔兽争霸3》的降温。即便曾经无比火爆的游戏,也会逐渐离开舞台中心。……电子竞技的世界秉承一批游戏接力另一批游戏的周期性规律。""很难有一款游戏可以在电子竞技赛场上长盛不衰,在迭代效应的作用下,主流项目的周期性变换是电子竞技的基本特点。"参见戴焱淼:《电竞简史:从游戏到体育》,上海人民出版社2019年版,第181—182页。

		体育	电子竞技	单机游戏	网络游戏
社会属性	团队性/合作性	√	√	×	√
	民族主义色彩	√	√	×	×
	外交属性	√	×	×	×
可观赏性	娱乐性	√	√	√	√
	结果无法预料	√	√	×	×
项目载体	使用器材	√实体器材	√计算机/手机外设	√计算机/手机外设	√计算机/手机外设
	竞赛场地	√实体场地	√游戏软件/虚拟场地	√游戏软件/虚拟场地	√游戏软件/虚拟场地
	关联参与者	√居于同一空间	√依托互联网	×	√依托互联网
	项目稳定	√	×	×	×
	版权归属	×	√	√	√

通过表1-1可以看出：①我们把相应概念的构成要素分成了6个大项和20个小项，其中，"体育"和"电子竞技"同时具备的小项为17项（在表1-1中用"√"或"×"表示），占总数的85%；同时具备但内容有别的小项为5项（在表1-1中"√"或"×"后带有文字标识），或者说，二者之间基本相同乃至完全相同的小项为12项，占总数的60%，两个概念之间构成要素的重合度占到60%—85%，即便不能说"高度相似"，至少也不是"毫无关联"（相比之下，"体育"和"单机游戏"的重合度仅为5%—25%）。②具体而言，"体育"和"电子竞技"重合度最低的大项是"项目载体"，在其5个小项中，2项不能同时具备，3项不能基本相同——"电子竞技"必须以"电子"设备为载体，单就这一点而言，其更接近于同为"电子游戏"的单机游戏和网络游戏，而非传统体育项目。③"体育"和"电子竞技"重合度较高的大项是"竞争属性""规则属性"和"可观赏性"，其中"可观赏性"使得电竞职业联赛和足球、篮球等项目同样可以获得大量观众；"规则属性"使得电子竞技产生了竞

赛规则、赛事举办及选手、裁判员注册管理等原属于体育的规范文本；而"竞争属性"则是"电子竞技"和"体育"最为鲜明的共同特征，也是电子竞技与单机、网游等"电子游戏"最为显著的差别所在。④电子竞技虽然依托于电子游戏，属于电子游戏的组成部分，但通过表1-1可以看出，其与"单机游戏"（30%—40%）、"网络游戏"（45%—55%）的重合度明显小于与"体育"（60%—85%）的重合度；可以说，"社会上对电子竞技的一个重要误解是混淆了电子竞技行为与网络游戏行为。"[1]笔者认为，虽然同属电子游戏、同样具有不同程度的娱乐性，但三者之间最为本质的区别在于，单机游戏的核心是"闯关"，是人机对战；网络游戏的核心是"合作"，是复数玩家共同突破难关；而电竞游戏的核心则是"竞技"，是选手之间的对抗和比拼。虽如麦戈尼格尔所言，目标（goal）、规则（rules）、反馈系统（feedback system）和自愿参与（voluntary participation）是各类电子游戏的"决定性特征"，但玩家所需"克服的不必要的障碍"，[2]在单机游戏和网游一端，是来自游戏制作者；而在电竞一端，则是来自参赛对手。一款电子游戏，如果不是以竞技为目的，不能让不同选手在共同的规则下公平地决出胜负，是不能称其为竞技游戏的——竞技游戏最为核心的要素就是竞技。

二、"电子竞技是否属于体育"的核心争点辨析

在认为"电子竞技属于体育"的观点中，有论者直接将电子竞技定义为体育，"'电子竞技'是信息时代人类体育行为的一种演化，它是以电子游戏内容为载体，借助电子交互技术和硬件工具实现人与人之间竞技比赛的竞技体育活动。"[3]有论者强调电子竞技和体育之间的共同要素，"电子竞技与传统体育两者都属于体育运动，在竞技体育的大多数方面有着高度的一致性——为了战胜对手，取得优异成绩，最大限度地发挥和提高个人或集体在智力、体力、心理等方面的潜力所进行的科学、系统的训练和竞赛。"[4]有论者甚至特别强调电子竞技相比传统体育有诸多优势，例如：没有场地限制，无需像网球、乒乓球

---

〔1〕 杨越："新时代电子竞技和电子竞技产业研究"，载《体育科学》2018年第4期，第12页。

〔2〕 参见［美］简·麦戈尼格尔：《游戏改变世界：游戏化如何让现实变得更美好》（经典版），闾佳译，北京联合出版公司2016年版，第21—22、27—28页。

〔3〕 杨越："新时代电子竞技和电子竞技产业研究"，载《体育科学》2018年第4期，第13页。

〔4〕 孙博文主编：《电子竞技赛事与运营》，清华大学出版社2019年版，第7页。

等必须由参与者到达专业场地才能进行；能够保证参与人数，参与者可以借助互联网与异地玩家进行对战，从而避免足球、篮球等因参与者人数不足而无法进行或者参与者过多而必须取舍的问题；等等。[1]但支持者最为核心的立足点在于电子竞技亦属于"身体活动"（见表1-1第1小项）：①电子竞技是一项"高强度运动"，电竞选手也高度依赖他们的身体。一方面，为应对电竞比赛中"较高的即时操作强度"，电竞选手必须通过训练以获得更快的反应速度、更高的APM（每分钟的按键率）、更完美的手眼协调能力等，[2]而这些能力都依附于选手的身体素质。另一方面，部分电竞项目单局耗时较长，并可能采用BO5的赛制（即总场次为5场，五局三胜），甚至一天之内可能会安排多场比赛，如果在身体耐力、注意力集中和心理抗压能力等方面有所欠缺，则很难应付这样的比赛。②"动商"理论的四个要素——运动机能、运动素质、运动意志和运动意识——都可以与电子竞技相匹配。例如，在运动机能方面，电子竞技依托于选手的神经系统和运动系统：判断局势、做出最优解必须依靠整个神经系统的发挥，而指令的传达则依靠运动系统操控手部肌肉点击鼠标和按键盘来实现，等等。[3]③电子竞技具有"脑力活动"的要素，并且"科学现在越来越将脑力活动视为生理性的"[4]，既然斯诺克、国际象棋和桥牌等皆已归入体育项目，那么电子竞技理应享受同等待遇。

---

〔1〕 参见蔡湫雨：《电竞经济：泛娱乐浪潮下的市场风口》，人民邮电出版社2018年版，第86页；直尚电竞主编：《电子竞技文化》，高等教育出版社2018年版，第138—139页。在2020年新冠肺炎疫情防控期间，尽管线下赛事多被延期或停办，但主流竞技游戏的同时在线人数却呈现出井喷式增长。参见印婧："疫情之下手游大火，腾讯《王者荣耀》单日流水达20亿元"，载http://www.cnzol.com/2020/02/6417.html，最后访问日期：2022年3月28日；陈茜："《和平精英》《王者荣耀》'战疫'捷报频传日均用户增长约2700万"，载http://k.sina.com.cn/article_1678512213_640c105500100mqtb.html，最后访问日期：2022年3月28日。

〔2〕 参见杨越："新时代电子竞技和电子竞技产业研究"，载《体育科学》2018年第4期，第11页。"电子竞技……参与者在经历了长时间的锻炼以后，形成了肌肉记忆，从而能在对抗中完成瞬间的意识判断，并用超高的手速来完成精准的操作，这种近乎超越了人类体能极限的技能也是电子竞技在对抗中的一项核心能力。"参见直尚电竞主编：《电子竞技导论》，高等教育出版社2018年版，第62页。

〔3〕 参见李兰忠："试论电子竞技与动商的培养"，载《南京理工大学学报（社会科学版）》2019年第6期，第64—65页。

〔4〕 ［英］米歇尔·贝洛夫、蒂姆·克尔、玛丽·德米特里：《体育法》，郭树理译，武汉大学出版社2008年版，第112页。

　　许多认为"电子竞技不属于体育"的观点中，除部分难以成立的[1]外，最为核心的立足点同样在于，电子竞技不属于"身体活动"：①电子竞技仅限于手、腕、肩等局部运动，不属于大肌肉群的全身运动，[2]或者，选手比赛时采取的是坐姿，其腿部、腰部等大部分运动器官都处于闲置状态。②电子竞技中身体运动的表征并不突出，尽管比赛时选手的手部和腕部等进行着高强度的运动，但其并没有"特殊的展现"[3]，并没有"身体本身可见可感的直接对抗或者外部变化"[4]，赛事呈现给观众的主要是游戏中虚拟人物的运动和表现，而非选手本身的。③正因为电子竞技中身体活动过于局部并长期采用坐姿，所以其"从本质上起不到锻炼身体的作用"[5]，也实现不了强化身体素质的目标，甚至可能对健康不利；并且电竞选手所需要的体能和耐力等，并不是通过电竞游戏本身来培养的，而是通过跑步、健身等传统体育项目来获取的。

　　[1]　比如，有观点认为，"电竞的评判结果不是人的技术、技能、体能在活动过程中表现出来的自然而然的结果，比如说跑步跑了多少分多少秒，游泳游得多快，电子竞技比赛评判的是它所虚拟的故事和依托的场景等在电子仪器设备平台上的展示。"问题在于，首先，电子竞技所展现出的技术和技能往往超过传统体育项目；其次，传统体育中只有竞速类项目才追求"跑了多少分多少秒""游泳游得多快"等"自然而然的结果"，这等于是把排球、乒乓球等采取 BO× 赛制的所有项目都排除在了体育之外；最后，"电子仪器设备平台"作为赛事的载体，并不是判断一个项目是否归属于体育的首要环节。所引观点参见易剑东："中国电子竞技十大问题辨识"，载《体育学研究》2018 年第 4 期，第 34 页。

　　[2]　电子竞技不属于"宏观层次上"的"大肌肉群的活动"，不属于"肢体各个部分互相协调配合的整体活动"，而仅属于"中观层次上"的"小肌肉群的活动"，仅属于"局部肢体的协调与配合"。参见吕树庭："中国电子竞技的发展需要高等教育科学研究与人才培养双向介入——暨广州体育学院电竞专业（方向）建设的初步探索"，载《广州体育学院学报》2019 年第 3 期，第 4 页。"电子竞技玩家一般只是通过胳膊和手的小幅度运动来操作鼠标和键盘，即可完成比赛内容，其身体参与度不高、运动量较小。传统体育运动多是需要运动员具有较大的身体参与，四肢、腰部、头部等身体各部位都能参与其中，而且动作幅度较大，肢体运动和对抗较为激烈。""电子竞技以考察参赛者思维能力和反应能力为主，操作鼠标和键盘的动作也是为了将大脑的命令转化为游戏中的动作，属于辅助作用，智力起主导作用。传统体育运动重在展现运动之美，身体运动起主导作用，大脑的思考主要是来配合运动员完成动作的连贯性，起辅助作用。因此……电子竞技更接近智力竞争而不是身体竞争，不属于体育运动。"参见崔丙刚："论信息时代下电子竞技与体育运动的关系"，载《体育科技文献通报》2016 年第 12 期，第 136 页。

　　[3]　易剑东："中国电子竞技十大问题辨识"，载《体育学研究》2018 年第 4 期，第 33 页。

　　[4]　张轩、巩晓亮主编：《电子竞技新论》，电子工业出版社 2019 年版，第 7 页。

　　[5]　崔丙刚："论信息时代下电子竞技与体育运动的关系"，载《体育科技文献通报》2016 年第 12 期，第 137 页。

综上可以看出，"身体活动"的程度和表现是"电子竞技是否属于体育"最为核心的争点，在相当多论者的视野中，这一原属于体育的要素是电子竞技成为体育项目所必须具备且不可回避的。综合上述情形，笔者认为，由于存在着"身体活动"这一核心争点上的差别，"电子竞技"和"体育"不能完全等同；同时，由于在构成要素上存在着较高的重合度，"电子竞技"和"体育"之间亦非泾渭分明、判然有别，认为二者完全分属于不同物种也是不恰当的。

三、电子竞技的真实归属：与体育同属于竞技

笔者认为，"电子竞技是否属于体育"这一基础性争议之所以延绵不绝、历久弥新，很可能是在种属概念的定位上进入了误区。从前文的对照和陈述中笔者已经明示：①"电子竞技"和"体育"最为显著的共同特征是竞技性，"电子竞技"和"单机游戏""网络游戏"最为显著的差别也是竞技性。②"电子竞技"和"体育"最为显著的差别是"身体活动"，而这一差别并没有动摇或否定竞技性这一共同特征，或者说，身体活动只是"电子竞技"和"体育"表现形式上的——甚至可以说是"竞技形式"上的——差别，而二者皆以竞技为核心表征则是确凿无疑的。在这个意义上，笔者认为，③"电子竞技"属于"竞技"的一种，[1]"体育"也属于"竞技"的一种；"竞技"是能够包含"电子竞技"和"体育"的上位概念，"电子竞技"和"体育"则是归属于"竞技"的下位概念，二者处于大体平行的关系。进言之，④电子竞技应当归属于"竞技"，而非归属于"体育"；电子竞技并不是严格意义上的"体育"，但是严格意义上的"竞技"；电子竞技应当回归"竞技"这一原初概念和上位概念，而非必须或只能成为体育项目之一。具体而言：

（1）从词语的原初含义上看，"竞"是"比赛；争逐"[2]，"竞赛"则是

---

[1] 对于"电子竞技属于竞技"这一点，一直未见明显争议。比如，"电子竞技有许多种项目和分类，但是它的核心一定是对抗和比赛。"参见庞玉兰、辜民富："从《英雄联盟》探究电子竞技产业在我国的发展"，载《运动》2018 年第 17 期，第 139 页。"电子竞技具有高度的对抗性……从这一角度出发，电子竞技与传统体育项目同根同源，只是载体不同。"参见张轩、巩晓亮主编：《电子竞技新论》，电子工业出版社 2019 年版，第 6 页。"电竞行为的目的是实现与他人的对抗，从而完成自我实现和满足。"参见杨越："新时代电子竞技和电子竞技产业研究"，载《体育科学》2018 年第 4 期，第 12 页。

[2] 辞海编辑委员会：《辞海》，上海辞书出版社 2000 年版，第 5069 页。

"相互比赛，争取优胜"[1]，而"竞技"的核心"一定是对抗和公平比赛"[2]。可以说，原初意义上的"竞技"指的是复数主体就某一事项/项目的技能或水平展开争逐并区分高下，其所针对的事项/项目既不限于以体育为代表的身体活动，也不限于以棋牌为代表的智力活动，更不限于以计算机/手机软硬件为载体的电竞活动；"竞技"是一个包含性较强的上位概念，其并未对内容、规则、表现形式等做出明确的限定，在这个意义上，"奥数也有很强的竞技性，吉尼斯世界纪录承认的很多活动都有竞技性"[3]，甚至高校教师之间开展的教学竞赛亦可归属于竞技——尽管这些事项/项目在内容、规则、表现形式上迥然有别，但都可以归为"竞技"的下位概念，彼此之间亦处于平行关系。

（2）"体育"是"竞技"的一种，但并不是所有的"竞技"都是"体育"；将"体育"视为上位概念，把所有含有竞技元素的事项/项目都列为体育，从而引发"电子竞技是否属于体育"的争议，这是非常常见的概念（而非实务）误区。简言之，电竞和体育是相互平行的，不能说电竞属于体育，亦不能说体育属于电竞，二者共同归属于竞技。

（3）也并非所有的竞技事项/项目都如同电子竞技和体育这般具有高度的重合性，或者说，虽然同属于竞技活动，但教学竞赛与体育的相似度远小于电子竞技与体育的相似度；反之，也正因为电子竞技和体育都属于竞技，并且二者的构成要素高度重合，实践中才出现了"电竞体育化"和"体育电竞化"这两种并行的态势。在"电竞体育化"方面，电子竞技的发展历程，就是不断向职业体育内在架构靠拢的过程。电子竞技的运行机制，几乎已经拥有了职业体育的一切特征。尽管有论者认为，电竞不应纳入体育范畴，"它自成体系、独立发展就可以了，可能比现在发展得更好"[4]，但事实上，电子竞技无论是在选手、教练员、俱乐部等参与者一方，还是在主客场制、赛事分层、赛制选择等赛事运行一方，抑或在售卖门票、接受赞助、开发周边等产业链一方，都在模仿、借鉴和优化职业体育的种种经验和路径，甚至比多数传统体育项目更富有

---

〔1〕《新华字典》（第10版），商务印书馆2004年版，第242页。

〔2〕孙博文主编：《电子竞技赛事与运营》，清华大学出版社2019年版，第4页。

〔3〕易剑东："中国电子竞技十大问题辨识"，载《体育学研究》2018年第4期，第32页。

〔4〕易剑东："中国电子竞技十大问题辨识"，载《体育学研究》2018年第4期，第33页。

成效、"更像体育"[1]——明星打造、粉丝运营、直播与解说、转会制度、工资帽制度等，是很多传统体育项目没有运营或者没有运营好的事情。在"体育电竞化"方面，也已有部分传统体育项目进入电竞场域，将自身的比赛内容转化成竞技游戏［SPG（运动类游戏）即模拟体育类］，并按照电子竞技的模式和规则进行运作，其中最为典型的就是足球和篮球方面的 FIFA 和 NBA 2K 电竞职业联赛[2]——无论是在真实场地上传球、投球，还是用键盘鼠标操控虚拟球类，足球和篮球的战术水平都是在不同队伍间决出胜负的关键因素。

第二节　监管主体："放管服"方略下的体育行政部门

一、体育行政部门的事实参与及概念悖论

尽管前文用较长的篇幅探讨了电子竞技的概念和真实归属，但笔者的目的并不完全是理论层面的，甚至不主要是理论层面的——这一基础问题或许在法理学、体育学乃至哲学释义学和类型学的框架下有着重要意义，但在行政监管的视域内，其似乎并未占据核心位置。有行业就要有监管，虽然"简政放权"是当前"放管服"改革方略中的首要元素，但这并不意味着放松甚至放弃监管，就如 2020 年李克强在全国深化"放管服"改革优化营商环境电视电话会议上的讲话所言，"简政不可减责，放权不是放任……要坚持放管结合、并重推进……要把主要精力用在事中事后监管上……真正实现从'严进宽管'向'宽

---

[1]　就如论者所言，"无论任何一个个人或一个机构对待电子竞技的态度如何，也无论电子竞技与亚运会、奥运会的关系如何，它已经在现实中以'体育'的形式存在。"参见戴焱淼：《电竞简史：从游戏到体育》，上海人民出版社 2019 年版，第 12 页。"NBA 作为传统体育项目，实现了全球化运营。NBA 在全世界范围内招揽人才，整合商业资源以获取最大的收益，凭借巨大的关注度和丰厚的年薪吸引全球最顶尖的球员加盟。""从培养电子竞技专业人才到组建俱乐部联盟，再到赛事的推广和产业扩张，都与 NBA 的发展之路非常相似。"参见张轩、张大鹏主编：《电子竞技史》，电子工业出版社 2019 年版，第 179—180 页。

[2]　比如，2017 年 10 月，法国里昂足球俱乐部与 EDG 电子竞技俱乐部达成战略合作，共同成立里昂（中国）EDG 电子竞技俱乐部，征战 FIFA Online 3 电子竞技职业联赛。再如，2018 年 5 月，NBA 官方和《NBA 2K》的制作公司 Take-Two 合作举办 NBA 2K 电子竞技联赛，每支球队都由现实的 NBA 球队拥有。又如，2018 年 6 月，上海上港等 8 支中超俱乐部和亚佰天辰、腾讯共同组成了 CEFL 中国足球电子竞技联赛。辽宁飞豹等 6 家中国篮球俱乐部和中竞互娱、腾讯达成三方合作，共同打造中国篮球俱乐部电子竞技联赛，等等。参见超竞教育、腾讯电竞主编：《电子竞技产业概论》，高等教育出版社 2019 年版，第 133 页。

进严管'转变。"而在电子竞技场域，首要问题则在于，应当由谁来监管，或者说，监管主体应当如何定位。从目前来看，尽管各个层级的人民政府及多个政府工作部门都主导或参与过电竞场域的事项，但最为集中且最受关注的则是体育行政部门。具体而言：

（1）在电子竞技的认可上，2003年和2011年，国家体育总局分别批准电子竞技为第99个、第78个正式体育竞赛项目。2010年，根据《国家体育总局关于举办2010年度电子竞技国家集训队选拔赛的通知》和《国家体育总局关于公布2010年度电子竞技国家集训队选拔赛入选参赛运动员名单的通知》，第一支电子竞技国家队成立。2016年3月，国家体育总局公布2015年我国电竞市场规模达到270亿元，并主导成立了中国移动电竞产业联盟。2019年，"电子竞技"及服务出现在《体育产业统计分类（2019）》三个类别中，即0210职业体育竞赛表演活动、0330其他体育休闲活动、0760其他体育信息服务。

（2）在电子竞技的赛事上，笔者梳理了体育行政部门主办或参与的各类电子竞技赛事（见表1-2），其中国家体育总局为7项，属于较为全面的列举；各地方体育局为3项，仅为典型性列举。

表1-2　体育行政部门主办或参与的电子竞技赛事

创办时间	赛事名称	主办单位
2010年（首届）	电子竞技冠军联赛（Esports Champion League，ECL）	中国电子竞技运动发展中心举办，国家体育总局、北京市人民政府支持
2013年（首届）	全国电子竞技大赛（National Electronic Sports Tournament，NEST）	国家体育总局体育信息中心主办，上海华奥电竞信息科技有限公司、浙报传媒集团股份有限公司、厦门建发集团有限公司承办
2014年（首届）	全国电子竞技公开赛（National Electronic Sports Open，NESO）	国家体育总局体育信息中心及上海体育总会主办，上海网映文化传播有限公司（NeoTV）承办
2016年（首届）	全国移动电子竞技大赛（China Mobile E-Sports Games，CMEG）	国家体育总局体育信息中心与大唐电信联合主办
2016年（首届）	国家杯电子竞技大赛（CHINA TOP）	国家体育总局体育信息中心主办，黑色时空（北京）体育有限公司承办
2019年（首届）	DOTA2职业联赛（DOTA2 Professional League，DPL）	国家体育总局体育信息中心主办，完美世界官方合作，MarsTV承办

续表

创办时间	赛事名称	主办单位
2017 年 （首届）	中国电子竞技嘉年华（China E-Sports Carnival, CEC）	国家体育总局体育信息中心主办，国旅联合股份有限公司、上海小葱文化传播有限公司承办
2015 年 （首届）	义乌国际电子竞技大赛（International Esports Tournament, IET）	国家体育总局体育信息中心、浙江省体育局、中国体育报业总社主办，义乌市人民政府、北京华奥星空科技发展有限公司承办
2015 年 （首届）	河南省电子竞技冠军联赛（Henan E-sports Champions League, HECL）	河南省电子竞技运动协会、河南省社会体育管理中心联合举办，腾讯电竞提供战略支持
2018 年 （首届）	吉林省第十八届运动会（社会组）电子竞技项目	吉林省体育局、吉林省体育总会主办，长春市体育局、共青团长春市委，长春市体育总会承办

通过上述情形可以看出，电子竞技的"官方"认可是由"体育"行政部门做出的，电子竞技中相当一部分赛事也是由"体育"行政部门主办或参与的——若如论者所言，"电竞不属于体育"，或如本章所言，"电竞平行于体育"，那么"体育"行政部门参与甚至主导电子竞技的各项工作就缺乏最基本的正当性，或者说进入了"电子竞技"与"体育"行政部门无法匹配的概念性悖论。但仅就事实而言，无论是地位的认可，还是赛事的举办，或是监管和立法，体育行政部门都已经参与了电子竞技的诸项活动，或者说，体育行政部门其实早已把电子竞技纳入了自身的管辖范围。有论者认为，国家体育总局主导的全国电子竞技大赛等电竞赛事，不仅能带来"对整个行业的社会正面影响"[1]，而且其规范化和专业化进程也将"对中国电竞产业的发展起到有效的引导作用，推动我国的电竞产业实现健康、持续的发展"[2]。诚然，即便体育部门的管理存在着诸多积极因素，这一基础概念上的悖论也不会因此而消解；但更重要的是，为维续并深化这些积极因素，搁置或容忍这一概念悖论其实是可以接受的。

---

〔1〕 孙博文主编：《电子竞技赛事与运营》，清华大学出版社 2019 年版，第 97 页。

〔2〕 蔡湫雨：《电竞经济：泛娱乐浪潮下的市场风口》，人民邮电出版社 2018 年版，第 46 页。

二、电子竞技的多元监管主体及最优解

在"放管服"的改革方略中，"协同监管"一直是监管环节的核心线索——在某一项社会活动或产业类别中，涉及的监管主体往往是多元的而非一元的，而监管主体之间的协作与配合即是实现监管目标、提高监管效率的关键因素。[1]对此，《国务院办公厅关于创新管理优化服务培育壮大经济发展新动能加快新旧动能接续转换的意见》要求"探索对跨界融合新产品、新服务、新业态的部门协同监管"；《国务院关于加强和规范事中事后监管的指导意见》（2019）要求"加强政府协同监管……打破条块分割……建立健全跨部门、跨区域执法联动响应和协作机制……"等等。而电子竞技场域同样涉及多元监管主体和协同监管的问题，笔者将除体育部门之外的政府工作部门在电竞场域的监管事项进行了简要列举（见表1-3）。

表1-3　电子竞技场域的监管部门及监管事项（不含体育部门）

监管部门	监管事项	许可名称	法律依据
市场监督管理部门	电子竞技俱乐部的成立和运营	企业法人营业执照	《公司法》（2018）
文化和旅游部门	从事网络游戏研发生产、网络游戏运营等形式的经营活动	网络文化经营许可证	《网络游戏管理暂行办法》（2010）
	将网络游戏技法展示或解说的内容，通过互联网、移动通信网、移动互联网等信息网络，实时传播或者以音视频形式上载传播的经营活动	网络文化经营许可证	《网络表演经营活动管理办法》（2017）
	电子竞技俱乐部举办表演赛，出售门票、接受赞助冠名等	营业性演出许可证	《营业性演出管理条例》（2016）
广播电视部门	开展电子竞技直播服务（开展一般社会团体文化活动、体育赛事等组织活动的实况直播）	信息网络传播视听节目许可证	《国家新闻出版广电总局关于加强网络视听节目直播服务管理有关问题的通知》（2016）

---

[1] 详见刘福元："部门间行政协作的困境与出路——以城市管理综合执法为例"，载《当代法学》2016年第5期，第78—87页。

续表

监管部门	监管事项	许可名称	法律依据
	网络游戏上线运营	网络出版服务许可证	《网络出版服务管理规定》（2016）《国家新闻出版广电总局办公厅关于移动游戏出版服务管理的通知》（2016）
	电子竞技直播平台自制电子竞技视听节目	广播电视节目制作经营许可证	《国家新闻出版广电总局关于进一步完善网络剧、微电影等网络视听节目管理的补充通知》（2014）
互联网信息部门	互联网直播服务提供者应当建立直播内容审核平台；互联网直播用户、互联网直播发布者都应进行身份信息认证		《互联网直播服务管理规定》（2016）
工业和信息化部门	电子竞技直播平台开展经营性活动（通过向用户收费或者电子商务、广告、赞助等盈利方式）	增值电信业务经营许可证	《互联网信息服务管理办法》（2011）
公安部门	电竞赛事或表演活动的预计参加人数在1000人以上	安全许可	《大型群众性活动安全管理条例》（2007）
知识产权部门	电子竞技软件、直播等的著作权归属		《著作权法》（2010）
电子竞技运动协会	电子竞技运动员注册管理	电子竞技运动员证书	《上海市电子竞技运动员注册管理办法（试行）》（2018）

通过表1-3可以看出：①电子竞技场域至少涉及7个政府工作部门和1个行业协会的监管，以及13部法律规范所设置的9个行政许可事项和4个行政确认事项。这一方面反映了电子竞技产业的庞大与复杂，另一方面也显示出目前对电子竞技的监管过于严格、监管主体过多、许可和确认事项过于烦琐，与"简政放权"的"放管服"改革方略并不一致；而在监管主体不变的前提下，简化许可和确认的申请、办理流程，适当降低准入门槛，通过"互联网+"等方式实现部门间信息共享等，是鼓励市场主体进入电竞场域、开展电竞业务的可行路径。②从职权性质上看，表1-3所列的监管部门都不直接涉及"竞技"以及各类具体竞技活动，这使得其在电竞场域只能进行个别事项的监管，而不能进行"竞技"事项的监管，也不能进行"整体性"或者"全方位"的监管。

比如，文化和旅游部门只能对电竞的"文化内容"进行监管，广播电视部门只能对电竞的"线上传播"进行监管，而知识产权部门只能对电竞的"作品权属"进行监管，等等。③从职权专属的角度看，各监管主体的职权有相当一部分很难集中或划转。比如，市场监督管理部门很难取得本属公安部门的安全许可权，文化和旅游部门很难取得本属知识产权部门的权属认定权，而广播电视部门也很难取得本属电竞协会的运动员管理权，等等。

尽管多元监管主体的现象在很多领域都是客观存在的，并且尽管协同监管是应对这一客观情况的关键因素，但应当明确的是，多元监管主体中必须有一个主体居于主导地位，负责具体的协同工作；或者说，在"协同工作机制"中，必须有"协调主体"和"协调对象"之分，由更具主动性的"协调主体"来发起协调并在协同工作中"穿针引线"。如《国务院关于加强和规范事中事后监管的指导意见》要求的，"对涉及面广、较为重大复杂的监管领域和监管事项，主责部门要发挥牵头作用，相关部门要协同配合，建立健全工作协调机制。"又如《体育总局关于进一步加强体育赛事活动监管和服务工作的通知》（2019）要求的，"地方各级体育部门应当按照要求，主动与本级公安、市场监管、卫生健康、城管、外事等部门沟通，建立工作协调机制，在体育赛事活动监管与服务方面……联合研究解决问题，联合下发指导文件，联合督导政策执行。"

综上，笔者认为，在电子竞技场域，"主责部门"或者说居于主导地位的协调主体，即是此处的体育部门；而让体育部门居于主导地位，即是电子竞技多元监管模式的最优解。原因在于，尽管体育部门的监管对象是"体育"活动，且电子竞技应当归属于"竞技"而非"体育"，但在当前的政府工作部门划分中，没有任何一个部门的职权能像体育部门一样接近电子竞技；或者，作为电子竞技的监管主体，没有任何一个部门能比体育部门更合适。具体而言，根据《国家体育总局主要职责内设机构和人员编制规定》（2009）第2条的规定，国家体育总局的第4项职责为"统筹规划竞技体育发展……指导协调体育训练和体育竞赛，指导运动队伍建设，协调运动员社会保障工作。"第6项职责为"拟订体育产业发展规划、政策，规范体育服务管理，推动体育标准化建设"，其中，"统筹规划竞技体育发展""拟订体育产业发展规划、政策"等可以与电子竞技的宏观监管与发展路线相对接，"指导协调体育训练和体育竞赛""指导运动队伍建设""推动体育标准化建设"等则可以与电子竞技的赛事举办、参与者管理以及场馆标准等"竞技"事项相对接。可见，一方面，正因为"电子竞技"与"体育"具有较高的重合度，电子竞技的内在架构相当程度上是借鉴或参照职业体育设置的，因此，由体育部门监管电子竞技的各项事宜不会出现"文不对题"或"水土不服"的窘境；另一方面，电子竞技与体育部门的匹配程度也远高于市场监督、文化旅游、广播电视、知识产权乃至民政[1]等其他部门，或者说，上述"竞技"事宜其实也只能由体育部门进行监管。诚如论者所言，"国家将电子竞技、象棋等列入体育项目，其主要因素在于便于管理和有利于宣传，因为我国目前还没有为这类活动设立独立的政府管理部门。"[2]但从机构设置的角度，国家几乎不可能设置一个独立于体育部门之外、与体育部门相平行的、专职对非体育的竞技项目进行监管的政府工作部门；或者，这一部门"目前还没有"，以后也不可能有——扩展体育部门的管辖范围，将上位"竞技"概念中的各个具体项目逐步纳入其中，是对电子竞技等非体育项目实行监管的唯一路径。同时，也正基于此，"电子竞技是否属于体育"的概念纷争在行政监管的角度上是缺乏实质意义的——无论电子竞技是智力活动还是身体活动，也无论电子竞技是归属于"体育"还是"竞技"，其都是且只能是由体育部门来主导监管，将这一主导地位赋予其他任何一个部门都是不合适的。而这一"缺乏实质意义"的客观事实也能从另一个角度解除电子竞技的概念纷争。

此处还需提及的是，尽管已经反复强调了体育部门在电子竞技监管中的主导地位，但如表1-3所示，其毕竟不能成为唯一主体。而对于监管主体过于多元的现象，从"相对集中监管权"的角度看，可以按照《行政许可法》第25条的规定，把部分与"竞技"更为接近的监管事项向体育部门集中，比如将有关赛事举办的营业性演出许可证、有关竞技类游戏（区别于普通网游）上线运

---

[1] 如果认为电子竞技和体育之间没有任何关联，而是属于公民根据相同爱好而自行组织开展的社会活动，那么其所在的组织即具有"社会团体"的性质，而根据《民政部职能配置、内设机构和人员编制规定》（2018）第3条第2项的规定，其应当属于民政部门的管辖范围。但一方面，目前的电子竞技俱乐部多为公司制而非社会团体，各地方的电子竞技协会虽为社会团体但在电竞赛事中尚未起主导作用。另一方面，对于电子竞技的赛事举办、参与者管理以及场馆标准等"竞技"事项，民政部门并无专业储备和监管经验。

[2] 崔丙刚："论信息时代下电子竞技与体育运动的关系"，载《体育科技文献通报》2016年第12期，第137页。

营的网络出版服务许可证等，通过转换许可形态的方式划归体育部门，从而扩大体育部门监管电子竞技的"覆盖面"，同时方便电竞从业者集中申请和办理相关许可。如果监管权的集中难以实现，那么从"跨部门协同监管"的角度看，可以进一步发挥体育部门的协调作用，即电竞从业者在办理其他部门的许可遇到困难时，由体育部门进行协调，或者按照《行政许可法》第26条第2款的规定实施"一站式服务"，比如，国际性电子竞技赛事的承办者在向体育部门申请许可的同时，可以一并申请相应的直播、改编、安全等许可，而由接到申请的体育部门向文旅、广电和公安部门转交办理，从而最大限度地降低承办者的办事成本。

第三节 法律规制：体育法与电竞规范的融合与调试

一、体育及各政府部门的电竞立法状况

在"放管服"的改革方略中，建立健全科学的制度规范是推动监管环节公开、公平、公正运行的基本保证；既能约束监管主体，使其监管工作"有法可依"，又能约束监管对象，使其生产经营"合法合规"。对此，《国务院办公厅关于创新管理优化服务培育壮大经济发展新动能加快新旧动能接续转换的意见》要求"量身定做监管制度，逐步完善已形成规模、影响力较大的新产业新业态的监管制度体系"；《国务院关于加强和规范事中事后监管的指导意见》要求"健全制度化监管规则"，"制订全国统一、简明易行的监管规则和标准，并向社会公开，以科学合理的规则标准提升监管有效性"；等等。与前文所述的多元监管主体类似，电子竞技场域也涉及多元法律规制的问题，笔者首先梳理了除体育部门之外的政府工作部门及行业协会制定的有关电子竞技的规范性文件（见表1-4）。

表1-4　各部门制定的电子竞技相关文件（不含体育部门）

	制定主体	文件名称
政策支持	国家发展和改革委员会等	《关于促进消费带动转型升级的行动方案》（2016）
	文化部	《关于推动文化娱乐行业转型升级的意见》（2016）
	文化部	《文化部"十三五"时期文化产业发展规划》（2017）

续表

	制定主体	文件名称
电竞人员	人力资源和社会保障部、国家市场监督管理总局、国家统计局	《人工智能工程技术人员等职业信息》（2019）
	上海市电子竞技运动协会	《上海市电子竞技运动员注册管理办法（试行）》（2018）
	四川省电子竞技运动协会	《四川省电子竞技运动员注册管理办法（修订版）》（2018）
	内蒙古电子竞技运动协会	《内蒙古电子竞技运动员注册管理办法（修订版）》（2019）
场馆小镇	中国体育场馆协会	《电子竞技场馆建设标准》（2017）
	杭州市下城区人民政府	《关于打造电竞数娱小镇促进产业集聚发展的实施意见（试行）》（2018）

通过表1-4可以看出：①虽然同样涉及多个政府工作部门及相关立法，但表1-3所列举的法律规范并不是专门针对电子竞技的，比如，《营业性演出管理条例》针对的是营业性演出，电竞赛事演出只是其中的一部分；《网络出版服务管理规定》针对的是网络出版，竞技游戏上线也只是包含在其中。相比之下，表1-4中半数以上的文件都是专门针对电子竞技的。②当前各部门的电竞立法主要集中在"政策支持""电竞人员"和"场馆小镇"三个领域，其中最为多见的是"政策支持"。但无论是"开展活动"，还是"支持发展"，或是"打造赛事"，更多的都是宏观政策，而非具体监管措施。③虽然表1-4列举了3个地方层级的电竞运动员注册管理办法，以及1个国家层级的电竞场馆建设标准，包含了细节性的监管措施，但其制定主体并非政府工作部门，而是行业协会；虽然多数电子竞技协会是由体育部门推动成立并监督管理的，中国体育场馆协会也是由国家体育总局体育经济司指导工作的，但其制定的规范毕竟不同于政府部门的直接立法，至少在效力等级和执行力上会有所差别。就此而言，现行政府部门的电竞立法绝大部分都集中在宏观政策领域，而对"竞技"事项的具体规定还相当稀少。继而，笔者梳理了体育部门制定的有关电子竞技的规范性文件（见表1-5）。

表1-5 体育部门制定的电子竞技相关文件

	制定主体	文件名称
政策支持	国家体育总局	《体育产业发展"十三五"规划》（2016）
	吉林省体育局	《关于认真贯彻落实〈吉林省人民政府办公厅关于加快发展健身休闲产业的实施意见〉的通知》（2019）
	上海市体育局	《建设国际体育赛事之都三年行动计划（2018—2020年）》（2018）
	上海市文化和旅游局、上海市体育局等	《关于促进上海电子竞技产业健康发展的若干意见》（2019）
	重庆市体育局	《重庆市体育产业加快发展行动计划（2018—2022年）》（2018）
	广州市文化广电旅游局、广州市体育局等	《广州市促进电竞产业发展三年行动方案（2019—2021年）》（2019）
竞赛规则	国家体育总局	《全国电子竞技竞赛管理办法（试行）》（2006）
	国家体育总局	《全国电子竞技竞赛规则》（2006）
	国家体育总局	《电子竞技赛事管理暂行规定》（2015）
电竞人员	国家体育总局	《全国电子竞技运动员注册与交流管理办法（试行）》（2006）
	国家体育总局	《全国电子竞技运动员积分制度实施办法（试行）》（2006）
	国家体育总局	《全国电子竞技裁判员管理办法（试行）》（2006）
	山东省体育局	《山东省非奥运（全运）项目体育竞赛裁判员管理办法》（2018）
竞赛表演	重庆市体育局	《关于加快发展体育竞赛表演产业的实施意见》（2019）
场馆小镇	国家体育总局	《县级全民健身中心建设要求》（2016）
	国家体育总局	《体育总局办公厅关于公布第一批运动休闲特色小镇试点项目名单的通知》（2017）
	重庆市体育局	《体育基础设施振兴行动计划（2018—2022）》（2018）

通过表1-5可以看出：①体育部门的立法并不全是针对电子竞技而制定的，

如《体育产业发展"十三五"规划》《山东省非奥运（全运）项目体育竞赛裁判员管理办法》等是针对宏观体育的，而电子竞技只是包含在其中。表1-5专门针对电子竞技的法律规范共有8部，占总数的47%。②体育部门的立法主要集中在"政策支持"领域，占总数的35%；此外还涉及竞赛规则、电竞人员、竞赛表演和场馆小镇四个领域，覆盖面相对较广。③表1-5只有国家体育总局出台的6部文件对电竞事项进行了细化规范，其中《全国电子竞技竞赛管理办法（试行）》《全国电子竞技竞赛规则》等5部是2006年出台的，距今已较为久远；而2015年制定的《电子竞技赛事管理暂行规定》是目前电竞监管方面位阶最高的法律文件。④从中央和地方体育部门的立法数量上看，国家体育总局共发布9部法律规范，占总数的53%，与各地方体育局基本持平。

重要的是，尽管体育部门的职权与"竞技"的关联度远超于其他部门，但其对电竞场域中"竞技"事项的立法显然不够充分。比如，在国家体育总局的6部文件中，《电子竞技赛事管理暂行规定》仅对赛事举办进行了规定；《全国电子竞技竞赛规则》虽然对于参赛人员、赛场、设备、犯规和判罚等事项进行了规定，但其所要求的电脑主机配置已远不能满足当前竞技游戏的需要，其所规定的若干竞技游戏比赛规则，也已因相应游戏陆续退出赛事项目而不再具有实质意义。国家体育总局在《2020年全国体育政策法规规划工作要点》第5项第24条要求"对……电子竞技等当前体育改革发展中的重点难点热点问题进行研究，建立并完善体育决策咨询研究项目成果库。"笔者认为，这些研究成果应当逐渐转化为立法，从而以体育部门为核心建立电竞场域的制度规范体系。需要再次提及的是，电子竞技产业链的各个环节对应着各自的监管主体，在"相对集中监管权"尚未实现的前提下，由多元监管主体分别制定各自的制度规范是难以避免的，但体育部门至少应当对竞赛规则、赛事举办、赛事参与者等"竞技"事项进行立法，因为电竞产业的构成是围绕"竞技"这一核心展开的；虽然电竞场域涉及多个立法主体，但体育部门仍应居于主导地位。

二、电子竞技场域的体育法适用及立法进路

由于电子竞技的专项立法尚不充分，加之"电子竞技"与"体育"具有较高的重合度，需要考虑的是《体育法》及体育类法律规范与电子竞技的关系问题，包括体育立法能否适用于电子竞技，电子竞技的立法进路如何实现最优化，等等。笔者认为，由于"电子竞技"不是"体育"的下位概念，不能完全照搬

传统体育项目的法律规范；但国内多数有关"竞技"的规则都是在"体育"立法中规定的，因此《体育法》及体育类法律规范中的通行规则是有可能适用于电竞场域的。对此，笔者梳理了《体育法》中有关"竞技"的法律条文、作为下位法的中央及部分地方的体育类法律规范，以及相应的电竞类法律规范，并在三者之间标示了对应关系（见表1-6）。

表1-6 体育法律规范与电子竞技的对应情况

《体育法》（2022）	体育类法律规范	与电子竞技的对应情况
第49条第1款 代表国家和地方参加国际、国内重大体育赛事的运动员和运动队，应当按照公开、公平、择优的原则选拔和组建。		电子竞技在亚运会等中的选拔 暂无相关立法
第46条 国家对优秀运动员在就业和升学方面给予优待。	《广东省退役运动员就业安置办法》（2004） 《山西省竞技体育人才培养和退役安置办法》（2008） 《江苏省退役运动员就业安置办法》（2023）	电竞选手升学就业 暂无相关立法
第45条 国家依法保障运动员选择注册与交流的权利。运动员可以参加单项体育协会的注册，并按照有关规定进行交流。	《全国运动员注册与交流管理办法（试行）》（2003）	《全国电子竞技运动员注册与交流管理办法（试行）》（2006）
第48条 国家实行体育运动水平等级、教练员职称等级和裁判员技术等级制度。	《运动员技术等级管理办法》（2014） 《运动员、教练员奖励实施办法》（1996）	《全国电子竞技运动员积分制度实施办法（试行）》（2006）
	《体育教练员职务等级标准》（1994） 《体育教练员岗位培训管理暂行办法》（2019）	暂无相关立法
	《体育竞赛裁判员管理办法》（2015）	《全国电子竞技裁判员管理办法（试行）》（2006）

《体育法》（2022）	体育类法律规范	与电子竞技的对应情况
第 50 条 国家对体育赛事活动实行分级分类管理，具体办法由国务院体育行政部门规定。	《体育赛事活动管理办法》（2020）《浙江省体育赛事管理办法》（2017）《海南省体育赛事管理办法（试行）》（2017）	《电子竞技赛事管理暂行规定》（2015）《全国电子竞技竞赛管理办法（试行）》（2006）
第 91 条第 1 款 国家建立体育仲裁制度，及时、公正解决体育纠纷，保护当事人的合法权益。	《体育仲裁规则》（2023）《中国体育仲裁委员会组织规则》（2023）《中国体育仲裁委员会章程》（2023）《中国体育仲裁委员会仲裁员聘任和管理办法》（2023）《体育仲裁办事指南》（2023）	电竞场域纠纷解决机制暂无相关立法
第 53 条第 1 款 国家提倡健康文明、公平竞争的体育运动，禁止在体育运动中使用兴奋剂。	《反兴奋剂条例》（2018）《反兴奋剂管理办法》（2021）	暂无相关立法
第 61 条第 1 款 国家鼓励、支持体育组织依照法律法规和章程开展体育活动，推动体育事业发展。	《全国性体育社会团体管理暂行办法》（2001）	电竞俱乐部、协会等暂无相关立法
	《体育服务认证管理办法》（2005）《山东省体育经纪人管理暂行办法》（2000）《浙江省体育经纪人管理办法（试行）》（2001）	电竞经纪人和经纪公司暂无相关立法

通过表 1-6 可以看出，目前体育法律规范与电子竞技主要呈现出以下两种对应关系：

（1）体育立法中已有的规范事项，在电竞场域中暂无相关立法。其中又分两种情况：一是相关事项在电竞场域参照体育立法实施即可，无需单行立法，最为典型的是有关兴奋剂问题的规范。二是相关事项在电竞场域不能完全参照体育立法实施，而应根据自身的特殊性制定单行立法，比如，在亚运会等赛事的运动员选拔、退役运动员的优待措施以及体育仲裁制度的执行等方面，电子竞技由于在赛制、选手来源、管理体制等方面的特殊性，不能直接适用其他体育项目的规则。简言之，对于电竞场域尚无立法的规范事项，若为通行问题即可直接适用体育立法；若因自身特殊性而无法适用的，则应及时制定电竞立法。对此，较为合理的立法进路在于，若某一事项并未受到电竞自身特性的影响，无需单行立法，可在制定的体育立法中明示其可以适用于电竞场域，即就有关事项在"体育"和"电竞"场域制定通行立法；若某一事项需要制定单行的电竞立法，可在"体育"场域制定相关规则的同时，一并制定包含"电竞"自身特性的相应规则，即就有关事项在"体育"和"电竞"场域同时立法。

（2）体育立法中已有的规范事项，在电竞场域中亦有相关立法。比如：①《全国运动员注册与交流管理办法（试行）》和《全国电子竞技运动员注册与交流管理办法（试行）》都是对运动员的注册与交流进行规定，并且二者之间具有明显的关联——后者在第1条明确规定："为加强全国电子竞技运动员管理……依据……国家体育总局《全国运动员注册与交流管理办法（试行）》，并结合本项目实际，制定本办法。"即是说，后者是前者在电子竞技场域的具体规定或细化规定，后者的相关条款也明显显示出电竞运动员区别于普通运动员的特殊性。[1]此时，在电竞场域适用电竞的专门立法即是不言而喻的。②《体育竞赛裁判员管理办法》和《全国电子竞技裁判员管理办法（试行）》都是对裁判员管理进行规定，都通过专门的章节对裁判委员会、裁判技术等级、裁判员选派和裁判员权利义务等进行了规定，规范事项较为一致。问题在于，后者的立法依据《体育竞赛裁判员管理办法（试行）》已经废止，并由2015年发布的前者取代，但后者并未进行更新。笔者认为，电竞立法若是依据体育立法制定，或是与体育立法具有关联性，即应随着体育立法的修订而及时加以修订；如若体育立法尚未修订，但电竞场域出现了新事物或者新变化，则应对电竞立法单独加以修订。在电子竞技高速发展的时代，其立法及修订至少不应滞后于相应的体育立法。③《体育赛事活动管理办法》（2020）和《电子竞技赛事管理暂行规定》部分规定较为一致，可以视为是体育和电竞立法融合的一个典范。比如，《体育法》第50条规定了较为宏观的赛事分级分类制度，并明确了全国

---

〔1〕　比如，后者第15—22条规定了前者所没有的俱乐部注册，后者第6条规定了区别于前者的运动员注册年龄，而前者第7—9条规定的代表资格协议制度在后者中并没有出现，等等。

性赛事的管理主体。《体育赛事活动管理办法》（2020）第10条第1、2款明确规定除全国综合性运动会、部分国际体育赛事活动外，"体育总局对体育赛事活动一律不做审批"，"地方体育部门应当……减少体育赛事活动审批"；作为地方立法的《浙江省体育赛事管理办法》和《海南省体育赛事管理办法（试行）》分别在第6条和第13条规定了相同或近似的内容。而《电子竞技赛事管理暂行规定》第3条同样规定，商业性、群众性、公益性电子竞技赛事，一律不需要审批，合法的法律主体可自行依法组织和举办此类赛事。三部立法在赛事审批这一问题上呈现出明显的一致性。笔者认为，由于"体育"和"电竞"具有较高的重合度，其相应事项的立法相互融合和趋同也是较为正常的现象；并且，上位法和下位法、体育立法和电竞立法之间层层细化的态势也是较为理想的立法进路。

三、电子竞技场域的第三方立法及限度

前文所述及的体育类法律规范，除全国人大常委会制定的《体育法》外，大部分来自体育行政部门，也有一部分来自单项体育协会；而电子竞技场域的一个特殊之处在于，有相当一部分更为细化的竞技规则既不是来自体育行政部门，也不是来自各级电竞协会，而是来自第三方，即游戏厂商或其主导的联盟；或者说，电子竞技场域的"立法主体"不仅包括体育行政部门和电竞协会，而且包括游戏厂商/联盟。原因在于，竞技游戏的开发商不仅拥有竞技游戏的版权，而且拥有第一方赛事的主办权，其对赛事运行的主导程度往往超过传统体育中的单项协会。

从目前电竞场域的第三方立法状况来看，其至少包括两个层级：所辖竞技游戏的通行规则和各个竞技游戏的单行规则。以腾讯公司为例，其已经发布了作为通行规则的《腾讯2018电子竞技运动标准》，以及作为单行规则的《2021赛季英雄联盟职业联赛比赛规则》《2021年KPL王者荣耀职业联赛春季赛赛事规则》《2019年王者荣耀冬季冠军杯赛事规则》等。其中，①《腾讯2018电子竞技运动标准》共3万余字，分为电竞赛事标准、电竞赛事战队及选手标准、电竞赛事场馆标准等6个部分，其规定的细致程度远超体育部门和电竞协会的立法。比如："3.4.2. 选手暂停 选手只可以在以下事件发生后才可以暂停比赛……意外断开；硬件或软件发生故障（例如显示器断电、设备故障或游戏出现问题）；选手身体受到干扰。"这些规定都是上位立法中未曾出现的。②《2021赛

季英雄联盟职业联赛比赛规则》共 3.6 万余字，分为联赛日程及奖金、队伍成员资格、选手及俱乐部的言行规范等 13 个部分，并规定了名单更替、人员服装、选手设备等细致入微的事项。③《王者荣耀》根据赛事种类的不同至少包含 4 部规则：《2021 年 KPL 王者荣耀职业联赛春季赛赛事规则》《2019 年王者荣耀冬季冠军杯赛事规则》《〈王者荣耀〉第七届王者城市赛赛事规则》《〈王者荣耀〉第六届王者高校联赛赛事规则》，其中最为详细的是《2019 年王者荣耀冬季冠军杯赛事规则》，共 1.4 万余字，分为冬季冠军杯赛程赛制、比赛过程、游戏规则等 8 个部分，同样规定了握手环节、保密规定、设备更换等细致入微的事项。在上述第三方立法中，最为重要的问题是其与体育部门、电竞协会立法的一致性；对此，我们选取选手年龄、裁判员不当裁决、赛事承办人条件三个事项，并在三者的立法条文之间进行对照（见表 1-7）。

表 1-7 第三方与体育部门、电竞协会立法条文对照

	选手年龄	裁判员不当裁决	赛事承办人条件
体育行政部门立法	《全国电子竞技运动员注册与交流管理办法（试行）》（2006） 第 6 条 年满 18 周岁的运动员可在户籍所在地或常驻地的省级体育主管部门申报注册。 第 5 条 ……未经注册运动员不得报名参加本办法第二条规定的全部电子竞技赛事。	《全国电子竞技裁判员管理办法（试行）》（2006） 第 27 条 对电子竞技裁判员的警告和取消该次比赛裁判资格的处罚，由竞赛组委会做出……	《电子竞技赛事管理暂行规定》（2015） 第 9 条 申请承办电子竞技赛事的组织，应当具备下列条件：①能够独立承担民事责任；②拥有与经营范围和赛事规模相适应的组织机构和专业管理人员；③具有完备的赛事组织实施方案……
电竞协会立法	《上海市电子竞技运动员注册管理办法（试行）》（2018） 第 7 条 申请注册的运动员，应当符合下列条件：①年满 18 周岁…… 第 3 条 未经注册的电子竞技选手，不得代表上海参加国际国内电子竞技比赛。		

	选手年龄	裁判员不当裁决	赛事承办人条件
游戏厂商/联盟立法	《腾讯 2018 电子竞技运动标准》 二、1.1. 所有参加电竞比赛的选手必须年满 17 周岁。	《腾讯 2018 电子竞技运动标准》 一、4.3. 最终裁决。如果一名裁判做出了不正确的裁决，那么此裁决在比赛过程中无法被撤销，因为裁判的决定不可更改。	《腾讯 2018 电子竞技运动标准》 1.2.3. 第三方赛事标准授权标准 1.2.3.1. 第三方赛事的名称需要与官方赛事进行一定的区隔。 1.2.3.2. 第三方赛事的招商权需要与腾讯电竞及相关产品进行确认分配比例。 1.2.3.3. 第三方赛事若希望邀请官方赛事职业战队进行表演……
	《2021 赛季英雄联盟职业联赛比赛规则》 2.2.1. 所有参加和 LPL（英雄联盟职业联赛）有关比赛的选手必须年满 17 周岁。	《2021 赛季英雄联盟职业联赛比赛规则》 9.4.3. 如果裁判做出错误裁决，则裁决结果视情况可以变更。	
	《〈王者荣耀〉第七届王者城市赛赛事规则》(2019) 2.1 A. 参与城市赛省赛的选手，最低年龄限制为 16 周岁。		

通过表 1-7 可以看出，对于同一事项的规定，来自不同制定主体的条文也存在着不同之处。具体而言：①在选手年龄方面，国家体育总局和上海市电子竞技运动协会的要求相一致，皆为年满 18 周岁方可注册和参赛，而在腾讯公司的三个文件中年满 16 周岁和 17 周岁即可参赛。尽管 18 周岁的年龄要求确有过高之嫌，[1] 但腾讯公司的立法毕竟还是违反了"上位法"。②在裁判员不当裁决方面，国家体育总局规定当次比赛的裁判员资格可以取消，而作为通行规则

---

[1] "16—22 岁是电竞选手快速成长与进步的黄金年龄……我国对电竞选手的注册、参赛年龄限制过高，必然会导致优秀选手缺失，降低电竞赛事的竞技性和可观赏性，对我国电竞赛事的效果带来负面影响"。参见郭超然："我国电子竞技行业发展与政策"，载《中外企业家》2017 年第 31 期，第 31 页。

的《腾讯2018电子竞技运动标准》规定裁判的决定不可更改，作为单行规则的《2021赛季英雄联盟职业联赛比赛规则》却做出了相反的规定。这既说明游戏厂商/联盟的立法存在着相互冲突等质量问题，又说明其违反上位法的情形并非个例。③在赛事承办人条件方面，国家体育总局的要求更偏重承办人的资格资质和办赛能力，而腾讯公司的要求则更偏重商业性质的赛事间隔和分配比例，二者的侧重点明显有别，但后者并未违反前者。

笔者认为，在解除了电子竞技的概念纷争后，体育部门和游戏厂商/联盟之间仍然是且应当是监管与被监管的关系——无论是体育部门在电竞场域的监管主体身份，还是在电竞场域的立法权限，或是将体育立法适用于电竞场域的正当性，都是以"电子竞技"与"体育"在概念、性质和内在架构上的高度重合以及二者共有的"竞技"属性为基础的。此时，如果弱化甚至取消体育部门的监管，仅靠游戏厂商/联盟的自律和自行立法，则可能出现选手保障不足、场馆重复建设、赛事结构无序等问题。[1] 笔者认为，游戏厂商/联盟和体育部门的立法关系应当遵循以下原则：①体育部门应当就电竞场域的基础性、根本性事宜制定统一规则或者底线规则，而游戏厂商/联盟可以制定赛事运行过程中的细化规则，但后者不能违反前者。②体育部门的某项立法如果不够合理或者过于陈旧，游戏厂商/联盟可以建议其修订和调整，而不是绕开该立法而径自立法。③体育部门除更新或优化自身立法外，还应主动履行监管职责，对游戏厂商/联盟的立法进行全面审查，若发现不当之处应及时制止和纠正，从而确保电子竞技在"放管服"的背景下有着科学而严谨的规范。

---

　〔1〕　即如论者所言，"由于游戏开发主导权在企业，具体赛事项目可能涉及个别公司商业利益，这与体育竞赛的规则和精神是相悖的，也对电子竞技运动和产业的健康、有序发展和推广带来了一定影响。"参见夏清华主编：《电子竞技商业模式》，武汉大学出版社2019年版，第62页。

第二章　电子竞技产业扶持的政策性诠释

作为深受国家政策影响的新兴产业[1]，电子竞技自诞生之日起经历了数次发展上的起伏与波澜。时至今日，"我国文化产业发展趋向开放性与多元化，我国政策对网络游戏和电子竞技产业的态度也随之好转。"[2]对此，中央和各地方政府陆续颁布了较多关于电子竞技的规范性文件，在不同程度上体现了对电子竞技产业肯定与扶持的政策导向；对这些文件进行逐条分析和比对，并在规范内容、制定主体、扶持事项以及对应条款等方面进行梳理和总结，进而给出相应的立法建议，即是本章的主旨。

第一节　"新动能"引领：电竞产业扶持的政策缘起

一、作为经济发展新动能的电子竞技

在当前形势下，发展新兴产业、培育和壮大新动能是确保我国宏观经济快速稳定发展的一项重要任务。正如2018年李克强在全国深化"放管服"改革转变政府职能电视电话会议上的讲话所言："新动能对经济增长的贡献率超过三分之一、对城镇新增就业的贡献率超过三分之二"；《国务院办公厅关于创新管理优化服务培育壮大经济发展新动能加快新旧动能接续转换的意见》明确指出："加快培育壮大新动能……是促进经济结构转型和实体经济升级的重要途径，也是推进供给侧结构性改革的重要着力点。"对此，应当"主动构建激发创新活力、推广创新成果、支持业态创新的体制机制，以更大的力度促进知识和智力

---

[1] "在我国，政府的支持与否对一个产业的未来发展有很大的影响。政府态度上的正面认可和相关力量的介入对电竞产业未来的发展起到了显著的导向作用，这对电子竞技这样一个新兴产业的发展是非常必要的。"参见夏清华主编：《电子竞技商业模式》，武汉大学出版社2019年版，第62页。

[2] 郭超然："我国电子竞技行业发展与政策"，载《中外企业家》2017年第31期，第30页。

资源尽快实现经济价值"。尽管上述文件并未明确将电子竞技纳入其中[1]，但从目前的立法和实践状况来看，电子竞技属于"新动能"的一员已是不争的事实。比如，《青岛市人民政府关于在新旧动能转换中推动青岛文化创意产业跨越式发展的若干意见》（2018）第 2 项第 4 点第 8 条明确要求"加快电竞行业培育"。再如，国家统计局发布的《战略性新兴产业分类（2018）》中，"8.2.5其他数字文化创意活动"项下的"6422 互联网游戏服务"包含了"电子竞技"；其发布的《文化及相关产业分类（2018）》中，"0242 互联网游戏服务"包含了"互联网电子竞技服务"；等等。

根据 Newzoo 发布的《2021 全球电竞与游戏直播市场报告》，2021 年全球电竞行业收入将达 10.84 亿美元，同比增长 14.5%，全球电竞观众将达 4.74 亿，同比增长 8.7%。[2]仅就国内移动电竞而言，2019 年《王者荣耀》系列赛事观赛总量为 440 亿，巅峰观赛量为 170 亿，总观赛时长超过 2 亿小时，单独观赛观众超过 3000 万人。[3]可见，电子竞技不仅在世界范围内呈现持续向好的发展态势，在我国更是实现了短时间内的快速增长，部分层面上已经接近传统的体育和文化产业：一方面，电子竞技有着颇为广泛的"群众基础"，其所依托的数字游戏"已是一种极为普遍的大众娱乐方式，成为近半数中国人日常文化消费的对象"[4]，甚至堪称世界上最受欢迎的娱乐活动——作为"竞技"的一种，电子竞技的显著特征在于与现代电子信息技术的高度融合，其所使用的软件和硬件载体不仅比传统体育/竞技项目更为复杂和多元，而且更能考验参与者的思维-反应能力、心眼四肢协调能力，从而更能迎合青年群体的喜好；另一方面，电子竞技依托其"电子"属性而生成的直播和虚拟商品等产业链条也是传

---

〔1〕《国务院办公厅关于创新管理优化服务培育壮大经济发展新动能加快新旧动能接续转换的意见》第 1 项第 3 条中规定："以分享经济、信息经济、生物经济、绿色经济、创意经济、智能制造经济为阶段性重点的新兴经济业态逐步成为新的增长引擎。制造业新模式、农业新业态、服务业新领域得到拓展深化……"此处并未明确提及电子竞技。

〔2〕See Newzoo, "Global Esports and Streaming Market Report 2021", available at https://newzoo.com/cn/trend-reports/newzoos-global-esports-live-streaming-market-report-2021-free-version-chinese/, last visited on 2022-03-28.

〔3〕参见电竞世界："制造风口：走入 2020 年的电竞狂潮"，载 https://mp.weixin.qq.com/s/XPlaQxo7Fbpo-_ _LdoUwHQ，最后访问日期：2022 年 3 月 28 日。

〔4〕何威、曹书乐："从'电子海洛因'到'中国创造'：《人民日报》游戏报道（1981—2017）的话语变迁"，载《国际新闻界》2018 年第 5 期，第 58 页。

统体育/竞技项目无法触及的，这也进一步凸显了其"经济发展新动能"的地位。尽管如此，电竞产业整体还处于"初生阶段"，这不仅表现为其核心产业规模"仅有不到 150 亿人民币，从业人数约 12 万人"[1]，还表现为俱乐部难以盈利、关键性知识产权储备不足等，同时也表现为相关政策法规不够完善甚至有所缺位——对于这一发展前景广阔但目前尚不充分的新兴产业，各级政府发布相关政策予以扶持就有着充分的必要性。

二、电子竞技的政策转变与基本缘由

2018 年李克强在全国深化"放管服"改革转变政府职能电视电话会议上的讲话要求"着力减少政府的微观管理、直接干预，放手让企业和群众创业创新，激发市场活力和社会创造力"；《国务院办公厅关于创新管理优化服务培育壮大经济发展新动能加快新旧动能接续转换的意见》要求"发挥市场在资源配置中的决定性作用"，"放宽政策限制，主动改变不适宜的监管理念、管理模式和政策体系"。电子竞技从最初的赛事举办到逐步形成产业规模一直是"自生自发"，而非政府帮扶和规划的产物。然而，由于至今仍未完全停息的争议和负面舆论[2]，其在发展历程中反而经受了不同程度的政策阻力。当前"放管服"的改革方略，首先就是从整体上"向社会放权"，减少干预、放宽政策限制、清除准入障碍，让电竞参与者和从业者能够顺利进入这一领域，并按照市场规律开展各项活动；这里的"放"并不是对个别电竞企业/俱乐部在审批过程中放宽限制，而是从政策源头上对电竞产业放宽限制。在此基础上，"管"和"服"则是由政府来树立产业导向性、提升赛事稳定性、鼓励产品的研发和交易、加强企业培育和人才培养等，从而进一步扶持和推动电竞产业发展。

---

[1] 电竞世界："制造风口：走入 2020 年的电竞狂潮"，载 https://mp.weixin.qq.com/s/XPlaQxo7Fbpo-__LdoUwHQ，最后访问日期：2022 年 3 月 28 日。

[2] "对于网络游戏和电子竞技的负面报道仍然频繁见诸各大媒体，担忧和质疑的声音自其传入中国之后伴随始终。究其原因，一方面我国的网络游戏和电子游戏本身确实存在监管缺失和规范缺乏的问题……沉溺游戏带来的各种负面现象也屡见不鲜，另一方面'网络移民'群体由于习惯和偏见，对于网络游戏和电子竞技存在情感上的排斥和拒绝……社会舆论对电竞行业的偏见导致了整个行业的氛围和发展都受到极大限制，即使是在相对开明、开放的上海，电竞行业仍面临很多质疑和反对。"参见刘新静："上海建设'全球电竞之都'新思路"，载《中国建设信息化》2019 年第 11 期，第 56 页。

与此同时，扶持电竞产业已经成为当今各国的普遍做法。比如，2013 年美国政府正式批准《英雄联盟》职业玩家成为职业运动员，从政策法规上认可了电子竞技；2015 年法国政府修改了《数字及电子产品管理法》，将电子竞技列入正式认可的体育项目；2016 年美国伊利诺伊州的罗伯特莫里斯大学（RMU）正式向社会招收电子竞技特长生，并提供高达学费总额 70% 的奖学金；目前欧洲已有超过 18 个国家将电子竞技项目认可为体育运动并给予高度重视，其产业化模式已经成型；[1]等等。我国系统性的扶持政策虽然略晚于西方国家，但在覆盖的地域、涉及的环节以及扶持的力度等方面已经能与国际共享经验。

第二节　产业扶持：三重维度下的电竞政策文件

一、政策文件的第一重维度：中央层级的综合性文件

《国务院办公厅关于创新管理优化服务培育壮大经济发展新动能加快新旧动能接续转换的意见》明确要求"构建形成适应新产业新业态发展规律、满足新动能集聚需要的政策法规和制度环境。创新驱动发展的体制环境更加完备"，"包容和支持创新发展的管理体系基本建立。"这就意味着，在电子竞技这一新动能领域，政策法规和制度体系的设立与完善有着至关重要的基础性作用。为考察中央及各地方政府对电竞产业的政策扶持，我们查找并梳理了 98 部已经颁布实施的规范性文件，并根据立法层级和规范内容将之分为三重维度：中央层级的综合性文件（共 10 部）、地方层级的综合性文件（共 75 部）、地方层级的电竞专项文件（共 13 部）。[2]此处首先将中央层级的综合性文件列举如下：

---

〔1〕 参见夏清华主编：《电子竞技商业模式》，武汉大学出版社 2019 年版，第 4 页。

〔2〕 需要说明的是，这些文件的收集以"穷尽式列举"为原则，是在现有的能力范围内所查找到的全部与电竞产业相关的政策性文件，同时不排除还存在着已经颁布但未被本章所列举的情形。

表 2-1　中央层级涉及电竞产业的综合性文件（共 10 部）

文件名称	扶持事项						对应条款
	赛事举办	产业集群	人才培养	电竞场馆/小镇	引导发展	其他	
《国务院办公厅关于加快发展健身休闲产业的指导意见》（2016）			√		√		二、（六）推动……电子竞技……时尚运动项目健康发展，培育相关专业培训市场。
《国务院办公厅关于印发完善促进消费体制机制实施方案（2018—2020 年）的通知》（2018）					√		一、（三）积极培育……电竞运动等体育消费新业态。
国家体育总局《体育产业发展"十三五"规划》（2016）					√		三、（四）以……电竞等运动项目为重点，引导具有消费引领性的健身休闲项目发展。
国家体育总局《县级全民健身中心建设要求》（2016）				√			三、（三）2.（2）益智类场地：棋牌类、益智类桌游、电子竞技、模拟运动。
《体育总局办公厅关于公布第一批运动休闲特色小镇试点项目名单的通知》（2017）				√			《第一批运动休闲特色小镇试点项目名单（96 个）》：31. 苏州市太仓市天镜湖电竞小镇。
国家体育总局《2020 年全国体育政策法规规划工作要点》（2020）						√理论研究	五、（二十四）电子竞技等当前体育改革发展中的重点难点热点问题进行研究，建立并完善体育决策咨询研究项目成果库。

续表

文件名称	扶持事项						对应条款
	赛事举办	产业集群	人才培养	电竞场馆/小镇	引导发展	其他	
《文化部关于推动文化娱乐行业转型升级的意见》(2016)	√	√			√		二、（五）支持以游戏游艺竞技赛事带动行业发展。支持……打造区域性、全国性乃至国际性游戏游艺竞技赛事，并依托赛事平台开展其他衍生业务，以竞技比赛带动游戏游艺产品的研发推广、经营业态的转变和行业形象的提升。各级文化行政部门应当结合实际，引导和扶持各种竞技比赛与游戏游艺行业融合发展。
《文化部"十三五"时期文化产业发展规划》(2017)					√	√上网场所√游戏直播	二、（一）3. 支持发展……电子竞技等新业态。三、（四）促进移动游戏、电子竞技、游戏直播、虚拟现实游戏等新业态发展。（六）鼓励和引导上网服务场所与电子竞技……领域的跨界融合。
国家发展和改革委员会等《关于促进消费带动转型升级的行动方案》(2016)	√						二、（七）27. 开展电子竞技游戏游艺赛事活动……举办全国性或国际性电子竞技游戏游艺赛事活动。
人力资源和社会保障部等《人工智能工程技术人员等职业信息》(2019)			√				一、（七）4-13-05-03电子竞技运营师；（八）4-13-99-00电子竞技员。

通过表 2-1 可以看出：

（1）在规范内容方面，之所以将上述文件称为"综合性文件"，是因为其并非"专门针对"电子竞技，而是在规范较为宏观的领域时"提及"了电子竞技。比如，《国务院办公厅关于加快发展健身休闲产业的指导意见》针对的是宏观的"健身休闲产业"，是"向大众提供相关产品和服务的一系列经济活动，涵盖健身服务、设施建设、器材装备制造等业态。"而电子竞技只是在第 2 项第 6 条中有所提及；《关于促进消费带动转型升级的行动方案》目的是"促进居民消费扩大和升级"，其包括"城镇商品销售畅通行动""农村消费升级行动"等10 个项目，而电子竞技只是在第 7 项"教育文化信息消费创新行动"中有所提及；等等。在中央这一层级，无论是国务院还是各部委，目前只有"提及"电子竞技的综合性文件，而没有集中对电子竞技进行规定的专项文件——"至今还没有一部国家层面的，全面、成体系的电子竞技产业政策出台，"[1]或者说，电竞专项文件只存在于地方层级。虽然上述 10 部文件已经涉及电竞产业的诸多环节，但毕竟过于零散，一方面没有从国家的角度集中表达对电竞的肯定与扶持，缺乏明示的立场和态度，另一方面电竞场域缺乏系统完整的"上位法"，无论从业者还是执法者都在一定程度上经受着"无法可依"的困扰。

（2）在制定主体方面，①表 2-1 有 2 部文件来自国务院办公厅，规范领域更为宏观；有 8 部来自各部委，是在各自的管理权限范围内制定的较具综合性的规定。其中，国家体育总局《县级全民健身中心建设要求》《体育总局办公厅关于公布第一批运动休闲特色小镇试点项目名单的通知》（2017）和人力资源和社会保障部等《人工智能工程技术人员等职业信息》规范事项更为单一，也更为直接且明确地将电竞场地纳入了"全民健身中心"，将电竞小镇纳入了"运动休闲特色小镇"，并将电子竞技运营师和电子竞技员纳入了"人工智能工程技术人员"。②表 2-1 中作为立法主体的各部委与电竞产业有着密切的关联，比如，在国家体育总局方面，"电子竞技"与"体育"的关联最为密切，电竞的赛事环节一般都是由体育部门主导监管，而国家体育总局也以 4 部的文件数量位列第一；在文化部（现已更名为文化和旅游部）方面，作为电竞载体的"电子游戏"与文化、娱乐、传媒等的关联同样紧密，而电竞产业以往所受的政策阻力也大多来源于此，表 2-1 中的 2 部文件也凸显了其政策立场的转变；在人力资源和社会保障部方面，其仅有的 1 部文件将两类电竞从业者纳入了国

---

〔1〕 夏清华主编：《电子竞技商业模式》，武汉大学出版社 2019 年版，第 62 页。

家承认的正规职业范畴，这显然有助于人力资源向电竞产业流动，等等。③在中央专项立法尚未颁布的情况下，国家体育总局、文化和旅游部、人力资源和社会保障部、国家发展和改革委员会等都在自身的权限范围内通过文件的形式表达了对电子竞技产业的肯定与扶持；而在新兴产业的发展初期，即便只是各部委综合性文件中的零散规定，也能体现出显著的政策引导作用。

（3）在扶持事项方面，①笔者将所列文件中涉及电竞的具体事项分成了6类，包括赛事举办、产业集群、人才培养、电竞场馆/小镇、引导发展以及作为兜底性质的其他事项；与地方层级的文件相比，此处的扶持事项明显偏少。②表2-1中有70%的文件只涉及1个扶持事项，原因在于，中央综合性文件的内容更为宏观，并且立法主体集中在职权相对单一的各部委，从而难以涉及更多的产业环节。③前4类扶持事项所涉文件比较平均，皆有1—2部文件涉及；"引导发展"一类则有50%的文件涉及，只是相关规定比较宏观且笼统，多以"推动发展""积极培育""引导发展"等进行阐述，虽能表达出"政策性肯定"的意图，但缺乏具体措施或可操作性；"实体性扶持"的作用不够明显。

（4）在对应条款方面，表2-1中多数电竞相关条款都比较简略，给人"一笔带过"之感，只有文化和旅游部的两个文件规定较为详细，扶持事项也较为多元，其不仅提及了"各级赛事打造"这一电子竞技的核心环节，而且提及了"衍生业务推广""产品研发推广""游戏直播"和"上网服务场所"等电竞产业的重要环节，更是提及了"行业形象提升"这一扭转社会观念的文化导向要求。单从行文表述上看，文化和旅游部的两个文件能够传递出更为鲜明的立场和更为全面的政策。

（5）需要说明的是，中央层级的文件也有并未明确提及电竞，但相关政策已经融入电竞场域的情形。最为典型的是《国务院关于加快发展体育产业促进体育消费的若干意见》（2014），虽然其规范的对象是宏观的"体育"，但其相当一部分政策已经明显地"映射"或"落实"到了电竞场域，比如，该文件第2项第1、5条所规定的"推进职业体育改革""创新体育场馆运营机制""丰富体育赛事活动"和第3项规定的"大力吸引社会投资""完善人才培养和就业政策"等都已作为各类扶持事项出现在了当前的电竞政策中。虽然这些不在本章的考察范围内，但由于电子竞技与体育之间的密切关联，中央和地方的"体育政策"也可能间接地转化为"电竞政策"，从而从另一个层面丰富电子竞技的政策来源。

二、政策文件的第二重维度：地方层级的综合性文件

电竞政策的第二重维度是地方层级的综合性文件，其表现形式与中央层级基本一致，此处将之列举如下：

表 2-2　地方层级涉及电竞产业的综合性文件（共 75 部）

文件名称	扶持事项								对应条款
	资金引导/投入	赛事举办	产业集群	企业培育	人才培养	电竞场馆/小镇	引导发展	其他	
《安徽省人民政府关于进一步扩大和升级信息消费持续释放内需潜力的意见》（2018）		√	√						专栏5：数字文化服务工程……鼓励举办高规格电子竞技比赛……逐步形成以……电子竞技……融合文化科技的特色产业集群。
四川省人民政府《进一步扩大和升级信息消费持续释放内需潜力实施方案》（2018）			√						三、（四）推动信息消费应用创新……依托国家动漫游戏（四川）振兴基地……着力推进我省电子竞技……产业集群发展。
《四川省人民政府办公厅关于加快发展健身休闲产业的实施意见》（2017）		√	√		√		√		二、（四）举办好……电子竞技大赛等赛事活动；（六）加大电子竞技产业培育力度，聚集一批线上、线下传统优质创新创业项目，促进联动发展。六、（十九）促进……电子竞技……时尚运动项目健康发展。七、（二十三）培养……电子竞技等方面高水平人才队伍。
《四川省人民政府关于加快推进数字经济发展的指导意见》（2019）								√ 基地建设	二、（八）大力发展数字文创产业……建设……四川电竞产业基地。

续表

文件名称	扶持事项								对应条款
	资金引导/投入	赛事举办	产业集群	企业培育	人才培养	电竞场馆/小镇	引导发展	其他	
《陕西省人民政府办公厅关于进一步扩大和升级信息消费持续释放内需潜力的实施意见》（2018）				√					二、（五）拓展……电子竞技……数字文化体育内容，培育形成一批拥有较强实力的数字创新企业。
《陕西省人民政府办公厅关于完善促进消费体制机制进一步激发居民消费潜力的实施意见》（2019）							√		一、3. 推动电竞资源深度整合，打造全国电竞产业发展第一梯队。
《黑龙江省进一步扩大和升级信息消费持续释放内需潜力实施方案》（2018）			√				√		一、（三）推动动漫、影视、电子竞技等产业聚集发展。二、（一）3. 积极推动……电子竞技等新型信息消费领域发展。
《黑龙江省人民政府办公厅关于加快发展健身休闲产业的实施意见》（2018）							√		三、（四）3. 积极培育电子竞技……时尚休闲运动项目发展。
《吉林省人民政府办公厅关于加快发展健身休闲产业的实施意见》（2019）							√		二、（五）2. 积极培育……电竞运动等体育消费新业态。
《辽宁省人民政府办公厅关于进一步激发社会领域投资活力的实施意见》（2017）							√		四、38. 采取"网吧+书吧+食品餐饮+电子竞技……"等方式……参与文化服务融合发展。

文件名称	扶持事项								对应条款
	资金引导投入	赛事举办	产业集群	企业培育	人才培养	电竞场馆/小镇	引导发展	其他	
※《辽宁省支持文化和旅游企业共渡难关若干政策措施》（2020）							√		五、结合疫情过后市场需求变化……促进……电子竞技……新型文化业态。
《福建省人民政府办公厅关于加快发展健身休闲产业的实施意见》（2017）							√		二、（一）培育……电子竞技……时尚健身休闲项目。
《江西省人民政府办公厅关于加快发展健身休闲产业的实施意见》（2018）							√		二、（二）引导……电子竞技……新兴运动项目健康发展。
江西省文化和旅游厅《关于推动文化产业高质量跨越式发展工作方案》（2018）								√ 吸引落户	二、5. 吸引有实力的动漫、游戏、电子竞技及其衍生品生产制作企业落户。
《中共江西省委办公厅、江西省人民政府办公厅印发〈关于进一步支持文化产业发展的若干意见（试行）〉的通知》（2019）					√				七、（二十八）加大人才激励力度……研究出台……电子竞技等从业人员的职称评定政策。
《山东省人民政府关于大力拓展消费市场加快塑造内需驱动型经济新优势的意见》（2019）							√		一、积极发展……电子竞技等新兴业态。

续表

文件名称	扶持事项							对应条款
	资金引导/投入	赛事举办	产业集群	企业培育	人才培养	电竞场馆/小镇	引导发展	其他	
《山西省人民政府办公厅关于加快发展健身休闲产业的实施意见》（2017）					√		√		二、（一）推动电子竞技……时尚运动项目健康规范发展。 八、（五）加强人才培养……努力在……电子竞技等方面打造高水平人才队伍。
《甘肃省人民政府办公厅关于加快发展健身休闲产业的实施意见》（2018）					√		√		六、（十八）引导和促进……电子竞技……时尚运动项目健康发展。 七、（二十四）培养……电子竞技等方面专业人才队伍。
＊《智慧江苏建设行动计划（2018—2020年）》（2018）						√	√		三、（四）13.推动智慧体育馆建设……推动电子竞技产业发展。
《江苏省完善促进消费体制机制行动方案（2019—2021年）》（2019）							√		一、（三）积极发展……电竞运动等体育消费新业态。
《河北省人民政府办公厅关于加快发展体育竞赛表演产业的实施意见》（2019）		√					√	√基地建设	二、（一）大力发展电子竞技……发展前景好、带动潜力大的新兴体育赛事。发挥石家庄数字经济优势和国际数字经济博览会平台作用，打造中国北方电子竞技基地。
《贵州省完善促进消费体制机制实施方案（2018—2020年）》（2018）		√					√		二、（一）3.充分发挥我省……电竞运动等赛事活动品牌综合效应，积极培育体育消费新业态。

文件名称	扶持事项								对应条款
	资金引导/投入	赛事举办	产业集群	企业培育	人才培养	电竞场馆小镇	引导发展	其他	
《贵州省人民政府办公厅关于进一步扩大和升级信息消费的实施意见》(2018)								√ 体育转型	三、(十一)推动传统赛事数字化,数字体育电竞化。
*《贵州省人民政府办公厅关于加快推进全省5G建设发展的通知》(2019)								√ 5G平台	二、(三)16.发展基于5G平台的游戏、电竞、影视等内容产业。
*《中共海南省委、海南省人民政府关于开展质量提升行动加快建设质量强省的实施意见》(2018)								√ 电竞旅游	二、(四)促进旅游与……电竞等产业融合发展……培育和打造……电竞旅游……旅游产品。
*《提升海南旅游国际化水平三年行动计划(2018—2020年)》(2018)								√ 体育彩票	三、(五)20.围绕……电子竞技……创新彩票玩法,发展竞猜型体育彩票和大型国际赛事即开彩票。
《云南省文化厅"十三五"时期文化发展改革实施方案》(2018)							√		六、(二)促进移动游戏、电子竞技等新业态发展。
《湖北省人民政府办公厅关于进一步激发社会领域投资活力的实施意见》(2018)	√						√		二、(五)3.鼓励社会资本进入……电子竞技……新兴体育产业领域,满足消费者的多元化、个性化消费需求。

续表

文件名称	扶持事项								对应条款
	资金引导/投入	赛事举办	产业集群	企业培育	人才培养	电竞场馆/小镇	引导发展	其他	
《广东省关于加快文化产业发展的若干政策意见》（2019）		√	√						二、8. 鼓励发展电子竞技，完善产业链条，支持举办具有国内国际影响的电子竞技大赛。
*广西壮族自治区人民政府办公厅关于印发中国–东盟信息港建设实施方案（2019—2021年）的通知》（2019）		√		√					六、（五十三）加快推进中国–东盟电子竞技产业发展。吸引电竞产业重大活动、重大赛事落户广西……加快培育我区电竞游戏品牌和开发运营企业，引导我区电竞游戏企业积极开拓东南亚电竞市场。
※《北京市文化改革和发展领导小组办公室关于应对新冠肺炎疫情影响促进文化企业健康发展的若干措施》（2020）								√ 会议筹备	三、（十七）积极筹备北京国际电竞创新发展大会、中国视听大会、北京国际游戏创新大会……品牌会展活动。
《中共北京市委、北京市人民政府印发〈关于推进文化创意产业创新发展的意见〉的通知》（2018）		√						√ 电竞直播	二、（二）5. 支持举办高品质、国际性的电子竞技大赛，促进电竞直播等网络游戏产业健康发展。
*《上海市深化服务贸易创新发展试点实施方案》（2018）						√			二、（九）重点布局……国际性电竞赛馆群。

文件名称	扶持事项							对应条款
	资金引导/投入	赛事举办	产业集群	企业培育	人才培养	电竞场馆/小镇	引导发展	其他	
《中共上海市委、上海市人民政府印发〈关于加快本市文化创意产业创新发展的若干意见〉》(2017)		√	√	√		√	√	电竞之都	二、(三)9. 加快全球电竞之都建设。鼓励投资建设电竞赛事场馆……发展电竞产业集聚区,做强本土电竞赛事品牌,支持国际顶级电竞赛事落户。促进电竞比赛、交易、直播、培训发展……为国内著名电竞企业落户扎根营造良好环境。
《上海市人民政府印发〈关于加快本市体育产业创新发展的若干意见〉的通知》(2018)		√	√		√		√	电竞之都	二、(一)2. 支持举办……电子竞技等高水平职业赛事;(二)5. 推动……电子竞技……时尚运动项目健康发展,培育相关专业培训市场。三、(二)17. 支持打造全球电竞之都,加快形成体育产业集聚效应。
《上海市体育局关于印发〈建设国际体育赛事之都三年行动计划(2018—2020年)〉的通知》(2018)		√	√	√	√	√	√	电竞之都 电竞文化	四、(一)3. 打造全球电竞之都赛事平台。积极引进和培育高规格的电竞赛事,支持举办高水平的国际电竞赛事,探索创办上海特色的电竞品牌赛事,将上海打造成为国内外顶级电竞赛事举办的首选城市之一……试行电竞运动员注册管理等政策……引导扶持知名电竞企业、俱乐部在沪发展,鼓励建设或改造电竞场馆,支持打造电竞产业集聚区,构建完整的电竞生态圈。鼓励举办各类电竞体验和展示活动,传播健康向上的电竞文化。

文件名称	扶持事项								对应条款
	资金引导/投入	赛事举办	产业集群	企业培育	人才培养	电竞场馆/小镇	引导发展	其他	
*《打响"上海出版"品牌三年行动计划（2018—2020年）》（2018）		√		√	√	√		√ 电竞之都	二、（二）3. 加快"全球电竞之都"建设。（1）赛事支持。支持……举办全球性顶级职业电子竞技赛事，支持国家部委授权认可的全国性非职业电子竞技赛事和已初具规模的第三方赛事等在沪举办。(2) 品牌建设。加强上海"全球电竞之都"品牌影响力建设……举办"全球电子竞技产业峰会"。支持腾讯……海内外知名企业在沪开展电子竞技项目，支持完美世界……上海本土电竞企业做大做强，支持本市知名电子竞技俱乐部、选手"走出去"参展参赛。(3) 人才培养……支持相关企业、机构针对电子竞技产业发展的紧缺人才、高端人才、专业人才及后备力量，开展全日制学历培养和职业培训。(4) 园区及场馆建设……积极配合浦东新区……建设专业场馆，成为上海发展电竞产业的核心承载区。
*《全力打响"上海文化"品牌加快建成国际文化大都市三年行动计划（2018—2020年）》（2018）		√				√		√ 电竞之都	二、（十）3. 鼓励投资建设电竞赛事场馆，做强本土电竞赛事品牌，支持国际顶级电竞赛事落地，加快全球电竞之都建设。

文件名称	扶持事项								对应条款
	资金引导/投入	赛事举办	产业集群	企业培育	人才培养	电竞场馆小镇	引导发展	其他	
《关于促进上海网络视听产业发展的实施办法》(2018)								√ 电竞直播	一、3. 促进……电竞直播等业务形态创新发展。
*《促进上海创意与设计产业发展的实施办法》(2018)			√						二、(二)12. 打造以…… 电竞设备等为支撑的时尚数码产业集群。
《天津市人民政府办公厅印发关于完善本市促进消费体制机制进一步激发居民消费潜力实施方案的通知》(2019)							√		二、(七)培育……电竞运动等体育消费新业态。
《重庆市体育局关于加快发展体育竞赛表演产业的实施意见》(2019)		√							二、(四)举办好……WESG世界电子竞技运动会等品牌赛事活动。
《重庆市体育产业加快发展行动计划(2018—2022年)》(2018)				√	√		√		三、(六)培育发展电子竞技……新兴产业。 68 涪陵区 电子竞技人才培训 在建 69 渝中区 大都会火拳电竞旗舰店 在建
《重庆市体育局关于印发〈体育基础设施振兴行动计划(2018—2022年)〉的通知》(2018)						√			三、(四)6. 加快建设……忠县电竞小镇。

文件名称	扶持事项								对应条款
	资金引导/投入	赛事举办	产业集群	企业培育	人才培养	电竞场馆/小镇	引导发展	其他	
《成都市建设世界赛事名城促进体育产业发展的若干政策措施》（2019）							√	√ 支持参赛	二、加快发展……电子竞技等市场增长快、成长性好的新兴运动项目。 五、（七）支持俱乐部参加……电子竞技……高水平职业联赛。
《成都创建国际赛事名城行动计划》（2018）		√	√						二、（二）创办成都国际电子竞技大赛； （五）大力推进我市电子竞技产业发展，深入挖掘体育与科技、培训、康养、金融等产业的融合发展潜力。
《成都市人民政府办公厅关于促进电子信息产业高质量发展的实施意见》（2019）							√		二、（四）12.大力发展……电子竞技等消费场景。
《杭州市之江文化产业带建设推进计划（2018—2022年）》（2018）							√		三、（三）大力发展3D动漫、手机动漫游戏、网络动漫游戏、电子竞技等新业态，提升动漫游戏产业综合竞争力。
*《杭州市加快5G产业发展若干政策》（2019）							√	√ 5G平台	九、积极实施"5G+"行动计划，在……电竞……行业中开展应用。
《2019年温州市数字经济赶超发展工作要点》（2019）			√				√		二、（三）11.发展壮大以……电子竞技、网络直播……为特色的数字创意产业，推进浙南首个电竞主题产业集散地发展。

文件名称	扶持事项							对应条款
	资金引导/投入	赛事举办	产业集群	企业培育	人才培养	电竞场馆/小镇	引导发展	其他	
*《温州城市经济新业态培育行动方案（2019—2021年）》(2019)			√	√		√	√		二、（三）6. 引进国内外游戏研发、游戏发行等电竞产业链企业落户温州，做强做优网络游戏、电子竞赛类等，加快浙南电竞小镇建设，把浙南产业集聚区打造成浙南电竞产业新高地。
《绍兴市人民政府关于加快发展体育产业促进体育消费的实施意见》(2016)		√	√			√	√	√ 电竞俱乐部 √ 传统行业升级	四、（一）1. 举办……电子竞技……比赛；2. 做大做强 e 游小镇电子竞技产业。（二）3. 鼓励优秀教练员、运动员和社会力量举办……电子竞技等体育俱乐部。
									（三）2. 推动体育产业复合经营，培育……电子竞技、虚拟竞技等新兴业态。跟踪……电子竞技……热点赛事，促进纺织产业向……电子竞技……服装道具制造升级。（四）3. 扶持电子竞技全国高校联赛浙江省总决赛。
《苏州市人民政府办公室印发关于加快发展健身休闲产业实施意见的通知》(2018)		√				√	√		二、（四）举办以电子竞技为主题的中国（苏州）电子竞技博览会、高端电子竞技赛事等活动，推动电子竞技产业向全域发展。五、（十四）推进……太仓天镜湖电竞小镇……体育产业项目。

续表

文件名称	扶持事项								对应条款
	资金引导/投入	赛事举办	产业集群	企业培育	人才培养	电竞场馆/小镇	引导发展	其他	
《广州市人民政府关于加快发展体育产业促进体育消费的实施意见》（2016）						√	√		二、（二）12. 着力发展体育动漫游戏、电子竞技等新兴产业……支持企业开发电子竞技对战平台，建设专业性电子竞技运动场馆。
《广州市人民政府办公厅关于加快文化产业创新发展的实施意见》（2018）							√	√ 电竞之都	二、（一）2. 打造动漫游戏产业之都……支持电子竞技类游戏发展，培育全国电子竞技中心。
《广州市越秀区促进体育产业发展实施办法》（2019）	√	√				√			第 2 条 重点扶持……（五）电子竞技企业、协会等。第 4 条（二）对已在越秀区落户注册的电竞俱乐部等作为参赛主体，参加奖金总金额超过 1000 万元（含）的国际性职业电子竞技大赛，分别给予赛事冠军 50 万元、亚军 30 万元、季军 20 万元、殿军 10 万元的扶持；（三）对已在越秀区落户注册的电竞企业、俱乐部，承办电子竞技大赛，总奖金达到 800 万元（含）以上的……给予一次性 300 万元……的扶持，用于赛事场馆租赁、宣传推广等经费投入。第 5 条 鼓励……引入省级以上体育部门主办的官方电竞赛事、国内外顶级电竞赛事落户越秀区。第 8 条（三）对投资建设或改建的电子竞技相关产业的专业场馆、比赛馆和特色

续表

文件名称	扶持事项								对应条款
	资金引导/投入	赛事举办	产业集群	企业培育	人才培养	电竞场馆小镇	引导发展	其他	
									馆……按照投资额20%给予扶持，每个项目最高给予100万元的扶持。
《珠海现代产业体系规划（2017—2025年）》（2018）							√		五、（四）积极发展……数字电竞等新兴文化业态。
《沈阳国家级文化和科技融合示范基地工作方案》（2018）				√					四、（四）培育……电子竞技……领域的"双创"企业，建立文化创意产业链。
《沈阳市加快数字经济发展行动计划（2019—2021年）》（2019）							√		二、（八）25.支持发展电子竞技，探索新型商业模式和文化业态。
《大连市人民政府办公厅关于加快发展健身休闲产业的实施意见》（2017）				√					二、（五）积极引导和支持企业重点进军……电子竞技等健身休闲器材装备研发和制造领域。
《大连市人民政府办公厅关于进一步激发社会领域投资活力的实施意见》（2018）							√		四、36.采取"网吧+书吧+食品餐饮+电子竞技……"等方式……参与文化服务融合发展。
《营口市进一步激发社会领域投资活力分解落实方案》（2018）							√		四、38.采取"……电子竞技+网络培训+网络代购+代理支付"等方式……参与文化服务融合发展。

文件名称	扶持事项								对应条款
	资金引导/投入	赛事举办	产业集群	企业培育	人才培养	电竞场馆/小镇	引导发展	其他	
*《长春市国家服务业综合改革试点实施方案（2018—2022年）》（2018）		√	√					√ 电竞直播 √ 上网服务场所	三、（二）7. 促进移动游戏、电子竞技、游戏直播、虚拟现实游戏等新业态发展。鼓励和引导上网服务场所与电子竞技……领域融合。打造集电竞主题公园……新业态于一体的特色集聚区，引进具有全国影响力的电竞品牌赛事活动，借助新兴网络直播平台、VR技术等，培育特色电竞文化。
*《武汉市人民政府关于推动服务业高质量发展打造服务名城的若干意见》（2018）			√				√		二、（二）1. 推进……电子竞技……产业全面发展，融入荆楚文化特色，引导动漫、游戏等产业延伸产业链。
《武汉市人民政府办公厅关于进一步激发社会领域投资活力的意见》（2019）	√								二、（五）3. 引导社会资本进入……电子竞技等新兴体育项目。
*《武汉设计之都建设规划纲要（2018—2021年）》（2019）								√ 电竞直播	三、（二）4. 加快培育发展……直播电竞……为主的文化创意设计。
《中共银川市委办公厅、银川市人民政府办公厅印发〈关于进一步促进投资增长的意见〉的通知》（2018）	√								三、对社会资本投资……电子竞技……新产业、新业态、新经济领域，投资规模较大、带动力较强的产业项目给予奖励。

文件名称	扶持事项								对应条款
	资金引导/投入	赛事举办	产业集群	企业培育	人才培养	电竞场馆/小镇	引导发展	其他	
《银川市国民经济和社会发展第十三个五年规划纲要（修订本）》（2018）		√	√					√ 电竞之都	第五节二、着力打造以国际电子竞技赛事为核心、游戏产业链配套服务为全产业支撑的中国游戏与电竞之都。
《石家庄市政府关于促进文化创意产业发展的意见》（2018）			√		√	√	√		五、（四）10. 鼓励投资建设电竞赛事场馆，重点支持建设或改建可承办电竞赛事的专业场馆，促进电竞比赛、交易、直播、培训发展，加快品牌建设和衍生品市场开发，打造完整生态圈，为国内著名电竞企业落户扎根营造良好环境。
《石家庄市人民政府关于加快推进现代服务业创新发展扩大开放的实施意见》（2018）						√	√		三、（七）鼓励电竞赛事场馆建设，促进电竞比赛、交易、直播、培训发展。
《承德市人民政府关于加快发展体育产业促进体育消费的实施意见》（2016）					√		√	√ 行业协会	二、（二）以……电子竞技……运动项目为重点，大力培育发展多层次、多形式的体育行业协会和中介组织。（三）积极培育电子竞技产业发展，争创国家电子竞技赛事和产业基地，支持有关高校设立电子竞技培训基地（学院）、开办电子竞技专业。（五）探索电子竞技产业发展。

文件名称	扶持事项								对应条款
	资金引导/投入	赛事举办	产业集群	企业培育	人才培养	电竞场馆/小镇	引导发展	其他	
《秦皇岛市全民健身和全民健康深度融合实施办法》(2018)							√		二、(四)鼓励开发台球、电竞等适合不同人群、不同地域和不同行业特点的特色运动项目。
*《济南市人民政府办公厅关于推进夜间经济发展的实施意见》(2019)							√	经营场所	三、7. 集中打造富有泉城特色现代时尚的……电竞……一批经营服务场所。
《青岛市人民政府关于在新旧动能转换中推动青岛文化创意产业跨越式发展的若干意见》(2018)	√	√					√	电竞俱乐部	二、(四) 8. 加快电竞行业培育。制定电竞产业发展专项扶持政策。鼓励和吸引社会资本投入建设专业电竞赛事基地。支持大型电子竞技大赛总决赛落户青岛。对在青岛注册的电竞俱乐部，按竞技水平给予相应支持。
*《青岛市人民政府办公厅关于推动夜间经济发展的意见》(2019)							√	经营场所	二、(三)鼓励在大型商业综合设施设立涵盖……游戏游艺、电子竞技等多种经营业务的城市文化娱乐综合体，适当延长营业时间。

通过表 2-2 可以看出：

(1) 在文件数量方面，虽然几乎全国各地都有综合性文件涉及电竞场域，数量上明显多于中央层级的综合性文件，但也明显多于地方层级的电竞专项文件；虽然越来越多的地方表明了对电竞的肯定与扶持，但提出详细而具体的扶持方案、让宏观政策落地实施的情况还不多见。

(2) 在规范内容方面，需要首先提及的是，2020 年，辽宁省和北京市分别发布了综合性文件（在表 2-2 中用※标出）支持电竞产业发展，即"结合疫情过后市场需求变化"促进电子竞技等新型文化业态,"积极筹备北京国际电竞创新发展大会";北京市同时发布的促进首都文化科技融合发展的具体举措第4条包括:"举办'电竞北京2020系列活动':举办一个创新发展电竞的国际电竞创新大会;举办首届电竞之光展览交易会……建设电竞科技消费体验区,积极培育电竞消费场景。"非常时期下采取的经济发展措施明确将电竞纳入其中,一方面表明政府部门捕捉到了疫情防控期间"在线经济""爆发式增长"这一新变化,显示了"力图在文化产业中培育经济新动能,布局新经济格局的用意和决心"[1];另一方面也说明电子竞技已经深度融入了体育、文化等产业之中,并能对国民经济的整体发展起到显著的带动作用。

其次,通过对上述文件所针对的宏观领域进行归类可以发现:在"促进/升级消费"方面,中央层级共有2部文件,即《国务院办公厅关于印发完善促进消费体制机制实施方案(2018—2020年)的通知》、国家发展和改革委员会等《关于促进消费带动转型升级的行动方案》,而地方层级则有《安徽省人民政府关于进一步扩大和升级信息消费持续释放内需潜力的意见》、四川省人民政府《进一步扩大和升级信息消费持续释放内需潜力实施方案》等13部文件,占文件总数的17.3%;在"健身休闲产业"方面,中央层级共有1部文件,即《国务院办公厅关于加快发展健身休闲产业的指导意见》,而地方层级则有《黑龙江省人民政府办公厅关于加快发展健身休闲产业的实施意见》《福建省人民政府办公厅关于加快发展健身休闲产业的实施意见》等9部文件,占文件总数的12%;在"文化产业"方面,中央层级共有2部文件,即《文化部关于推动文化娱乐行业转型升级的意见》《文化部"十三五"时期文化产业发展规划》,而地方层级则有江西省文化和旅游厅《关于推动文化产业高质量跨越式发展工作方案》《云南省文化厅"十三五"时期文化发展改革实施方案》等14部文件,占文件总数的18.7%;在"体育产业"方面,中央层级共有1部文件,即《国务院关于加快发展体育产业促进体育消费的若干意见》,而地方层级则有《河

---

[1] 在疫情减退后,电竞产业极有可能成为多地政府恢复地区经济发展的重要着力点。作为日益规范化、更受大众认可的复合型产业,电子竞技在各级政府的认可与支持下,必将拥有更高维度的视野以及社会责任,进一步融入经济发展的主流。参见巩强:"疫情向下产业向上,中国电竞产业变局之年如何'二次崛起'?"载 https://mp.weixin.qq.com/s?__biz=MzI4ODI5OTkwMg==&mid=2247485 970&idx=1&sn=97e32b2006f44c84e7a43456b86bb5c1&source=41#wechat_redirect,最后访问日期:2022年3月28日。

北省人民政府办公厅关于加快发展体育竞赛表演产业的实施意见》《绍兴市人民政府关于加快发展体育产业促进体育消费的实施意见》等9部文件，占文件总数的12%；上述四方面地方层级文件合计45部，占文件总数的60%。由此可见，一方面，中央层级的综合性文件对地方起到了引领作用——中央文件颁布后，各个地方的相应文件都纳入了对电竞产业的肯定与扶持政策，有半数以上的地方文件是对中央电竞政策的延伸与细化；另一方面，也有部分地方的电竞规定仅仅是为了对应或迎合中央文件中的条款，比如，《国务院办公厅关于印发完善促进消费体制机制实施方案（2018—2020年）的通知》规定"积极培育……电竞运动等体育消费新业态"，而《吉林省人民政府办公厅关于加快发展健身休闲产业的实施意见》《江苏省完善促进消费体制机制行动方案（2019—2021年）》《天津市人民政府办公厅印发关于完善本市促进消费体制机制进一步激发居民消费潜力实施方案的通知》等规定且仅规定了几乎完全相同的条款，既缺乏具体的培育措施，又缺乏结合地方实际情况的操作细则。笔者认为，若要推动电竞产业在本地区的发展，应当制定电竞专项文件或者至少在综合性文件中结合本地情况进行细化，而非以"例行公事"的态度重复中央立法。

最后，上述60%以外的地方层级文件与中央政策没有直接的对应关系，属于较为独立的地方性政策，其所针对的既包括"数字经济发展""电子信息产业""网络视听产业""国际赛事名城"等与电竞直接相关的领域，也包括"质量提升行动""推进夜间经济""5G建设""设计之都建设""智慧江苏建设"乃至"中国-东盟信息港建设"等表面上与电竞并无直接关联的特殊领域（在表2-2中用＊标出）。仅就后者而言，表2-2涉及"5G建设"的文件共有2部，都要求在5G平台上发展电竞产业，或者将电竞产业应用于5G平台——作为新一代蜂窝移动通信技术，5G系统可以显著提高数据传输的带宽和速度，而电子竞技的赛事和直播对5G系统有着较高的要求。可以说，电竞产业催生了对5G的需求，而5G也推动了电竞产业的进一步发展。此外，海南省关于"质量提升行动"的文件要求把电竞融入旅游，从而提升旅游产品的"质量"，而该省的另一个文件则更具创新性地将电竞纳入体育彩票和赛事彩票中；武汉市关于"设计之都建设"的文件将"直播电竞"归为"文化创意设计"之一；济南市和青岛市关于"夜间经济"的文件将电竞服务场所作为活跃夜间经济的组成部分；广西壮族自治区关于"中国-东盟信息港建设"的文件一方面要求推进中国和东盟的电竞产业合作，另一方面则对广西本地的电竞产业提供支持；等等。对于这些特殊领域，人们一般不会直接将之与电子竞技联系在一起；而如今电竞现身其中，意味着国民经济的各个产业类型、各项高新技术、各类指标要求乃至"一带一路"建设等，都已经或者有可能与电竞相连接——地方政府在各个层面的政策制定中都已逐渐将电竞考虑进去，或者说电竞已经被当作一项重要产业逐渐融入整体性的产业布局和产业规划中，进而融入国民经济的"各个角落"。

（3）在制定主体方面，①我们将省、区、市三级主体都纳入了考察范围。目前，三级主体都已发布涉及电竞的综合性文件，其中省一级数量最多，占比58.7%；区一级只有1部，占比1.3%。②上述文件的制定主体可以用"遍及全国"来形容：在省份的层面上，沿海地区的江苏、福建、广东，以及东北地区的黑龙江、吉林、辽宁，西南地区的四川、贵州、云南，西北地区的陕西、甘肃等都已涵盖在内；在城市的层面上，作为直辖市的北京、上海、天津、重庆，作为省会城市的成都、杭州、广州，作为中小城市的绍兴、承德、营口等也已涵盖在内。我们认为，尽管作为新动能的电竞产业已经在全国范围内展开，但这并不意味着每一个地方都有充分的资源、环境、氛围和条件来大力发展电竞产业。电竞并不适合作为每一个地方的支柱性产业——目前电竞的市场规模还相对有限，各地方同时布局、引入或建设可能会引起对有限电竞资源的争夺，而前期基础较为薄弱、地理位置不够优越以及电竞氛围不够浓厚的地方[1]可能难以竞争过北京[2]、上海等产业更为成熟、集群更为完整的核心城市；因此，各地方忽略自身情况一概涌入电竞市场并不是最为理性的选择。③制定主体的政策文件也有数量上的区别，比如，上海市涉及电竞的文件共有8部，四川、江西、贵州、重庆、成都、广州、武汉等省市共有3部，陕西、黑龙江、辽宁、江苏、

---

〔1〕目前，多数电竞产业发展较好的城市"都是曾经网吧和网游火爆的城市，普遍高校林立，电子竞技群众基础广泛……在《英雄联盟》赛制改变后接收了一线俱乐部的转移而成为主场……从产业基础上来看，这些城市的条件良好，服务业相对发达，也便于快速切入电子竞技产业"。参见戴焱淼：《电竞简史：从游戏到体育》，上海人民出版社2019年版，第319页。

〔2〕"作为国际性的大城市，北京在举办世界级赛事上有得天独厚的优势……英雄联盟全球总决赛、IEM英特尔极限大师赛、DOTA的电子竞技公开赛等一系列电竞赛事的举办已经确定了其在电竞领域的地位，而在传统体育领域多次举办的国际性大型赛事，也为电竞赛事的未来发展留下了足够的空间。"而这类核心城市积极的电竞政策可能会挤占相当一部分电竞资源，从而进一步压缩中小城市的电竞发展空间。参见电竞世界："制造风口：走入2020年的电竞狂潮"，载 https://mp. weixin. qq. com/s/XPla Qxo7Fbpo-_ _ LdoUwHQ，最后访问日期：2022年3月28日。

海南、北京、青岛等省市共有 2 部，而其他多数地方则只有 1 部——这从另一个侧面反映出当地电竞政策的系统性和持续性。以上海市为例，丰富而全面的文件意味着电竞已经作为一项重要产业融入各个领域，其在制定各项政策时积极考虑电竞已经成为一种常态。④同一地方的不同文件对电竞规定的详细程度也有所不同，比如，在四川省的 3 部文件中，四川省人民政府《进一步扩大和升级信息消费持续释放内需潜力实施方案》和《四川省人民政府关于加快推进数字经济发展的指导意见》分别只有 1 处提及电竞，而《四川省人民政府办公厅关于加快发展健身休闲产业的实施意见》则有 4 处提及电竞，并涉及 4 个扶持事项，由此可见，不能仅凭单一文件来判断其电竞政策的全貌。

（4）在扶持事项方面，①由于地方层级综合性文件的数量和详细程度较中央有所提升，我们在表 2-1 中 6 类扶持事项的基础上增加了较具重要性的 2 类，即"资金引导/投入"和"企业培育"，合计共 8 类；虽然这些事项尚未覆盖电竞产业的完整链条，但相对而言已经较为全面。②从不同文件所涉扶持事项的数量上看，涉及 8 个扶持事项的文件共 1 部，即《上海市体育局关于印发〈建设国际体育赛事之都三年行动计划（2018—2020 年）〉的通知》，占比 1.3%；涉及 6 个扶持事项的文件共 2 部，即《中共上海市委、上海市人民政府印发〈关于加快本市文化创意产业创新发展的若干意见〉》和《绍兴市人民政府关于加快发展体育产业促进体育消费的实施意见》，占比 2.7%；涉及 2 个扶持事项的文件共 17 部，包括《石家庄市人民政府关于加快推进现代服务业创新发展扩大开放的实施意见》《武汉市人民政府关于推动服务业高质量发展打造服务名城的若干意见》等，占比 22.7%；而涉及 1 个扶持事项的文件共 41 部，包括《陕西省人民政府办公厅关于进一步扩大和升级信息消费持续释放内需潜力的实施意见》《云南省文化厅"十三五"时期文化发展改革实施方案》等，占比 54.7%。由此可见，近 80% 的文件仅涉及 1—2 个扶持事项，而全面覆盖多数事项的文件则凤毛麟角。原因在于，其一，作为"综合性文件"，电竞一般只是其规范领域的组成部分之一，并未处于"突出地位"而"详加规定"；其二，如前文所述，由于 70% 的中央综合性文件只涉及 1 个扶持事项，而 60% 的地方综合性文件又与中央存在对应关系，其也可看作是对中央文件的延续；其三，部分地方对电竞产业的扶持尚未进入周延考虑各项事宜或者"细分产业链"的阶段。需要再次提及的是，通过"单一文件"来规定"单一事项"更多只是对电竞的"肯定性表态"，而通过专项或多元综合文件来覆盖多数事项才有助于扶持措施的落地实施。③在扶持事项的类别上，虽然"引导发展"一类仍有56%（42部）的文件涉及，位列所有扶持事项之首，但其他类别也有显著增加。比如，"资金引导/投入"虽然只有6.7%（5部）的文件涉及，但这是各类产业发展的基础条件之一，同时也是中央文件未曾提及的事项——从中央层面进行资金扶持的可行性尚不充分，而由地方层级主动实施则更为鲜明地体现了其对电竞产业的积极态度。又如，"产业集群"有利于各个产业环节在同一地方聚集，从而形成电竞产业的规模化、综合性发展，是一种较具前瞻性的扶持政策，表2-2中已有22.7%（17部）的文件涉及该事项。再如，"赛事举办""电竞场馆/小镇""企业培育"和"人才培养"属于电竞产业的细节性事项，对其规定越详尽，越具可操作性，扶持政策越容易落地实施。表2-2中有20部文件对"赛事举办"进行了规定，占比26.7%；14部文件对"电竞场馆/小镇"进行了规定，占比18.7%；9部文件对"企业培育"进行了规定，占比12%；10部文件对"人才培养"进行了规定，占比13.3%。

（5）在对应条款方面，①从整体态度上看，虽然目前还没有中央层级的电竞专项文件，但75部关涉电竞的地方文件显示出，对电竞的重视程度正在逐步加深，对电竞的肯定与扶持也已基本形成"共识"，成为各地方通行的规则和原则。②从详略状况上看，多数文件都是在单一条款中对电竞"简单提及"，也有部分文件条款较多、规定细致——这反映了电竞在该地方或者该领域中所占的地位及重要程度。比如，《大连市人民政府办公厅关于进一步激发社会领域投资活力的实施意见》第4项第36条所规定的电竞事宜，与《辽宁省人民政府办公厅关于进一步激发社会领域投资活力的实施意见》第4项第38条在文字表述上完全相同，只是简单重复了上位法的内容。相反，在上海市的8部文件中，有4部规定较为细致（此处还不包括其在表2-3中的5部电竞专项文件），特别是《打响"上海出版"品牌三年行动计划（2018—2020年）》这一并非专门针对电竞的文件，其在第2项第2点第3条通过"赛事支持""品牌建设""人才培养""园区及场馆建设"四个方面详细阐述了"全球电竞之都"建设方案，其中还列举了腾讯、暴雪等游戏发行商，以及完美世界、巨人网络等电竞运营商，在条款的详尽具体和可操作性上堪称典范。③从产业关联上看，很多文件中的电竞政策都是与动漫、影视、音乐、游戏等合并提出的，比如，四川省人民政府《进一步扩大和升级信息消费持续释放内需潜力实施方案》第3项第4条规定：着力推进我省电子竞技、动漫游戏、数字出版、数字音乐、网络文化、数字文化装备、数字艺术展示等产业集群发展。《杭州市之江文化产业带建设推进计划（2018—2022 年）》第 3 项第 3 条中规定，"大力发展 3D 动漫、手机动漫游戏、网络动漫游戏、电子竞技等新业态，提升动漫游戏产业综合竞争力"，等等。这说明，上述产业之间具有较高的相似度和关联性——不仅同属文化产业类别，而且皆可归为"数字创意产业"或"网络视听产业"；其载体都具有数字性质，传播渠道亦以互联网为主，无论是技术平台、内容覆盖还是消费指向等都趋于一致。比如，电竞本身就包含了音乐制作、动漫周边等内容，而以"泛娱乐"[1]为视角让各相关产业并行发展、相互促进则是较为合理的政策选择。④从地方特色上看，部分文件在紧密结合当地实际方面表现较为明显，比如，《武汉市人民政府关于推动服务业高质量发展打造服务名城的若干意见》第 2 项第 2 点第 1 条中规定："推进……电子竞技……产业全面发展，融入荆楚文化特色"；《绍兴市人民政府关于加快发展体育产业促进体育消费的实施意见》第 4 项第 3 点第 2 条中规定："促进纺织产业向……电子竞技……服装道具制造升级"；《河北省人民政府办公厅关于加快发展体育竞赛表演产业的实施意见》第 2 项第 1 条中规定："发挥石家庄数字经济优势和国际数字经济博览会平台作用，打造中国北方电子竞技基地。"可以看出，无论是地方文化特色，还是本地核心产业，或是本地经济的优势项目及博览会平台，皆可与电竞相结合以促进其发展乃至实现共同发展；而这些地方特色或地方优势也有助于打造出别具一格的电竞产品，从而在电竞市场中获得专属于自身的立足之地。

三、政策文件的第三重维度：地方层级的电竞专项文件

电竞政策的第三重维度是地方层级的电竞专项文件；与综合性文件不同，该维度下相应文件的规范领域即为电子竞技，或者，其是专门针对电子竞技而制定和实施的。此处笔者没有写明条款的原文，只是标注了其所处位置并列举如下：

---

〔1〕"如今，文化娱乐领域中的不同产业间的泛娱乐渗透成为不可逆转的大潮。同时，电竞领域的发展以游戏产业为基础，体现出更多的泛娱乐元素。""整体来看，电竞产业已经演变成一种以优质赛事 IP 为核心，涵盖游戏发行、赛事运营、电竞直播等诸多环节的泛娱乐型经济产业。"参见蔡潇雨：《电竞经济：泛娱乐浪潮下的市场风口》，人民邮电出版社 2018 年版，第 12、61 页。

表 2-3 地方层级规范电竞产业的专项文件（共 13 部）

文件名称	扶持事项							
	资金引导/投入	赛事举办	产品研发	产业集群	企业培育	人才培养	电竞园区/场馆/小镇	其他
《黑龙江省发展电子竞技产业三年专项行动计划（2018—2020 年）》（2018）	四、（二）	三、（二）		三、（一）（三）3.	三、（四）3.	四、（三）	三、（三）2.	四、（四）俱乐部支持
《关于推动北京游戏产业健康发展的若干意见》（2019）	三、（二）	二、（十）	二、（二）	二、（四）（十）		三、（三）	一、（三）二、（七）	
《关于促进上海电子竞技产业健康发展的若干意见》（2019）		三、	二、	一、（三）五、7.	六、	七、	五、8.	四、电竞媒体九、产业服务
《关于促进上海动漫游戏产业发展的实施办法》（2018）	四、2.3.4.			一、4.二、1.五、3.	三、3.	六、	二、2.3.	
《上海市静安区促进电竞产业发展的扶持政策（试行）》（2019）	三、	三、（四）	三、（二）		三、（一）		三、（三）	
上海市《静安区关于促进电竞产业发展的实施方案》（2020）		二、（三）9.		一、（二）3.二、（一）1.2.3.（三）7.		二、（一）4.	二、（二）（三）8.	三、11.12. 产业服务
《上海市普陀区加快发展电竞产业实施意见（试行）》（2019）	二、	二、（三）	二、（四）（八）	二、（七）	二、	二、（六）	二、（二）	二、（五）平台建设

续表

文件名称	扶持事项							
	资金引导/投入	赛事举办	产品研发	产业集群	企业培育	人才培养	电竞园区/场馆/小镇	其他
《广州市促进电竞产业发展三年行动方案（2019—2021年）》（2019）	三、（十三）	二、（四）	二、（二）（三）	二、（七）	二、（一）	三、（十二）	二、（六）（八）三、（十四）	二、（五）电竞媒体（九）"一带一路"三、（十一）产业服务
《银川市人民政府关于促进电竞产业发展的实施意见》（2017）	三、	三、（二）	三、（一）			三、（三）	三、（二）	三、（四）产品交易（五）产业服务
《杭州市下城区人民政府关于打造电竞数娱小镇促进产业集聚发展的实施意见（试行）》（2018）	三、1.2.3.	三、13.	三、8.	三、15.	三、5.7.9.16.	三、6.14.	三、4.10.	三、11.12.俱乐部支持
《西安曲江新区关于支持电竞游戏产业发展的若干政策（试行）》（2018）	第16条	第20条	第5、6条		第3、4、7、11、15、17条	第8、9、10条		第13、14条俱乐部支持第18条产业服务
重庆市《忠县人民政府办公室关于促进电竞产业发展的若干政策意见》（2017）	三、	三、（三）15.	三、（三）14.18.		三、（一）（三）17.19.	三、（二）（三）16.		三、（三）16.俱乐部支持

文件名称	扶持事项							
	资金引导/投入	赛事举办	产品研发	产业集群	企业培育	人才培养	电竞园区/场馆/小镇	其他
福建省《平潭综合实验区关于加快推进电竞产业发展的实施意见》(2019)	四、(八)	三、(三) 8. 四、(十二)(十四)		二、(二)三、(三) 7. 四、(十五)	三、(二) 5. 四、(二)(三)(四)(六)(九)(十)	四、(七)(十一)	二、(一)	二、(三) 两岸合作 四、(五) 俱乐部支持

通过表 2-3 可以看出：

（1）在规范内容方面，①所列文件绝大部分都是直接针对电竞的，但《关于推动北京游戏产业健康发展的若干意见》和《关于促进上海动漫游戏产业发展的实施办法》并未在文件标题里写明电竞字样；由于"电子竞技"可以视为"电子游戏"的组成部分，并且其条款大量涉及电竞内容，我们也将这两部文件列入统计。②由于目前尚未发布中央层级的电竞专项文件，所列文件并无与中央的对应关系，也不存在以"应付"为目的简单重复上位法之可能，这也充分体现出制定主体对于电竞的积极态度。

（2）在制定主体方面，①省、区、市三级主体制定的文件数量分别占30.8%、15.4%、53.8%，区县级主体占比过半，这是由于基层政府对于电竞带动区域经济发展的作用更为重视，以及基层政府直接面对电竞产业的实体内容，其政策更适于通过专项文件集中规定。②在地域分布上，上海市共有5部，占文件总数的38.5%，其余各地方都只有1部，且分布较为零散，北京、广州等一线城市，黑龙江、银川等东北、西北地区都已涵盖在内。③在综合性文件和电竞专项文件的对应关系上，同一地方兼具两种性质的文件是较为理想的状况，即通过综合性文件来表明宏观政策，再通过专项文件来确定政策细节——在表2-2 和表 2-3 所列举的文件中，上海市（含市辖区）制定了 8 部综合性文件和5 部电竞专项文件，文件数量居于首位；广州市（含市辖区）和重庆市（含市辖县）各制定了 3 部综合性文件和 1 部电竞专项文件；黑龙江省、北京市和杭州市（含市辖区）各制定了 2 部综合性文件和 1 部电竞专项文件；福建省（含省辖区）和银川市各制定了 1 部综合性文件和 1 部电竞专项文件；其他地方则只具备一种性质的文件，即只有综合性文件而无电竞专项文件，此时宏观且笼统的电竞政策如何落实就成为问题。

（3）在扶持事项方面，①由于电竞专项文件的详细程度显著高于各类综合性文件，笔者对于表 2-2 中的 8 类扶持事项进行了修改，即增加了较具重要性的"产品研发"，将"电竞场馆/小镇"修改为"电竞园区/场馆/小镇"，而删除了过于宏观的"引导发展"，合计仍为 8 类；加之"其他"项目中的"俱乐部支持""电竞媒体"和"平台建设"等，扶持事项已经基本遍及了电竞产业的各个环节。②从不同文件所涉扶持事项的数量上看，涉及最多的为 10 类，即《广州市促进电竞产业发展三年行动方案（2019—2021 年）》；涉及最少的为 5 类，即《关于促进上海动漫游戏产业发展的实施办法》《上海市静安区促进电竞产业发展的扶持政策（试行）》和上海市《静安区关于促进电竞产业发展的实施方案》。由此可见，全部文件已涉及半数以上的扶持事项，其中 2/3 左右（7 类以上，共 8 部）涉及几乎全部事项。原因在于，电竞专项文件仅对电竞场域进行规定，其所覆盖的空间更大、范围更广，更能通过详尽的条款来细化相关政策，是综合性文件所无法比拟的。③在扶持事项的类别上，各类事项所涉文件较为平均，其中"赛事举办"和"人才培养"所涉文件最多，各有 12 部；"资金引导/投入"和"电竞园区/场馆/小镇"次之，各有 11 部。由此可以看出，"赛事举办"和"电竞园区/场馆/小镇"两类事项对于"新动能"和"带动经济增长"表现最为明显。而"人才培养"既能迎合电竞产业的当前需要，又能推动其长远发展，同时有助于增加就业，因此几乎遍及全部电竞专项文件。

（4）在对应条款方面，①从文件整体的详略状况上看，福建省《平潭综合实验区关于加快推进电竞产业发展的实施意见》以 5200 字左右的文本字数居于首位，《银川市人民政府关于促进电竞产业发展的实施意见》则以 1700 字左右的文本字数居于末尾，其余文件皆在 2000—4100 字。相较于字数，文件条款的细化程度和可操作性是更为重要的标准，比如，《黑龙江省发展电子竞技产业三年专项行动计划（2018—2020 年）》虽然以 2800 字左右的文本字数居于中间水平，但部分条款的内容还不够具体。其"优化产业结构"的措施包括"鼓励我省电子竞技企业与国外电子竞技企业通过合资合作、联合开发等方式，提升关键技术……"但具体如何鼓励未见明确规定；其"大力培育市场主体"的措施包括"将提供电子竞技服务……的市场主体纳入我省重点支持的高新技术领域，推动符合条件的企业享受相关优惠政策"，但提供何种优惠亦未见明确规定。②对于同一扶持事项，不同文件的详略状况也有所不同，比如，在"企业培育"一类，福建省《平潭综合实验区关于加快推进电竞产业发展的实施意见》在第3项和第4项通过"引进龙头企业带动电竞产业发展""企业所得税优惠""经营贡献奖励""开办补助""个税奖补""办公用房支持"和"网络支持"7个条目对电竞企业的扶持措施进行了细致规定。而《广州市促进电竞产业发展三年行动方案（2019—2021年）》则只在第2项第1条规定了"做大做强电竞产业主体""加大电竞企业培育力度""鼓励引进龙头企业""落实相关优惠政策"等宏观且笼统的内容。再如，在"产业集群"一类，上海市《静安区关于促进电竞产业发展的实施方案》在第1项和第2项详细列举了时尚、设计、文化、旅游等22个电竞关联产业，游戏研发、赛事内容制作、俱乐部经营等9个电竞产业环节，以及拳头、艺电、动视等5家核心企业。而《关于推动北京游戏产业健康发展的若干意见》则只在第2项规定了"构建和完善产业链条""形成产业聚集空间""搭建多功能产业平台"等宏观且笼统的内容。笔者认为，电竞专项文件应当甚至必须写入具体扶持措施及操作细节，从而使电竞从业者能够更为清晰地了解相关政策，其中也包含了"政府允诺"和"诚实信用"等行政法原则；相较而言，单纯的宏观政策属于综合性文件的规定范畴，其在电竞专项文件中已不具备实质功能。

第三节　资金引导：电竞产业的"穿透性"政策

一、作为关键性政策的电竞引导资金

在电竞产业的各类扶持事项中，有关资金方面的政策实质上居于关键地位——无论是赛事举办，还是产品研发，或是人才培养，如果没有与之匹配的资金支持，就只是政府机关类似"行政指导"的建议、倡议或鼓励；如果没有积极的资金引导，电竞场域就仍遵循市场的一般规律自然生发，而各地方的电竞政策也仍停留在宏观且笼统的层面上；如果缺乏可预期的收益或回报，则一方面难以吸引公司、企业和相关人员加入电竞产业，另一方面也难以吸引已经

形成规模的电竞企业、人员和赛事进驻本地。在地理位置、自然环境、人口规模等"硬件"条件不变的情况下，一个地方能否快速集聚和发展电竞产业，在相当程度上取决于资金支持这一"软件"条件。正基于此，很多论者认为，"各地方政府争相投资电子竞技项目是电子竞技行业发展的重要推动力"[1]；"为了加速电竞产业的发展，我国政府应在税收、贷款、投资……方面提供政策支持"[2]；"政府通过专项资金、风险投资、税费优惠等手段……引导优势电子竞技相关企业合理集聚"[3]；等等。而在实践层面，银川市 2014—2016 年分别为世界电子竞技大赛（WCA）投资 0.6 亿元、1 亿元和 2 亿元，同时设立了总规模为 10 亿元的游戏产业并购基金，建设了总面积超过 8000 平方米的电竞赛事专业场所；[4]西安市 2018 年提出建设 30 万平方米的电竞游戏国际社区，建设 3 个万人级别电竞和体育科技馆，引进 5—8 家电竞行业 30 强；[5]上海市在 2019 年以前即已集中了 80%的国内电竞公司、俱乐部和明星运动员，举办了 40%的全国电竞赛事，形成了包括上游的游戏开发商和运营商、中游的赛事执行与参与方、下游的内容制作和传播商等完整的电竞产业链[6]——即便是在已经初步成为"电竞之都"的上海，静安区和普陀区仍于 2019 年分别出台了政策文件对电竞产业给予较大幅度的资金支持。

在表 2-3 所列举的电竞专项文件中，有 7 部是以资金支持为主导或核心政策的，占文件总数的 53.8%，说明二者之间具有较为明显的对应关系；而"资金支持"所展现出的政策形态，十分接近或基本等同于体育产业中的"政府引导资金"。一般而言，"体育产业引导资金是政府根据体育产业发展的政策规划，以政府财政资金和体育彩票公益金为资金来源，旨在引导社会各类资本扶

〔1〕 蔡润芳："中国电子竞技行业政策的'合法化'分析——新制度主义视角"，载《东南传播》2018 年第 1 期，第 81 页。

〔2〕 郭超然："我国电子竞技行业发展与政策"，载《中外企业家》2017 年第 31 期，第 31 页。

〔3〕 夏清华主编：《电子竞技商业模式》，武汉大学出版社 2019 年版，第 63 页。

〔4〕 参见蔡漱雨：《电竞经济：泛娱乐浪潮下的市场风口》，人民邮电出版社 2018 年版，第 26—27 页。

〔5〕 参见戴焱淼：《电竞简史：从游戏到体育》，上海人民出版社 2019 年版，第 316—317 页。

〔6〕 参见刘新静："上海建设'全球电竞之都'新思路"，载《中国建设信息化》2019 年第 11 期，第 55 页。

持具有市场前景和体现体育产业发展战略的企业或项目……的专项资金。"[1]
《体育法》第77条规定:"县级以上人民政府应当将体育事业经费列入本级预算,建立与国民经济和社会发展相适应的投入机制",这可以视为政府引导资金的主要来源;同时,《厦门市体育产业发展专项资金管理办法》(2018)第10—17条规定的"体育赛事补助""职业体育俱乐部建设补助""体育场馆建设与运营补助"等,在具体名目、补助层级以及资金来源和申报流程等方面[2]与上述7部电竞专项文件有着高度的一致性,可以认为二者共同归属于"政府引导资金"范畴。具体而言:①在资金来源方面,政府引导资金主要来源于地方财政,其用于哪一产业领域、注重哪些具体项目以及采取何种引导方式,皆由政府进行把控。[3]需要说明的是,此处的"资金"与"基金"有着明显的区分,"政府引导资金"的出资人是政府,政府在资金的拨付与监管过程中居于主导地位;而"产业发展基金"的出资人则是政府与社会资本通过投资所形成的股权,政府并不一定占据支配地位。[4]比如,在《西安曲江新区关于支持电竞游戏产业发展的若干政策(试行)》第19条所规定的政策审批程序中,审议通过后提报曲江新区党政联席会审定,由管理委员会财政局依照审定的补贴企业名单和金额办理资金拨付手续等,这充分体现了政府对于资金的掌控程度。此外,政府引导资金和产业发展基金在部分地方处于同时并举的局面,比如,《杭州市下城区人民政府关于打造电竞数娱小镇促进产业集聚发展的实施意见

---

〔1〕 张永韬、刘波:"体育产业政府引导资金:概念、特征与效应",载《体育与科学》2019年第2期,第72页。

〔2〕《厦门市体育产业发展专项资金管理办法》(2018)第2条规定:厦门市体育产业发展专项资金是指厦门市财政预算安排用于支持厦门市体育产业发展的专项资金。第12条规定,职业体育俱乐部建设补助申报条件:在国家体育总局注册并代表厦门参赛,且取得全国最高水平职业联赛团体前三名的俱乐部。补助标准:属于奥运比赛项目的,分别给予俱乐部第一名100万元、第二名50万元、第三名30万元的补助;属于非奥运比赛项目的,分别给予俱乐部第一名50万元、第二名30万元、第三名10万元的补助。

〔3〕 比如,《上海市普陀区加快发展电竞产业实施意见(试行)》第3项第3条规定:"区财政局负责编制年度专项资金预算安排,按程序落实专项资金具体拨付工作……"

〔4〕"①产业引导基金一般是由政府单独出资或与社会资本共同出资设立,以股权投资的方式进行运作,而产业引导资金是政府对申请企业或项目进行定点的财政资金投向,不涉及股权投资;②产业引导基金是有偿方式运作,不同于政府拨款的无偿方式……③大部分产业引导基金是通过资本市场吸引社会资本参与投资,而产业引导资金并不涉及资本市场。"参见张永韬、刘波:"体育产业政府引导资金:概念、特征与效应",载《体育与科学》2019年第2期,第72页。

（试行）》（2018）第 3 项第 1 条规定："设立产业扶持资金 区政府设立促进电竞数娱小镇产业发展专项资金一亿元，扶持电竞数娱产业集聚发展。"第 3 条规定："配套产业发展基金 小镇管委会（筹）与区国投集团积极探索产业基金的引入，区国投集团将牵头多家企业共同成立不少于 15 亿的小镇配套产业基金，用于赛事品牌打造、电竞数娱产业孵化、电竞初创企业扶助……"这不仅清晰地反映了"资金"和"基金"出资人和运行机制的不同，而且从产业发展基金在电竞专项文件中所处的地位来看，也可以将其认为是政府引导资金的组成部分或运作方式之一，即政府引导资金已经涵盖了产业发展基金的内容。[1]②在引导作用方面，"政府引导资金"与"政府直接投资"亦有显著区别：前者是政府通过资金支持来吸引社会主体进入相关领域或进驻相应地区——若要获得资金支持，必须以进入相关领域或进驻相应地区等为前提，或者，政府的资金拨付是有条件的而非直接的，是事后的而非事前的，是对既成事实的补贴或奖励，这就是政府资金的"引导"功能，但在这一模式下，政府所能主导的只是资金，而非产业或项目本身，社会主体仍然是相关领域的首要经营者；相较而言，后者的资金支持是无条件的、直接的和事前的，只要社会主体正在从事或即将从事某一产业或项目，政府即可通过拨付资金的方式助其发展，在这一模式下，政府往往能掌握不亚于社会主体的经营权，[2]目前尚有部分传统体育/竞技项目仍在采用这一模式。有论者指出："政府引导资金所投向的领域，实际

---

〔1〕 比如，重庆市《忠县人民政府办公室关于促进电竞产业发展的若干政策意见》在第 2 项"资金来源"中规定："整合县内产业资金，建立不少于 1 亿元的电竞产业发展资金，保障电竞产业发展……"而在第 3 项"扶持政策"中的第 1 点第 5 条规定，"设立总额为 2 亿的忠县电竞产业扶持发展基金，专项支持电竞产业相关企业。"可以看出"产业资金"和"发展基金"之间鲜明的种属关系。此外，《西安曲江新区关于支持电竞游戏产业发展的若干政策（试行）》第 16 条、福建省《平潭综合实验区关于加快推进电竞产业发展的实施意见》第 4 项第 8 条亦规定了产业发展基金方面的内容。

〔2〕 "政府以往对体育产业的扶持往往是通过财政拨款或者发放补贴的形式，行政干预时有发生……损害了资金分配的公平性，而政府引导资金将政策目标与商业目标有机地结合，其日常运作通常由申报企业或项目负责，政府只起到监管的作用，在一定程度上减少了政府的行政干预，对市场的资源配置决策权予以保障。"参见张永韬、刘波："体育产业政府引导资金：概念、特征与效应"，载《体育与科学》2019 年第 2 期，第 70 页。"政府投入的财政资金不应直接进行产业投资，而应引导社会资金进入体育产业领域，政府不干预后期项目的运作和管理，所有投资决策由企业主体做出，政府主要创造公平竞争的市场环境和落实相关财政优惠政策……引导资金应强调'引导'作用，而非'主导'作用。"参见成会君："体育产业发展引导资金的功能定位、引导机理及运行机制"，载《天津体育学院学报》2016 年第 1 期，第 13 页。

上就是向市场表明现今体育产业发展中政府所关注的方向。"[1]笔者认为，正因为电子竞技属于"新兴产业"或经济发展"新动能"，具有较为广阔的发展空间以及较为可观的预期效益，所以其一方面成了"政府关注的方向"，另一方面则促使政府采用"引导资金"而非"直接投资"的方式，在为电竞产业引入资金的同时确保了经营主体的自由与活力。

二、电竞专项文件中的政府引导资金

为进一步考察资金支持在电竞产业中的政策细节，我们梳理了表 2-3 中 7 部以资金支持为主导或核心的电竞专项文件，并将之列举如下：

表 2-4　以资金支持为主导或核心的电竞专项文件（共 7 部）

	文件名称	《上海市静安区促进电竞产业发展的扶持政策（试行）》(2019)	《上海市普陀区加快发展电竞产业实施意见（试行）》(2019)	《银川市人民政府关于促进电竞产业发展的实施意见》(2017)	《杭州市下城区人民政府关于打造电竞数娱小镇促进产业集聚发展的实施意见（试行）》(2018)	《西安曲江新区关于支持电竞游戏产业发展的若干政策（试行）》(2018)	重庆市《忠县人民政府办公室关于促进电竞产业发展的若干政策意见》(2017)	福建省《平潭综合实验区关于加快推进电竞产业发展的实施意见》(2019)
补贴	房屋补贴	租房：按租金30%给予3年资助，总额不超过100万元；购房：一次性资助，不超过100万元；	租房：按合同金额30%以内给予3年累计不超过150万元的资助；购房：按购房金额10%以内给予不超过150万元的资助。	落户银川智慧产业园区的电竞企业，免除5年办公用房租金。	对初创型企业3年内给予1元/天/平方，不超过200平方米的办公用房租金补贴。对规模型企业……对初创型企业的核	给予3年房租补贴……1.S级：年补贴金额不超过500万元；2.A级……给予连续3年企业人才公寓租金补贴	租房：补助入驻企业3年内所缴纳的租金；装修：按不高于500元/平方米给予补助。	租用区内国有办公用房的，按常驻办公人员人均10平方米予以5年免租支持。

---

〔1〕 张永韬、刘波："体育产业政府引导资金：概念、特征与效应"，载《体育与科学》2019 年第 2 期，第 73 页。

续表

	《上海市静安区促进电竞产业发展的扶持政策(试行)》(2019)	《上海市普陀区加快发展电竞产业实施意见(试行)》(2019)	《银川市人民政府关于促进电竞产业发展的实施意见》(2017)	《杭州市下城区人民政府关于打造电竞数娱小镇促进产业集聚发展的实施意见(试行)》(2018)	《西安曲江新区关于支持电竞游戏产业发展的若干政策(试行)》(2018)	重庆市《忠县人民政府办公室关于促进电竞产业发展的若干政策意见》(2017)	福建省《平潭综合实验区关于加快推进电竞产业发展的实施意见》(2019)
文件名称							
	装修:不超过50万元的一次性补贴。			心人才、精英骨干3年内给予不超过2人500元/月/人的人才用房租金补贴。对规模型企业……	……公司高级管理人员3500元/月/人专业技术人员……给予……在区内购置住房一次性补贴,标准为10万元/人。		
网费补贴			将数据存储于滨河大数据中心的电竞企业,给予3年数据机房或服务器租赁费用补助。	对初创型企业3年内给予50%的网费补助,每年不超过2万元。对规模型企业……每年最高补助金额不超过20万元。	给予连续3年自用宽带资费补贴……1.S级:年补贴金额不超过100万元;2.A级……	新购置……云端设备、网络设备、信息安全设备……10万元以上,按购买价的30%给予补助,不超过300万元;3年内给予云服务费用补贴,每家每年不超过3万元。	纳税总额100万元以上的企业,予以60%的网络费用补助,每年不超过10万元;纳税总额100万元及以下的企业……

文件名称	《上海市静安区促进电竞产业发展的扶持政策(试行)》(2019)	《上海市普陀区加快发展电竞产业实施意见(试行)》(2019)	《银川市人民政府关于促进电竞产业发展的实施意见》(2017)	《杭州市下城区人民政府关于打造电竞数娱小镇促进产业集聚发展的实施意见(试行)》(2018)	《西安曲江新区关于支持电竞游戏产业发展的若干政策(试行)》(2018)	重庆市《忠县人民政府办公室关于促进电竞产业发展的若干政策意见》(2017)	福建省《平潭综合实验区关于加快推进电竞产业发展的实施意见》(2019)
活动补贴	举办电竞赛事颁奖盛典、行业会展、论坛等重大活动的,按实际发生费用给予50%的补贴,同一机构同一年度累计不超过50万元。	举办电竞领域具有重要影响力的活动、论坛、展会等,按运营投入50%以内给予不超过100万元的资助。	举办省级以上电竞产品评选、角色扮演大赛等活动……给予场地租金50%的支持,单个项目不超过10万元。			引进全球论坛、峰会、赛事等活动的,场馆租赁费用按50%收取;引进全国论坛……	
企业补贴	对成功在主板、中小板、创业板、科技创新板及海外上市的电竞企业……给予不超过200	新引进的电竞领军企业……给予不超过300万元开办费资助。			独角兽种子企业、独角兽成长企业和独角兽企业分别给予50万元、100万元、500万元的一次性奖励。企业上市给	被评为优先推荐项目、重点推荐项目和特别推荐项目的,分别给予企业3万元、5万元、10万元的创业补助。	注册资本2000万元以上,实缴100万元以上的新入驻企业,运营满1年后,按到资金额的5%给予开办

续表

文件名称	《上海市静安区促进电竞产业发展的扶持政策(试行)》(2019)	《上海市普陀区加快发展电竞产业实施意见(试行)》(2019)	《银川市人民政府关于促进电竞产业发展的实施意见》(2017)	《杭州市下城区人民政府关于打造电竞数娱小镇促进产业集聚发展的实施意见(试行)》(2018)	《西安曲江新区关于支持电竞游戏产业发展的若干政策(试行)》(2018)	重庆市《忠县人民政府办公室关于促进电竞产业发展的若干政策意见》(2017)	福建省《平潭综合实验区关于加快推进电竞产业发展的实施意见》(2019)
	万元的补贴。				予一次性奖励,不超过2000万元。		补助,不超过100万元。
俱乐部补贴	对入驻的电竞一线俱乐部,按照战队培训费用给予50%的补贴,同一俱乐部同一年度不超过50万元。	一线电竞战队俱乐部,每年给予运营费用资助,不超过50万元。		对新入驻的电竞一线俱乐部,给予入驻补贴:分3年补贴100万元。	给予连续3年落户补贴:①顶级俱乐部年补贴金额不超过500万元;②知名俱乐部……		对新入驻的电竞一线俱乐部,3年内给予入驻补贴,其中排名1—3位的给予500万元奖励,4—6位的……
资助　平台开发	公共技术服务平台、直播平台、运营平台等电竞产业平台的开发,按投资额	直播平台、游戏运营平台、赛事综合服务平台等,根据其在行业内的知名度和对区域的经济贡献度,给予					

文件名称	《上海市静安区促进电竞产业发展的扶持政策(试行)》(2019)	《上海市普陀区加快发展电竞产业实施意见(试行)》(2019)	《银川市人民政府关于促进电竞产业发展的实施意见》(2017)	《杭州市下城区人民政府关于打造电竞数娱小镇促进产业集聚发展的实施意见(试行)》(2018)	《西安曲江新区关于支持电竞游戏产业发展的若干政策(试行)》(2018)	重庆市《忠县人民政府办公室关于促进电竞产业发展的若干政策意见》(2017)	福建省《平潭综合实验区关于加快推进电竞产业发展的实施意见》(2019)
	的30%给予资助，不超过500万元；示范引领效应特别好的，不超过1000万元。	不超过500万元的资助。					
经纪业务		开展电竞人才经纪业务，给予不超过100万元的资助。				引进符合条件的电竞相关企业落户，每引进1家经营6个月以上，且职工人数在10人以上30人以内的给予奖励1万元；在30人以上……	累计招商落地企业10家以上、每年在区内200天以上、常驻人员50人以上，所招企业入驻后正常运营满1年的，对招商主体予以一次性50万元—500万元的奖励。

文件名称	《上海市静安区促进电竞产业发展的扶持政策(试行)》(2019)	《上海市普陀区加快发展电竞产业实施意见(试行)》(2019)	《银川市人民政府关于促进电竞产业发展的实施意见》(2017)	《杭州市下城区人民政府关于打造电竞数娱小镇促进产业集聚发展的实施意见(试行)》(2018)	《西安曲江新区关于支持电竞游戏产业发展的若干政策(试行)》(2018)	重庆市《忠县人民政府办公室关于促进电竞产业发展的若干政策意见》(2017)	福建省《平潭综合实验区关于加快推进电竞产业发展的实施意见》(2019)
参赛奖励	参加总奖金额超过100万美金的国际职业大赛、总奖金额超过300万元的全国职业联赛的俱乐部,获得冠、亚、季军的,分别给予一定奖励。	参加总奖金额超过800万元的国际电竞职业大赛,每获得一个冠军奖励80万元,亚军奖励……参加总奖金额超过200万元的国内电竞职业大赛……	每进入一次全国性赛事决赛,奖励10万元,每进入一次国际性赛事决赛,奖励20万元。	参加总奖金额超过1000万元的国际职业大赛,每获得一个冠军奖励50万元,亚军奖励……参加总奖金额超过300万元的全国职业联赛……	参加电子竞技赛事并获得冠军的,①顶级国际职业赛事,奖励金额不超过200万元;②顶级全国、次级国际职业赛事……		打造平潭电竞品牌,推出"麒麟精英联赛",分别给予赛事前三名1000万元、800万元、500万元的奖励。
税收　企业奖励			当年收入或结算金额1000万元以上的,给予市级税收贡献70%的奖励,单个项目不超		连续3年企业所缴纳增值税、企业所得税市级留成部分奖励,年奖励金额不超过1亿元。	年营业额300万元以下,职工人数30人以下的,前5年以企业所得税、增值税县级留成部分的	电竞相关企业按15%的税率征收企业所得税。5年内按年度税收总额的地方级财政分成部分的

文件名称	《上海市静安区促进电竞产业发展的扶持政策(试行)》(2019)	《上海市普陀区加快发展电竞产业实施意见(试行)》(2019)	《银川市人民政府关于促进电竞产业发展的实施意见》(2017)	《杭州市下城区人民政府关于打造电竞数娱小镇促进产业集聚发展的实施意见(试行)》(2018)	《西安曲江新区关于支持电竞游戏产业发展的若干政策(试行)》(2018)	重庆市《忠县人民政府办公室关于促进电竞产业发展的若干政策意见》(2017)	福建省《平潭综合实验区关于加快推进电竞产业发展的实施意见》(2019)
			过1000万元。			100%,后5年以60%给予奖励;年营业额300万元以上……	70%—90%予以奖励。
个人奖励			研发企业高管,给予其上一年度所缴纳个人所得税市级税收贡献100%的奖励。	连续3年企业高级管理人员和专业技术人员所缴纳个人所得税市级留成部分奖励。①S级:年奖励金额不超过500万元,人数不超过10人;②A级……		企业高级管理人员,前5年以个人所得税县级留成部分的100%给予奖励……引进产业急需专业技术人才,年薪8万元以上10万元以内的,以其缴纳个人所得税县级留成部分的80%给予奖励……在忠县注册的电竞俱乐部,	企业高管人员5年内均按每年缴纳个人所得税地方级分成部分100%予以奖励。

		《上海市静安区促进电竞产业发展的扶持政策(试行)》(2019)	《上海市普陀区加快发展电竞产业实施意见(试行)》(2019)	《银川市人民政府关于促进电竞产业发展的实施意见》(2017)	《杭州市下城区人民政府关于打造电竞数娱小镇促进产业集聚发展的实施意见(试行)》(2018)	《西安曲江新区关于支持电竞游戏产业发展的若干政策(试行)》(2018)	重庆市《忠县人民政府办公室关于促进电竞产业发展的若干政策意见》(2017)	福建省《平潭综合实验区关于加快推进电竞产业发展的实施意见》(2019)
	文件名称							
							在比赛中获奖后在忠县缴纳个人所得税的,以县级留成部分的80%给予奖励……	
融资	担保和贴息			对于由本市担保公司担保取得贷款的电竞企业,一次性给予担保费用50%的补贴。			电竞产业相关企业投资使用银行贷款的,贴息比例不超过银行同期基准利率的80%,贴息年限不超过3年。	

通过表2-4可以看出:

(1)在文件属性方面,尽管地方层级的综合性文件(见表2-2)也有对资金扶持的规定,但大多只是较为笼统地"提及",缺乏政策细节;而上述7部以外的其他电竞专项文件(见表2-3)也同样缺乏资金扶持的政策细节,比如,《黑龙江省发展电子竞技产业三年专项行动计划(2018—2020年)》仅在第4项第2条规定:"加大政策资金支持……推广运用政府和社会资本合作等多种投融资模式，进一步拓宽产业投融资渠道，形成有利于我省电子竞技产业健康快速发展的政策资金支持体系"；《关于推动北京游戏产业健康发展的若干意见》仅在第 3 项第 2 条中规定："整合现有资金渠道，财政重点支持内容生产、技术研发……方向。拓宽资金支持渠道，充分发挥政府投资基金引导作用，吸引社会资本参与投资游戏产业"；等等。而目前资金扶持的细化规定仅见于表 2-4 的电竞专项文件。[1]

（2）在核心政策方面，之所以将资金引导视为电竞产业的"穿透性"政策，乃是因为，尽管表 2-4 文件涉及房屋、网费以及平台开发、经纪业务等众多扶持事项，但都是以资金引导的形式展现出来的，或者，政府引导资金已经融入各个扶持事项并贯穿于专项文件始终——这些文件可以被视为政府引导资金在电竞场域的实施细则。从本质上说，电竞产业的各个环节都需要相应的资金投入才能运行和发展，而将各个扶持事项的政策措施转化或者统一成资金引导是可以实现的；这也意味着，资金引导的力度与广度基本能反映出地方政府对电竞产业的扶持程度。

（3）在引导措施方面，有论者将之划分为项目资助、贷款贴息、政府采购、后续购买、以奖代补、转移支付 6 种，[2]也有论者将之集中划分为补贴、贴息和奖励 3 种；[3]而表 2-4 文件所体现出的引导措施可归结为补贴、资助、奖励、税收和融资 5 种。问题在于，尽管在理论上各种引导措施之间应当泾渭分明、各有独特的功能和用途，[4]但实际上是相互混用的。原因在于，为引导

---

〔1〕 较为特殊的是，作为地方层级综合性文件的《广州市越秀区促进体育产业发展实施办法》（2019）也用两个条款规定了电竞赛事补贴和场馆建设方面的资金扶持细目（见表 2-2），是为我们考察范围内唯一一个例外。

〔2〕 参见刘远祥、孙冰川："政府体育产业发展引导资金运行现状分析"，载《南京体育学院学报（社会科学版）》2017 年第 6 期，第 105 页。

〔3〕 参见成会君："体育产业发展引导资金的功能定位、引导机理及运行机制"，载《天津体育学院学报》2016 年第 1 期，第 13 页。

〔4〕 "补助"针对的是"现金流量不足或没有现金流量同时带有正外部性的体育项目"，并"主要用于对体育产业项目实施过程中成本性支出的补助"；"贴息"针对的是"体育企业普遍弱小、融资能力差，而其提供的产品又具备一定的正外部性"，并"主要用于能够形成较大产业规模，经济效益显著的体育产业项目"；而"奖励"针对的则是"已经结束的、具有正外部性和满足地区体育产业发展需求的项目"，并"主要适用于已经完成的项目，针对其实施过程中出现的成本性支出"。参见成会君："体育产业发展引导资金的功能定位、引导机理及运行机制"，载《天津体育学院学报》2016 年第 1 期，第 13 页；成会君、徐阳："我国体育产业发展引导资金的管理现状、问题及对策"，载《沈阳体育学院学报》2015 年第 1 期，第 10 页。

社会资本进入电竞场域，当软硬件成功研发并达到一定的质量要求、赛事成功举办并达到一定的场次和层级后，无论是给予"资助""补贴"还是"奖励"，都是以相关条件的达成为前提，以货币形式呈现并支付，以参与者获得回报为表现形式的，各项措施之间的功能和原理是一致的，相互混用或并用亦可灵活把握。

（4）在扶持事项方面，表2-4共涉及11个事项种类，单就企业入驻和基本运营方面即有房屋补贴、网费补贴、企业成长及贡献补贴、企业税收奖励和融资补贴等；由此可以看出，所列文件已经基本穷尽了电竞场域企业、人员和赛事运作的各个方面，不仅显示出资金引导政策的周延性和全面性，而且展现了地方政府发展电竞的诚意，并能最大限度地强化对于社会资本的吸引力。具体而言，从横向来看，房屋补贴涉及全部7部文件，参赛奖励涉及6部文件，说明各地方对于吸引企业入驻、鼓励俱乐部参赛等最具经济效益的事项普遍比较重视；相较而言，平台开发、担保和贴息仅涉及2部文件，经纪业务仅涉及3部文件，这说明各地方对电竞经纪和直播、运营等平台的了解还不够充分，对担保和贴息等措施也不够重视。与资助、奖励等相比，各类金融措施显得更为间接也更具事前性，其有限的功效和存在的风险使得各地方往往不愿将之纳入其中。从纵向来看，各文件所涉扶持事项大体持平，福建省《平潭综合实验区关于加快推进电竞产业发展的实施意见》和重庆市《忠县人民政府办公室关于促进电竞产业发展的若干政策意见》分别涉及8个扶持事项，是为表2-4中最多；《杭州市下城区人民政府关于打造电竞数娱小镇促进产业集聚发展的实施意见（试行）》（2018）共涉及4个扶持事项，是为表2-4中最少；其余文件皆涉及6—7个扶持事项，这说明各地方的资金引导政策覆盖面普遍较宽，没有明显的差距，只是《上海市静安区促进电竞产业发展的扶持政策（试行）》《上海市普陀区加快发展电竞产业实施意见（试行）》和《杭州市下城区人民政府关于打造电竞数娱小镇促进产业集聚发展的实施意见（试行）》（2018）均没有规定"税收"和"融资"这两种类型的引导措施。

（5）在扶持力度方面，①对于同一扶持事项，不同地方的扶持金额有所不同，比如，同为"网费补贴"，《西安曲江新区关于支持电竞游戏产业发展的若干政策（试行）》规定的补贴上限为100万元，《杭州市下城区人民政府关于打造电竞数娱小镇促进产业集聚发展的实施意见（试行）》（2018）规定的补贴上限为20万元，重庆市《忠县人民政府办公室关于促进电竞产业发展的若干政策意见》规定的补贴上限则为 3 万元，最高额和最低额之间相差 30 余倍。[1]这一局面的形成有相当一部分缘于各地方财政实力的差别。根据学者的考察，体育产业政府引导资金在各地方本身就存在着投入与分布不均匀的问题，[2]省级行政单位所能动用的财政资金与县级行政单位必然有所不同，这也使其吸引社会主体的实际效果有所差别——在政策导向和引导措施相同或近似的情况下，各地方在电竞场域的竞争能力仍然存在差异。②对于不同扶持事项，同一地方的扶持金额也有所不同，比如，在福建省《平潭综合实验区关于加快推进电竞产业发展的实施意见》中，俱乐部补贴的上限为 500 万元，经纪业务的上限为 500 万元，企业补贴的上限为 100 万元，等等。这一局面的形成一是考虑到各个扶持事项所需要的成本不同，而资助的幅度应当与成本相匹配；二是各地方对于电竞产业环节的侧重点不同，重点事项的资助幅度也会有所偏重；三是权衡相应数额的资金是否足以吸引企业、俱乐部和人员进驻本地或从事相关事项。对于不同主体和不同事项，所需要的资金数额也是不同的。但问题在于，如果扶持事项之间相差过于悬殊，则可能导致各产业环节状态失衡甚至畸形发展，比如，如果对于经纪公司的资助超过实体公司，那么社会主体可能不愿开办成本更高的实体公司；如果参赛奖励过低并远低于赛事补贴，那么俱乐部可能不愿入驻，或者即便入驻也不愿积极参赛并争取优异成绩，而被大力鼓励的办赛方也就得不到本地俱乐部的支持，从而难以形成完整的电竞生态，等等。在这个意义上，扶持资金的分配应当在各个事项上保持相对均衡或者至少避免过于明显的偏颇。

（6）在对应条款方面：其一，获得资金支持的条件应当尽可能细化且严谨，如若规定过于笼统和模糊则容易引发争议。比如，"经纪业务"一类，福建省《平潭综合实验区关于加快推进电竞产业发展的实施意见》规定的奖励条件共有 4 项：①招商企业 10 家以上②招商企业运营满一年③常驻人员累计 50人以上④常驻人员每年在区内 200 天以上；这些条件虽显严苛，但一方面表述较为清晰，不易引发歧义，另一方面则能避免企业恶意骗取奖励。作为对照，

---

[1] 需要提及的是，同一地方的不同区域扶持金额也会有所差别，比如，同为上海市，在"活动补贴"一项，静安区规定的资助上限为 50 万元，普陀区规定的资助上限则为 100 万元，等等。

[2] 参见张永韬、刘波："我国体育产业政府引导资金健康发展对策研究"，载《体育文化导刊》2019 年第 6 期，第 89—91 页。

《上海市普陀区加快发展电竞产业实施意见（试行）》规定的资助条件只有 1
项：开展电竞选手、解说员、主播的经纪业务取得显著经济效益；而开展到何
种程度能构成"显著"经济效益则未见相关说明。笔者认为，资金支持的条件
很大程度上并不涉及政策导向和资金来源等问题，而主要是规范条款行文表述
的问题，对其进行加工处理并使之清楚明确是当前的立法技术所能实现的。其
二，资金支持的方式和额度同样应当尽可能地细化且严谨，比如，"房屋补贴"
中的"租房"项目，《上海市静安区促进电竞产业发展的扶持政策（试行）》
规定的是按租金的 30% 给予 3 年资助；《上海市普陀区加快发展电竞产业实施意
见（试行）》规定的是按合同金额的 30% 以内给予 3 年资助；重庆市《忠县人
民政府办公室关于促进电竞产业发展的若干政策意见》规定的则是补助入驻企
业 3 年内所缴纳的租金。显然，"按合同金额"比"按租金"更为严谨，而二
者都比"所缴纳"严谨，并且后者没有规定补助比例，这可能会被理解成"补
助全额"而引发争议。同时，前两个文件还分别规定了"总额不超过 100 万
元"和"累计不超过 150 万元"的金额上限，而这种"只有上限没有下限"的
条款在表 2-4 文件中非常常见，比如，按照《杭州市下城区人民政府关于打造
电竞数娱小镇促进产业集聚发展的实施意见（试行）》（2018）的规定，承办
国际职业大赛，给予一次性补贴不超过 300 万元；按照《西安曲江新区关于支
持电竞游戏产业发展的若干政策（试行）》的规定，参加顶级国际职业赛事并
获得冠军的，奖励金额不超过 200 万元；等等。问题在于，300 元和 300 万元都
属于"不超过 300 万元"，200 元和 200 万元也都属于"不超过 200 万元"——
这种模式多用于商业营销，但在政策法规中则未免有诱导之嫌。笔者认为，对
于资助金额的规定应当是一个确定的值，如《银川市人民政府关于促进电竞产
业发展的实施意见》中"每进入一次国际性赛事决赛，奖励 20 万元"；或者是
一个包含了上限和下限的区间，如重庆市《忠县人民政府办公室关于促进电竞
产业发展的若干政策意见》中"按购买价的 30% 给予补助，不超过 300 万元"，
福建省《平潭综合实验区关于加快推进电竞产业发展的实施意见》中"对招商
主体予以一次性 50 万元—500 万元的奖励"；等等。清楚明确的数额能让社会
主体充分了解政策幅度，并为其是否进入相关领域或进驻相应地区提供选择的
依据，同时也有助于增加其对当地政府的信任和信心。其三，资金支持的额度
应当分级规定，表 2-4 中多数文件都采用了这一模式。比如，《西安曲江新区
关于支持电竞游戏产业发展的若干政策（试行）》按照上年度营业收入将企业

划分成 S、A、B、C 四级，而多数扶持事项都是根据这四级分别对应不同的幅度，其中宽带资费的年补贴金额 S 级不超过 100 万元、A 级不超过 50 万元、B 级不超过 20 万元、C 级不超过 2 万元等。笔者认为，不同层级的企业和不同程度的业绩所带来的经济效益是不同的，其所支付的运营或项目成本也是不同的。因此，多数扶持事项的资助幅度都不应被一视同仁，而应细化层次、分级规定，这也是对电竞从业者的一种激励——只有采取引导、扶持和激励并行的政策，才更有助于这一新兴产业的健康快速发展。

第三章　电竞场域中政府主体的身份转型与路径重设

近年来，电子竞技及相关产业在我国乃至世界范围内的高速发展，不仅使其成为"新兴产业"乃至经济发展的"新动能"，而且促使政府主体进一步思考其在电竞场域中的身份定位与政策路径。"中国电子竞技……受到中国政府政策作用影响深远。同时扮演产业的监督规范者和促进产业发展的重要推手的双重角色，中国政府的政策行为对于产业发展轨迹来说息息相关。"[1]然而，政府主体在"竞技体育"中取得成效的政策行为，未必完全适用于"职业体育"；在"职业体育"中探索适用的政策行为，未必能够移植进"电子竞技"——为了在电竞场域中充分履行"监督规范"和"促进发展"之职责，政府主体面临的首要问题是管理模式的类型转换，以及政策路径的重新构设。而从"举办和参与"到"监管和服务"应当如何过渡，相应的管理机构、管理体制和制度规范应当如何转型与重设，是本章所要探讨的主题。

第一节　举办和参与：政府主体的传统身份及场域界限

一、传统体育/竞技项目的管理机构

在传统体育/竞技项目——特别是各个单项竞技体育项目——的场域中，政府主体经过长期的历史发展与积淀，已经形成了较为清晰的身份定位和富有成效的管理模式。其管理机构设置可以概括为：四层结构同时运转并相互协调配合的模式（见图3-1）。

---

[1] 蔡润芳："中国电子竞技行业政策的'合法化'分析——新制度主义视角"，载《东南传播》2018年第1期，第80页。

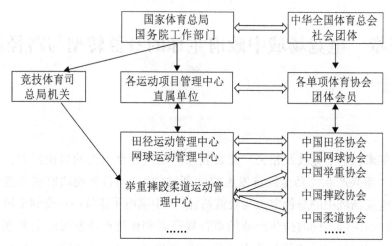

图 3-1 单项竞技体育项目管理机构示意

（1）国家体育总局作为国务院工作部门对体育活动进行宏观管理。根据《国家体育总局主要职责内设机构和人员编制规定》（2009）第 2 项的规定，国家体育总局的第 4 项职责为"统筹规划竞技体育发展，设置体育运动项目，指导协调体育训练和体育竞赛，指导运动队伍建设，协调运动员社会保障工作。"从条文表述来看，其职责偏重更具"柔性"的"统筹规划"和"指导协调"。

（2）竞技体育司作为国家体育总局的内设机构（总局机关）更为直接地从事竞技体育的管理工作。根据《国家体育总局主要职责内设机构和人员编制规定》第 3 项的规定，竞技体育司的职责为"拟订竞技体育发展规划草案和体育竞赛管理制度；指导全国体育训练、竞赛、运动队伍建设和训练基地发展工作；组织重大国际比赛备战和参赛工作；组织协调国内综合性运动会的竞赛工作；审查设立国家正式开展的体育竞赛项目；承担有关体育竞赛审批工作。"从条文表述来看，无论是"组织参赛""审查设立"还是"竞赛审批"，都体现出更为鲜明的管理色彩；并且，从中国田径协会发布的《体育总局竞体司关于延长 2020 年度全国运动员注册工作时间的通知》（2020）[1]、《体育总局竞体司关于开展第十四届全国冬季运动会评估工作的通知》（2019）[2]、《体育总局竞体司关于公布

---

〔1〕 见 http://www.sport.gov.cn/jts/n4998/c942233/content.html，最后访问日期：2022 年 3 月 28 日。
〔2〕 见 http://www.sport.gov.cn/jts/n4998/c937974/content.html，最后访问日期：2022 年 3 月 28 日。

第十四届全国冬季运动会高山滑雪比赛技术官员名单的通知》（2019）[1]中亦能看出竞技体育司在运动员注册、赛事举办和赛事监督等方面所发挥的主导作用；因此，竞技体育司"在我国竞技体育组织管理中处于核心地位"[2]。

（3）各运动项目管理中心（包括水上运动管理中心、体操运动管理中心等，共21个）作为国家体育总局的直属单位，分别对单项或类别的竞技体育项目从事具体管理工作。比如，田径运动管理中心的主要职责包括："负责全国范围内田径运动项目的业务管理"，"负责和指导田径项目优秀运动队伍建设、俱乐部建设以及后备人才的培养、管理工作"，"负责管理国家田径队，组织完成重大国际比赛的备战工作"，[3]等等。其中不仅体现出鲜明的管理色彩，而且意味着管理中心其实是亲身"参与"到运动队伍建设、俱乐部建设、后备人才培养过程中的。然而，具有管理职能的竞技体育司，其性质是"行政机构"；但管理职能更为具体而细致的各运动项目管理中心，其性质则是"事业单位"。《国家体育总局2019年部门预算》规定，2019年纳入国家体育总局预算编报范围的收支包括……第2项事业单位的全部收入和支出。事业单位包括冬季运动管理中心、射击射箭运动管理中心、自行车击剑运动管理中心、水上运动管理中心等41家财政补助和经费自理事业单位。[4]这一方面说明各运动项目管理中心属于全额拨款的事业单位，另一方面说明其是具有行政管理职能的事业单位，可以归为"政府主体"的组成部分。

（4）各单项体育协会（包括中国足球协会、中国武术协会等，共64个）作为中华全国体育总会的团体会员，以及全国性、行业性社会团体，分别对相应的竞技体育项目从事具体管理工作。比如，依托《体育法》第65—67条的规定[5]，《中国田径协会章程》（2023）第7条的规定，中国田径协会业务范围包括："负责全国田径项目的组织工作"，"负责对参赛的运动员、教练员、

---

〔1〕　见http://www.sport.gov.cn/jts/n4998/c938708/content.html，最后访问日期：2022年3月28日。

〔2〕　董小龙、郭春玲主编：《体育法学》（第三版），法律出版社2018年版，第166页。

〔3〕　见http://www.sport.gov.cn/tjzx/，最后访问日期：2022年3月28日。

〔4〕　见http://www.sport.gov.cn/n315/n332/c899802/content.html，最后访问日期：2022年3月28日。

〔5〕　《体育法》第65条第2款规定："全国性单项体育协会负责相应项目的普及与提高，制定相应项目技术规范、竞赛规则、团体标准，规范体育赛事活动。"由此可以认定各单项体育协会属于法律、法规、规章授权的组织并具有行政主体资格。

裁判员、代表单位和有关工作人员等进行注册管理"，"举办各类国际、国内田径赛事"，等等，其管理职责和特征与田径运动管理中心较为相似；并且，从中国田径协会发布的《关于对 2022 年度田径一级、二级裁判员注册信息公示的通知》（2022）[1]、《关于全能训练营集训的通知》（2022）[2]、《2022 年室内田径邀请赛暨世界田联室内巡回赛竞赛规程（Ⅲ级赛事）》（2022）[3]中亦能看出其在裁判员注册、运动员集训和赛事举办等方面所发挥的主导作用。

上述四类机构虽然具有对竞技体育项目的管理职能，但性质各不相同，分别属于行政机关、行政机构、事业单位和社会团体，或者，其已经较为全面地覆盖了各个机构类别。需要注意的是，其中最后一类机构并不完全独立于前三类。根据《国家体育总局主要职责内设机构和人员编制规定》第 5 项第 1 条，"国家体育总局承担中华全国体育总会和中国奥委会的日常工作。"这意味着国家体育总局和中华全国体育总会实施的是"一套班子，两块牌子"的机构架设；而作为国家体育总局直属单位的各运动项目管理中心，和作为中华全国体育总会团体会员的各单项体育协会，实施的同样是"一套班子，两块牌子"的机构架设——"项目管理中心在一定程度上充当体育协会的决策者""体育协会行使部分体育行政职能"[4]，"政府主体"的管理职责已经在相当程度上融入"民间社团"之中。这样一来，在上述四层结构中，民间社团的身份与功能有可能被前三者吸收或融合，从而使政府主体在竞技体育管理中处于更具支配性的地位。

二、传统体育/竞技项目的管理体制

目前以四层结构为主体的管理体制，在竞技体育、职业体育和电子竞技中的适用情况存在明显差别。

---

〔1〕 见 http://www.athletics.org.cn/bulletin/competition/2022/0201/399159.html，最后访问日期：2022 年 3 月 28 日。

〔2〕 见 http://www.athletics.org.cn/bulletin/jixun/2022/0210/399970.html，最后访问日期：2022 年 3 月 28 日。

〔3〕 见 http://www.athletics.org.cn/bulletin/competition/2022/0201/399158.html，最后访问日期：2022 年 3 月 28 日。

〔4〕 肖永平、陈星儒："我国《体育法》中政府职责与体育权利的错位与调适"，载《广西大学学报（哲学社会科学版）》2018 年第 4 期，第 99 页。

适用情况最为理想的是竞技体育场域。与社会体育、大众体育、健身运动不同，竞技体育的运行和发展更加注重高质量和高水平，为实现这一目标，必须对运动员进行系统培养和专业训练，使之能在国内特别是国际竞赛中获得优胜；而运动员的培养和训练又置身于一个更为复杂的体育系统中，包括教练员、裁判员及其他辅助人员的认定和指派，训练场馆的建设和使用，国际国内赛事的申办和举行等；在这些环节中，政府主体处于相对主导的地位——或者是以自己的名义举办，或者是不同程度地参与其中。"管"和"办"并非截然分开，而是相互融合的态势，呈现出以政府自身为主体，包含了举办和参与的"主管"，而非仅限于对市场主体的"监管"。简言之，此种模式之所以和竞技体育如此贴合，是因为政府的"在场"是必要的，而不能完全将之交由市场主体自行发展。一方面，竞技体育需要大量的物质和人员投入，但部分项目（如击剑、手球、水球、冰球、曲棍球等）在国内并不具有广泛的群众基础，无论是亲身参与还是观赛的人数都相对"小众"，而"用户"的稀缺使之难以形成规模性市场，难以通过门票、版权、广告、器材等获取收益，从而难以进入产业化运作、吸引市场主体投资；而非政府主体难以集中足够的资源培养世界顶尖的单项选手。另一方面，由于存在奥运会、亚运会、单项世锦赛等国际性赛事，竞技体育在一定程度上属于国家行为并带有政治色彩，政府主体如若"置身事外"，当竞赛成绩不如预期时反而会有失职之嫌。在此情形下，由政府主体举办或参与竞技体育并发挥主导作用，就形成了通常所说的"举国体制"，即如论者所言，"只有依靠国家力量运用社会资源才能为体育事业的发展提供良好的外部环境"[1]，"我国竞技体育的发展离不开举国体制"[2]。尽管已有政策文件试图改变这一体制，[3]将竞技体育项目不同程度地推向市场，但若受众较少的项目没有"市场主体承办"，或者"社会办"的层面长期处于缺位状态，那么

---

〔1〕　肖永平、陈星儒："我国《体育法》中政府职责与体育权利的错位与调适"，载《广西大学学报（哲学社会科学版）》2018 年第 4 期，第 97 页。

〔2〕　张文健、靳厚忠："我国职业体育组织的发展模式创新"，载《天津体育学院学报》2019 年第 2 期，第 112 页。

〔3〕　比如，《国务院办公厅关于促进全民健身和体育消费推动体育产业高质量发展的意见》（2019）第 1 项第 1 条中规定："各协会主办的体育赛事活动资源、培训项目等，符合条件的都要通过公开方式交由市场主体承办。鼓励将赛事活动承办权、场馆运营权等通过产权交易平台公开交易。"《体育强国建设纲要》（2019）第 2 项第 2 条中规定："完善举国体制与市场机制相结合的竞技体育发展模式，坚持开放办体育，形成国家办与社会办相结合的竞技体育管理体制和运行机制。"

政府主体仍然不得不继续执行举国体制。

适用情况不甚理想的是职业体育场域。与竞技体育不同，"职业体育是以体育比赛为商品进行市场交换的一种竞技体育的商业活动"[1]，体育俱乐部或职业体育联盟是以组织价值最大化为目标，通过向社会提供体育产品而获取利润的一种经济活动[2]。从定义来看，职业体育主要表现为"商业活动"和"经济活动"，其目标是"产权主体的价值最大化"，目前主要的职业体育项目（包括已经形成职业化的足球、篮球和处于半职业化状态的游泳、网球、乒乓球、羽毛球等）都有着较为广泛的群众基础，并已在不同程度上实现了产业化运作。在职业体育的内在逻辑中，比赛是一种"商品"或"产品"，目的是满足"消费者"的观赛需求并获取收益，其既不表现为国家行为，也缺少政治色彩——联赛中无论哪个俱乐部或哪支队伍获得优胜都不具有政治意义，也不会有政府主体获得荣誉或承担责任。简言之，职业体育场域内，政府的"在场"并不是必要的，即便没有政府主体的举办和参与，市场主体也能自行发展。然而，政府主体并没有仅实施"监管"，而是进行了不同程度的"参与"；尽管职业体育和竞技体育之间存在本质上的差别，但前文所述的四层结构不仅适用于竞技体育，目前也适用于职业体育。

有论者认为，"政府是体育职业化的发起者……职业体育是在政府的主导下，完善举国体制，推动中国竞技体育实现更快更好发展的一种手段"，因此，在职业体育中适用举国体制同样有着充分的正当性，即应当"明确政府推动职业体育发展的公共职能目标定位，充分发挥政府的体育公共服务职能，发挥举国体制在人才培养、制度保障等方面的优势，推进职业化运动项目的普及发展"[3]。但此一观点其实难以自洽：①若要"推动职业体育发展"、发挥"公共服务职能"，并不一定采取举国体制，并不需要政府主体"参与"到职业体育中，其以"监管者"的身份从旁规范职业体育发展，并以"服务者"的身份为其提供优良的市场竞争环境，即能达成上述目标——在国民经济的多数领域中，政府是监管者和服务者，而非以"市场主体"身份出现的"参与者"。②并

<hr />

〔1〕郑志强：《职业体育的组织形态与制度安排》，中国财政经济出版社 2009 年版，第 23 页。

〔2〕李伟：《垄断与创新——当代职业体育的新经济学分析》，首都经济贸易大学出版社 2017 年版，第 20 页。

〔3〕张文健、靳厚忠："我国职业体育组织的发展模式创新"，载《天津体育学院学报》2019 年第 2 期，第 104、112 页。

不是只有举国体制才具有人才培养的优势，"举国体制"和"人才培养"并不存在绝对关联。为了更好地经营自己的联赛产品，市场主体必然需要培养高水平选手以吸引消费者观看比赛，其为此进行的投入并不必然弱于举国体制；市场主体在人才培养上的短板主要表现在难以形成市场规模的竞技体育项目，而不是市场规模庞大的职业体育项目。比如，尽管论者认为，"缺少举国体制的系统支持，导致职业足球后备人才短缺"[1]，但举国体制下的"竞技足球"，后备人才同样短缺；再如，与举国体制无缘的电子竞技，已有很多选手在国际顶级赛事中取得了优异成绩，甚至已经超过了举国体制下的部分竞技体育项目。③"职业化运动项目的普及"并不是由举国体制推动而成的，相反，只有某个项目已经具有了足够的群众基础，实现了"普及发展"，才有可能成为职业体育项目，而不是先由政府主体确定某个项目进入职业体育，再通过举国体制进行普及——职业体育项目是"自生自发"的，不是靠政府"普及"得来的；一个不够"普及"的项目是不可能职业化的，而政府主体也无法通过强制群众参加或者强制观众观赛来普及某个项目。

三、电子竞技中政府主体的场域界限

前述以四层结构为主体的管理体制，最难以适用的是电子竞技场域。究其原因在于，电子竞技有着区别于竞技体育的群众基础，也有着区别于职业体育的发展历程。

与竞技体育相对照，电子竞技有着十分广泛的群众基础。比如，在亲身参与方面，2019年电子竞技队取代足球队成为英国高校数量最多的运动队——73所高校现有685支电子竞技队，而足球队的数量是662支；[2]在观众观赛方面，2017年LPL全年赛事直播观赛人次超过100亿，2018年英雄联盟季中冠军赛（MSI）决赛观赛人数超过1.27亿人，[3]等等。原因之一在于，电子竞技的"参与门槛"非常低，普通民众即便未经专门训练也可以较为容易地参与其

---

〔1〕　张文健、靳厚忠："我国职业体育组织的发展模式创新"，载《天津体育学院学报》2019年第2期，第112页。

〔2〕　参见新浪财经："英国大学电子竞技队数量超足球队 73所高校有685支电竞队"，载 http://finance. sina. com. cn/roll/2019-07-07/doc-ihytcerm1994801. shtml，最后访问日期：2022年3月28日。

〔3〕　参见孙冰："从网瘾少年到职业选手，再到'国家队'运动员'电竞国家队'首次出征亚运会"，载《中国经济周刊》2018年第34期，第37页。

中——尽管其与职业选手的竞技水平相差悬殊，但不是难以或无法触碰，并且多数竞技游戏的对战系统皆可自动匹配水平相近的人进行对战；相较而言，竞技体育中如体操、跳水、花样滑冰、跳台滑雪等项目，未经训练的普通民众几乎完全无法触碰。参与群体的数量差别也决定了对应市场的体量差别，电子竞技已经逐渐形成了一个较为庞大的市场，这也意味着，其并不是必须在举国体制下通过政府主体的举办和参与才能运行和发展，政府主体也不应像管理竞技体育那样管理电子竞技。

与职业体育相对照，电子竞技走过的是一条自生自发的发展路线。相较而言，竞技体育自始即是以举国体制的模式运行的；职业体育中的诸个项目首先是作为竞技体育而存在，后续才由举国体制向市场模式过渡；而电子竞技自始就是民间自发的，政府主体不仅在发展初期没有将之纳入举国体制，在后续的职业化进程中也没有主导或推动，这与职业体育中政府先"在场"后"退场"不同。电子竞技中一直没有政府"在场"，电子竞技越过或错过了传统体育/竞技项目所经历的政府举办模式，直接进入的就是以市场为主导的产业化阶段，这使得政府主体难以"接管"原本属于民间/自治的电子竞技；同时，尽管电子竞技与职业体育有着广泛的群众基础、采用市场化模式运作，但目前国内很多促进职业体育发展的政策措施仍不能完全贴合于电子竞技。此处笔者梳理了 2010 年以来中央主要文件中有关职业体育的政策条款（见表 3-1）。

表 3-1　中央主要文件中有关职业体育的政策条款

文件名称	职业体育政策条款
《国务院办公厅关于加快发展体育产业的指导意见》（2010）	二、（七）严格职业体育俱乐部准入和运行监管，扶持职业体育俱乐部建设，健全职业联赛赛制。
《国务院关于加快发展体育产业促进体育消费的若干意见》（2014）	二、（一）鼓励具备条件的运动项目走职业化道路，支持教练员、运动员职业化发展……鼓励发展职业联盟……完善职业体育俱乐部的法人治理结构，加快现代企业制度建设。改进职业联赛决策机制，充分发挥俱乐部的市场主体作用。
《国务院办公厅关于加快发展体育竞赛表演产业的指导意见》（2018）	二、（四）建立具有独立法人资格的职业联赛理事会，合理构建职业联赛分级制度。遏制非理性投资和无序竞争。

文件名称	职业体育政策条款
《国务院办公厅关于促进全民健身和体育消费推动体育产业高质量发展的意见》（2019）	六、（二十二）着力发展现有职业联赛，鼓励有条件的运动项目举办职业赛事，合理构建职业联赛分级制度。支持成立各类职业联盟。

通过表 3-1 可以看出：①与职业体育不同，电竞场域中"职业俱乐部准入""职业联赛赛制""职业联赛理事会""职业联赛分级制度"等事项是由不同的竞技游戏厂商或其组建的联盟决定的，其并非隶属于政府主体，政府主体也无法参与其中或进行直接干预。②与职业体育不同，联盟无法超越甚至取代游戏厂商在电竞场域中占据主导地位，政府主体"支持成立各类职业联盟""鼓励发展职业联盟"等措施在电竞场域中难以起到实质作用。③与职业体育不同，"支持教练员、运动员职业化发展""完善职业体育俱乐部的法人治理结构""充分发挥俱乐部的市场主体作用"等在电竞场域并不是"从无到有"的过程，而是"从弱到强"的过程；这些措施可能会推动其各项制度的进一步完善，但不会带来根本性变革。

总之，无论是竞技体育还是职业体育，其对应的管理模式都难以直接适用于电子竞技，这是传统体育/竞技项目下政府主体"举办和参与"的身份特征在电竞场域中的界限所在。对此，政府主体应当转变管理模式，为电子竞技制定和实施符合自身特性的"监管和服务"措施。

第二节 包容审慎监管：电竞场域中政府主体的监管路径

一、电子竞技项目的管理模式

基于电子竞技特殊的性质和地位，政府主体对其管理应当主要由"监管"和"服务"两部分构成，并将之纳入"放管服"行政改革框架中。[1]在监管层面，对电子竞技这一新兴产业应当采取"包容审慎监管"的路径。2018 年，李

---

〔1〕 电子竞技目前不属于奥运项目，也没有统一的单项世锦赛，国家对电竞选手的培养也没有纳入"举国体制"，让其保持市场化运作不仅可以使之更加开放和自由，而且也更符合政府对市场主体的管理模式，"放管服"改革方略对电子竞技比对其他传统体育/竞技项目更加适合。

克强在全国深化"放管服"改革转变政府职能电视电话会议上的讲话指出，应当"对新兴产业实行包容审慎监管，为其成长留下充分空间"，一方面，"新兴产业是经济转型升级的希望所在……但这些新生事物在很多方面与传统经济有很大不同甚至完全不同"，政府应当"把大量不该管的事项交给市场或社会，把生产经营和投资自主权还给企业"；另一方面，则应将"工作重点和更多行政资源……转向创新宏观调控、加强事中事后监管和提供公共服务"。在此基础上，《国务院关于加强和规范事中事后监管的指导意见》进一步要求"对新技术、新产业、新业态、新模式，要按照鼓励创新原则，留足发展空间……加强对新生事物发展规律研究，分类量身定制监管规则和标准。对看得准、有发展前景的，要引导其健康规范发展"。如论者所言，"放管服"改革应当"把政府从不擅长不应该管的企业经营、微观管理和直接干预中解放出来，更加关注政策法规标准、宏观指导管理和市场监督管理"[1]，同时"创新监管思路和方式，建立符合其特点的新型监管模式，在发展过程中处理好监管时机、监管方式、监管力度等问题"[2]。具体到电竞场域中：

（1）作为新兴产业的电子竞技，政府主体对其并没有充分的管理经验，甚至很长一段时间并没有充分的认知，因此不宜将传统的举办和参与模式移植进电竞场域中：一方面，电子竞技的"企业经营"和"微观管理"等并不是政府主体现有的管理经验和人员构成所足以胜任的；另一方面，"举办和参与"并未融入电子竞技 2000 年前后诞生至今的发展历程，"监管"是对已经存在的市场主体实施的规范其运行的行为，而"举办和参与"则是对尚未存在的非市场主体加以创建并主导或参与其运行，在电子竞技已然形成产业规模和发展路径之后，政府主体不应再以传统的管理模式介入自始无涉的电竞场。[3]

---

〔1〕 中国行政管理学会课题组："深化'放管服'改革 建设人民满意的服务型政府"，载《中国行政管理》2019 年第 3 期，第 8 页。

〔2〕 沈荣华、黄新浩："高质量发展背景下'放管服'改革的思路探索"，载《福建行政学院学报》2019 年第 2 期，第 4 页。

〔3〕 有论者指出，在传统体育/竞技项目中，"需要合理界定赛事的产权，政府部门可以拥有赛事的部分所有权与收益权，但要退出赛事的直接经营管理，完成赛事经营权的转移，充分有序地释放民间与市场的力量"。但在电竞场域中，政府主体很少直接对赛事进行经营管理，也很少直接对赛事产权进行获取和分配。可以说，在竞技体育—职业体育—电子竞技这一链条中，政府主体对电子竞技的介入是最低的。引文参见张文健、靳厚忠："我国职业体育组织的发展模式创新"，载《天津体育学院学报》2019 年第 2 期，第 103 页。

（2）政府主体对于电竞的管理应当偏重"监管"，即让电竞行业按照市场规律自由发展的同时，以法律规范的形式为之设定标准、规则和界限并加以监督，如若出现违反公平竞争原则、公序良俗原则、行业通用规则乃至侵害他人或社会公共利益等情形，则应及时制止并施加惩罚。[1]就"包容审慎"监管而言，在"包容"这一层面，电子竞技正向作用的逐渐展现使之已经基本度过了"包容期"的管理阶段——中央和地方已有百余部规范性文件表明了对电竞的肯定与扶持；在"审慎"这一层面，尽管事实证明电子竞技并无较大的社会风险，但其中仍然存在一些问题，需要制定有针对性的监管方案来进行约束和引导。

（3）政府主体应当"量身定制"符合电子竞技自身特性和发展规律的监管方式和原则。比如，在监管方式上，尽管督察（inspection）、审计（audit）、认证（certification）、授权（authorization）、裁定（adjudication）或调解（mediation）[2]等可以被择一使用或综合运用，但总体而言，"政府对企业……的监管，是……同时运用强制信息公开、标准制定、操作规程的报备、紧急接管乃至市场准入的禁止、行政处罚等各种手段的一个综合的、持续的控制过程"[3]，而电子竞技较长的产业链条意味着不同的参与者需要适用不同的规则，与之对应的监管方式也应呈现多样化趋势。

二、电子竞技项目的监管规范

政府主体"监管和服务"的身份转型应当首先体现在制度规范中，或者说应当通过制度规范的形式加以固定或细化。尽管目前有关电竞产业的监管立法还不够集中和系统，但已有部分规范性文件纳入了相关条款，此处将之提取并列举如下：

---

〔1〕　需要说明的是，"举办"和"监管"是不能同时并举的，政府主体不能同时具备这二重身份，只能择其一而为之；原因在于，电竞场域中"举办"意味着政府自身成为市场主体，而"监管"意味着政府在市场之外进行监督——政府不能以市场主体的身份监管市场主体；或者，政府只有从市场主体中退出才能履行监管者的职能。在"放管服"的改革方略中，"监管部门只是市场的裁判者，不是直接参与者。要从微观干预转向宏观掌控，致力于营造公平有序的良好营商环境"。参见羊许益："论地方政府'放管服'改革的推进路径"，载《社科纵横》2019年第12期，第38页。

〔2〕　详见［英］克里斯托弗·胡德等：《监管政府：节俭、优质与廉政体制设置》，陈伟译，生活·读书·新知三联书店2009年版，第49—50页。

〔3〕　余凌云主编：《全球时代下的行政契约》，清华大学出版社2010年版，第71页。

表 3-2　部分规范性文件中的电竞监管条款列举

文件名称	相关条款	监管事项
《关于推动北京游戏产业健康发展的若干意见》（2019）	二、（三）规范游戏出版……履行出版单位主体责任，落实责任编辑制度，提高游戏内容审核把关质量。加强游戏出版后监管，落实防止未成年人沉迷游戏的相关要求，引导行业自觉抵制低俗营销、诱导消费等不正当经营行为，维护积极健康的游戏市场秩序。	内容审查 • 防沉迷 • 不正当经营
《关于促进上海动漫游戏产业发展的实施办法》（2018）	七、2. 及时梳理政府部门及其授权的各类审批、办证事项，简化审批程序，加快审核时效，构建以信用监管为核心的事中事后监管体系。	• 审批程序 • 审核时效 • 信用监管
福建省《平潭综合实验区关于加快推进电竞产业发展的实施意见》（2019）	三、（一）1. 争取省文化和旅游厅、省通信管理局等厅局适当下放网络文化经营许可证、增值电信业务经营许可证等业务经营许可审批权限，在平潭设立绿色通道，探索开展由前置审批制改为备案制管理政策试点。	• 审批程序
《广东省游戏监管若干规定》（2020）〔1〕	一、1. 游戏申请表……需说明对实名认证和防沉迷系统的审读过程。 二、5. 不得在游戏中植入违规广告，如推广未经审批的游戏广告，一经发现依法追究责任。7. 不得在游戏中出现僵尸、瘟疫等映射当前新冠肺炎等言论，确保在游戏聊天、命名、公户系统中不出现不当言论。8. 禁止在游戏名称或游戏内容中出现不良诱导，如盲目拜金或鼓励多人发生恋爱关系等。 三、（三）5. 游戏企业必须严格按照有关法律法规妥善保存、保护玩家的实名信息，不得用作其他用途。	• 实名认证 • 防沉迷 • 广告审查 • 言论监管 • 内容审查 • 个人信息保护
《电子竞技赛事管理暂行规定》（2015）	第 15 条 信息中心电子竞技项目部负责监督检查赛事中的赛风、赛纪和裁判员执法情况。 第 16 条 信息中心电子竞技项目部在管理电子竞技赛事工作时履行以下职能：（一）对赛事进行计划安排，制定相应的赛事规程；（二）对赛事筹备进行监督；（三）监督承办人遵守有关体育竞赛的法规；（四）监督承办人依据约定的事项和条件开展活动；（五）指导组织工作，审定场地、设施、器材；（六）对报名参赛运动员进	• 赛事监管

---

〔1〕 此文件系内部文档，没有公开发布；信息来源于游戏葡萄："广东游戏监管通知详情：换皮将暂停出版6个月 禁止全球同服"，载 https://www.sohu.com/a/386986056_204824，最后访问日期：2022年3月28日。

文件名称	相关条款	监管事项
	行资格确认；（七）选派、培训裁判人员；（八）审定、公布赛事成绩，颁发成绩证书、证明；（九）处理竞赛中发生的赛风赛纪和兴奋剂问题。	

通过表3-2可以看出：

（1）在规范载体方面，5部规范性文件中有4部来自地方，这与目前电竞场域中中央立法相对较少、地方立法"先行先试"的状况较为一致；文件中有2部属于专门针对电子竞技的"电竞专项文件"，其余则属于宏观"游戏产业"的规范性文件，这既说明目前国内电竞专项文件相对较少，部分"电竞"监管条款仍融合在宏观的"游戏"文件中，同时也说明，电子竞技是以电子游戏为载体的，对于后者的规定大多可以适用于前者。

（2）在监管路径方面，①5部规范性文件中有3部强调了事中事后监管，即将审批程序/事前监管逐渐简化，从而"适当降低市场准入门槛""鼓励更多的中小企业、社会资本参与电子竞技产业发展"，[1]这与当前"放管服"的改革方略相一致。但事前监管仍然保留了一定的比例，比如，广东省文件所涉及的6个主要监管事项中，"言论监管"和"个人信息保护"一般是事后的，但"实名认证""防沉迷""广告审查""内容审查"则主要是事前的，说明在未成年人保护和游戏内容等方面的监管并非趋于放松而是更加严格。②表3-2中唯一一部中央层级的立法《电子竞技赛事管理暂行规定》，在其"监管"条款中仍然显现出"举办和参与"的成分——尽管其第2条将适用范围主要限定在由信息中心主办或合办的国际性或全国性电竞赛事，但该条同样将"接受信息中心指导的其他电子竞技赛事活动"囊括进来，这就意味着多数在我国境内举办的电竞赛事其实都应适用该规定。而按其第16条第1、4、6、7、8项——特别是"对赛事进行计划安排，制定相应的赛事规程"，"选派、培训裁判人员"，"审定、公布赛事成绩"等规定，信息中心对于电竞赛事并不完全是"从旁监管"，而是"亲身参与"其中，"融入"了从计划安排到成绩公布的全过程，这说明

---

〔1〕高源、赵容娴、杜梅："我国电子竞技产业发展研究"，载《哈尔滨体育学院学报》2015年第6期，第57页。

在部分立法中政府主体的身份转型依然不够彻底。

（3）在监管事项方面，①就赛事监管而言，电子竞技可以对照或借鉴传统体育中的通用性措施。比如，表3-2中《关于促进上海动漫游戏产业发展的实施办法》（2018）明确将"信用监管"列为事中事后监管体系的核心，而该项措施具有较强的通用性。《体育赛事活动管理办法》（2020）第46条规定："体育部门应当建立体育领域信用制度体系，将信用承诺履行情况纳入信用记录，开展信用评价。省级体育部门应当按照体育市场黑名单管理制度，将举办体育赛事活动中严重违反法律、法规、规章的体育经营主体及其从业人员列入体育市场黑名单，并在一定期限内向社会公布，实施信用约束、联合惩戒。"该办法已经从信用记录、联合惩戒、经营主体和从业人员等方面做出了较为全面的规定；而由于电子竞技赛事和传统体育赛事采用的都是相似的组织流程，并且都有市场主体参与，可以对照上述较为成熟的规定并结合自身特性修改适用。再如，"投诉处理"亦是具有通用性的监管措施，《浙江省体育赛事管理办法》（2017）第18条中规定："体育主管部门……发现涉嫌不符合体育赛事条件、标准、规则等规定的情形，或者有关单位、个人提出相关建议、投诉、举报的，应当及时予以处理"。虽然此处的规定尚不详细，但相应的受理、办理、决定和答复等程序仍然应在细化后纳入电竞专项文件，以丰富和完善电竞场域中的赛事监管工作。②就经营管理而言，电子竞技仍然可以对照或借鉴传统体育中的通用性措施。此处笔者梳理了各地方颁布的6部有关体育经营活动管理的地方性法规，并将其中的监管事项列举如下：

表3-3　各地方体育经营活动管理法规中的监管事项列举

法规名称	准入条件	人员资质	内容监管	容量和噪音
《广西壮族自治区体育市场条例》（2016）	第7条 从事体育经营活动，应当具备下列条件：（一）有具体的体育经营项目；（二）有与体育经营项目相适应的资金。	第13条 经营者聘用的教练员、裁判员、救护人员等体育专业人员，应当取得体育行政部门或者国家认可的机构发放的相应资格证书。	第15条 禁止利用体育经营项目和场所进行宣扬迷信邪说、淫秽色情和渲染恐怖暴力等危害群众身心健康的活动。	

法规名称	准入条件	人员资质	内容监管	容量和噪音
《黑龙江省体育经营活动管理条例》（2016）	第7条 从事体育经营活动应当具备以下条件：（一）有符合安全、消防、环保、卫生标准和与经营活动相适应的场所设施；（二）有符合要求的注册资金。		第18条 体育经营活动中严禁进行封建迷信、赌博及色情服务等危害人民群众和青少年身心健康、扰乱社会治安的行为。	
《大连市体育经营活动管理条例》（2014）		第16条 体育经营活动的从业人员，应当按照国家有关规定，取得相应的职业资格证书。		
《苏州市体育经营活动管理条例》（2016）	第7条 从事一般体育经营活动，应当具备下列条件：（一）有与经营项目相适应的场所；（二）有符合规定标准的体育器材和设施。	第8条 在体育经营活动中从事技能培训、健身指导、安全保障等工作的人员，应当按照国家有关规定，取得职业资格证书。	第6条 禁止利用体育经营活动及其场所进行赌博、暴力、淫秽、迷信以及其他危害健康的活动。	第13条（六）体育经营活动场所内参加活动的人员数量，不得超出容量限制规定。
《无锡市体育经营活动管理条例》（2016）	第7条 从事体育经营活动的，应当具备下列条件：（一）有与经营项目相适应的体育活动场所；（二）有符合规定标准的体育设施、器材。	第15条 从事体育技能培训、健身指导、安全保障、经纪等专业工作的人员，应当按照国家规定取得相应的职业资格。	第14条 禁止利用体育经营活动及其场所从事赌博、暴力、淫秽以及其他危害社会和人身健康的活动。	第16条 体育经营活动场所接纳消费者的数量应当符合国家……规定。体育经营活动场所的噪音应当控制在国家规定的标准以内。

法规名称	准入条件	人员资质	内容监管	容量和噪音
《西安市体育经营活动管理条例》（2017）	第7条 从事体育经营活动应当具备下列条件：（一）有符合规定的经营项目；（二）有符合安全、消防、卫生、环境保护规定的体育经营活动的场所。		第13条 体育经营活动应当健康文明，禁止从事具有淫秽、赌博内容和其他有害消费者身心健康的活动。	第10条 体育经营活动场所接纳消费者不得超出人员容量的限制规定。体育经营活动场所的噪音应当控制在国家规定的标准以内。

通过表3-3可以看出，第一，各地方"准入条件"和"人员资质"方面的规定较为全面和细致，并且覆盖率较高，这说明目前对于体育经营活动的监管主要是市场准入性的，即对于公司企业准入条件的审批和对于相关人员职业资格的审批；尽管放松事前监管、激发市场活力是"放管服"的主要改革方向之一，但这并不是要完全消除或放弃事前监管，而我们并未在电竞文件中查找到有关经营条件、人员资格、审批或备案程序方面的规定——尽管部分电竞公司/俱乐部既具有公司企业性质，又具有社会团体性质，一般需要办理市场监督管理部门和民政部门的双重登记，但由于其还从事选手的选拔、训练和参赛等类似于传统体育/竞技项目的活动，还应将相关的资格资质纳入准入条件中。第二，各地方"内容监管"方面的规定同样有着较高的覆盖率，而且条款表述基本一致且较为宏观，都是禁止从事赌博、暴力、淫秽、迷信等活动。相较而言，电竞文件中的内容监管明显更为细致，如表3-2中《广东省游戏监管若干规定》（2020）不仅禁止在游戏中出现僵尸、瘟疫、盲目拜金、多人恋爱等内容，而且将游戏聊天、命名、公户系统、游戏名称等各项载体囊括在规定中。原因在于，作为电子竞技的载体，游戏软件相比传统体育/竞技项目能够纳入更多的文化性内容，如果其中涉及不当政治倾向、公序良俗等事宜，则不仅传播范围广、速度快、难以消除影响，而且不利于作为电竞主要受众的青年群体的身心健康，所以我国对于电竞及游戏在内容上的监管比其他事项更为严格。而在审查标准方面，尽管各方论者较多提及的"分级审查制度"在我国尚未正式实施，但作为替代方案的"基础条件+视、听、主题等细目"的审查规则仍需尽

快形成。第三，部分地方在"容量和噪音"方面也做出了规定，即体育场所的人员容量、噪音控制等，而将这类通用性事项在电竞文件中加以规定或适用体育类规范都是可供选择的方案。

第三节　创新服务方式：电竞场域中政府主体的服务路径

一、电子竞技项目的服务模式

"服务"既是"放管服"改革方略的组成部分之一，也是政府主体的核心职能之一。即如论者所言，政府主体应当"从过去的重管理轻服务，转为以提供公共服务、满足人民的需求为中心，创建'服务行政'，进而实现'小政府，大服务'的理想状态"[1]。李克强在全国深化"放管服"改革转变政府职能电视电话会议上的讲话中指出，"各级政府要强化服务意识，创新服务方式"，"着力消除障碍、搭建平台，为创业创新提供精准到位的服务。"具体到电竞场域中：

（1）政府主体对于电竞产业的"服务"仍然要与"举办和参与"区分开，政府主体应当提供的是政策或行政上的支持和帮助，从旁推动和促进电竞产业发展，而不是取代市场主体、接手电竞产业自行加以发展。如新公共服务理论所表述的，政府的主要职能既不是"划桨"，也不是"掌舵"，而是"服务"；政府主体既不会亲身参与市场主体的经营活动，也不会控制或决定市场主体的发展方向，而是"建立明显具有完善整合力和回应力的公共机构"[2]，承担为市场主体提供优良服务之职责。与此相似，在哈耶克的语境中，政府提供服务的同时不能"夺取提供这些服务的排他性权利"，[3]否则有可能成为实质上的垄断性控制，从而剥夺市场主体在相应事项上的选择权。而电子竞技作为发展时日尚短的新兴产业，政府主体应该为其提供较多层面的支持和帮助，既不能干预电竞主体的自主权，也不能将这种支持和帮助转化为参与和控制，这就需要政府主体始终精确地把握度量和边界。

---

〔1〕　万俊人主编：《现代公共管理伦理导论》，人民出版社 2005 年版，第 57 页。

〔2〕　［美］珍妮特·V. 登哈特、罗伯特·B. 登哈特：《新公共服务：服务，而不是掌舵》，丁煌译，中国人民大学出版社 2010 年版，第 5 页。

〔3〕　［英］弗里德利希·冯·哈耶克：《法律、立法与自由》（第一卷），邓正来、张守东、李静冰译，中国大百科全书出版社 2000 年版，第 207—208 页。

（2）政府主体对于电竞产业的"监管"和"服务"应当处于同时并举的局面，二者应当是一体两面、相互融合的关系。如学者所言，"在政府的许多规划中，服务和管制皆互为一体"，"管制行动在增进公共利益的同时，同样提供服务"。[1]《国务院关于加强和规范事中事后监管的指导意见》第1项第2条中要求"寓管于服。推进政府监管与服务相互结合、相互促进"；《体育总局关于进一步加强体育赛事活动监管和服务工作的通知》第5项要求"组建体育赛事活动监管与服务专家库。选配体育赛事活动组织经验丰富的教练员、裁判员、媒体人员等专家担任体育赛事活动监督员"，而此处的"专家监督员"既是在监督赛事活动的合法合规情况，也是在为其提供专业化服务。电竞场域也同样如此，《关于促进上海电子竞技产业健康发展的若干意见》第9项第17条规定，完善上海网络游戏出版申报管理服务平台建设，提供"一体化、一站化"便捷服务。福建省《平潭综合实验区关于加快推进电竞产业发展的实施意见》第4项第1条"绿色通道服务"规定，"在区行政服务中心设立综合服务窗口，由专员协助入驻企业申领《网络文化经营许可证》《增值电信业务经营许可证》……业务许可审批、年审、续延。"其中各类申报、许可和备案属于"监管"性质，而"一体化、一站化"，"由专员协助申领"属于"服务"性质，即在监管的过程中将服务包含其中，从而在要求电竞企业取得合法准入凭证的同时，最大限度地为其提供便利。

（3）政府主体在电竞场域中应当创新服务方式，即其所提供的服务不应局限或固化在某一对象、手段或事项上，而应积极探索新的服务领域并设置新的服务方式。《国务院办公厅关于创新管理优化服务培育壮大经济发展新动能加快新旧动能接续转换的意见》第2项第7条要求"提升面向创业创新主体的服务水平。为企业开办和成长'点对点'提供政策、信息、法律、人才、场地等全方位服务"。例如，在服务手段上，结合电竞从业者的意见设定服务标准、主动提供相关的市场信息、为行政事务的办理提供引导和帮助、各机关之间协同提供服务等，皆可根据实际情况择一适用或综合运用。在服务事项上，政府主体应当了解并熟悉电竞产业各方面的需求，"在管理体制、人才开发、投资融资、财政税收、用地用能、贸易便利、公共信息服务平台、知识产权保护、经验推

---

[1]　[美]戴维·H.罗森布鲁姆、罗伯特·S.克拉夫丘克：《公共行政学：管理、政治和法律的途径》（第五版），张成福等校译，中国人民大学出版社2002年版，第15—16页。

广等方面，提供全方位的服务"[1]。

二、电子竞技项目的服务规范

在制度规范方面，笔者梳理了各地方已经发布实施的电竞专项文件，并将其中的服务条款提取并列举如下：

表 3-4　部分规范性文件中的电竞服务条款列举

文件名称	相关条款	服务事项
《关于推动北京游戏产业健康发展的若干意见》（2019）	二、（三）规范游戏出版 加强规划引导……组建游戏研判与咨询委员会，为选题策划、游戏开发等全过程提供研判咨询服务，解决游戏出版前的重点难点问题。 二、（六）激发创新活力……强化激励机制，对创新类游戏产品给予出版、发行和宣传推广支持。强化版权保护，加大打击侵权盗版行为力度……举办国际游戏创新大会，荟聚全球创新人才。	● 研判咨询服务/委员会 ● 创新支持 ● 知识产权保护 ● 国际会议
《关于促进上海动漫游戏产业发展的实施办法》（2018）	七、3. 积极、有效保护动漫、游戏及网络文学等的版权。健全维权援助机制，搭建公共服务平台。协助各相关部门加快大案、要案和新类型案件查办。完善诉讼-仲裁-调解版权保护机制。持续做好作品登记、计算机软件著作权登记工作。	● 知识产权保护
《关于促进上海电子竞技产业健康发展的若干意见》（2019）	八、16. 举办上海电竞周、全球电竞大会、电竞高端论坛。提升知识产权保护水平，完善电竞 IP 版权综合服务……推进产业研究中心、电竞教育咨询等公共服务平台建设。 九、18. 鼓励各级政府从产业布局、政策引导、赛事保障、人才引进、场馆建设、场地租赁等多方面为产业发展提供支持。发挥各类文创产业领域投资基金的撬动引导作用，鼓励社会资本加大电竞产业的投资力度。完善电竞产业"投、贷、保"联动机制，鼓励金融机构创新电竞金融产品和服务。	● 国际会议 ● 知识产权保护 ● 公共服务平台 ● 资源支持 ● 资金引导 ● 金融服务

---

[1]　沈荣华、黄新浩："高质量发展背景下'放管服'改革的思路探索"，载《福建行政学院学报》2019年第2期，第4页。

文件名称	相关条款	服务事项
上海市《静安区关于促进电竞产业发展的实施方案》（2020）	三、11. 建设服务电竞企业、赛事活动的专业服务平台……推动设立电竞产业专业委员会……为静安电竞企业的发展提供专业、优质服务……为各项行业标准的制订与颁布，包括运动员、俱乐部注册制度、青训规范、电竞场馆认定标准及管理规范、电竞教育准入制度等，提供相关配套服务。 12. 建立电竞产业统计数据库，加强对企业税收产出情况、产业集聚度、经济贡献度等的统计分析。加强对电竞产业发展动态、人才、企业等方面的积极宣传，营造良好的产业发展氛围。加强电竞领域知识产权保护工作……加强电竞产业的财政扶持力度……推动设立文创产业基金，支持电子竞技相关领域优质企业创新发展。	● 专业委员会 ● 立法服务 ● 统计数据库 ● 产业宣传 ● 知识产权保护 ● 财政扶持
福建省《平潭综合实验区关于加快推进电竞产业发展的实施意见》（2019）	三、（一）3. 创新"电竞+数据"产业模式共建共享数字中心……积极争取与福建长乐数据中心合作，共建共享数字中心……为电竞产业发展提供有力的技术支撑。	● 技术支持
《银川市人民政府关于促进电竞产业发展的实施意见》（2017）	三、（五）对于落户银川从事游戏研发、生产、交易、存储、结算等企业，如因为私服、外挂、盗版等侵犯知识产权行为造成重大损失的，公安部门依法给予及时打击，全力保护自主创新知识产权；鼓励各类市属产业基金通过股权投资模式支持电竞项目，将电竞产业列入市体育旅游产业发展基金扶持目录；对于由本市担保公司担保取得贷款的电竞企业，一次性给予担保费用50%的补贴。	● 知识产权保护 ● 产业基金 ● 金融服务
《西安曲江新区关于支持电竞游戏产业发展的若干政策（试行）》（2018）	第18条 2. 聘请国内外电竞游戏产业领域的优秀企业家和专家学者，成立西安曲江新区电竞游戏产业专家咨询委员会，为制定产业政策、发展规划出谋划策，参与电竞游戏产业发展专项资金、基金评审，拟定电竞游戏产业企业、项目相关评判标准，确定企业、赛事、俱乐部级别。	● 专家咨询委员会

通过表3-4可以看出：

（1）在立法状况方面，①目前已有较多的电竞专项文件写入了服务条款，并且服务条款的数量明显多于监管条款，这既表明了制定相应文件的各地方政府对于电竞肯定与扶持的态度，也说明相较于"监管"而言，"服务"的方式更为灵活和多样。②服务方式的种类在不同文件中的分布尚不均衡，其在部分文件中种类较多，能够充分体现出"创新服务方式"的基本要求；但在部分文件中种类单一，比如，上海市电竞文件和上海市静安区文件分别规定了6种服务方式，而福建省平潭县文件和西安市曲江新区文件分别规定了1种服务方式。

（2）在服务路径方面，①表3-4文件中规定的"服务"多数都是政府主体主动去为电竞企业做某事，而不是政府鼓励或要求电竞企业自行去做某事，这更贴近于行政服务的本来面貌。②此处的部分规定，如北京市文件中"强化激励机制，对创新类游戏产品给予……支持"，"举办国际游戏创新大会，荟聚全球创新人才"等更接近一种产业发展的政策措施，但笔者亦将之定性为一种较高层级的"服务"——其既不属于监管措施，也不属于法定职责，而是一种主动实施的支持和帮助。③此处的部分服务，如创新支持、国际会议、统计数据库、产业宣传等是传统体育中较为少见的，很多无法形成产业规模的单项竞技体育项目都难以匹配这些服务，这再次印证了电子竞技作为经济发展新动能的地位。

（3）在服务事项方面：

第一，就信息/技术服务而言，其与部分现行体育法律规范存在相似之处，比如，《广西壮族自治区体育市场条例》（2016）第6条规定："县级以上人民政府体育行政部门应当……为体育经营活动提供信息咨询服务"；《无锡市体育经营活动管理条例》（2016）第24条规定："体育行政部门应当向社会提供信息咨询服务，将有关从事体育经营活动应当具备的条件、办理程序、期限等向社会公示"；等等。而信息/技术服务包含着多种具体方式：一是专家委员会，即由政府主体聘请相关领域的专家组成委员会为电竞从业者提供信息服务，如北京市文件中专家委员会需要提供选题策划、游戏开发等研判咨询服务；上海市静安区文件中专家委员会需要提供电竞企业、赛事活动等信息服务；西安市曲江新区文件中的专家咨询委员会职能更加丰富，其能够参与宏观的产业政策和发展规划制定、中观的企业和项目标准制定，以及微观的基金评审、赛事和俱乐部评级等诸项工作，而非仅限于信息咨询服务。笔者认为，为了最大限度地发挥专家委员会的功能，应当将之嵌入电竞产业的各个层面，同时丰富专家库中的成员数量并明确专家资格标准，以免在带有竞争性的评审程序中出现公正性问题。二是公共服务平台，即政府主体搭建的面向电竞从业者的服务系统，一方面，其是由政府主体直接提供服务，而非通过聘请专家间接进行；另一方面，其更突出"公共"性，即与电竞相关的公共事务皆可纳入服务范围，这使其在产业信息咨询之外，还包含了电竞教育咨询、知识产权维权援助等多方面的服务。三是技术支持，即政府主体通过设立或合作的方式为电竞从业者提供数据库及相关技术方面的服务。电竞产业的发展必然需要行业内部和外部的大数据信息作为决策基础，上海市静安区文件为电竞产业建立专门的数据库，其数据类型更为集中并更有针对性，虽然设立成本较高但能节省搜索和筛选成本；而福建省平潭县文件与长乐数据中心合作，使用既有的外部数据库来实现数据服务，其"责任单位"不仅包括职能部门，而且包括区智慧岛中心和智慧岛公司，实质上是一种政企合作，即政府主体通过第三方的资源来为特定对象提供服务，这一模式虽然节省了设立成本，但由于集中性和针对性受限，搜索和筛选成本则会有所提高。笔者认为，上述两种模式皆具可行性，各地方应当通过行政成本的考量来选择适合自身实际情况的方案。

第二，就立法服务而言，上海市静安区文件规定对选手、俱乐部、场馆等行业标准的制定与发布提供服务。一方面，这些标准和规范能够对电竞从业者起到约束作用，具有"监管"性质；另一方面，电竞场域中的各项规则尚不健全，政府主体可以自行或委托专家从电竞和法律专业的角度来帮助制定规则，这种帮助属于"服务"性质——立法服务同样是兼具监管和服务色彩的事项。相较而言，《体育总局关于进一步加强体育赛事活动监管和服务工作的通知》第4项中规定："体育总局……加快构建相互衔接、配套支撑的标准体系，加快研究制定办赛指南和参赛指引，明确各类赛事活动举办的基本条件、标准、规则和程序……规范赛事活动从业行为"，其中虽然涉及立法工作及各项标准和规范，但是政府主体自行立法并对从业者加以规范，而非帮助从业者开展立法工作，其更偏向"监管"而非"服务"，这反映了传统体育和电竞场域的差别所在。

第三，就知识产权服务而言，传统体育规范更强调"监管"，即禁止并惩戒侵权行为，如《大连市体育经营活动管理条例》(2014)第13条规定："体育活动的名称、徽记、旗帜及吉祥物等标志按照国家有关规定予以保护。利用上述标志从事体育经营活动的，应当征得权利人同意。"而电竞专项文件则更强调"服务"，即保护权利人的合法权益。原因在于，和传统竞技/体育项目相比，作为电子竞技载体的游戏软件是有版权归属的，知识产权是最为关键的服务项目之一，而表3-4中7部文件中亦有5部规定了知识产权保护措施。此外，在电竞场域中除徽记、吉祥物等还存在着游戏本体、转播、直播的版权归属等更为复杂的问题，其所对应的服务措施也更为复杂，如上海动漫文件规定了维权援助、案件查办、争端解决和权属登记四个层面的服务措施，基本覆盖了知识产权保护的各项事宜。

第四，表3-4中产业宣传服务有助于澄清电子竞技在社会舆论中的误解并树立其正面形象；资金引导、金融服务、产业基金和财政扶持等资金服务有助于为电竞企业的设立、发展和规模升级提供资金支持；而表3-4中尚未出现的赛事服务[1]等也应尽快被纳入服务事项中，从而在电竞场域中形成周延的服务体系，让政府主体包容性监管和全方位服务的职能得到更为充分的发挥。

---

　　[1]　比如，《国务院办公厅关于印发完善促进消费体制机制实施方案（2018—2020年）的通知》(2018)第1项第3条中规定："建立体育、公安、卫生等多部门对商业性和群众性大型赛事活动联合'一站式'服务机制。"《浙江省体育赛事管理办法》(2017)第17条规定："体育主管部门应当加强与有关部门、机构的沟通协作，健全赛事指导和服务制度……为举办体育赛事提供技术指导、办事指引和信息服务。"

第四章　电子竞技的产业分层与政策应对

2020 年由于其他因素的影响，作为"新兴产业"和经济发展"新动能"的电竞产业出现了新的发展趋势：一方面，一部分线下电竞赛事活动取消或延期[1]，不仅使得门票收入近乎归零、场馆成本及赛事执行的前期费用难以回收，而且使得选手包装、观众互动等提升参赛者商业价值的措施无法实施，以及随着主客场制的暂停，举办地旅游业也失去了重要的增长点；但另一方面，部分电竞赛事在 3 月初期即转为线上，进而获得了直播观赛人数的增加[2]，而线上部分赛事制作、内容传播等基本能够正常运行，使得电竞产业在 2020 年上半年实际销售收入 719.36 亿元，同比增长 54.69%，国内用户规模 4.8396 亿人，同比增长 9.94%[3]。与传统竞技/职业体育项目相比，作为电竞载体的电子软硬件设备对于互联网的依赖显著高于实体场馆，这使电竞在国际体育赛场陷入停滞的时期呈现出不同的发展态势；简言之，虽然电竞的线下比赛环节受到阶段性的冲击，但电竞游戏却是少数几个近几年获得蓬勃增长的产业领域。[4]

2020 年 7 月，国家发展和改革委员会等 13 个部门联合发布了《关于支持新业态新模式健康发展 激活消费市场带动扩大就业的意见》（以下简称"多部门《新业态意见》"），明确肯定了数字经济在助推经济发展各项变革、增强经济创新力和竞争力中的积极作用，并将之视为"推动我国经济社会发展的新引擎"，同时要求"把支持线上线下融合的新业态新模式作为经济转型和促进改革创新的重要突破口"；国务院办公厅隔天发布的《关于进一步优化营商环

---

〔1〕 参见郑晶敏："电竞比赛'线上化'并不是开个游戏直播这么简单"，载 https://baijiahao. baidu. com/s? id=1664542650822715424&wfr=spider&for=pc，最后访问日期：2022 年 3 月 28 日。

〔2〕 LPL（英雄联盟职业联赛中国大陆赛区）于 3 月 9 日采用线上赛形式恢复比赛后，日均直播观赛人数较 2019 年同比增长超过 30%。

〔3〕 参见张熠："'宅经济'下游戏销售半年破千亿"，载《解放日报》2020 年 7 月 31 日，第 2 版。

〔4〕 郑晶敏："电竞比赛'线上化'并不是开个游戏直播这么简单"，载 https://baijiahao. baidu. com/s? id=1664542650822715424&wfr=spider&for=pc，最后访问日期：2022 年 3 月 28 日。

境更好服务市场主体的实施意见》在第 4 项再次强调了"完善对新业态的包容审慎监管""增加新业态应用场景等供给"等扶持新业态的政策措施；2020 年 9 月，国务院办公厅发布了《关于以新业态新模式引领新型消费加快发展的意见》（以下简称"国务院《新业态意见》"），进一步要求"加快培育新业态新模式，推动互联网和各类消费业态紧密融合，加快线上线下消费双向深度融合，促进新型消费蓬勃发展。"而电子竞技与新业态有着天然的关联：不仅承载电竞的游戏软件属于数字形式、平台运行依托于互联网信息技术，而且传播与收视也主要借助网络直播，甚至游戏内虚拟物品的购买和支付也是通过在线形式完成的；与此同时，电竞与门票、场馆、旅游、硬件等线下环节有着高度的融合——电竞产业是"新业态"最为典型的呈现者之一。而以"新业态"为视角、以细分产业链为进路剖析电竞产业的各个环节并划分层次，进而通过政策措施来探讨其中的问题和应对，即是本章的主旨。

第一节　电子竞技的产业链及层次划分

一、电竞产业与"新业态"发展模式

从性质归属上说，电子竞技所依托的竞技类游戏属于电子游戏的组成部分之一；但从产业关系上看，电竞产业并非完全包含在游戏产业中，二者的图式更像是存在交集且面积不等的两个圆形——游戏产业中除竞技游戏外还包含单机游戏、主机/电视游戏、客户端游戏、移动游戏和网页游戏等，而电竞产业中除用户亲身参与外还包含竞赛和观赛等部分。伽马数据发布的《2021 年中国游戏产业报告》显示，2021 年中国游戏市场实际销售收入为 2965.13 亿元，其中电竞游戏市场实际销售收入为 1401.81 亿元[1]；笔者认为，电竞产业之所以能达到游戏产业总体收入的 47.3%且呈持续增高之态势，是因为其更具有"新业态"的特征或者更符合"新业态"的发展模式。相较而言，游戏产业中除电竞之外几乎全是线上的，已经完成了由线下到线上的转移——目前软件购买（单机/主机）、使用权限/期限的延长（客户端）、虚拟物品的交易（客户端/移动

---

〔1〕 参见伽马数据："2021 年中国游戏产业报告（全文）"，载 https://mp.weixin.qq.com/s/X5z AlEFVKW4EKPZHtElGDg，最后访问日期：2022 年 3 月 28 日。

端）等皆可或只能通过线上渠道完成，而线下部分仅存的商业展会、实体硬件等或者不具营利性，或者不占主导地位；虽然亦可归为数字经济，但这种"纯线上"的模式并不是完整意义上的、主张"线上线下融合"的新业态模式——多部门《新业态意见》中着重强调的在线教育、互联网医疗乃至智慧城市、电子商务等，都旨在"形成对线下模式的常态化补充"，[1] 而国务院《新业态意见》更是从对位的角度"支持互联网平台企业向线下延伸拓展"。可以说，新业态的一个明确导向是将传统经济与数字经济相结合，而传统经济数字化的同时并不会完全抛弃旧有形态，线上部分的发展并不会移除线下部分。而在电竞产业链中，线上和线下各具有若干环节，二者是相互带动、彼此促进的关系；因此，正是有了线下环节且与线上相结合，电子竞技才能实现超过游戏产业中其他部分的市场价值。

二、电竞产业链诸环节及层次划分

一般而言，产业链是指某一产业中主导/核心产业和关联产业通过技术、人文、商业或法律等关系相互连接而形成的有机链条：①产业链的形成有助于其中各个环节进行专业化的生产和经营，产业整体的不断发展也会促使产业链的不断细化，而较为复杂的产业链能够形成跨系统、跨行业、跨领域的综合性网络结构。[2] ②产业链中某一环节的效益增长有助于带动其他环节并引发后者的倍增效应，从而实现产业整体的价值增值。③产业链中的各个环节具有相对独立性，直接或间接地为消费者提供相关领域的产品和服务。

整体而言，一方面，电子竞技已经形成了复杂多元的产业链条，其中每一环节又对应着一元或多元的经营项目和从业主体；另一方面，电竞产业既与主体部分存在于线上的游戏产业具有交集，又与主体部分存在于线下的体育产业有所类似，游戏产业链和体育产业链中都有部分环节能够"对应"或"投影"

---

〔1〕 比如，"在线教育"中虽然学生端的学习是在线完成的，但教学内容和场景则是实体性质的；"互联网医疗"中虽然患者端的问诊是在线完成的，但确诊和处方则是实体性质的；"电子商务"中虽然交易过程是在线完成的，但交易内容大多还是实体商品；等等。

〔2〕 比如，韩国电竞产业发展至今已经形成了相互依赖的嵌入式产业链价值创造模式，"政府主导推进、市场化结构发展、职业选手引领、周边厂商提供资源的体系与模式，本质上强调的是一种相互合作的生态经济模式，在每一个环节均不可缺少多个主体的参与"。参见夏清华主编：《电子竞技商业模式》，武汉大学出版社 2019 年版，第 30 页。

到电竞产业链中[1]。此处，笔者将电竞产业链细分为软件产业、竞赛表演产业、场馆地产、旅游产业、PC-移动产业、周边产业（实体）、直播产业（赛事）、信息产业、直播产业（主播）、电商平台、周边产业（虚拟）、广告投放、教育-培训产业13个环节，并将各环节所对应的经营项目和从业主体以及彼此之间的相互关系图示如下：

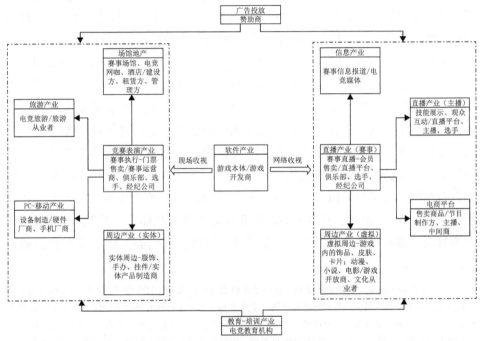

图4-1　电子竞技产业链概况

在图4-1显示的电竞产业链概况中，笔者进行了两种类别的层次划分：第一种是将诸多环节划分为核心环节和非核心环节，其中核心环节只有图4-1居于中间位置的软件产业——一方面，该环节是电竞产业链的基础和前提，其他一切环

---

〔1〕 比如，体育产业中"建筑业（生产各类运动场馆池）、机械制造业（生产各类运动设备、仪器等）、运动用品加工业（生产各类球、拍等）、俱乐部和单项协会（培养运动员、教练员和裁判员等）、服务业（提供安保、交通、餐饮、医务、运输等大量的赛事后勤人员）"和媒体业等都可以直接或稍加变更（如将其中的机械制造业和运动用品加工业变更为PC-移动等硬件产业）而投射到电竞产业链中。引文参见丛湖平、郑芳主编：《体育经济学》（第二版），高等教育出版社2015年版，第203页。

节离开电竞软件都无法运转，只有这一环节是产业链中不可或缺的；另一方面，该环节又获取了电竞产业中较大一部分收益，游戏厂商不仅可以直接举办电竞赛事、销售实体或虚拟商品，而且可以通过版权授权的方式从其他各环节获利。第二种则是将诸多环节划分为线上环节和线下环节——电子竞技已然形成了较为典型的"线上线下相融合"的发展模式，图4-1中左侧的竞赛表演产业、场馆地产、旅游产业、PC-移动产业、周边产业（实体）5项属于线下环节；右侧的直播产业（赛事）、信息产业、直播产业（主播）、电商平台、周边产业（虚拟）5项属于线上环节[1]；而由于广告投放既可以面向线上又可以面向线下[2]，教育-培训产业能够为整个电竞产业输送人才，笔者将之放置在了图4-1的最外侧。

进言之，从电竞消费者的角度看，与电竞较为接近的体育产业可以划分为"竞赛表演产业"和"健身娱乐产业"两部分。竞赛表演产业系统生产和提供各类可供观赏的动作组合产品，健身娱乐产业通过一定的身体运动提高人的机能、心理水平，实现"再生产"能力提升的服务产品；竞赛表演产业的生产者包括赛事组委会、职业体育俱乐部、运动员、教练员等，健身娱乐产业的生产者既包括服务者又包括消费者本身，即"强调消费者的直接参与""生产和消费具有同时性"；由此，竞赛表演产业亦称为"观赏类体育产品"，健身娱乐产业亦称为"参与类体育产品"。[3]按照这一标准，我们亦可将电竞产业的消费

---

〔1〕 需要说明的是：①周边产业和直播产业都被划分成两部分，其中周边产业既包含线下的实体周边又包含线上的虚拟周边，我们将之分别纳入了线下和线上环节；而直播产业中既有作为观众观赛途径的官方赛事直播，又有作为技能展示、讲解和教学等途径的私人主播通道，虽然二者都属于线上环节、都借助直播平台，但由于性质和内容存在明显差别，我们将之分别进行了列举。②"线上与线下"的层次划分和"实体与虚拟"的形态划分存在相通之处。比如，线下环节的竞赛表演产业要求选手、裁判和观众等同时置身于实体场馆，PC-移动产业和周边产业（实体）都对应实体产品；而线上环节的直播产业（直播+主播）只要求各方同处虚拟空间，信息产业和周边产业（虚拟）都对应虚拟产品，等等。

〔2〕 "广告投放"可以覆盖电竞线上和线下的多数环节，并主要集中于赛事、俱乐部和明星选手——多数电竞赛事的举办和俱乐部的运营都离不开包括汽车、硬件乃至服装、家居等各类厂商的赞助和支持，而赞助厂商也会通过投放广告的形式获取收益。

〔3〕 参见丛湖平、郑芳主编：《体育经济学》（第二版），高等教育出版社2015年版，第24—26页。汉弗莱斯教授将体育产业划分为三个主要组成部分："①涉及个体参与运动的活动。②涉及现场观看观赏性运动的活动。③涉及在某些媒体上关注观赏性运动的活动。"其中①属于"参与"范畴，②和③属于"观赏"范畴，并可以分别对应到电竞产业链中的现场观赛和直播观赛。引文参见［美］布拉德·汉弗莱斯、丹尼斯·霍华德主编：《体育经济学·第一卷》，邓亚萍、张宁、侯海强译，格致出版社、上海人民出版社2012年版，第1—2页。

者划分为"观赏"型（也称"电竞观众"）和"参与"型（也称"电竞用户"），即部分消费者只观看电竞赛事，部分消费者只参与竞技游戏，而多数消费者既观看赛事又参与游戏。2020 年 7 月共青团上海市委和上海体育学院（现为上海体育大学）发布的《上海青年电竞报告（2020）》显示，73.97%的受访群体为电竞参与者，而 46.84%的受访群体为电竞观众。[1]在观赏型消费者方面，电竞赛事的吸引力表现在，一方面，由于各种原因普通消费者在游戏的理解程度、战术设计、操作水平等层面与职业选手有着较大的差距，而这些要素通过高水平赛事呈现出来，则能产生观赏价值并引发消费者的学习兴趣[2]；另一方面，很多消费者随着年龄的增长和工作、生活压力的上升，难以有大量时间参与操作复杂且需深度学习的竞技游戏，而观看他人比赛既"省时省力"又能满足移动化、碎片化的时间需求。在参与型消费者方面，一般只有亲身体验过游戏的内容并产生兴趣，后续对赛事、选手和技战术的关注才成为可能。这一点有别于射击、体操、跳水、短道速滑等传统竞技/体育项目，消费者即便没有参与其中，对于传统竞技/体育项目也可以产生观赛热情，因为其规则和战术"简单明了"，比赛结果相当程度上取决于选手的身体能力和临场发挥；而在电子竞技中，尽管选手的操作水平十分重要，但其规则和战术更为复杂——特别是即时战略游戏（RTS）类游戏，如果对游戏本身没有详细的了解和充分的体验，是很难看懂比赛并产生兴趣的。正因如此，"对于传统体育来说，赛事观众的数量远远大于运动参与者的数量；但目前的电子竞技用户中，游戏玩家所占的比例依然很高"[3]。

---

〔1〕　参见电竞世界："电竞在中国真的很火吗？《上海青年电竞报告》揭开一个真实的生态圈"，载 https://mp.weixin.qq.com/s/RdecA2lX_ S6PhQpssZAXvQ，最后访问日期：2022 年 3 月 28 日。

〔2〕　"在比赛过程中，选手做出的极限操作，在关键时刻的瞬间反应能力能够给观众带来较强的代入感，这可以帮助技术流玩家提升技术"。参见超竞教育、腾讯电竞主编：《电子竞技运动概论》，高等教育出版社 2019 年版，第 101 页。"职业比赛中也会出现一些新颖的战术，这些战术都是职业战队的分析师和职业电子竞技选手共同在游戏中开发、研究出来的战术体系。在大型赛事中，为了取得比赛的最终胜利，战队往往交替使用新颖、稳定、针锋相对的多种战术组合来与对方博弈"。参见直尚电竞主编：《电子竞技赛事管理》，高等教育出版社 2019 年版，第 111 页。

〔3〕　超竞教育、腾讯电竞主编：《电子竞技产业概论》，高等教育出版社 2019 年版，第 135—136 页。在这个意义上，"用户是以观众而不是玩家的角色参与电子竞技产业，这一点与篮球、足球的赛事产业没有区别"这样的说法显然失之偏颇。引文参见杨越："新时代电子竞技和电子竞技产业研究"，载《体育科学》2018 年第 4 期，第 13 页。

单从观赏型消费者的角度看，电子竞技区别于其他游戏产业的一个重要特征是"竞技-赛事"的存在，而电竞赛事有两种收视渠道，一种是线下的现场收视，一种是线上的网络收视，二者分别对应竞赛表演产业和直播产业（赛事），同时也是划分并带动线上和线下产业的主要环节——只有观众到实体场馆观赛才能带动场馆地产和旅游产业的发展，而实体周边一般在现场观众中有着更高的销量；同理，只有观众在直播平台观赛才能带动官方和私人两类直播产业的发展，从而借助平台或主播的推广来增加电商平台中各类商品的销量。需要说明的是，尽管将两种"观赛"途径视为带动产业链运转的主要环节，但这并不意味着"参与"部分是可有可无或无足轻重的——"参与"的状况直接反映的是一款竞技游戏的"群众基础"，其不仅是消费者进入"观赏"阶段的前提，而且是维持游戏热度并提高赛事关注度的保证；如果一款竞技游戏无人参与，那么相应的赛事举办就无从谈起，观赏端的产业环节也就无法运转。具体而言，在电竞产业链中，竞赛表演产业、旅游产业、直播产业（赛事）、直播产业（主播）、信息产业、电商平台主要以"观赏"为支点；PC-移动产业、周边产业（虚拟）主要以"参与"为支点；而场馆地产、周边产业（实体）则两者兼有——作为产业核心的电竞软件之所以能剥离赛事部分独立运营，即因其覆盖了"参与"环节。而在新业态的视角下，由于观赏型和参与型消费者能同时触及线上和线下的部分环节，二者的关联能够加深并实现共同发展。比如，参与型消费者所需求的高性能游戏设备（PC-移动产业）、电竞酒店等游戏场所（场馆地产）属于线下环节，而其所购买的虚拟物品（周边产业-虚拟）则属于线上环节；观赏型消费者通过观看直播来理解比赛细节、学习操作技巧（直播产业-主播），并通过网店购买推荐产品（电商平台）属于线上环节，而要现场观赛（竞赛表演产业）并在当地旅游（旅游产业）则属于线下环节——只有线上和线下环节同步运转、相互合作才能满足各类消费者的需求。

第二节　电竞产业链的核心环节及政策应对

一、作为核心环节的电竞软件产业

电子竞技产业一个较为突出的特征在于，竞技游戏/软件是各类赛事生成和运转的载体，而游戏本体的开发和制作既是电竞产业的基础和前提，亦是其核心所在。然而，将软件产业视作核心环节并不是业内公认的观点，或者说并不是不证自明的，有相当一部分论者以"赛事"为核心，将电竞生态系统定义为"在提供电子竞技赛事的企业和组织与其生存和发展的内外环境之间，进行物质和信息交换，促进产业协同发展……的一种动态平衡系统"[1]，其中赛事主体居于产业中心，产业链是由赛事部分带动运转的。发展较为成熟的韩国电竞产业采用的即是此一模式[2]。笔者认为，尽管赛事部分的功能和作用非常重要，但仍不能超越软件部分成为电竞产业链的核心。原因在于：

（1）从各环节的比重和发展状况来看，①伽马数据发布的《2019 中国游戏产业年度报告》显示，电竞收入构成中"游戏收入"（指电子竞技类游戏创造收入）占比 88%，而"赛事收入"（指赞助商、广告、版权费、门票销售等赛事主要收入）和"直播收入"（指直播平台中游戏类直播创造收入）分占 0.3% 和 10.1%，[3]即是说，即便将直播产业（主播）纳入赛事部分，其 10.4% 的占比也仍然不及软件收入的 1/8。四川省电子竞技运动协会发布的《2019 四川省电子竞技行业研究报告》显示，游戏研发收入占比 71%，赛事收入和直播收入分占 5% 和 19%，[4]虽然其赛事部分高于全国平均水平，但整体结构并无明显不同。笔者认为，尽管上述情形可能是赛事、俱乐部、场馆等"中下游"环节规模有限、"造血能力不足"的缘故，但同样可以凸显电竞软件的核心地位及较强的营收能力。②此处需要提及的是，广告赞助在营收中也占据了较大比重，Newzoo 发布的《2021 全球电竞与游戏直播市场报告》显示，2021 年赞助和媒体版权收入占世界电竞市场（10.841 亿美元）的 76.9%，其中赞助部分为 59.1%（6.41 亿美元），显著高于媒体版权的 17.8%（1.926 亿

---

〔1〕 超竞教育、腾讯电竞主编：《电子竞技产业概论》，高等教育出版社 2019 年版，第 3 页。"电子竞技……以赛事直播为核心产品，提供包括内容、广告、周边全方位产品。"参见李晗："有望破千亿！电竞玩成大产业"，载《经济》2017 年第 22 期，第 101 页。

〔2〕 "韩国电竞以赛事为中心，延伸电竞产业盈利来源……韩国电子竞技产业的盈利模式主要分为两种：赛事转播版权的出让和赛事广告，注重赛事宣传和选手包装……韩国的电子竞技的价值获取非常依赖比赛的关注度，也更多地依靠电子竞技视频等衍生产品的销售。"参见夏清华主编：《电子竞技商业模式》，武汉大学出版社 2019 年版，第 30—31 页。

〔3〕 参见伽马数据："2019 中国游戏产业年度报告"，载 http://www.199it.com/archives/983442.html，最后访问日期：2022 年 3 月 28 日。

〔4〕 参见黄彦韬："四川电竞规模 180 亿 成都研发全国第一"，载《金融投资报》2020 年 4 月 15 日，第 2 版。

美元）；[1]同时，电竞产业的"新业态"模式能在传统体育赛事停摆之时为赞助商提供更为集中的互联网入口[2]；由此，有论者认为"电子竞技产业的广告是整个产业的核心"[3]。笔者认为这一论断并不妥当，一方面，"广告投放"环节只能存在于电竞产业链的"外围"，赞助商的广告投放并非专属于电竞，各类传统体育赛事乃至影视、音乐、综艺等"富含流量"的项目皆可成为投放对象；另一方面，我国已经走出了电竞产业完全依赖赞助资金维持运转的阶段，目前赞助商对电竞的关注取决于电竞本身的发展状况，只有电竞主体部分的快速发展才能吸引更多的赞助商投放广告。

（2）从电竞企业的竞争力来看，只有软件研发较为出色且掌握了优质知识产权的企业才更具有行业竞争力。与其他游戏产品相比，竞技游戏具有较高的研发门槛，且主要市场份额被少数优质产品占据，进入这一领域需要较强的研发实力和创新能力，且产品能获得用户的普遍认可。以腾讯公司为例，《王者荣耀》《QQ飞车》《英雄联盟》等产品或是由其自行研发，或是由其掌握部分知识产权；尽管与全球性游戏企业相比[4]腾讯的研发竞争力仍显单薄，但已达到了每年千亿元的营收且在国内电竞行业居于头部位置。掌握主流竞技游戏的企业往往能够进入并控制电竞产业的其他环节，甚至"在一定程度上决定了电子竞技产业的发展走向"[5]；多部门《新业态意见》亦在第4项第7条规定"支持具有产业链、供应链带动能力的核心企业打造产业'数据中台'"。仍以腾讯公司为例，其"有时是游戏开发商，有时是游戏发行商，有时是赛事主办

〔1〕 See Newzoo："Global Esports and Streaming Market Report 2021"，available at https://newzoo.com/cn/trend-reports/newzoos-global-esports-live-streaming-market-report-2021-free-version-chinese/，last visited on 2022-03-28.

〔2〕 "线上开赛后，品牌的曝光度和权益相比线下比赛都有所减少。为保证赞助商权益，LPL在线上比赛的直播内容中，用贴片广告、主持人演播间摆放产品广告等形式来增加品牌Logo露出机会。" 参见郑晶敏："电竞比赛'线上化'并不是开个游戏直播这么简单"，载 https://baijiahao.baidu.com/s? id=16645426508227154224&wfr=spider&for=pc，最后访问日期：2022年3月28日。

〔3〕 林竞、谢方正："基于SWOT理论的我国电子竞技产业化分析"，载《赣南师范大学学报》2018年第6期，第116页。

〔4〕 比如，法国2019年开发的新游戏共有1200款，其中63%属于无IP的原创游戏；游戏研发商与游戏发行商的比例约为8∶1。参见GameLook："高产！法国2019年开发了1200款新游戏，研发发行8∶1"，载 http://www.gamelook.com.cn/2019/10/374204，最后访问日期：2022年3月28日。

〔5〕 游继之、布特："我国电子竞技产业链发展现状及前景研究"，载《吉林体育学院学报》2018年第3期，第58页。

方，有时是赛事赞助商等"[1]，在"竞赛表演产业"环节，腾讯拥有《王者荣耀》等所属游戏职业联赛的主办权[2]，并可对第三方赛事进行授权[3]——如果没有主流竞技游戏的版权，腾讯很难支配电竞的赛事部分，可以说，"自主研发是国内游戏企业能够保持长期竞争力的关键所在"[4]。

（3）从电竞产业的技术构成来看，竞技游戏集成了产业中的关键性技术并能支配和带动其他环节。①与传统体育/竞技项目不同，电子竞技本身就是建基于现代互联网-电子信息技术基础上的，其对相关技术的依赖远高于传统体育/竞技——"为进行体育运动及竞技技术、体育科研成果转化和体育用品制造技术交易而形成的"体育技术市场尽管"发挥着越来越重要的作用"[5]，但仍无法在体育产业中居于支配地位——很难想象作为篮球、足球、乒乓球、羽毛球等技术载体的球类产品制造商能够主导相应领域的竞技或职业赛事。而竞技游戏在电竞产业中的支配地位则类似甚至优于芯片在各类PC-移动/智能设备制造中的地位：一方面，芯片不仅是其不可脱离的基础，而且本身有较强的营收能力；另一方面，PC-移动/智能设备的技术构成较为分散，芯片虽然最为关键，但设备整体功能的发挥还需要输入端、输出端、存储端以及元器件集成端等各项技术的支持，芯片制造并不能脱离其他环节独立存在并发挥作用——相较之下，竞技游戏却可以脱离其他环节独立运行、获得用户并赢取收益。②竞技游戏也能对产业链中的其他环节起到显著的带动作用。在既有电竞项目保持不变的前提下，如若某一竞技游戏上线运行并获得认可，那么当用户基数达到一定

---

〔1〕　蔡淑雨：《电竞经济：泛娱乐浪潮下的市场风口》，人民邮电出版社2018年版，第91页。

〔2〕　一般而言，游戏厂商自行举办的赛事"专业化与规模化程度较第三方赛事更高，影响力更大，受众群体更广"。参见游继之、布特："我国电子竞技产业链发展现状及前景研究"，载《吉林体育学院学报》2018年第3期，第58页。

〔3〕　各类第三方赛事能否举办皆取决于游戏厂商是否授权。比如，根据《腾讯电竞授权赛事名单公示（2020年第二季度）》，全国电子竞技大赛（NEST）、2020世界大学生电子竞技联赛（WUCG）等9项赛事获得了《英雄联盟》项目的授权；《王者荣耀》斗鱼大师赛、《王者荣耀》触手新秀杯等19项赛事获得了《王者荣耀》项目的授权，等等。参见腾讯电竞："腾讯电竞授权赛事名单公示（2020年第二季度）"，载https://www.sohu.com/a/406297007_120754697?_trans_=000014_bdss_dkbjxgyq，最后访问日期：2022年3月28日。

〔4〕　伽马数据游戏产业报告："中国游戏研发竞争力报告：自研收入近400亿美元8大阻碍或致命"，载https://www.gameres.com/843281.html，最后访问日期：2022年3月28日。

〔5〕　张瑞林、王会宗主编：《体育经济学概论》，高等教育出版社2016年版，第152页。

程度时会自然衍生出对于竞技赛事（包括观赛和参赛）的需求，而赛事的启动和运转又能带动信息、直播、周边、电商等环节配置生产要素、调整供给结构以满足前端需求的变动——这一"链式反应系统"是由软件端的创新与突破带动的，如果没有高质量的竞技游戏出现，电竞产业就只能在原有的基础上逐步增长，而不会出现产能与规模的剧烈变化。

二、电竞软件产业的政策应对

尽管我国电子竞技的产业规模已经跻身世界前列，但在电竞软件方面仍然存在短板：目前居于主流地位的《CS：GO》《绝地求生》《守望先锋》《DOTA2》《炉石传说》等的开发商都在国外，而国内自主研发的竞技游戏一方面数量较少，另一方面世界影响力也较为有限——在《2019 竞技类游戏 TOP25（PC）》[1]中，只有《QQ飞车》《三百英雄》《逆战》《枪神纪》《梦三国2》《群雄逐鹿》6款游戏属于国内研发，占比24%；国内多数游戏公司从事的都是代理、运营等相关工作[2]。问题在于，一旦切断竞技游戏的版权授权，相应的运营及赛事便无以为继，以运营及赛事而非软件为核心的电竞产业，虽能繁荣但未必健康，虽能步入电竞大国但未必能成为电竞强国，其发展可能一直被他国版权掣肘。就此而言，扶持和推进电竞产业核心环节的发展、鼓励电竞软件的自主研发，从而带动产业链良性运转、增强国际影响力和竞争力，应成为我国电竞产业政策的主要内容。

在宏观层面，电竞软件的权能是以知识产权加以呈现的；《国务院办公厅关于创新管理优化服务培育壮大经济发展新动能加快新旧动能接续转换的意见》第2项第7条要求"进一步加大知识产权执法力度"，"研究完善新模式新业态创新成果保护制度，探索在线创意、研发设计、众创众包等新领域知识产权保护新途径。"多部门《新业态意见》第4项第6条要求"组织面向数字化转型基础软件、技术、算法等联合攻关"，不仅所列事项皆为知识产权的核心内容，

---

〔1〕 参见 eNet&Ciweek/弘毅："2019 竞技类游戏排行榜"，载 http://enet.com.cn/article/2019/1123/A201911231048384.html，最后访问日期：2022 年 3 月 28 日。

〔2〕 "电子竞技游戏的研发需要大量资金和较长的周期，而那些缺乏打磨的游戏产品快速投入到市场后，显然难以与现有产品形成竞争，这些游戏厂商不能在游戏开发环节较快实现盈利，便将目光转向了游戏的发行与运营环节，进而阻碍了'中国创造'的到来。"参见游继之、布特："我国电子竞技产业链发展现状及前景研究"，载《吉林体育学院学报》2018 年第 3 期，第 58 页。

而且"联合攻关"也是国内电竞软件研发中较为薄弱的环节。由此可见，无论是"新动能"还是"新业态"，知识产权都占据了相当关键的位置。2020 年 8 月，国务院发布的《新时期促进集成电路产业和软件产业高质量发展的若干政策》从财税政策、投融资政策、研究开发政策等 8 个层面对集成电路和软件产业加以扶持，以逐步摆脱核心技术受制于人的困境；其中软件产业的扶持措施也同样适合于电竞软件领域，比如第 26 条中规定："鼓励企业进行……软件著作权登记"，"支持……软件企业依法申请知识产权"，"大力发展……软件相关知识产权服务"；第 27 条中规定："加强……网络环境下软件著作权的保护，积极开发和应用正版软件网络版权保护技术"，"加大知识产权侵权违法行为惩治力度"——两条规定分别从服务和保护两个角度提供了政策支持等。而在微观层面，相关政策在电竞专项文件中更为集中和具体；此处笔者梳理了各地方发布的 15 部电竞专项文件，并将其中关于电竞软件产业的政策措施列举如下：

表 4-1　电竞专项文件中关于电竞软件产业的政策措施

文件名称	资金	鼓励	保护
《关于推动北京游戏产业健康发展的若干意见》（2019）		二、（二）在政策导向、企业孵化、产业配套、人才培养方面……鼓励原创游戏精品创作生产。推动北京市精品游戏研发基地建设。二、（六）鼓励游戏在内容题材、技术表现和互动体验等方面创新。强化激励机制，对创新类游戏产品给予出版、发行和宣传推广支持。二、（十）鼓励精品电竞游戏产品研发，支持人工智能、沉浸式体验等新技术在电竞领域的应用。	二、（六）强化版权保护，加大打击侵权盗版行为力度，营造尊重鼓励创新的产业发展环境。

文件名称	资金	鼓励	保护
《关于促进上海电子竞技产业健康发展的若干意见》（2019）		二、1. 鼓励企业加强原创电竞产品创作。实施原创电竞精品推优扶持工程。	
《关于促进上海动漫游戏产业发展的实施办法》（2018）	四、2. 支持动漫游戏技术领域企业认定高新技术企业，对经认定的高新技术企业减按15%的税率征收企业所得税……发生的符合条件的研究开发费用，执行税前150%扣除政策。		
《上海市静安区促进电竞产业发展的扶持政策（试行）》（2019）	三、（二）对原创游戏软件的开发……正式上线运营并达到一定影响力的，按照软件开发投资额的30%给予资助，支持金额不超过500万元。对行业影响力大或被选为重大电竞赛事游戏的，原则上支持金额不超过1000万元。		
《上海市普陀区加快发展电竞产业实施意见（试行）》（2019）	二、（四）支持电竞原创游戏软件的开发运营……正式上线，且有一定规模赛事体系的……可给予最高不超过300万元的资助。		
《广州市促进电竞产业发展三年行动方案（2019—2021年）》（2019）		二、（二）鼓励电竞游戏原创作品研发。	

文件名称	资金	鼓励	保护
广州市《花都区加快数字文化产业发展扶持办法（试行）》（2020）	二、（三）10.（1）对电竞企业开发的原创游戏软件……正式上线运营并达到一定影响力的，按照软件开发投资额的30%给予资助，支持金额不超过500万元。对行业影响力大或被选为重大电竞赛事游戏的，原则上支持金额不超过1000万元。		
《成都市人民政府办公厅关于推进"电竞+"产业发展的实施意见》（2020）	三、（一）1.对上线满一年并具有较大影响力的游戏产品……一次性给予不超过200万元资金奖励。	三、（一）1.支持……企业不断进行技术创新，持续做优做强游戏研发……打造电竞研发高地……支持国内外电竞研发运营机构落户成都，增强整体研发实力，促进精品游戏高效产出。	三、（一）1.提升知识产权保护水平，完善电竞IP版权综合服务。
《银川市人民政府关于促进电竞产业发展的实施意见》（2017）	三、（一）对于从事游戏研发、设计……创新型企业，结算中心落户银川且当年收入或结算金额1000万元以上的，给予市级税收贡献70%的奖励……电竞研发企业高管，给予其上一年度所缴纳工薪个人所得税市级税收贡献100%的奖励……正式上线运营的原创游戏，每款奖励10万元。		三、（五）对于落户银川从事游戏研发、生产……企业，如因为私服、外挂、盗版等侵犯知识产权行为造成重大损失的，公安部门依法给予及时打击，全力保护自主创新知识产权。

文件名称	资金	鼓励	保护
《杭州市下城区人民政府关于打造电竞数娱小镇促进产业集聚发展的实施意见（试行）》（2018）	三、8. 对于小镇内游戏开发商取得游戏著作权及获省级以上专利证书的，每项一次性奖励不超过1万元；对于获得省级以上高新技术企业，一次性奖励不超过10万元。		
《西安曲江新区关于支持电竞游戏产业发展的若干政策（试行）》（2018）	第5条游戏开发补贴 对完成认定备案的企业进行原创游戏、运营平台等软件的开发，按照单个项目投资比例的20%给予补贴。 第6条游戏上线奖励 正式上线运营的自主开发游戏，单个项目给予20万元奖励。		
重庆市《忠县人民政府办公室关于促进电竞产业发展的若干政策意见》（2017）	三、（三）14. 正式上线运营的原创游戏，每款奖励10万元。 18. 成果交易奖。电竞产业相关企业研发、生产、制作、传播等的成果在国内外市场进行交易或者被收购，成交金额在100万元以上200万元以内的，给予企业10万元奖励。 三、（一）4. 研发补助。电竞产业相关企业研发补助，按照本年实际发生的研究开发费用的20%给予补助。		

通过表4-1可以看出：

（1）在政策覆盖方面，规定了相关措施的文件占比80%，说明各地方对电竞软件产业普遍较为重视。

（2）在措施类别方面，笔者将相关条款分为"资金""鼓励"和"保护"3类，其中"资金"类最为丰富，共有 9 部文件做出了规定，占比 75%；而"鼓励"和"保护"类相对较少，分别只有 4 部和 3 部。这可能是因为，各地方电竞政策的一个重要功能是吸引电竞从业者进驻本地，而"鼓励"类规定一般较为宏观且间接，"保护"类规定的实效主要是事后的，相比难以直接验证的这两者，"资金"类规定更具实质意义，也是电竞从业者进驻与否的重要考量。在措施全面性上，成都市文件规定了全部 3 类措施，北京市和银川市文件规定了 2 类措施，其他地方性文件则只规定了 1 类措施，说明各地方电竞软件政策尚不够周延。

（3）"资金"类措施可以细分为税收减免、财政资助、资金奖励、投资补贴、研发补助等形式。①上述措施绝大部分都是事后的，即电竞软件研发完成、上线运营并达到一定影响方可获得资金支持。然而，电竞软件研发需要大量的资金投入，部分中小型企业单靠自身营收或贷款和融资难以获得足够的启动资金，或者研发过程可能会因资金不足而中断，事后性的支持虽能防止企业恶意骗取资金，但也不利于有良好创意的中小企业启动研发工作；就此而言，忠县和曲江新区规定了相对折中的方案，即按照投资项目和实际研发费用给予一定比例的补贴或补助，这既能缓解研发完成前企业的资金问题，又能通过"实际支出"和"比例限制"来降低恶意骗补的风险，对于吸引中小企业进驻本地从事研发工作是较为合理的措施。②上述措施绝大部分都是针对企业的，只有银川市文件针对个人的内容做了规定，即对电竞研发企业高管给予个税贡献奖。一方面，对于企业和高管实施双重奖励，有助于进一步增强对优秀人才的吸引力；另一方面，尽管表 4-1 文件中不乏各种形式的人才政策，但如银川市专门针对电竞研发领域的还较为少见，笔者认为，作为电竞产业的核心，研发领域既有必要实施有别于其他环节的专门政策，亦有必要将其扩展到高管以外的主要技术人员。③上述措施所涉及的具体金额也存在地方性差别，比如，同为原创软件上线运营，上海市静安区、上海市普陀区、成都市、西安市曲江新区、银川市、重庆市忠县的奖励金额分别为 500 万元以内、300 万元以内、200 万元以内、20 万元、10 万元、10 万元，最高额度和最低额度相差 50 倍。如果额度过低，一方面难以对高昂的研发费用起到实质性支持，另一方面难以在吸引优质资源进驻方面获得比较优势；不同地方的资金额度相当程度上取决于当地的财政能力，尽管电竞产业的发展可以突出地方特色，以及与当地的文化、旅游、优势经济项目等相结合，但软件层面的研发更接近一种"无差别"的"硬实力"，地方特色难以对其产生显著影响——这一状况可能加剧电竞研发的优质资源向少数一线城市集中[1]。④不同形式的资金类措施应当综合运用，对于财政能力相对有限的地方尤其如此。比如忠县文件中的成果交易奖、上海市动漫文件中的研发费用税收扣除，以及政府投资基金、贷款风险补偿[2]等机制皆有必要进一步推广和落实。

（4）"鼓励"类措施在软件研发层面相对有限，除纲领性规定外，成都市文件明确表示了吸引研发机构落户的意图，而北京市文件则规定了研发基地建设、人工智能、沉浸式体验等新技术应用，以及出版、发行、宣传推广等方面的支持，相较而言更为丰富；其中"内容题材"亦是电竞软件中较为重要的部分——一方面，游戏内容的规范与健康是其推广和普及的前提条件；另一方面，"保障受众兴趣度的关键在于挖掘游戏内更深层次、更有内涵的内容"[3]，而这一层面的服务与支持有助于高质量电竞软件获得更为持久的生命周期。

（5）"保护"类措施则较为特殊，即知识产权的法律规范并没有明显的地方性差异，其实际效果主要取决于当地的执法能力——对于私服、外挂、盗版等侵权行为的打击力度，既是当地执法部门的工作效率、协同执法、跨区域执法等能力综合作用的结果，也是当地法治环境乃至营商环境的体现。而从政策措施上说，执法部门对相关案件给予足够的重视、优化案件办理流程并加强信息技术的应用，是电竞软件版权保护的可行措施。

第三节 电竞产业链的线下环节及政策应对

一、电竞线下环节的发展模式和主要问题

（1）竞赛表演产业是电竞线下部分的主导环节，其经营项目是线下赛事举

---

[1] 即便是在一线城市之间也存在着较为激烈的竞争，如上表中的电竞专项文件已经覆盖了北京、上海和广州等主要一线城市，相对晚出的广州市花都区文件对原创软件上线运营的奖励额度和上海市静安区完全一致（30%-500 万元-1000 万元），等等。

[2] 我们认为，国务院《新时期促进集成电路产业和软件产业高质量发展的若干政策》第 1 项第 2、3、7 条中关于企业所得税和进口关税的扶持措施、第 2 项第 11、12 条中关于政府投资基金和贷款风险补偿的扶持措施皆可适用于电竞软件领域。

[3] 张璇、刘媛媛："传播学理论视域下的移动电子竞技研究——以《王者荣耀》为个案研究"，载《传媒观察》2018 年第 8 期，第 57 页。

办的全过程，包括场馆选定、广告招商、参赛方的人员安排、观众方的门票售卖，以及安全保障等程序性事宜，即"赛事执行"部分；其从业主体除部分第一方赛事外皆为赛事运营商，而竞赛表演产业和直播产业（赛事）尽管经营形式不同（现场执行和线上直播），但赛事内容（包括竞技项目、赛制、规则、参与人员等）是相同的，二者的从业主体都包含了俱乐部、选手和经纪公司等最为核心的参赛者和经营者；该环节的主要收益在不计入俱乐部和选手等参赛者的情况下来源于门票售卖，而现场录制的视频信号亦可授权给直播平台来获取另一份收益，并实现线上与线下的关联。在发展模式方面，门票销售尽管不是电竞产业最为主要的利润来源，但也占据了部分比例——2019年世界范围内共举办了885场重大电竞赛事，门票收入总计5630万美元；"周边商品和票务将成为第三大收入来源，占据电子竞技市场的11.1%，同比增长15.2%。"[1]而由于现场观赛在视觉效果、竞技氛围、互动参与等方面有着比线上直播更为良好的体验[2]，国际顶级赛事及部分大型赛事在门票售卖上通常不会遇到困难[3]。竞赛表演产业面临的主要问题，①由于需要付出更高的经济、交通和时间成本，电竞观众选择现场观赛的比例仍然不高——仅有12.5%的受访者表示会前往现场观看比赛，使用直播平台线上观赛的观众则占81.1%，[4]这显然不利于电竞场馆及旅游产业等相关环节的进一步扩展；而增加赛事类型、引进主流/重要赛事并解决容纳观众有限、购票渠道较少等问题即是主要应对措施。②对于承办赛事较为稳定的电竞场馆，可以引入传统体育中的高档座席（高档套间、俱乐部座席及包厢等）和个人座位许可（PSLs，通过预付款来购买保留特定座席的权利，即季票、年票等）[5]来增加门票销售的层次和收入。③线下

〔1〕 Newzoo："Global Games Market Report"，available at https://newzoo. com/solutions/standard/market-forecasts/global-games-market-report/，last visited on 2020-10-11.

〔2〕 参见超竞教育、腾讯电竞主编：《电子竞技产业概论》，高等教育出版社2019年版，第3页；超竞教育、腾讯电竞主编：《电子竞技用户分析》，高等教育出版社2019年版，第5页。

〔3〕 "初步统计，一场大型的电竞赛事可吸引4万人到现场观看，之前两届LOL全球总决赛的观赛人数均超过了NBA总决赛的观赛人数"。参见张锐："电子竞技市场的中国脚步"，载《中关村》2018年第8期，第35—36页。

〔4〕 参见电竞世界："电竞在中国真的很火吗？《上海青年电竞报告》揭开一个真实的生态圈"，载https://mp. weixin. qq. com/s/RdecA2lX_ S6PhQpssZAXvQ，最后访问日期：2022年3月28日。

〔5〕 参见［美］布拉德·汉弗莱斯、丹尼斯·霍华德主编：《体育经济学·第一卷》，邓亚萍、张宁、侯海强译，格致出版社、上海人民出版社2012年版，第98页。

赛事的举办还面临着安全保障等问题，电竞赛事预计参加人数在 1000 人以上时应当根据《大型群众性活动安全管理条例》（2007）向公安部门申请安全许可，但该条例并未对电竞场馆的主机、投影设备及舞台布局等特殊事项的安全检查做出规定，建议通过专门立法或行业标准加以细化。

（2）旅游产业是电竞线下部分的衍生环节，即当电竞观众前往举办地观看赛事时可能附带进行观光游览，从而为旅游产业注入人流；这一环节与传统体育赛事、各类博览会、游乐园的举办和开放属于同一性质，其经营项目、从业主体和主要收益皆与传统旅游产业相一致。在发展模式方面，旅游产业是一个较为典型的衍生环节，即其本身是产业分类中的独立类别，与电竞产业并无依赖或从属关系，但可以置身电竞产业链中实现营利。电竞旅游产业面临的主要问题，与体育旅游不同，电竞旅游不包括与旅游产业在"自然资源"上的通用性，即不能如骑行、徒步、山地越野、攀岩等户外运动一样利用雪山、峡谷、沙漠等自然风景区，而只包括在"特殊事件资源"上的通用性，[1]即通过体育/电竞赛事来吸引观赛者到当地旅游——由于缺少了"自然资源"部分，也就缺少了相应的"地域性"和"重复性"[2]特征，致使电竞旅游的涵摄范围和营收能力小于体育旅游。为了弥补这一缺失，笔者认为，除进一步突出当地特色、强化电竞与旅游的关联外，还可以设立专题电竞会展、体验中心、主题公园乃至"电竞数娱中心"[3]等"地域性"场所，形成"以电竞为主题"的旅游活动，而非局限在观赛之余的"附带旅游"，从而在赛事空档期同样能吸引消费

---

〔1〕 参见郑芳、杨升平主编：《体育产业经济学》，高等教育出版社 2017 年版，第 18 页。从另一个角度也可以说，体育旅游既有"观赏型"也有"参与型"，"参与性旅游指旅游者同时又是体育活动的参与者。这类体育旅游产品形式很多，如徒步旅行、自行车旅行、登山、攀岩等。这些活动中，参与者既是游客又是体育活动的主体。"而电竞旅游则主要是"观赏型"的，因为竞技游戏是在虚拟而非实体空间中展开的，消费者无需离开所在地前往某一特定地点即可参与游戏。引文参见张贵敏主编：《体育市场营销学》（第二版），复旦大学出版社 2015 年版，第 328 页。

〔2〕 "地域性"是指体育旅游中的部分资源会固定在某一地域，如北方冬季的冰雪运动、沿海地区的海上运动、山区的登山运动等都与特定地域存在关联关系且替代性较低，若要参加相应项目只能前往对应地域；"重复性"是指体育旅游的参与者由于对某一项目的特殊爱好有着反复参与的需要，如滑雪、高尔夫球等爱好者一般会重复到某一地点参加运动。

〔3〕 "目前三亚青年城整体规划了占地大约 457 亩、投资超 40 亿的海南国际电竞港。包括赛场、电竞酒店、电竞主题公园、电竞免税购物城等，整体定位上是打造全球电竞数字文化和经济中心，让海南未来成为年轻人旅游的必选之地。"参见电竞世界："海南成立电竞省队：不爱做电竞的文创不是好旅游大省"，载 https://mp.weixin.qq.com/s/R6hJUdl6BZd2URw34edewA，最后访问日期：2022 年 3 月 28 日。

者前往。比如，某一电竞旅游项目将参观上海竞界电子竞技体验中心、JY club 狼人杀俱乐部和观看 DOTA2 亚洲邀请赛（DAC）串联在一起，[1]即是主题与赛事相结合的较好范例。然而，这一方案不仅需要齐全且优质的配套设施、相对发达的场馆地产及较大规模的资金投入，而且需要较为浓厚的电竞氛围[2]，在电竞产业尚不发达的地区还需系统性的政策支持。

（3）PC-移动产业亦是电竞线下部分的衍生环节，其经营项目是为电子竞技生产专用设备。目前，无论是 PC 硬件厂商还是移动通信厂商都已形成了独立的电竞设备生产线，包括 PC 端的键盘、鼠标、显示器、台式机、笔记本以及移动端的电竞手机等；PC-移动产业的消费者除职业选手外主要是电竞用户，因为电竞观众和普通消费者并不需要高端、昂贵的设备；其产品皆为实物形态，因此归属于线下环节，但其也是线上主播通过电商平台推荐的主要项目之一。这一环节的衍生性表现在，相较而言，体育用品具有专用性，帆板、滑雪板、球类制品、健身器材等只能用于体育运动甚至只能用于特定项目，其生产厂商也是体育用品制造商；电竞设备与普通 PC-移动设备具有通用性，只是在性能、外观和部分功能上电竞设备针对电竞进行了强化，虽然其材质、工艺和售价等方面通常高于普通产品，但在性质和基础功能上并无二致，比如电竞手机多数只是在屏幕刷新率、触控采样率、握持设计、散热设计、电池容量等方面优于普通手机，其他功能则基本一致；因此，电竞设备的生产厂商并非电竞用品制造商，而是 PC-移动设备制造商，电竞设备只是细分产品线的结果，而非全新的商品门类，其亦可用于学习、办公、通信等非电竞用途。就此而言，PC-移动产业亦能脱离电竞产业独立存在，而电竞产业则引导其开辟了独立的产品线并为其提供了新的营收增长点[3]。在发展模式方面，赞助电竞赛事、独立举办赛事[4]、为

---

〔1〕　参见超竞教育、腾讯电竞主编：《电子竞技产业概论》，高等教育出版社 2019 年版，第 79 页。

〔2〕　2018 年《英雄联盟》亚洲洲际邀请赛定于大连举办，但由于大连本身电子竞技氛围并不浓，比赛场馆选址过于偏僻和赛票定价过高，最终导致该届洲际赛售票遇冷，引发观众不满，比赛期间场馆上座率一直不高。参见超竞教育、腾讯电竞主编：《电子竞技产业概论》，高等教育出版社 2019 年版，第 80 页。

〔3〕　"电子竞技玩家要想获得胜利，不但需要稳定的技术实力，强力的专业设备同样不可或缺……优秀的电子竞技设备可以给玩家带来相当大的优势。在电子竞技火热的今天，庞大的市场需求促进了配套的电子竞技设备的生产和研发。"参见张轩、巩晓亮主编：《电子竞技新论》，电子工业出版社 2019 年版，第 150 页。

〔4〕　例如，华硕主办的 ROG Master 大师赛、英特尔主办的极限大师赛（IEM）等皆属此种情形。

职业选手提供设备并由其在竞赛中展示、发行带有知名俱乐部标识的产品〔1〕等是较为常见的情形，这对于关注赛事的电竞用户能够起到更为直接的宣传效果。PC-移动产业面临的主要问题，随着众多 PC-移动厂商入局电竞场域，各方的营销成本皆有所增加，但是产品的同质化程度越来越高，不仅具有实用性的技术突破较为缓慢，而且多数产品创新不足，难以形成鲜明的自身特色。笔者认为，一方面，电竞设备中"私人订制"领域尚处于空白状态，为职业选手和高端消费者打造适合其生理特征和使用偏好的专属产品，则有助于技术实力的提升和产品营收的增长；另一方面，进一步强化电竞设备的产品分层，使之更为精准地对应不同层级的消费者，亦是扩展市场占有率的途径之一。

（4）周边产业（实体）的经营项目是服饰、手办、挂件等实体性周边产品，这些产品虽能展示电竞信息，但本身并不能应用于竞技游戏中——既不能如 PC-移动硬件那样作为运行或操作游戏的设备，也不能如皮肤、套装等虚拟物品那样在游戏中使用，而更多体现为电竞主题的纪念品或带有电竞元素的生活用品，即将电竞爱好者的喜好融入现实情景。实体周边可以分为两种类型，"游戏周边"展现的是竞技游戏本体的信息，"选手/俱乐部周边"展现的是电竞选手/俱乐部的信息。前者需要游戏厂商的授权，后者则需要选手/俱乐部的授权。在发展模式方面，游戏周边是游戏 IP 在实体领域的价值延伸，能够为游戏厂商带来更多的产品收益。而选手/俱乐部周边更能体现多方共赢的情形，不仅有助于实体产品制造商开辟新的销售领域，而且有助于提高选手和俱乐部的关注度并为其获取经济收益。周边产业（实体）面临的主要问题，相较游戏周边而言，选手/俱乐部周边在品类和定价等方面还不尽合理，并且整体开发程度较为有限。比如，在 RNG 电竞俱乐部的官方商城〔2〕中，全部在售商品只有 40 件（同一时间英雄联盟旗舰店〔3〕中则有 287 件商品），虽然划分为软泥熊周边、队员同款、原创服饰、战队周边、3C 数码等多个类别，但除服饰外其他商

---

〔1〕 例如，Acer 曾与 EDG 俱乐部合作发布了一款以 EDG 命名的电竞笔记本，"既拓展了 EDG 俱乐部的业务线，也能帮助厂商挖掘电子竞技玩家的深度需求……扩大用户群体"。参见直尚电竞主编：《电子竞技产业生态》，高等教育出版社 2018 年版，第 46 页。

〔2〕 见 https://royalclub.taobao.com/? spm=a1z10.3-c-s.0.0.7303719bdUPmUN，最后访问日期：2020 年 9 月 8 日。

〔3〕 见 https://leagueoflegends.tmall.com/? spm=a1z10.3-b-s.1997427721.d4918089.337c8ad2MqFns0，最后访问日期：2020 年 9 月 8 日。

品都较为稀少；而在实际销量上，数量稀少的移动电源、公仔（分别只有一款）却远高于数量最多的服饰。就此而言，丰富实体周边的商品种类，将选手/俱乐部的元素更为鲜明且合理地融入商品中，注重并提高商品的实用性，是较为可行的发展方向。但笔者并不认同为之设定远高于同类商品的价格[1]、"消费爱好者情怀"，以及将经济能力不足者拒之门外的短视做法。

二、电竞线下环节的政策应对

在各地方发布的 15 部电竞专项文件中，线下环节的竞赛表演产业和旅游产业政策措施较为丰富，笔者将之列举如下（见表 4-2）；由于 PC-移动产业只有两部文件对其做出了规定[2]，未在表中进行列举；周边产业（实体）只有一部文件对其做出了规定，合并至表 4-3 的周边产业（虚拟）中进行列举；而场馆地产则合并至表 5-1 进行列举。

表 4-2　电竞专项文件中关于电竞线下环节的政策措施

文件名称	竞赛表演产业	旅游产业
《黑龙江省发展电子竞技产业三年专项行动计划（2018—2020 年）》（2018）	三、（二）1. 加强专业赛事引进……大力引进国内外精品赛事，提升我省在电子竞技领域的知名度和吸引力。 2. 打造自主品牌赛事……支持哈尔滨市通过"消夏+电子竞技""冰雪+电子竞技"等模式，每年举办 3—5 场具有国内影响力的品牌赛事。 3. 鼓励群众赛事活动。支持电子竞技领域的协会、俱乐部、企业等举办群众性电子竞技赛事活动。	三、（三）3. 以电子竞技赛事为载体，推动电子竞技产业与……旅游等产业融合发展……形成具有我省特色的……电子竞技旅游等新业态。

[1]　如将印有 LPL 标识的手机壳定为 108 元，约为非标识商品的 5 倍以上。

[2]　即《上海市普陀区加快发展电竞产业实施意见（试行）》第 2 项第 8 条规定，"支持电竞装备领域的研发销售，重点培育虚拟现实技术、人工智能技术、新材料等在电竞装备领域的应用，对研发的电竞装备取得显著经济效益的……可给予最高不超过 100 万元的资助。"《成都市人民政府办公厅关于推进"电竞+"产业发展的实施意见》（2020）第 3 项第 4 点第 11 条规定，"鼓励电竞研发企业运用人工智能、5G 通信、虚拟现实、增强现实等先进技术，研发制造电竞智能装备、游戏外设等硬件设施"。这两处规定的共同特征在于，并非鼓励普通的硬件设备制造，而是突出新技术及带有自主知识产权的研发制造，即将软件领域对于知识产权的重视延伸进了硬件领域。

文件名称	竞赛表演产业	旅游产业
《关于推动北京游戏产业健康发展的若干意见》（2019）	二、（十）吸引世界顶级电竞赛事……俱乐部等落户北京，给予政策、审批、宣传、资金等方面支持……鼓励创办具有北京特色的电竞全民赛、社区赛、校园赛、商圈赛。	
《关于促进上海电子竞技产业健康发展的若干意见》（2019）	3. 打造多层次电竞赛事体系。加大力度引进世界顶级电竞赛事落户上海……支持以上海为主场的全国电竞顶级赛事，支持全国知名赛事的重点场次在上海举办。 4. 提高赛事综合运营水平。联动政府、行业、企业和社会，形成大型电竞赛事的综合服务保障机制。加大服务协调力度，拓展服务内容，提升服务品质，提高顶级赛事的综合运营能力……对承办大型赛事的电竞企业予以扶持。	
《关于促进上海动漫游戏产业发展的实施办法》（2018）	五、3. 为引入国内外顶尖电竞赛事落户上海提供全方位解决方案。对于优秀的电竞产品、电竞赛事、电竞战队及电竞馆予以扶持。	
《上海市静安区促进电竞产业发展的扶持政策（试行）》（2019）	三、（四）10. 对承办国际电竞职业大赛的，给予一次性补贴不超过 300 万元；对承办顶级全国电竞职业大赛的……	
上海市《静安区关于促进电竞产业发展的实施方案》（2020）	二、9. 引进世界级、国家级电竞赛事落地……全面支持电竞上海大师赛在静安举办。	
《上海市普陀区加快发展电竞产业实施意见（试行）》（2019）	二、（三）积极吸引国际、国内重要赛事落户普陀。对举办国际电竞职业大赛（赛事总奖金不低于 800 万元）的，可给予最高不超过 300 万元的一次性资助；对举办国内电竞职业大赛（赛事总奖金不低于 200 万元）的……积极推进区内企业作为唯一或第一主办方在	

文件名称	竞赛表演产业	旅游产业
	外省市、海外举办电竞赛事，经认定，可给予最高不超过100万元的资助。	
《广州市促进电竞产业发展三年行动方案（2019—2021年）》（2019）	二、（四）鼓励和支持广州电竞企业举办各类中小型电竞赛事，打造广州电竞赛事品牌。支持企业主办、承办、参与电竞赛事，积极吸引国际顶级赛事落户广州，支持世界顶级电竞联赛的重要场次在广州举办。	二、（八）推动电竞与旅游产业融合发展。
广州市《花都区加快数字文化产业发展扶持办法（试行）》（2020）	二、12. 支持企业在本区承办电竞赛事，积极吸引国际顶级赛事落户花都，打造花都电竞赛事品牌。（1）对承办国际电竞职业大赛的企业（总奖金额超过100万美金），一次性补贴不超过300万元；（2）对承办顶级全国电竞职业大赛的企业……	
《成都市人民政府办公厅关于推进"电竞+"产业发展的实施意见》（2020）	三、（二）4. 与国际电竞行业协会组织、全球知名游戏电竞企业对接，大力引进一批世界顶级电竞赛事……对落户成都的国际知名电竞赛事，可给予每次不超过800万元的办赛补助。 5. 搭建自主IP的品牌赛事体系，扩大本土赛事竞争力与影响力。对成都自主培育、市场价值大、发展前景好、有国际影响力的品牌赛事，可给予每次不超过500万元的办赛补助。 6. 鼓励电竞协会等社团组织、各区（市）县政府和相关企业，以举办邀请赛、公开赛、对抗赛等形式，广泛举办电竞赛事。	三、（四）12. 支持"电竞+旅游/会展/音乐/美食"融合发展……在旅游景区内植入一批具有典型意义的电竞IP场景，积极举办电竞周、电竞展、电音节、动漫展、电竞峰会、电竞嘉年华等活动，推动电竞与旅游……产业融合发展。对年度主营业务收入首次突破10亿元、50亿元、100亿元的文商旅体融合型的电竞企业……分别给予最高不超过500万元、1000万元、2000万元奖励。
《银川市人民政府关于促进电竞产业发展的实施意见》（2017）	三、（二）对在银川举办国际性电子竞技大赛总决赛且参赛国家不少于20个的，一次性奖励200万元，对在银川举办全国性电子竞技大赛总决赛……	

续表

文件名称	竞赛表演产业	旅游产业
《杭州市下城区人民政府关于打造电竞数娱小镇促进产业集聚发展的实施意见（试行）》（2018）	三、13. 三年内小镇电竞数娱企业承办国际职业大赛，给予一次性补贴不超过300万元；承办顶级全国职业大赛……	
《西安曲江新区关于支持电竞游戏产业发展的若干政策（试行）》（2018）	第12条 1. 顶级国际职业赛事，补贴金额不超过1000万元；2. 顶级全国、次级国际职业赛事……	
福建省《平潭综合实验区关于加快推进电竞产业发展的实施意见》（2019）	三、（三）8. 争取举办IeSF世界电子竞技锦标赛、海峡两岸电子竞技大赛等大型赛事，加强对大型赛事的支持。 四、（十二）对入驻区内的电竞企业在平潭组织承办电竞赛事的，根据赛事等级分档给予赛事补贴，最高补贴金额200万元。 （十四）打造平潭电竞品牌，面向全球电竞玩家推出"麒麟精英联赛"，分别给予赛事前三名1000万元、800万元、500万元的奖励。	四、（十五）2. "电竞+旅游"。推出两岸电竞音乐节等主题活动……邀请著名电竞俱乐部或选手在平潭综合实验区著名景点与粉丝拍摄互动视频，根据视频点击量给予俱乐部或选手最高50万元的奖励。鼓励进行电竞旅游小镇改造，对参照电竞虚拟游戏中的情景进行改造的民宿、石头厝等户主根据区内现有民宿改造补贴政策予以相应的奖励。

通过上表可以看出：

（1）在政策覆盖方面，①15部文件都直接规定了关于电竞线下环节的政策措施，占比100%。②电竞产业链线下的5个环节中，竞赛表演产业、场馆地产、旅游产业、PC-移动产业、周边产业（实体）分别有14、13、4、2、1部文件进行了规定，占比93.3%、86.7%、26.7%、13.3%、6.7%，其中尤以竞赛表演产业和场馆地产受到了各地方的普遍重视。③在政策全面性上，成都市文件规定了4个线下环节，黑龙江省、上海市静安区、上海市普陀区、广州市、福建省平潭综合实验区文件各规定了3个线下环节，其余地方则只规定了1—2个线下环节。

（2）在竞赛表演产业方面，①各地方文件的覆盖程度（93.3%）高于软件产业（80%），因为竞赛表演产业及其所带动的场馆地产和旅游产业能够带来更为直接的经济效益；而软件产业虽然更为核心，但也面临着研发门槛高、周期长、风险大等问题——研发完成的竞技游戏如若不被市场认可即有可能"颗粒无收"。②政策措施中较为突出的是赛事分类和赛事分层。在赛事分类方面，黑龙江省文件将之划分为专业赛事、自主品牌赛事和群众赛事三种类型。首先，虽然前两种赛事居于主流地位，但旨在群众参与的中小型赛事亦应给予足够的重视，其不仅能普及和推广电竞知识、增进群众对电竞的了解，而且有助于增强当地的电竞氛围，为电竞产业的发展提供文化基础。而上表中除黑龙江省外只有北京市和成都市文件规定了这一事项，覆盖程度偏低。其次，自主品牌赛事多为第三方赛事，其目的不仅在于提高当地电竞产业的知名度和行业影响力，而且在于获取赛事举办的自主权，以削弱赛事引进中的从属性和不确定性。上海市静安区文件中的电竞上海大师赛、成都市文件中的自主 IP 品牌赛事体系、福建省平潭综合实验区文件中的"麒麟精英联赛"等皆属此种类型。问题在于，地方自主赛事不仅需要大量的资金投入和游戏厂商的授权，而且需要获得较高的关注度才能维持运转，但要在游戏厂商的官方赛事和众多的大型第三方赛事中获取流量并非轻而易举——我们未能查找到"麒麟精英联赛"的开赛信息，或许能从侧面反映这一困境。③在赛事分层方面，作为赛事类型的"专业赛事"可以进一步划分不同层次，如上海市普陀区文件将之分为国际电竞职业大赛、国内电竞职业大赛和其余各类中小型赛事；西安市曲江新区文件将之分为顶级国际职业赛事，顶级全国、次级国际职业赛事，次级全国职业赛事，其他各类型国际、全国赛事，其他各类型区域性赛事，等等。而不同的赛事层级对应的是不同额度的资金支持，如上海市普陀区的三级赛事分别对应不超过300 万元、100 万元和"一定的"资助；西安市曲江新区的五级赛事分别对应不超过 1000 万元、500 万元、300 万元、100 万元和 30 万元的补贴，等等。这一对应关系不仅缘于赛事的经济效益和影响力，也缘于办赛成本，是目前各地方的普遍做法。需要提及的是，广州市花都区等地将电竞软件的补贴上限（1000 万元）设定为大于电竞赛事的补贴上限（300 万元），则能反映出其对产业核心的准确把握。④部分文件还写入了"特色性"条款，如北京市文件中的审批、宣传等支持属于典型的行政服务事项，上海市电竞文件中加强服务协调、服务内容和服务品质等服务保障机制亦是行政服务融入电竞产业的表现。此外，上海市普陀区文件较为少见地鼓励本地企业在外地办赛，这与其他文件中积极向本地引进赛事之规定正好相反。实质上，这是本地电竞企业达到一定规模后扩展外部市场的一种举措，其一方面有助于在电竞产业发展较慢的地区提高市场占有率，另一方面也有助于促进电竞行业的良性竞争，建议参照上文的赛事分层给予20%—40%的资金支持。

（3）在旅游产业方面，尽管现有文件规定较少，但其突出特征表现在：①将电竞与当地的旅游特色相结合，如黑龙江省文件中"消夏+电子竞技""冰雪+电子竞技"等能够凸显当地的气候特征，偏向于"旅游带动电竞"的发展模式。②将电竞内容融入当地的旅游场景中，如成都市文件要求将电竞 IP 场景植入旅游景区、福建省平潭综合实验区文件鼓励参照游戏场景改造民宿并邀请职业选手互动拍照等，都有助于在常规旅游景点的基础上突出电竞主题、强化对电竞爱好者的吸引力，偏向于"电竞带动旅游"的发展模式；其虽比前者成本更高，但也更有助于电竞和旅游的融合发展。③电竞旅游难以如前两个产业环节那样确定资助金额，因为电竞元素能为旅游带来多少收益是难以直接测算的。其中成都市文件忽略了电竞元素所占比例而以企业总营收额为基准进行奖励，或者说，只要融入了电竞元素且达到规定营收即可获得奖励，而电竞元素的实际作用则在所不问——这一方案显然旨在推动企业经营纳入电竞元素，或是将电竞元素推广并普及到各类企业中，实为电竞产业未臻成熟时颇具力度的助推措施。相较而言，福建省平潭综合实验区文件则是针对具体事项进行"微观"奖励，即根据职业选手互动拍照的点击率确定奖励金额；这一方案虽然更有助于文件内措施的推行，但也要求相关规定必须全面、资助金额必须明确才能在整体上推进电竞旅游的发展。

第四节　电竞产业链的线上环节及政策应对

一、电竞线上环节的发展模式和主要问题

直播产业（赛事）是电竞线上部分的主导环节，其经营项目是将线下或线上举办的赛事通过直播平台向电竞观众播出；同为"赛事执行"部分，其与竞赛表演产业的区别在于：一是从业主体包含了作为互联网传播渠道的直播平台，二是主要收益在不计入广告赞助的情况下来源于会员售卖，即观众通过直播平

台观赛是免费的，但想要获得高清画质、去除广告乃至个性弹幕等权益则需付费购买会员。在观赛需求较高的情况下，由于赛事现场的容纳率有限，加之电视转播尚未完全开放[1]，使得网络收视成了电竞观众最为主要的观赛渠道。在发展模式方面，可以按付费与否将之划分为两个层面：在付费层面，根据学者的调查，愿意为高清画质、去除广告、赛事讲解和多视角付费者分占29%、25.3%、18.4%和16.7%，而不愿付费者仅占28.9%，[2]即有近3/4的电竞观众愿意为各种类型的直播服务付费，而费用的多少则依权益种类或会员等级而定；在免费层面，尽管会员费用是最为直接的营收，但直播平台更为注重的往往是观众的规模及关注度——只有积累了足够的流量，才能充分吸引投资并进一步扩展广告赞助、电商平台等关联性业务。[3]直播产业（赛事）面临的主要问题，除少数由直播平台自行举办的赛事外，最为关键的即是赛事版权：一方面，随着电竞热度的增加以及赛事规模的扩大和制作成本的提高，授权费用也在逐年攀升；另一方面，直播平台之间对于版权的争夺也愈发激烈，如2020年企鹅电竞以6000万元价格获得《英雄联盟》赛事S档直播版权、哔哩哔哩（Bilibili）以8亿元价格获得《英雄联盟》全球总决赛中国区3年的独家直播版权[4]，等等。而直播平台若要在授权支出的基础上实现盈利，除进一步丰富平台的内容构成外，较为重要的是通过直播、制作技术的升级和创新——如远

---

[1]　首先，2004年发布的《国家广电总局关于禁止播出电脑网络游戏类节目的通知》并未明确废止，其在第2项规定："各级广播电视播出机构一律不得开设电脑网络游戏类栏目，不得播出电脑网络游戏节目。同时，要在相应的节目中宣传电脑网络游戏可能给未成年人健康成长带来的负面影响……"其次，国家广播电视总局2019年发布的《未成年人节目管理规定》第9条规定："未成年人节目不得含有下列内容：……（十五）宣传、介绍不利于未成年人身心健康的网络游戏……"该条款尽管修改了2018年《未成年人节目管理规定（征求意见稿）》中的第9条第1款第13项"宣传、介绍各类电子游戏"，但并未对"不利于未成年人身心健康"的界定方法和判断标准予以细化。

[2]　"电子竞技用户多将观看电子竞技赛事视为重要的社交娱乐方式，开放的消费观念和稳定的收入来源足以支撑其为爱好买单。"参见超竞教育、腾讯电竞主编：《电子竞技用户分析》，高等教育出版社2019年版，第40—41页。

[3]　"电子竞技企业往往并不直接向用户销售物品，而是通过扩大用户规模并不断吸引用户注意力，进行商业化运营变现"，"拥有的用户基础、流量和注意力越多，就能吸引到越多的投资者，并且经济效益也会随着用户流量和注意力的增加而上涨。"参见超竞教育、腾讯电竞主编：《电子竞技产业概论》，高等教育出版社2019年版，第92—93页。

[4]　参见电子竞技："谢谢哔哩哔哩，给中国电竞划了一条线"，载https://www.sohu.com/a/358376108_272501，最后访问日期：2022年3月28日。

程集成制作技术、云演播厅技术、3D/VR 技术等——来提高用户体验、扩大平台流量，从而在版权协商过程中获得相对平衡的位置。

　　周边产业（虚拟）所对应的虚拟周边亦可分为两种类型，一是虚拟物品，即竞技游戏内的角色、皮肤、饰品、符文、卡片、头像等；二是衍生作品，即以竞技游戏为背景题材创作的影视、动漫、小说等。就虚拟物品而言，其经营者一般为游戏厂商，这一环节也是通过游戏本体获取收益最为主要的途径；其消费者一般为电竞用户，只有亲身参与游戏者才能使用相关物品；其经营模式是较为纯粹的线上模式，即相关产品只能在游戏内置的线上商城购买并只能在游戏中使用，而没有对应的实体物品，但部分游戏厂商将销售虚拟物品所获收益的一定比例作为官方赛事的奖金[1]，从而实现线上与线下的关联。在发展模式方面，目前竞技游戏普遍采用的既不是单机游戏中一次性出售使用权，也不是网络游戏中按时长出售使用权——竞技游戏本体用户可以免费使用并享受基本服务；但部分角色[2]和物品的使用则是收费的，即通常所说的"增值服务盈利模式"。为保持收益的持续性，游戏厂商会不断更新游戏版本并制作不同类型的虚拟物品[3]；为保证竞技的公平性，这些物品主要发挥的是观赏性和个性化功能，用户无法通过消费来提升角色属性或能力，更无法通过消费来赢取对战的胜利，游戏的平衡性不会因消费能力的差异而减损。从销售状况上看，虚拟商品收入的复合年增长率（2018—2023 年）为 72.4%，是全球增长最快的电竞收入来源[4]；《王者荣耀》和《英雄联盟》2018 年全年收入分别为

---

　　[1]　"游戏厂商投入经费用于开发游戏产品，在游戏内容丰富且吸引玩家的基础上，促使玩家进行消费，并从玩家消费收入中提取一部分进入到厂商举办的赛事的奖金池中。通过奖金池的积累，将一部分利润回馈到参赛的职业选手身上，从而保证游戏项目中水平最顶尖的高端玩家的收益……而这其中的奖金，只是玩家所产生的消费总额中的一小部分，游戏厂商从中可以获得更大部分的利益……支撑游戏厂商在之后的游戏开发工作中产出更加优质、精美的游戏内容及赛事内容"。参见直尚电竞主编：《电子竞技产业生态》，高等教育出版社 2018 年版，第 61 页。

　　[2]　比如，截至 2021 年，《英雄联盟》中共有 150 多位英雄，每位英雄都有自己的皮肤、配音、肢体语言等，其中可以免费使用的仅占一小部分，并会定期轮换；如果用户想永久使用一名特定英雄，就只能使用游戏内的货币或者真实货币购买。

　　[3]　"通过不断推出精美的皮肤来促进玩家消费是《英雄联盟》在游戏的运营过程中最为核心的一个盈利渠道。除此之外，不时地推出抽奖、商品打折等活动也能刺激玩家的消费热情，带动消费热潮。"参见直尚电竞主编：《电子竞技产业生态》，高等教育出版社 2018 年版，第 55 页。

　　[4]　See Newzoo："Global Games Market Report"，available at https://newzoo.com/solutions/standard/market-forecasts/global-games-market-report/，last visited on 2020-10-11.

291.18 亿元和 132.93 亿元[1]——由于虚拟物品的传播效率更高、成本更低，其往往能获得超过实体周边、硬件设备等环节的收益[2]。周边产业（虚拟）面临的主要问题是，由于虚拟物品必须内置于游戏中才能使用，而游戏厂商又掌握着游戏版权，其营收过于集中在游戏厂商手里，电竞产业链中的其他主体难以通过游戏本体获取收益，从而导致产业利润分布的失衡。笔者认为，虚拟物品可以如实体周边那样和选手/俱乐部开展更为广泛的合作，即将著名选手和俱乐部的名称、形象、标识等融入其中，既能满足消费者的需求，又能将游戏本体的收益向选手和俱乐部分流[3]，从而促进产业链内部的协调运转。

就衍生作品而言，其既可能是官方制作的，也可能是民间创作的；后者与旅游产业、PC-移动产业同属电竞产业的衍生环节，即其经营者并非完全意义上的电竞从业者，只是在各自领域内的作品以电竞为主题或者以某一竞技游戏为背景；其经营渠道主要是线上的，但影响广泛者也可能以实物书籍或线下放映的形式出现。较为特殊的是，这一环节的版权其实有两重维度，一是游戏厂商的版权授权，创作者必须获得授权才能使用游戏题材或背景进行创作；二是衍生作品本身亦有版权归属，消费者付费后才能阅读或观看。在发展模式方面，该环节对于游戏 IP 的依赖性较之实体周边更为明显——实体周边仅以单一的图案标识或物品外观反映 IP 内容，而衍生作品则是以复合形态增加或补充 IP 中的世界观、剧情和角色细节等；可以说，如果游戏本体未能获得足够的用户、游戏背景架构没有足够的吸引力，衍生作品便难以生发并形成规模。质言之，游戏、影视、动漫、小说等若干领域其实是互通互联的，一个 IP 在任何一个领域获得了用户认可，都可以跨界衍生其他领域的作品，从而提升 IP 影响力并最

---

〔1〕　参见腾讯网："腾讯游戏 2018 年收入 Top5：英雄联盟 132 亿仅排第二！"，载 https://new. qq. com/omn/20190116/20190116A0YYMA. html，最后访问日期：2022 年 3 月 28 日。

〔2〕　根据《上海青年电竞报告（2020）》的调查数据，购买过游戏内皮肤、装备的受访者占 77.4%，而购买外置设备、战队选手周边、门票、打赏主播的受访者分占 27.8%、7.2%、6.9%、4.8%。参见电竞世界："电竞在中国真的很火吗？《上海青年电竞报告》揭开一个真实的生态圈"，载 https://mp. weixin. qq. com/s/RdecA2lX_ S6PhQpssZAXvQ，最后访问日期：2022 年 3 月 28 日。

〔3〕　"维尔福公司与很多电竞选手保持着密切合作……在 TI3 上包揽全年冠军的知名战队 Alliance，也和维尔福公司合作出品了亚巴顿魔裔神兵套装。在这份套装的描述中写到，每售出一份虚拟饰品，Alliance 都能获得相应的分成，这样的合作既带来了利润，又回馈了战队，可谓是双赢。"参见张轩、巩晓亮主编：《电子竞技新论》，电子工业出版社 2019 年版，第 156 页。

大限度地获取商业价值。[1]衍生作品面临的主要问题是，各个形态的衍生作品是围绕游戏 IP 产生的，并且由于国内软件产业尚不发达、有影响力的独立 IP 数量较少，衍生作品难以形成规模，或者难以如"暴雪嘉年华"那样呈现出相对完整的系统。笔者认为，在优质 IP 生成后，民间自然会涌现出一定数量的衍生作品，游戏厂商对其中具有代表性的进行投资和宣传，并在相应领域进行带动和推广，即有可能形成相对繁荣的市场——这一过程需要游戏厂商和创作者的充分合作，但更为核心的仍然是对优质 IP 的掌控。

二、电竞线上环节的政策应对

在各地方发布的 15 部电竞专项文件中，线上环节的直播产业（赛事＋主播）和周边产业（虚拟）政策措施较为丰富，笔者将之列举如下（见表 4-3）；由于电商平台没有任何文件对其做出规定[2]，信息产业只有 3 部文件对其做出了规定，未在表中进行列举。需要说明的是，由于各地方文件皆未对直播产业的"赛事"和"主播"两个环节进行严格区分，在表 4-3 进行了合并列举。

表 4-3　电竞专项文件中关于电竞线上环节的政策措施

文件名称	直播产业（赛事＋主播）	周边产业（虚拟）
《关于促进上海电子竞技产业健康发展的若干意见》（2019）	5. 加大对本市电竞直播平台的培育力度，鼓励本市知名互联网平台参与电竞直播。 6. 支持……引进国内外一流技	1. 鼓励将国内优秀原创动漫、影视、文学等作品改编为电竞内容和产品。

----

〔1〕　比如，暴雪公司的《魔兽争霸》即是较为典型的 IP 产品，2000—2016 年官方出版的小说达 30 余部，民间创作的网络小说不计其数；暴雪还推出了魔兽主题的漫画、杂志、珍藏版画册等。2005 年暴雪举办的第一场暴雪嘉年华共有 8000 余人参与，而 2015 年的暴雪嘉年华已有 2.5 万人参与。参见王萌、路江涌、李晓峰：《电竞生态：电子游戏产业的演化逻辑》，机械工业出版社 2018 年版，第 28—29 页。再如，围绕《英雄联盟》这一 IP，作家"乱"撰写的《英雄联盟之谁与争锋》成为网络文学第 1 本 10 万订阅的小说；作家"骷髅精灵"撰写的《英雄联盟：我的时代》成为首部官方授权的电竞小说，同步登录了掌上英雄联盟 APP、起点中文网、QQ 阅读等平台。参见超竞教育、腾讯电竞主编：《电子竞技产业概论》，高等教育出版社 2019 年版，第 115 页。

〔2〕　在电竞产业链中，"电商平台"对应的是直播产业的商品销售渠道，其中节目制作方、俱乐部可以通过官方自营或授权的店铺进行销售，私人主播也可以自建店铺进行销售；由于我国大型电商平台较为有限，且入驻和销售规则与其他店铺并无显著区别，各地方文件并未直接写入相关政策措施。

文件名称	直播产业（赛事+主播）	周边产业（虚拟）
	术，探索赛事直转播制作技术与VR（虚拟现实技术）、AR（增强现实技术）、MR（混合现实技术）、AI（人工智能技术）、裸眼3D（立体显示技术）等前沿科技的创新融合应用。支持全流程制作平台建设……培育顶尖电竞制作团队，鼓励企业参与国内外顶尖赛事多语种直转播内容制作和双向分发。	
《上海市静安区促进电竞产业发展的扶持政策（试行）》（2019）	三、（二）7. 对……直播平台……电竞产业平台的开发，按照开发投资额的30%给予资助，支持金额不超过500万元，对示范引领效应特别好的平台项目……不超过1000万元。	
上海市《静安区关于促进电竞产业发展的实施方案》（2020）		二、3. 围绕电竞内容核心，依托环上大影视园区的影视资源，推进电竞题材电影、电视、漫画、小说、综艺节目等相关影视文化内容制作。
《上海市普陀区加快发展电竞产业实施意见（试行）》（2019）	二、（五）对服务电竞产业的直播平台……根据其在行业内的知名度和对区域的经济贡献度，可给予最高不超过500万元的资助。	二、（七）对电竞与影视、音乐、演艺、衍生品开发等产业领域融合发展，取得一定效益的……可给予最高不超过100万元的资助。
《广州市促进电竞产业发展三年行动方案（2019—2021年）》（2019）	二、（五）支持本市电竞直播平台的发展……培育顶尖电竞播出制作团队，鼓励企业参与国内外顶尖赛事多语种直转播内容制作和双向分发。	
广州市《花都区加快数字文化产业发展扶持办法（试行）》（2020）	二、10.（2）对电竞企业开发的……直播平台……电竞产业平台，按照开发投资额的30%给予资助，支持金额不超过500万元，对示范引领效应特别好的平台项目……不超过1000万元。	

文件名称	直播产业（赛事+主播）	周边产业（虚拟）
《成都市人民政府办公厅关于推进"电竞+"产业发展的实施意见》（2020）	三、（一）3. 鼓励市场主体搭建电竞直播转播平台，拓宽电竞赛事内容传播渠道。	三、（一）3. 鼓励开发电竞影视、动漫、文学、手办等电竞衍生产品，对获得国内外重大奖项的作品……给予……最高 50 万元奖励。 （四）10. 对以电竞内容为主体的原创动漫、影视、网络作品根据播出时长、票房、发行量、浏览量等，给予不超过 100 万元的奖励。
《银川市人民政府关于促进电竞产业发展的实施意见》（2017）		三、（一）对于企业自主研发、设计且上市销售的游戏、动漫影视、装备等电竞相关产品，获国际性重大奖项的原创作品，一次性奖励 100 万元；获国家级、省级重大奖项的原创作品，一次性分别奖励 50 万元、30 万元。
《杭州市下城区人民政府关于打造电竞数娱小镇促进产业集聚发展的实施意见（试行）》（2018）	三、8. 对于直播平台软件研发，三年内……根据研发投资金额的 20% 进行补助，单个企业最高不超过 50 万元。	
福建省《平潭综合实验区关于加快推进电竞产业发展的实施意见》（2019）		三、（三）7. 鼓励……开发电竞延伸产品如电竞动漫、电子竞技战术地图、小玩具、书籍、玩偶、礼品、服饰、消费电子等。

通过上表可以看出，（1）在政策覆盖方面，①北京市文件、上海市动漫文件、西安市曲江新区文件和重庆市忠县文件没有直接规定关于电竞线上环节的政策措施（未列入上表），或者说，规定了相关措施的文件占比 73.3%。②电竞产业链线上（经合并后）的 4 个环节中，直播产业（赛事+主播）、周边产业

（虚拟）、信息产业、电商平台分别有 7、6、3、0 部文件进行了规定，占比 46.7%、40%、20%、0%——一方面，线上政策整体上的覆盖程度明显弱于线下政策；另一方面，线上政策中较受重视的直播产业（赛事+主播）和周边产业（虚拟）（46.7% 和 40%）也明显弱于线下的竞赛表演产业和场馆地产（93.3% 和 86.7%）。这说明，电子竞技产业虽然源自线上，但目前的政策措施却在向线下倾斜；其原因无论是线下环节有欠发达还是能产生更高的经济效益，都应坚持国务院《新业态意见》中"实现线上线下协调互补"这一基本原则。③在政策全面性上，成都市文件规定了 3 个线上环节，上海市电竞文件、上海市普陀区文件、广州市文件各规定了 2 个线上环节，其余地方则只规定了 1 个线上环节。

（2）在直播产业方面，①"主播"部分对应的是私人主播在直播平台进行的技能展示、讲解和教学等内容，同时也包括以明星效应为基础的其他内容；由于私人主播多为退役的职业选手，对于竞技游戏有着更为深刻的理解和更高水平的操作技能，往往能吸引大量的电竞爱好者，从而以接受打赏和销售商品等方式获取收益。②各地方的政策措施普遍集中于直播平台建设，即鼓励搭建本地的电竞直播平台；但问题在于，目前电竞直播已经愈发向头部平台集中，规模较小的地方性平台很难有足够的资金争取到大型/顶级赛事的版权，也很难有足够的资金争取到高水平主播的进驻，而若只播出本地赛事和普通电竞节目则缺乏市场竞争力，加之直播平台收益不稳定、投资风险高等，使得部分财政能力有限的地方发展直播产业相比竞赛表演产业、场馆地产和旅游产业等更为困难，或者说，盲目搭建本地直播平台未必能达到预期的效果。③就资金支持而言，上海市普陀区规定了 500 万元的资助上限，标准是较为宏观的"行业知名度"和"经济贡献度"，依此难以确定具体数额；而上海市静安区和广州市花都区的规定完全一致，即将资助上限设定为 500 万元和 1000 万元两档，标准则是"开发投资额"的 30%——其不仅容易确定具体数额，而且不考虑实际收益；或者说，上海市静安区和广州市花都区的资助是针对"进入"的，上海市普陀区的资助是针对"成效"的，前者的扶持力度明显优于后者。④上海市电竞文件是上表中唯一一部明确写入技术/科技性支持的文件，即将前文所述的直播产业关键点体现了政策措施中。对此，上海市 2020 年 8 月发布了作为行业标准的《电子竞技直转播技术管理规范》，对信息传输、视频音频等技术要求进行了详细规定，尽管其多数内容属于硬件基础，但也规定了"高级特效插件""多点触控功能插件"等前沿性技术。⑤部分文件还写入了"特色性"条款，如上海市电竞文件鼓励本地知名互联网平台参与电竞直播，而这一措施相比新建专门性直播平台风险更小且更容易获得用户关注；上海市电竞文件和广州市文件同时强调了对电竞播出制作团队的培育，并鼓励其参与国内外顶尖赛事多语种的制作工作，这不仅有助于强化直播平台的技术实力，而且能推动其走出本地扩展国内外业务，进而提升制作团队乃至平台整体的行业影响力；杭州市下城区文件规定了对直播平台"软件研发"的政策措施，且资助方式与上述上海市静安区和广州市花都区有关平台建设的规定相一致——与竞技游戏类似，直播软件也是平台运行的基础和核心，但其研发门槛和风险都要低于竞技游戏，明确对其加以扶持是提升平台技术实力、掌握直播产业关键部分的合理措施。⑥需要提及的是，上表中并没有关于直播内容的条款，而电竞直播中亦有可能出现不当行为和言论等，尽管目前中央和部分地方已经发布了有关直播平台营业许可证、直播内容限制和举报机制等制度规范，但直接针对电竞场域的还较为少见。对此，上海市于2020年8月同时发布了作为行业标准的《电子竞技直转播平台管理规范》，共分"审核发布""弹幕审查"和"用户管理"三个层面，其中包含了"主播用户不宜对未经过行政主管机关审查或备案以及未获得出版许可的网络游戏产品进行游戏技法展示或解说""频道或直播间名称、封面及直播互动区域（如弹幕、评论等）不宜出现带有低俗性、侮辱性……的相关言论或图示"等细致性规定。我们认为，内容监管是电竞行业监管中最为重要的部分之一，上述规定既有必要以行政规范性文件乃至行政规章的形式提升立法位阶，也有必要推广至其他地区乃至以中央立法的形式扩大适用范围。

（3）在周边产业（虚拟）方面，①上表中并没有关于虚拟物品的条款，所有规定都集中于衍生作品；这可能是因为，一方面虚拟物品被游戏厂商掌控，地方性政策难以触及，另一方面其交易及保护应当遵循我国《民法典》（2020）第127条及相关法律规定，不宜在地方性政策中单独规定。②上表条款基本覆盖了电影、电视、动画、漫画、小说等衍生作品的全部类型，这也符合国务院《新业态意见》第2项第4条"深入发展在线文娱""支持互联网企业打造数字精品内容创作和新兴数字资源传播平台"的精神。同时，成都市文件将手办列入其中，福建省平潭综合实验区文件更为显著地将小玩具、书籍、玩偶、礼品、服饰等实体周边列入其中，不仅体现出对实体周边的重视，而且显示了一并发展实体和虚拟周边的思路。③就资金支持而言，衍生作品的创作、发行和收益渠道较为特殊，难以按照投资或营收情况确定资助额度。对此，上海市普陀区规定了100万元的资助上限，标准仍然是较为宏观的"取得一定效益"，同样难以确定具体数额；银川市文件将资助标准设定为获得重大奖项，并按照国际、国家和省级进行了分层；而成都市文件除获奖外还将"播出时长、票房、发行量、浏览量"设定为资助标准，能在一定程度上反映出作品的影响力和用户的认可度，具有较好的参考价值。④部分文件还写入了"特色性"条款，如上海市电竞文件鼓励将优秀原创作品改编为电竞内容和产品，问题在于，已经创作完成且有影响力的非电竞作品必然会存在一定的用户群体，该群体未必能够接受后续植入的电竞内容，反而可能降低其对原作的评价，即该措施风险可能大于收益；而上海市静安区文件中"依托环上大影视园区的影视资源"的措施则能更好地借助本地已有的优势资源并形成合力，为电竞与影视的跨界融合创造便利条件。

（4）在信息产业方面，其是媒体中专门从事电竞赛事和电竞游戏信息采编和播报的部分，相比其他领域更加偏重于线上、较少出现在广播、电视、报纸、杂志等传统媒介中。[1]目前这一环节的政策措施较为薄弱：成都市文件仅在第3项第1点第3条规定"带动电竞资讯……周边产业发展"，但没有具体措施；黑龙江省文件第4项第5条中规定："充分运用互联网、移动终端、报纸、广播、电视等平台宣传电子竞技，增强电子竞技的社会认知度和影响力"；广州市文件第2项第5条中规定："支持广播电视、新媒体和互联网平台等参与电竞直播，对我市举办、承办大型电竞赛事的媒体直播予以支持。"①虽然后两部文件都鼓励广播、电视等传统媒介融入电竞内容，但由于部分政策法规的限制，以及传统媒介往往并非电竞消费者的主要关注点，其能起到的更多是"宣传"作用，而非形成集中采编和播报电竞资讯并以此营利的"产业"。②虽然后两部文件亦支持互联网传播途径，但目前赛事信息主要掌握在游戏厂商/赛事主办方、直播平台和头部资讯平台手中，地方性政策同样难以触及；而对于少数质

---

〔1〕"中国电竞用户获取电竞赛事信息的三大渠道分别为游戏官网（45.9%）、直播平台（44.9%）和游戏客户端（37.2%），均为与游戏直接强相关的平台。"参见腾讯电竞："《2020 全球电竞运动行业发展报告》发布：中国拥有 5.3 亿人次电竞人口"，载 https://mp.weixin.qq.com/s/u99ePdk2DDb2kqfYyzvimA，最后访问日期：2022 年 3 月 28 日。

量较高且用户较为认可的地方性媒体或自媒体，上述文件又没有规定资助方案。我们认为，各地方应当从后者入手，确定规模有限但内容优质且有发展前景者予以资金和推广等支持，并将之引领且融合至当地的电竞产业链中。

第五章　城市电竞产业发展的空间布局与政策联动

近年来，国内部分地方陆续出台了相关政策文件，通过对企业、俱乐部、赛事、研发等的鼓励与扶持将电竞产业作为本地经济发展的重点乃至关键环节，其中以电竞小镇、电竞场馆和电竞酒店为代表的多层次空间布局也已逐步成型，并发挥了重要作用。多部门《新业态意见》明确要求加强统筹协调，强化政策联动和各部门协同配合，形成促进新业态新模式发展的合力；而考察城市电竞产业宏观、中观和微观维度的空间布局及核心产业功能，分析彼此之间的政策联动[1]并提出优化建议，即是本章的主旨。

第一节　电竞产业在城市经济发展中的功能展现

部分地方对电竞产业的重视，不仅缘于其具有较强的经济效益，而且缘于其能够引领城市经济的整体发展，或者能够带动若干其他产业的发展，以及对于当地的社会凝聚力和文化氛围等具有正向作用。

一、引领城市经济的整体发展

首先，电竞赛事的举办通常具有较高的经济价值：①赛事举办会产生一系列支出，包括赛事宣传、媒体联络、硬件配备和安保服务等，这些对商品和服务的消费具有一定的刚性，能够为当地相应的经济领域带来需求并促进其生产

---

〔1〕　本章所述的"政策联动"并不是不同地区之间的联动，而是同一地区不同空间维度之间的联动。比如，《关于促进上海电子竞技产业健康发展的若干意见》第6项第11条中规定："推动长三角电竞产业联动发展……搭建长三角电竞产业联盟，建立长三角电竞产业优势互补、品牌提升、成果共享的常态化工作机制"；《成都市人民政府办公厅关于推进"电竞+"产业发展的实施意见》（2020）第3项第6点第15条规定："推动成渝电竞产业联动发展。以成都为中心，联动德阳、眉山、资阳电竞产业一体化发展。组建成渝地区双城经济圈电竞产业联盟，在产业联动、项目建设、人才交流等方面加强合作……"这类地区间的电竞产业联动并不在本章的考察范围内。

和竞争。②由于电竞有着庞大的用户和观众基数，热门竞技游戏的大型/顶级赛事能够吸引大量人流，从而为举办地的旅游业、旅馆业、餐饮业、零售业及相关娱乐产业等的业务量带来短期内的爆发式增长。[1]③电竞赛事还能间接带动财政收入的增长，从而促进当地各项产业政策的落实，形成良性循环。尽管有论者认为，替代效应、挤出效应和泄露效应[2]使得电竞及其他赛事的举办经常难以取得预期的经济效益，但赛事对促进举办城市生产总值和人均国内生产总值的增加、直接或间接投资总额的增加仍然是显而易见的[3]。

电竞产业运转及赛事举办并不完全依赖于当地经济的整体状况以及自然资源、地理位置等；电竞产业对于不同城市有着相对较高的适配性和包容性，基础条件并不突出的城市亦可引进和发展。原因在于，作为网络化、信息化和数字化的新兴产业，电子竞技既不像传统工业那样依赖自然资源，也不像电子制造业那样需要先进且密集的技术支撑——空间布局上的整合与政策措施上的联动亦可为之提供较为充分的基础和前景；从电竞产业带动经济发展的作用力上看，其所需要的条件并不十分苛刻。因此，尽管区位因素、自然因素、经济因素、社会因素和科技因素等产业布局的主要影响因素[4]有助于上海[5]、北京、广州等经济发达

---

[1] "体育赛事能吸引众多的观众、媒体和广告赞助商的注意，包括餐饮、娱乐、购物和房地产等都能从中获益。"参见郑志强：《职业体育的组织形态与制度安排》，中国财政经济出版社2009年版，第36页。与此相似，"电竞项目可以在短时间内为城市带来巨大曝光量和关注度，带来旅游流量和城市品牌的活动经济"。参见巩强："疫情向下产业向上，中国电竞产业变局之年如何'二次崛起'？"载https://mp.weixin.qq.com/s?__biz=MzI4ODI5OTkwMg==&mid=2247485970&amp；idx=1&amp；sn=97e32b2006f44c84e7a43456b86bb5c1&source=41#wechat_redirect，最后访问日期：2022年3月28日。

[2] "替代效应"是指当地消费者将本应用于当地经济中其他货物或服务的金钱用在了赛事中，即当地消费者对于赛事的支出不是增加了消费，而是调整了消费方向；"挤出效应"是指大型赛事造成的拥挤使一般的休闲和商务游客不愿在赛事期间访问举办地，如果举办地的住宿和餐饮处于满负荷状态，那么赛事只是挤掉而非补充了常规旅游经济；"泄露效应"是指大型赛事的支出未必会由当地经济体赚取，如果必须从外地获取特殊的材料、劳动力或技术，这些支出还会造成城市资金的外流，但资助这些赛事的税收却是当地纳税人支付的。参见［美］布拉德·汉弗莱斯、丹尼斯·霍华德主编：《体育经济学·第一卷》，邓亚萍、张宁、侯海强译，格致出版社、上海人民出版社2012年版，第63—65页。

[3] 丛湖平、郑芳主编：《体育经济学》（第二版），高等教育出版社2015年版，第208页。

[4] 参见郑芳、杨升平主编：《体育产业经济学》，高等教育出版社2017年版，第137—140页。

[5] "上海由于独特的区位优势，以及丰富的文化娱乐资源，已经出现了显著的电子竞技产业集聚现象。在国内率先完成从上游厂商到中游赛事、俱乐部、制作公司以及下游的直播平台、周边产品的电子竞技全产业链布局，吸引了国内电子竞技行业的众多头部公司和重量级电子竞技赛事。"参见超竞教育、腾讯电竞主编：《电子竞技产业概论》，高等教育出版社2019年版，第72—73页。

的城市迅速聚集电竞资源、扩大产业规模并形成整体优势，但这并不能阻碍其他城市入局电竞并构建具备自身特色的差异化主题，从而最大限度地获取电竞产业所带来的经济效益——国外亦有波兰小城卡托维兹从"波兰煤都"转型为"欧洲电竞中心"的成功范例〔1〕。比如，尽管上海市借助青年人口密度、城市文化氛围、交通便利条件等已经成为国际顶级电竞赛事的集中举办地，并且吸引了部分知名电竞俱乐部及相关企业和机构进驻，但企查查统计数据显示，不仅湖南省（1404 家）和海南省（1359 家）拥有的电竞相关企业数量过千，安徽省（842 家）、河南省（807 家）和陕西省（626 家）拥有的电竞企业也明显超过了上海市（273 家）。〔2〕2018 年 4 月，腾讯电竞制订了"电竞运动城市发展计划"，支持潜力赛事更好地匹配地方需求，并先后与珠海市、长沙市、西安市和重庆市达成合作，分别落地了重要赛事的举办权〔3〕，这不仅意味着电竞赛事成为城市经济发展的助力，而且意味着电竞产业具有包容性，并非局限于少数一线城市。

二、带动城市其他产业发展

《国务院办公厅关于加快发展体育竞赛表演产业的指导意见》（2018）第 4项第 14 条要求发展以体育竞赛表演企业为主体，以旅游、交通、餐饮等为支撑，以广告、印刷、现场服务等为配套的产业集群；《成都市人民政府办公厅关于推进"电竞+"产业发展的实施意见》（2020）第 2 项要求形成电竞与文创、

---

〔1〕 卡托维兹仅有约 30 万人口，产煤量占到波兰 90% 以上，在波兰经济整体不振的背景下，由于对资源过度依赖、重工业逐步衰落，大量年轻人离开。2013 年卡托维兹与 IEM 合作举办赛事，初次即吸引了全球 1 万多名电竞爱好者观赛。此后，电竞赛事在当地日益火热，作为 IEM 主场馆的"飞碟体育馆"逐渐成为世界电竞爱好者的"朝圣之地"。近年来，因 IEM 前来卡托维兹的游客年均达到 17 万人次，超过这座城市总人口的一半。2018 年 3 月，为期 6 天的赛事为当地带来了超过 2200 万欧元的收入。参见谢陶："从衰败煤都到电竞中心，这座欧洲小城做对了什么"，载 https://baijiahao.baidu.com/s？id=1660779098160146562&wfr=spider&for=pc，最后访问日期：2022 年 3 月 28 日。

〔2〕 参见电竞世界："电竞热潮：电竞企业新增数量达 7000 多家 亿级融资集中上海"，载 https://mp.weixin.qq.com/s/IKcdEAD0jqmt8gzhsW8rxg，最后访问日期：2022 年 3 月 28 日。

〔3〕 2018 年，《英雄联盟》德玛西亚杯夏季赛于珠海横琴国际网球中心举办；《穿越火线》职业双端联赛（CFPL、CFML）春季赛总决赛于湖南国际会展中心举办；《王者荣耀》高校总决赛于西安市举办；《穿越火线》职业双端联赛秋季赛总决赛、中国足球电子竞技联赛（CEFL）总决赛于重庆巴南体育馆、重庆大剧院举办。参见超竞教育、腾讯电竞主编：《电子竞技产业概论》，高等教育出版社 2019 年版，第 111—112 页。

科技、旅游、娱乐等多产业融合发展的创新发展格局。虽然现阶段电子竞技的线下赛事并不一定能带来超过足球、篮球等传统体育/竞技项目的经济效益，但其有着较长的产业链条与众多的关联产业，当其作为一个整体在地方布局并形成规模时，则能更为有效地带动经济发展。例如：①电竞赛事除了通过直播和门票获取收益，还能吸引人流，通过餐饮、桌游、上网服务以及举办见面会、发布会等活动实现盈利，即电竞的线下环节可以辐射至各类服务行业；②电竞产业有助于带动当地基础设施和网络服务的优化升级。[1]电子竞技的线上环节对于网络带宽、上行和下行速度，以及与国际服务器的连接状况等要求高于普通民用网络的要求，如果基础设施不到位则可能无法满足电竞软件运行，特别是俱乐部选手日常训练的需要。2019 年 12 月，LNG 电子竞技俱乐部从重庆迁址苏州，原因之一即是"在重庆无论是打韩服还是和上海的队伍约训练赛都会存在网速问题"，"大多数情况下都很难保证能获得与其他队伍完全相同的训练条件。"[2]而重庆作为拥有 4045 家与电竞相关企业的电竞产业重点发展城市必须着手解决网速这一问题。相较而言，2020 年 7 月中国电信上海四川北路营业厅升级为电竞营业厅，将其第二层打造成电竞专区，配置 5 根千兆宽带并实现场馆信号无死角覆盖等，[3]既可看作是电信产业多元化发展的一次尝试，也可看作是电信基础设施在电竞带动下的一次成果展示。③电竞产业各个维度的空间布局都离不开与房地产业的合作。一方面，多数电竞场馆和设施的建设、租赁和使用都需要当地房地产业的参与，杭州电竞数娱小镇、北京朝阳合生汇泛娱乐电竞综合体等都采取了"电竞+地产"的模式；而部分电竞俱乐部也受到

---

〔1〕 上海市《静安区关于促进电竞产业发展的实施方案》第 2 项第 2 点第 6 条中规定："进一步完善灵石地区市政配套环境，从道路建设、市容绿化、网络基础设施等方面……进行优化升级……"即如学者所言，"大型赛事往往刺激在非体育运动基础设施上的开支"，或者"对一般基础设施做出必要的改良"，"而这些基础设施很可能有利于未来经济发展。"参见［美］布拉德·汉弗莱斯、丹尼斯·霍华德主编：《体育经济学·第一卷》，邓亚萍、张宁、侯海强译，格致出版社、上海人民出版社 2012 年版，第 70 页。

〔2〕 电竞世界："城市主场，联盟化的下一条道路？"载 https://mp. weixin. qq. com/s/CNGsGKpk7qIYYc4piNmlOA，最后访问日期：2022 年 3 月 28 日。

〔3〕 电竞专区包括竞技区、大屏区、观赛区、选手休息区等 9 个区域；观赛区定制液晶拼接屏，可通过 100 寸 4K 高清大屏观看比赛实况；同时配备了专业直播设备和直播间，可进行电竞赛事的多平台直播。参见随心："中国电信首家电竞营业厅开业：顶配电脑 配 5 根千兆宽带"，载 https://news. mydrivers. com/1/701/701338. htm，最后访问日期：2022 年 3 月 28 日。

房地产企业的资金供给或筹集帮助。另一方面，建成电竞场馆或设施也会不同程度地提升周边房地产的价值，从而带动相关的投资和建设；而俱乐部的良好运营也可以提升为其投资的房地产企业的曝光率、知名度、受众覆盖面等影响力。④电竞产业亦可与广告赞助业形成互动。电竞产业的影响力可以吸引本地和外地企业为俱乐部冠名或为赛事提供赞助并投放广告，以获得品牌宣传的机会；2018 年华硕联合西安雅夫酒店改造了若干电竞专属客房，并为之配备了ROG 玩家国度的电竞板卡、主机、显示器及键鼠等，[1]是传统硬件厂商将自身产品下沉至电竞微观维度的范例之一。

三、增强社会凝聚力和文化氛围

电子竞技是一种"竞技"活动，能够像传统体育那样表现出竞技性、公平性和团队性等特征，这使之具备了特定的社会文化功能。①电竞赛事有助于增强城市的社会凝聚力并提高市民对城市的认可。体育比赛"可以使人们为共同的球队加油呐喊，无形之中拉近了人与人的距离"[2]，与之相似，目前很多电竞项目都实现了主客场制[3]，主场俱乐部能够通过举办比赛、出售门票和周边商品、举办见面会和开放日等方式与当地电竞爱好者建立起深厚的情感关联，从而提升其对战队和选手的喜爱和忠诚度；俱乐部的比赛成绩和运营状况往往会成为广受关注的"热门话题"。当市民共同为俱乐部加油助威时，能够形成一种向心力；而当俱乐部赢得赛事胜利或取得优异成绩时则能成为当地的骄傲，并激发市民对所在城市的自豪感——"当俱乐部和本地粉丝培养出感情，形成自己的地域标签，甚至融入当地文化，即能充分调动地域关注度，此时俱乐部

---

〔1〕　参见超竞教育、腾讯电竞主编：《电子竞技产业概论》，高等教育出版社 2019 年版，第 79—80 页。

〔2〕　郑志强：《职业体育的组织形态与制度安排》，中国财政经济出版社 2009 年版，第 36 页。

〔3〕　电竞主客场制是将原本集中在一座城市举办的电竞赛事，通过俱乐部在各个城市中建立主场场馆而分散到多个城市中去；其功能之一即是将电竞产业的营收从单一城市向多个城市分散，从而提升产业总量、扩大产业规模并激发各个城市的产业发展活力。2018 年至今，国内已有多个知名俱乐部确定了自己的城市主场：LGD 将主场设在杭州并进驻杭州电竞数娱小镇，OMG、LNG、WE、RNG、JDG、V5分别将主场设在成都、苏州、西安、上海、北京、深圳，等等。除《英雄联盟》外，《守望先锋》《王者荣耀》《和平精英》等电竞项目也逐渐确立了主客场制。详见电竞世界："国内一线俱乐部纷纷确定主场，二三线城市加入争夺战"，载 https://www.sohu.com/a/417325273_ 385920，最后访问日期：2022 年3 月 28 日。

的成绩就成为了地区荣誉的一部分。"[1]②电竞产业的繁荣也为当地爱好者提供了社交场所或平台。对于"电竞用户"而言，微观维度的电竞酒店能够成为共同合作并参与游戏的线下社交场所；对于"电竞观众"而言，中观维度的电竞场馆亦能成为观赛并交流和评论赛事情况的线下社交平台。③电竞产业的空间布局也有利于提升城市的文化氛围。在宏观维度上，无论是"电竞之都"还是"电竞小镇"，都是电竞和城市/小镇相互融合的产物，电竞往往是其主要特色和核心产业，并且成为其"专属名片"。在中观维度上，电竞场馆亦能成为城市独特的符号、象征和人文景观，成为"城市发展公共空间最有效的物质支撑和最重要的城市文化印记"[2]，并能通过赛事举办提高城市知名度、塑造优良的城市形象[3]。

第二节　城市电竞产业的多维空间布局及发展路径

本章所称的空间布局，是指以电子竞技的场馆、建筑、园区及关联产业设施等在一定区域内的分布情况为着眼点来考察其产业发展的一种方式。尽管电子竞技源于线上，并且其线上环节占据了相当一部分比重，但一方面，以赛事举办为核心的线下环节不仅能通过凸显竞技氛围、应用投影技术、实现观众互动等方式吸引观众观赛，而且有助于提高或保持竞技游戏的线上热度；另一方面，作为电竞产业核心的软件研发及其所关联的电影、动漫、视频等制作基地亦是实体/线下的，通常以产业园区的空间形态展现出来。就此而言，空间布局对于电竞产业同样具有重要意义，某一区域内相关建筑设施的配置情况也能在相当程度上反映出其产业发展状况。笔者将电竞产业的空间布局划分为宏观、中观和微观三重维度，三者之间虽有重合但产业功能和发展路径有所区别；虽

---

〔1〕　超竞教育、腾讯电竞主编：《电子竞技产业概论》，高等教育出版社 2019 年版，第 110 页。

〔2〕　周文英、陈昌："体育与城市的互动关系及其融合研究"，载《广州体育学院学报》2018 年第 4 期，第 27 页。

〔3〕　"主办一个大型赛事可能会改善人们对一个城市的看法，使这个城市成为一个'主流'或'世界级别'的城市。"参见［美］布拉德·汉弗莱斯、丹尼斯·霍华德主编：《体育经济学·第一卷》，邓亚萍、张宁、侯海强译，格致出版社、上海人民出版社 2012 年版，第 63 页。在这一背景下，70% 的调研用户支持本地电竞产业发展，电竞产业在城市落地上有着较高的大众接受度。参见电竞世界："《2020 全球电竞运动行业发展报告》发布：中国拥有 5.3 亿人次电竞人口"，载 https://www.sohu.com/a/414708786_385920，最后访问日期：2022 年 3 月 28 日。

然"一体化"或"联动式"发展是较为合理的选择，但目前不同城市仍有不同侧重或取舍。

一、电竞空间布局的宏观维度：电竞小镇的整体化发展

空间布局的宏观维度，是指一定区域内的建筑设施整体上是以发展电竞产业为目的统筹安排的，或者在电竞是该区域核心产业的前提下各类资源都是围绕其调配使用的。2016年《住房城乡建设部、国家发展改革委、财政部关于开展特色小镇培育工作的通知》第1项第2条将"培育壮大新兴产业，打造创业创新新平台，发展新经济"作为特色小镇培育工作的基本原则，而电子竞技这一新兴产业显然与之相匹配；2017年《体育总局办公厅关于公布第一批运动休闲特色小镇试点项目名单的通知》明确将苏州市太仓市天镜湖电竞小镇列入其中。时至今日，各地方已有多个电竞小镇建设完成并投入使用。比如，①太仓市天镜湖电竞小镇位于太仓市科教新城，规划总面积3.55平方千米，规划总人口2万人。截至2017年已聚集优势电竞企业28家、知名战队12个，业务覆盖PC游戏、手机游戏、游戏节目录制、职业战队联赛运营与视频直播等领域。[1]②杭州电竞数娱小镇位于杭州市下城区，规划面积5平方千米，核心建筑为15万平方米的海蓝国际电竞数娱中心。目前已入驻网竞科技、浙江互星文化、华体电竞等电竞企业；下城区国投集团联合社会资本共同出资15亿元成立了电竞产业基金，并以"电竞+体育+动漫+影视+旅游+教育+大数据"的发展路径构建电竞全产业链的综合生态圈。[2]③忠县电竞小镇位于重庆市忠县城市规划区南岸片区，规划面积3.2平方千米，分为街机写实、中国风等5个电游风貌区；其规划目标包括：针对产业链定制特色功能空间，助力小镇成为全国电竞产业圣地；满足电竞爱好者个性需求，助力小镇成为玩家体验天堂；采用多功能混合单元布局，助力小镇成为宜赛、宜业、宜游、宜居的标杆。[3]从宏观维度着手空间布局的电竞小镇，其主要发展路径在于：

（1）覆盖电竞产业链各个环节并促进其整体发展。《体育总局办公厅关于

---

〔1〕　参见王永健、王玲琳："太仓市天镜湖电子竞技小镇评价指标体系理论研究"，载《江苏科技信息》2017年第31期，第30页。

〔2〕　参见夏清华主编：《电子竞技商业模式》，武汉大学出版社2019年版，第59页。

〔3〕　参见张莹："主题产业导向下的特色小城镇规划建设——以忠县电竞小镇为例"，载《持续发展 理性规划——2017中国城市规划年会论文集（19小城镇规划）》，广东东莞，2017年11月18日。

推进运动休闲特色小镇健康发展的通知》（2018）第 3 项要求"以打造完整体育产业链条为目标，聚集体育产业高端要素，培育体育产业集群"，而电竞小镇可以为电竞产业链上的多个环节提供政策支持，从而在其空间范围内形成电竞产业园、产业集群等完整样态，电竞小镇本身即可看作是城市电竞产业园/产业集群相关结构的独立、扩大化展现。以电竞产业为特色或主导的小镇，能够通过整体规划使各个产业环节在本地集中分布，从而提升效率并形成合力，使之不仅担负起本地经济发展引擎的角色，而且具有电竞行业的吸引力，即进一步吸引业内的企业、人才、资金以及赛事、研发、教育、赞助等向本地集中，如2016 年《住房城乡建设部、国家发展改革委、财政部关于开展特色小镇培育工作的通知》第 2 项第 1 条所要求的"产业向做特、做精、做强发展"，"产业发展环境良好，产业、投资、人才、服务等要素集聚度较高"。就此而言，"电子竞技产业的进一步发展必须要有一个特定的物理空间来承载和背书，空间过于零散不利于管理和资源优化。"[1]

（2）以电竞产业为核心实现关联产业的融合发展。2018 年《体育总局办公厅关于推进运动休闲特色小镇健康发展的通知》第 3 项要求持续培育"体育+旅游""体育+文化""体育+康养""体育+教育培训"等领域，形成以体育为核心内容，以吃住行、游购娱、运健学为综合服务的产业聚集区。比如，杭州电竞数娱小镇采用的是特色产业导入（吸引国内泛娱乐企业入驻或初创团队孵化）、特色产业开发（整合导入的泛娱乐产业，进行产业+会议、产业+培训、产业+娱乐的开发）、旅游项目开发（引进或打造顶尖赛事 IP，开发电竞文化旅游项目）、休闲商业聚集（餐饮、酒店等基础休闲商业形态集聚）、娱乐商业聚焦（娱乐、游乐等旅游配套商业地产）、居住地带开发（本地居民和度假游客居所开发）6 项开发措施。[2]以旅游产业为例，《国家旅游局、国家体育总局关于大力发展体育旅游的指导意见》（2016）明确指出："体育旅游是旅游产业和

―――――――――――

〔1〕 超竞教育、腾讯电竞主编：《电子竞技产业概论》，高等教育出版社 2019 年版，第 73 页。比如，太仓市天镜湖电竞小镇已建成天镜湖文化科技产业园、太仓大学科技园、太仓张江信息产业园、太仓传媒中心、国信金融大厦、淏华国际大厦六项产业载体，可供各类电竞相关企业入驻；并已建成技术、人才、投融资和服务平台，可为电竞企业提供节目录制与视频特效制作、网络云计算等技术服务、人才引进、产业基金、中介代理等产业配套服务，等等。参见王永康、王玲琳："太仓市天镜湖电子竞技小镇评价指标体系理论研究"，载《江苏科技信息》2017 年第 31 期，第 30 页。
〔2〕 参见夏清华主编：《电子竞技商业模式》，武汉大学出版社 2019 年版，第 60 页。

体育产业深度融合的新兴产业形态，是以体育运动为核心，以现场观赛、参与体验及参观游览为主要形式……向大众提供相关产品和服务的一系列经济活动"。目前，电竞小镇融合旅游产业主要表现为两种形态：一是突出并依托当地自然景观，如忠县东、西、北三面环江，"江、山、岛、岸、湾"五类地形特征齐备，而电竞小镇的设计即通过"引水、营岛、活湾、疏廊"等手法，将天子山生态绿廊、滨江电竞主题体验带、电竞湾、e游湾、中国风主题文旅湾等相融合，[1]形成小镇空间的特色塑造，从而使电竞爱好者不仅能观赛或参与，而且能获得自然景观的优良体验。二是新建或改造电竞特色景区，凸显小镇整体上的电竞氛围，使电竞爱好者在小镇内时时处处感受到电竞的存在。如忠县电竞小镇中的"街机写实电游风貌区"即是将实况足球、街头篮球、魂斗罗等街机游戏元素融入居住社区、绿地广场；"中国风电游风貌区"亦是将《三国志》《王者荣耀》等游戏场景融入景观、建筑和外部环境，等等。[2]

（3）通过关联产业补足电竞小镇基础经济[3]的短板。诚然，目前多位于二、三线城市或周边县城的电竞小镇难以在地理位置、交通便利性、人口密度、高校数量等条件上与一线城市争夺电竞资源，但首先，小镇的自然景观、地方特色等能够满足部分爱好者"电竞"之外的连带性需求，而这正是一线城市不具备的。其次，尽管小镇的人口基数及"电竞人口"较为有限，但可以通过赛事举办吸引外地爱好者进入小镇，从而获得大型综合赛事或单项热门赛事的举办权，或者争取主流竞技游戏的执行版权并独立招商、推广和组建比赛等，比如忠县对于 CMEL（全国移动电竞超级联赛）总决赛的举办、太仓市对于穿越火线职业联赛的主办权、银川市对于 WCA 的永久主办权，等等。再其次，电竞产业存在高度的互联网特征，使得相关企业落户小镇在降低成本的同时仍能拓展业务，比如通过优良的环境和安静的氛围吸引青训队入驻训练，通过低廉

---

〔1〕　参见张莹："主题产业导向下的特色小城镇规划建设——以忠县电竞小镇为例"，载《持续发展 理性规划——2017 中国城市规划年会论文集（19 小城镇规划）》，广东东莞，2017 年 11 月 18 日。

〔2〕　参见张莹："主题产业导向下的特色小城镇规划建设——以忠县电竞小镇为例"，载《持续发展 理性规划——2017 中国城市规划年会论文集（19 小城镇规划）》，广东东莞，2017 年 11 月 18 日。

〔3〕　忠县是以农林、矿产资源和材料加工等传统产业为主，存在工业经济总量小、主导产业缺乏上下游配套、科技产业基础薄弱以及投资结构失衡等问题。参见张莹："主题产业导向下的特色小城镇规划建设——以忠县电竞小镇为例"，载《持续发展 理性规划——2017 中国城市规划年会论文集（19 小城镇规划）》，广东东莞，2017 年 11 月 18 日。

的房租和物价吸引线上主播及所在团队入驻〔1〕等；而电竞产业链的正向发展也有助于提升当地的技术实力，并进一步尝试和探索软件研发这一核心环节。最后，当地政府的积极推动也会加快多产业融合发展的进程，如忠县于2019年与腾讯公司达成战略合作，围绕电子竞技体育运动、数字文化产业发展、周边游戏赛事打造等方面共同推进电竞发展，〔2〕等等。

二、电竞空间布局的中观维度：电竞场馆的复合式发展

空间布局的中观维度，是指一定区域内电竞场馆的建设、分布和使用等情况，这些场馆或者专门用于电竞赛事，或者用于电竞内容的展示和体验，或者可以用于包括电竞在内的多项事宜。质言之，电竞场馆等各类体育及综合性场馆是城市基础设施的组成部分，承载着城市建设和发展的基本功能；如《成都市体育条例》(2016)第27条第1款规定："本市应当建有与经济社会发展需求相适应、能够举办国际性体育比赛的大型综合体育场馆和单项赛事中心。"电竞场馆是电竞产业发展的"硬件"，其数量、功能和层次是衡量区域电竞资源的主要标志之一，如果某区域的电竞场馆无法承办并容纳高级别和多频次的赛事，线下的竞赛表演及关联产业就难以注入足够的活力。目前国内已有多个电竞场馆建成并投入使用，赛事馆包括北京市的中国电子竞技运动发展中心〔3〕、上海市的 VSPN 电竞中心〔4〕、天津市的联盟电竞〔5〕等；体验馆包括上海市的

---

〔1〕 "在上海郊区租一套能住下四五个主播的别墅，每月租金为2万元，同时还需要聘请生活阿姨为主播做饭，平均每个主播生活成本在每月1万元左右。""而在太仓，电竞小镇为其提供的独栋小楼在近3年内完全免费，如果主播每个月流水同样按照5万元计算的话，情久公会能在主播身上获得5000元以上的收益。""现在我们每个月月流水达到600万元，利润更是远超过当初在上海的收益。"参见覃澈："太仓电竞小镇样本：核心赛事稀缺，电竞产业掘金不易"，载 https://tech.qq.com/a/20171114/005227.htm，最后访问日期：2022年3月28日。

〔2〕 参见电竞世界："忠县举办 CMEL 的第三年，诞生了新的增长极"，载 https://www.sohu.com/a/363770188_385920，最后访问日期：2022年3月28日。

〔3〕 中国电子竞技运动发展中心成立于2004年12月，是经国家体育总局授权成立的电子竞技专业场馆，位于北京市长安街西端，建筑面积12 000平方米，现已举办过 CEG（全国电子竞技运动会）等重要赛事。

〔4〕 VSPN 电竞中心位于上海市灵石路，由赛事运营商 VSPN 打造，专注于 KPL（王者荣耀职业联赛）等移动电竞赛事，并规划了近10个演播室，配备了导播间、媒体区、贵宾室、化妆室等功能区域。

〔5〕 联盟电竞天津馆开业于2018年8月，由联盟电竞与中新天津生态城共同投资建设，设有电竞舞台、LED 大屏幕、直播系统和能容纳300余人的观众席，在外场区还设有大量娱乐及服务设施。

腾讯电竞 V-Station 体验馆[1]等。从中观维度着手空间布局的电竞场馆，其主要发展路径在于：

（1）开拓复合式的投资方式。由于电竞场馆的建设耗资巨大，往往不仅包括场馆本身的建设费用，还包括土地使用、商业迁移、道路和停车场等基础设施及其他相关费用，[2]无论是单独由政府出资还是单独由社会主体出资都可能"力有不逮"。就此而言，开拓多元化的投资渠道、探索复合型的产权结构即是更为合理的路径。根据产权主体的不同，电竞场馆可以分为公共场馆和社会场馆，前者主要由政府出资建设并取得产权，赛事主办方、执行方、俱乐部等与主管单位协商一致并支付租金即可获得场馆使用权，如作为 KPL 东部赛区场馆的上海静安体育中心体育馆、作为 WE 电子竞技俱乐部英雄联盟分部主场的西安广电大剧院等；后者主要由社会主体出资建设并取得产权，具有完全的经营自主权，既可作为赛事和训练场地，亦可作为体验和娱乐场所，如作为 LPL 常规赛上海举办地的正大广场、作为 JDG 俱乐部英雄联盟分部主场的北京拯救者JDG 电子竞技中心等。[3]而政府和社会主体共同出资、共享产权或者双方按投资额或合同约定来分配所有权、使用权和经营权比例，则能更为显著地降低单方主体的投资压力，特别是对于资金能力有限的主场俱乐部而言，参与场馆建设比单纯租赁场馆更有助于巩固其与主场城市的关联，并且有助于其参与门票、场馆冠名权、场馆内消费、场馆内广告赞助的销售或分成，从而摆脱对无形资产的依赖、降低财务风险[4]。

（2）探索复合式的运营理念。一方面，《国务院办公厅关于加快发展体育

---

〔1〕　腾讯电竞 V-Station 体验馆位于上海市浦东新区正大广场，是国内首个线下电竞潮流文化体验地，馆内设有"信念之路""天赋空间""热血赛场""荣誉之巅"和"再见主场"五大互动主题体验区，展陈面积 1300 平方米。

〔2〕　此外，其也存在着风险抵御能力弱等问题，当线下赛事不能举办或人员密集场所不能营业时即可能出现资源空置的情形。

〔3〕　参见超竞教育、腾讯电竞主编：《电子竞技产业概论》，高等教育出版社 2019 年版，第 74 页。

〔4〕　2020 年 3 月，黄浦区文化和旅游局与中电创智（上海）科技有限公司就有关促进区域电竞产业发展方面签署了合作协议。中电创智是中国电子与 RNG 俱乐部联合设立的电竞平台型企业，总部位于上海市黄浦区，而 RNG 的主场场馆是同样位于黄浦滨江的"外滩国际电竞文化中心"，其同步配套电竞特色展示馆、文化体验馆及商业设施，已成功承接了外滩大会、中国电子集团青年电竞大赛、爱奇艺随刻精彩大会等电竞与文旅活动。参见李菁："外滩国际电竞文化中心今日启用，将成为 RNG 俱乐部全新主场"，载 https://www.thepaper.cn/newsDetail_ forward_ 10291440，最后访问日期：2022 年 3 月 28 日。

竞赛表演产业的指导意见》第 3 项第 13 条要求"引导体育竞赛表演企业参与体育场馆运营，盘活场馆资源"，这意味着场馆运营的主体应当呈现复合式形态，特别是应当给予主场俱乐部更多的参与权和话语权，将其经营和发展需求纳入运营方案中。另一方面，《国务院关于加快发展体育产业促进体育消费的若干意见》第 2 项第 1 条要求"将赛事功能需要与赛后综合利用有机结合"，"增强大型体育场馆复合经营能力，拓展服务领域，延伸配套服务，实现最佳运营效益"，这意味着场馆利用的方式亦应呈现复合式形态。首先，对于新建的电竞场馆，建设时应当考虑多功能设计，使其在非比赛日或者休赛期亦可综合利用，如开放参观游览、举办电竞或其他主题会展、承办业余或民间电竞赛事及表演、承办各类演出及其他体育赛事等，从而使场馆能够持续性营利，实现资源的充分利用。其次，对于临时性电竞场馆，即当新建场馆条件尚不充分或者时间较为紧迫的情况下，可以利用区域内已有的非电竞场馆举办赛事，但这种临时性改造应当符合已有的电竞场馆规范标准，同时亦需及时做出规划，以确定由改造后的场馆长期承办赛事抑或新建专业电竞场馆。

（3）关联复合式的产业环节。《体育产业发展"十三五"规划》（2016）第 4 项第 3 条要求"充分盘活体育场馆资源"，"开展场地开放、健身服务、体育培训、竞赛表演、运动指导、健康管理等体育经营服务"，"发展体育商贸、体育会展、康体休闲、文化演艺、体育旅游等多元业态"，相关措施同样可以适用于电竞场馆。首先，电竞场馆可以和旅游产业形成互动。比如，2020 年秋上海市举办英雄联盟全球总决赛、和平精英国际冠军杯的同时，腾讯电竞 V-Station 体验馆正式开放，从而吸引了部分观赛人流入馆体验，形成"赛事场馆-电竞旅游-体验场馆"三者之间的联动。其次，电竞场馆可以和俱乐部、职业选手对接，以形成线下的直接互动。比如，在腾讯电竞 V-Station 体验馆开放期间，不仅有 AG、EDG、eStarPro 等电子竞技俱乐部率队探馆，而且有若风、李晓峰、微笑等知名选手现场参与，从而使电竞爱好者"通过积极的双向交流，体验到了电子竞技逐渐凝聚的圈层认同感"[1]。最后，电竞场馆可以与周边商圈联合打造电竞商业综合体，进一步提升商业价值。比如，联盟电竞天津馆即

---

[1] 腾讯电竞："电竞文化科普新地标，腾讯电竞 V-Station 体验馆 上海站圆满落幕"，载 https://mp. weixin. qq. com/s/Q3XeEtG0Qrug5gTlU-l3Lg，最后访问日期：2022 年 3 月 28 日。

设置了蹦床公园、攀爬架、跳舞机、投篮机及多人 VR 对战等项目[1]，使赛事观众能够便捷地获得更多类型的服务。

三、电竞空间布局的微观维度：电竞酒店的差异化发展

空间布局的微观维度，是指占地和规模最为有限的电竞酒店等设施在一定区域内的分布和经营等情况。由于其直接关联着广大电竞用户的游戏需要，并且使用频率普遍高于周期性或间隔性举办赛事的电竞场馆，是宏观维度下不可或缺的功能性场所；又由于其所占空间小、数量多、分布广泛，投资、选址、建设和经营等都较中观维度下的电竞场馆更具灵活性。智多云电竞酒店平台发布的《中国电竞酒店行业年度报告》显示，截至 2020 年 11 月，全国共有专业电竞酒店 6863 家，并有增改电竞客房的传统酒店 4156 家；数量最多的前五个城市为郑州（421 家）、西安（348 家）、武汉（296 家）、长沙（187 家）和成都（179 家）；此外，哈尔滨（94 家）、洛阳（93 家）、西宁（92 家）等电竞产业尚不发达的地区，电竞酒店的数量远多于电竞场馆；而电竞产业发达的上海（77 家）、广州（75 家）、北京（8 家）等一线城市[2]，电竞酒店却较为稀少。从微观维度着手空间布局的电竞酒店，其主要发展路径在于：

（1）以电竞用户为基准制定差异化的价格策略。在电竞消费者中，"电竞观众"主要由赛事场馆及直播平台满足其观赛需求，而"电竞用户"则要借助计算机/手机硬件、有线/无线网络及相对封闭的空间来参与电竞游戏，微观维度的电竞酒店直接针对的是电竞用户而非电竞观众。"电竞酒店顾客"和"电竞用户"存在较高的重合度：电竞用户中年龄为 18—30 岁者占比 83.3%[3]，电竞酒店顾客中年龄为 21—30 岁者占比 72.31%[4]，主体部分都是在校学生或职场新人，没有收入或者收入有限，这一方面决定了电竞酒店应当分布在其学习或工

---

［1］ 参见超竞教育、腾讯电竞主编：《电子竞技运动概论》，高等教育出版社 2019 年版，第 137—138 页。

［2］ 参见电竞世界："2020 年电竞酒店迎来新爆发，河南成为总数最多省份"，载 https://mp. weixin. qq. com/s/Dyf2JcSkXN4gKB5woxWz2A，最后访问日期：2022 年 3 月 28 日。

［3］ 参见艾瑞咨询："2020 年中国电竞行业研究报告"，载 https://www. iresearch. com. cn/Detail/report? id＝3573&isfree＝0，最后访问日期：2022 年 3 月 28 日。

［4］ 参见电竞世界："2020 年电竞酒店迎来新爆发，河南成为总数最多省份"，载 https://mp. weixin. qq. com/s/Dyf2JcSkXN4gKB5woxWz2A，最后访问日期：2022 年 3 月 28 日。

作场所附近，即主要集中在大学周边、公寓聚集地和商业区等〔1〕；另一方面也决定了其主流价格区间：国内电竞酒店的平均价格为 3 人间 355 元、4 人间 437 元、5 人间 527 元〔2〕，尽管单间房间价格较高，但人均仅在 110 元左右，相比网咖和传统酒店较具性价比，且大体对应电竞用户的消费能力。然而，由于电竞酒店存在成本高、价格固定且投资回报周期长等问题〔3〕，部分经营者处于难以盈利的状态。对此，可以考虑在酒店内部采取差异化的价格策略，即根据房间层次来设定阶梯价格。原因在于，尽管电竞用户的年龄阶段较为集中，但不同用户的消费能力毕竟有所差别：由于学历较高且职业发展较为理想，在有经济来源的电竞用户中，月收入 5001 元—8000 元者占比 29.2%，8001 元以上者占比 47.7%，〔4〕这部分用户可能更看重房间的质量而非价格，〔5〕可以在同一酒店中设置面积、环境、装修、备品和硬件配置更为理想的房间来满足其消费需求并获取更高的收益。

（2）以顾客需求为基准实现差异化的功能设定。电竞酒店的核心功能在于"电竞+住宿"，这使其同时具备了传统酒店所欠缺的电竞功能和传统网咖所欠缺的住宿功能；而根据顾客多样性的需求〔6〕设定功能则是电竞酒店竞争和发

〔1〕 参见同程旅行："电竞酒店消费趋势报告"，载 https://www.meadin.com/219819.html，最后访问日期：2022 年 3 月 28 日。

〔2〕 参见电竞世界："2020 年电竞酒店迎来新爆发，河南成为总数最多省份"，载 https://mp.weixin.qq.com/s/Dyf2JcSkXN4gKB5woxWz2A，最后访问日期：2022 年 3 月 28 日。

〔3〕 "如果搭建拥有 65 间房的电竞酒店，装修费和前期加盟费一共需要 363 万元，投资回报期在 30 至 36 个月之间""后续高配置电竞设备的折旧率、电费较传统酒店高出四倍以上"，"除了重要节假日，电竞酒店的价格很难上涨。对于一般酒店来说，游客比例可能占 80%，但电竞酒店的本地住客却高至 60% 以上……一旦涨价很容易流失长期顾客。""难以上浮的低房价加上高投入，造成电竞酒店回本及盈利的周期漫长，投入产出比低。"参见锌刻度："井喷的电竞酒店，淘金者的黄粱一梦"，载 https://mp.weixin.qq.com/s/samcUcht97220VdCUTkFaw，最后访问日期：2022 年 3 月 28 日。

〔4〕 参见艾瑞咨询："2020 年中国电竞行业研究报告"，载 https://www.iresearch.com.cn/Detail/report?id=3573&isfree=0，最后访问日期：2022 年 3 月 28 日。

〔5〕 "大部分受访者能够接受电竞酒店比普通酒店价格高，其中近半数的受访者可以接受溢价 10% 左右。"参见同程旅行："电竞酒店消费趋势报告"，载 https://www.meadin.com/219819.html，最后访问日期：2022 年 3 月 28 日。

〔6〕 "在对'为何选择入住电竞酒店'的调查中，47.8% 的受访者为了'轰趴聚会组团开黑'，43.9% 则是'住宿为主游戏为辅'，'想有个私密空间不被打扰'有 36% 的受访者选择。"参见同程旅行："电竞酒店消费趋势报告"，载 https://www.meadin.com/219819.html，最后访问日期：2022 年 3 月 28 日。

展的重要事项。首先，在"电竞"功能层面，部分顾客需要专门且相对封闭的游戏空间，能够让其在一段时间内全心投入竞技游戏中，就此而言，高档次的硬件配置、流畅的网络环境是最为重要的元素，也是其有别于传统酒店的关键；同时，房型设置上，一方面，多数竞技游戏都是多人项目且须团队合作，因此2—5人间应为主流房型；另一方面则可根据竞技游戏的不同适配主题房型，如《绝地求生》适配3人间，《英雄联盟》适配5人间等，从而更为直接地应对顾客需求。其次，在"酒店"功能层面，亦有部分顾客是以住宿为主、电竞为辅，其对酒店的安全、安静、舒适、卫生、私密等有着更高的要求，这也是普通网咖所不具备的。以"安静"为例，如果房间隔音效果不好，那么相邻房间中复数玩家的游戏语音或键盘声音就会传递过来，不仅会影响游戏体验，而且会影响部分顾客的休息。就此而言，在硬件配置和网络状况大体相同的情况下，提升住宿环境和服务质量更有助于吸引顾客。最后，在"社交"功能层面，亦有部分顾客通过电竞酒店进行聚会，但同时入住的顾客中可能有人并不热衷于竞技游戏，从而需要酒店提供影片、投影仪、家用游戏机等其他娱乐工具；这些工具未必在每个房间配备，但在顾客需要时应能无偿或付费使用，或者在酒店内部专门开辟机麻区、PS区等，以满足多元化或者综合性的娱乐需要。

（3）以电竞产业为基石寻求差异化的竞争路线。笔者认为，电竞酒店和电竞产业在同一地区存在断层的原因在于，首先，电竞场馆往往在一定程度上具备或者涵盖了电竞酒店的功能，而产业发达地区数量较多的电竞场馆可以稀释对于电竞酒店的需求；其次，电竞酒店的主要服务对象是电竞用户，而电竞用户的规模和数量与当地电竞产业状况并不存在必然的正向关联；最后，与宏观和中观维度不同，电竞酒店更多是自生自发的，而非政府通过政策和资金引导支持建立的，产业发达地区政府很少会支持电竞酒店这一维度，而产业欠发达地区即便没有政府支持，电竞酒店亦可蓬勃发展。然而即便如此，电竞酒店毕竟是电竞产业空间布局的一个环节，其发展亦应与其他环节形成联动——"电竞行业中每个分支产业的发展其实都离不开整条产业链……电竞酒店同样需要与电竞赛事、活动进行联动。"[1]在产业发达地区，可以将电竞酒店布置在场馆之外、用户较为集中的位置，以避免酒店与场馆的功能重合，并方便本地用

---

〔1〕　锌刻度："井喷的电竞酒店，淘金者的黄粱一梦"，载 https://mp. weixin. qq. com/s/samcUcht 9722OVdCUTkFaw，最后访问日期：2022 年 3 月 28 日。

户入住消费；在产业欠发达地区，如若电竞酒店数量众多，则意味着当地电竞用户基础较好且氛围浓厚，可以考虑引入电竞产业的其他环节，如群众性赛事、中小型会展等，而有条件的电竞酒店也可与俱乐部或游戏厂商合作成立品牌连锁、在内部专门设置赛事空间等——拥有 220 多套客房的某电竞酒店"专门开辟了一处面积超 400 平方米，高约 6.5 米的电子竞技比赛厅，场内配备有赛事级别的电竞设备及专业的灯光音响设备，比赛厅周围还含有导播厅、化妆间、选手休息室等配套赛事功能区"[1]——大型电竞酒店亦可承载电竞场馆的部分功能。

第三节　电竞产业政策中的空间布局及联动措施

通过梳理各地方发布的 18 部电竞专项文件，我们将其中关于三层维度及相互联动的政策措施列举如下（见表 5-1）；由于微观维度的电竞酒店我们未能查找到直接规定，此处未做列举；而同属"微观"维度的电竞街区、商业周边等，我们将之合并到"联动措施"中加以列举。

表 5-1　电竞专项文件中关于空间布局及相互联动的政策措施

文件名称	宏观维度	中观维度	联动措施
《黑龙江省发展电子竞技产业三年专项行动计划（2018—2020 年)》(2018)		三、（三）2. 鼓励有条件的市地建设专业化的电子竞技训练基地、比赛场馆等设施。	
《关于推动北京游戏产业健康发展的若干意见》(2019)	一、（三）围绕建成"国际网络游戏之都"总目标……在北京建设全球领先的……电子竞技产业品牌中心。二、（七）鼓励……申请市级文化创意产业园		二、（十）鼓励创办具有北京特色的电竞全民赛、社区赛、校园赛、商圈赛等……营造浓郁的电竞文化氛围……举办北京国际电竞创新发展

[1] 中青在线："'电竞酒店'火了！客房统一高配电脑 开房只为玩游戏"，载 https://www.3dmgame.com/news/201903/3756578.html，最后访问日期：2022 年 3 月 28 日。

文件名称	宏观维度	中观维度	联动措施
	区，给予相应的资金支持和政策倾斜。 二、（十）围绕电竞赛事、电竞活动、电竞文创产品等打造主题园区，形成各具特色的电竞产业集聚空间。		大会。
《关于促进上海电子竞技产业健康发展的若干意见》（2019）	一、（二）开发一批……电竞产品，集聚一批……头部电竞企业和战队，举办一批……电竞顶级赛事，建成一批……电竞园区和……电竞场馆，培育一批……电竞高端人才……全面建成"全球电竞之都"。 7. 形成各具特色的电竞产业发展集聚区……为电竞产业发展提供更好服务。	8. 打造3—4个可承办国内外顶级电竞赛事的A类大型电竞场馆……改建或新建一批中小型专业电竞场馆。鼓励建设若干个电竞特色展示馆、文化体验馆和商业综合体。	
《关于促进上海动漫游戏产业发展的实施办法》（2018）	二、3. 鼓励在上海建设动漫游戏小镇及动漫游戏文化体验馆，按规划……提供建设用地保障……采取协议出让或"带产业项目"挂牌等方式供地。	二、2. 建设或改建可承办国际顶级电竞赛事的专业场馆1—2个，规划建设若干个特色体验馆。鼓励建设一批中小型专业电竞场馆，用于选手训练及一般性电竞赛事。	
《上海市静安区促进电竞产业发展的扶持政策（试行）》（2019）		三、（三）支持企业电竞场馆建设和运营，打造具有全球影响力的电竞赛事中心。 8. 建设或改建电竞赛事的专业场馆……	三、（一）3. 对入驻的电竞一线俱乐部……给予……补贴…… 三、（四）12. 对举办电竞赛事颁奖盛典、行业会展、论坛等重大活动的……给予……

续表

文件名称	宏观维度	中观维度	联动措施
		9. 对于每年举办电竞赛事 100 场次以上，且 50%以上场次达到一定规模的区内电竞场馆，按场馆租赁费用给予最高不超过 50%的补助，最高补助金额不超过 100 万元。	费用补贴……
上海市《静安区关于促进电竞产业发展的实施方案》（2020）	二、5. 以灵石路的产业集聚优势为出发点，形成"一圈多核"的整体空间布局结构，以"环上大国际影视园区"为核心圈层辐射发展……形成"北灵石、南新华"的产业布局……形成……重要载体引领、灵石路全线联动、区域协同发展的电竞产业发展格局。	二、8. 以静安体育中心为核心地标，建设以 VSPN 电竞中心、华丽达视听馆为代表的……综合性赛事场馆，形成多层次场馆集群。	二、3. 鼓励区域内商业和文化载体导入电竞体验馆、主题空间，提升电竞互动带来的体验感。二、9. 通过举办电竞峰会、电子竞技嘉年华等各项电竞活动，营造静安电竞氛围。
《上海市普陀区加快发展电竞产业实施意见（试行）》（2019）		二、（二）新建或改建电竞赛事的专业场馆的投资主体……给予一次性资助。对于每年举办电竞赛事 50 场次及以上的区内电竞场馆……对场馆运营方一次性可给予最高不超过 150 万元的资助。	
《广州市促进电竞产业发展三年行动方案（2019—2021年)》（2019）	一、开发一批……电竞游戏产品，培育和引进一批……电竞团队和电竞赛事……发展 3—5 个电竞综合产业园……	二、（六）建设国际一流的电竞赛事场馆……新建和改建电竞赛事场馆。（八）建设一批……	二、（八）因地制宜在部分街区、酒店、商业综合体区域打造有特色的新型电竞消费场所。

文件名称	宏观维度	中观维度	联动措施
	建成"全国电竞产业中心"。 二、（七）建设集电竞游戏产品研发、人才培训、赛事运营……功能于一体的电竞产业集聚区……文化产业园区发展政策支持电竞产业园区、集聚区等发展。	电竞特色展示馆、电竞体验馆和大型电竞商业综合体。 三、（十四）保障电竞产业用地……对电竞场馆建设纳入文化体育用地计划，加强规划引领……重点电竞产业项目纳入年度新型产业用地供应优先保障。加强电竞娱乐、电竞旅游等用地支持。	
广州市《花都区加快数字文化产业发展扶持办法（试行）》（2020）		二、11.（1）对在本区建设或改建电竞赛事的专业场馆……给予资助……（2）对每年举办电竞赛事50场次以上，且50%以上场次达到一定规模（赛事总奖金额超过100万元）的区内电竞场馆，按场馆租赁费用给予最高不超过50%的补助，最高补助金额不超过100万元。	二、13. 对入驻花都的电竞一线俱乐部……给予……补贴……
《广州市黄埔区广州开发区广州高新区促进电竞游戏产业发展若干措施》（2020）	二、（十）以广州人工智能与数字经济试验区鱼珠片区为核心，鼓励建设电竞研发、精品创作、赛事承办、电竞教育……产业园区……按……运营费用的50%给予补贴。	四、（十六）支持企业电竞场馆建设和运营，打造具有全国影响力的电竞赛事中心……给予……奖励。	四、（十七）对电竞俱乐部运营公司……给予一次性运营补贴。

文件名称	宏观维度	中观维度	联动措施
《佛山市南海区文化广电旅游体育局关于促进电竞产业发展的实施细则》（2021）	一、引进一批……电竞赛事；建设一批……电竞产业园区和……电竞赛事专业场馆；培育一批……电竞高端人才；开发一批……电竞产品；集聚一批……头部电竞企业和战队……成为粤港澳大湾区电竞产业集聚区域。	三、（四）1.对在南海区新建（改建）电竞赛事专业场馆……给予投资方一次性补助。	
《成都市人民政府办公厅关于推进"电竞+"产业发展的实施意见》（2020）	二、开发一批……电竞产品，建设一批……电竞场馆，布局一批……电竞特色街区……建设"电竞文化之都"。 三、（三）8.规划建设电竞研发、版权发售、赛事运营……产业园区，推动电竞相关产业集中、集聚、集群发展。	三、（三）7.建设2—3个能够承办国际顶级赛事的大型专业化电竞比赛场馆……投资、建设、运营开展常规训练和举办主场比赛需求的中型专业化电竞场馆……利用网吧、KTV、商务楼宇……建设一批满足民间电竞赛事需求的小型电竞场馆……给予场馆建设补助。	三、（一）2.支持高水平电竞职业俱乐部主场落户成都。 （四）12.支持在天府绿道、广场、公园、街区等公共空间融入电竞元素，促进电竞文化融入城市生活。在旅游景区内植入一批具有典型意义的电竞IP场景，积极举办电竞周、电竞展……电竞峰会、电竞嘉年华等活动。 （三）9.集结线下实景……周边产品零售、特色美食、主题酒吧等多种时尚业态……打造……地标性电竞街区。
《银川市人民政府关于促进电竞产业发展的实施意见》（2017）	一、推动电竞产业发展，构建"三个基地"，即：电竞产品研发基地、电竞赛事举办基地、电竞人才培育基地；打造"两个平台"，即：电竞产品交易发布平台、电竞产业服务平台。	三、（二）建设专业电竞赛事基地，用于电竞赛事举办、比赛试训。	

文件名称	宏观维度	中观维度	联动措施
《杭州市下城区人民政府关于打造电竞数娱小镇促进产业集聚发展的实施意见（试行）》（2018）		三、10. 对参与小镇内配套电竞场馆建设的投资主体……给予一次性补助……对于每年使用达 100 场次以上的小镇内电竞场馆……按市场标准租金给予最高不超过 50%的补助，最高补助金额不超过 100万元。	三、11. 对经核准新入驻的电竞一线俱乐部……三年内给予俱乐部入驻补贴。
《西安曲江新区关于支持电竞游戏产业发展的若干政策（试行）》（2018）			第 13 条 对……俱乐部……给予连续 3 年落户补贴。
重庆市《忠县人民政府办公室关于促进电竞产业发展的若干政策意见》（2017）			三、（三）15. 在电竞馆举办具有一定影响力的论坛、峰会、赛事等活动的……给予一定的场馆运行优惠。
福建省《平潭综合实验区关于加快推进电竞产业发展的实施意见》（2019）	二、（一）建设集主体展示区、赛事活动区、用户体验区、产品研发区、数据中心于一体的"四区一中心"综合电竞产业园。		三、（三）6. 不定期地举办电竞产业峰会、平潭电竞产业发展高峰论坛、海峡两岸电竞产业发展合作论坛等活动。 四、（五）对新入驻的电竞一线俱乐部……给予俱乐部入驻补贴。

文件名称	宏观维度	中观维度	联动措施
南京市《江宁开发区促进电子竞技产业加快发展的若干政策》（2020）		第 11 条 深入挖掘可利用土地和载体资源，支持专业电竞场馆建设……给予财政资助。	第 5 条 对入驻的知名电竞俱乐部、顶级俱乐部……给予……落户补贴。 第 9 条 举办电竞赛事颁奖典礼、行业会展、论坛等重大活动的企业或机构……给予……补贴。

一、宏观维度下的城市电竞产业措施

可以认为，一个城市只有从宏观维度对电竞产业进行了布局，才会有相应的电竞专项文件产生——这表明了城市政府对电竞产业的立场和整体态度。比如，成都市 2009 年举办 WCG 全球总决赛、2013 年举办 WCG 中国区决赛、2017 年与腾讯公司签订《腾讯智能产业、文创及电竞项目投资合作协议》、2018 年接受 OMG 俱乐部落户，[1] 而 2020 年则发布了上表中的《成都市人民政府办公厅关于推进"电竞+"产业发展的实施意见》，等等。上表所列文件中共有 10 部（占比 55.6%）通过专门条款对宏观布局进行了描述，具体而言：

（1）共有 5 部文件（占比 27.8%）规定了电竞产业建设的宏观目标，或者说设置了当地电竞产业在区域、全国乃至世界范围内的定位，包括佛山市文件的"粤港澳大湾区电竞产业集聚区域"、成都市文件的"电竞文化之都"、广州市文件的"全国电竞产业中心"、北京市文件的"国际网络游戏之都"和上海市文件的"全球电竞之都"。一方面，这类定位确立了简短而明确的发展目标；

---

〔1〕 参见戴焱淼：《电竞简史：从游戏到体育》，上海人民出版社 2019 年版，第 317—318 页。《2019 四川省电子竞技行业研究报告》显示，2019 年四川省电子竞技规模达 180 亿元，用户规模 4000 万人，近三年全省在电竞游戏研发、电竞赛事服务、电竞自媒体、电竞职能培训等电竞产业链相关领域工作过的从业者达 10 万人。《2019 成都市电子竞技产业行业报告》显示，成都涉及策划、美工、程序、实现、游戏软件运营等多方面工作的游戏研发公司合计 2474 家。参见黄彦韬："四川电竞规模 180 亿 成都研发全国第一"，载《金融投资报》2020 年 4 月 15 日，第 2 版。

另一方面，无论是"文化之都"还是"电竞之都"，都要求电竞产业整体上的高度发达，要求对于产业链中多数环节的综合性掌控。

（2）共有 8 部文件（占比 44.4%）列明了电竞产业链的主要环节或多数环节，如上海市、广州市、佛山市和成都市采用了相同的行文方式，并同时覆盖到产品、企业、俱乐部、赛事、园区、场馆和人才等；这也意味着，以城市为单位发展电竞产业，不能局限在赛事或场馆等某一个环节，而应实现企业、俱乐部、园区等在空间上的统筹搭配。比如，成都市文件不仅明确了产业核心的区位所在，而且将不同产业环节具体布置到了各个市辖区中[1]；上海市静安区文件不仅规定了"一圈多核"的整体结构，而且详细列举了新华园、珠江创意园等产业载体和 VSPN 电竞中心、华丽达视听馆等场馆载体，是目前最为细致的空间布局规定。

（3）共有 8 部文件（占比 44.4%）写入了电竞小镇和产业园区的相关内容。在电竞小镇方面，杭州市下城区和重庆市忠县文件本身即是来源于其作为电竞小镇的定位，而上海市文件中的"动漫游戏小镇"则能将电竞涵盖其中。在电竞产业园区方面，其之所以较为普遍地出现在大中城市的宏观布局中，乃是因为，产业园区能够实现产业链若干环节——如产品研发、版权发售、赛事运营、用户体验、数据中心等——在专属空间内的集中集聚发展，为各环节之间的互通互联缩小或消除空间障碍，其与电竞小镇的内部结构存在相通之处。比如，上海市静安区文件的"多层次场馆集群"包含了竞赛、视听、制播等各类电竞专业设施，将之集聚且整合在特定地点有助于形成标志性的电竞中心，既能为从业者提供便利，又能以鲜明的主题吸引电竞爱好者观赛或游览。此外，北京市文件的"电竞产业集聚空间"、上海市文件的"电竞产业发展集聚区"、成都市文件的"推动电竞相关产业集中、集聚、集群发展"等都表明了产业园区的功能所在。

（4）共有 5 部文件（占比 27.8%）写入了宏观维度的扶持措施，其覆盖面和涵摄范围超过中观维度及其他领域的专项措施。其中上海市文件规定了优良

---

〔1〕　成都市文件第 3 项第 6 点第 16 条中规定："以成都高新区为极核，重点发展电竞软件产品研发、游戏产品发行……以锦江区、青羊区……为中心，重点发展电竞文创、品牌赛事、直播转播……以龙泉驿区、新都区……为支撑，重点发展电竞教育培训、电竞场馆连锁运营……形成'一核一中心多点'的多层次特色化发展格局。"

的行政服务和较为核心的用地政策[1]、广州市文件规定了文化产业园区政策的一体适用、北京市文件规定了资金支持和政策倾斜，等等。我们认为，即便是在宏观维度上，也应采取"抽象和具体相结合"的规定方式，比如，佛山市文件第3项第1点中规定："进驻园区的电竞产业链企业经营性用房建筑总面积达到10000平方米，或……企业数量占园区企业数量50%或……营业收入占园区内企业营业总收入50%……一次性奖励100万元"，这不仅是适用于产业园区的整体性政策，而且为电竞从业者进驻本地提供了明确的参考和依据，具有一定的借鉴意义。

二、中观维度下的城市电竞产业措施

上表所列文件中共有14部（占比77.8%）通过专门条款对中观布局进行了规定，具体而言：

（1）共有3部文件（占比16.7%）规定了场馆分层，如上海市电竞文件将之分为大型电竞场馆（承办国内外顶级电竞赛事）、中小型专业电竞场馆（用于选手训练及一般性电竞赛事）、电竞特色展示馆和文化体验馆等；成都市文件将之分为大型专业化电竞比赛场馆（承办国际顶级赛事）、中型专业化电竞场馆（开展常规训练和举办主场比赛）和小型电竞场馆（民间电竞赛事），等等。我们认为，这类规定的合理性在于，城市电竞产业的发展并非仅需要"国际一流"（广州市文件）、"具有全国影响力"（广州市黄埔区文件）的场馆，中小型——特别是用于民间赛事——的场馆也能显著提升城市电竞氛围，并以此带动产业链其他环节的运转；或者说，赛事场馆的空间布局亦应呈现阶梯化格局。同时，共有5部文件（占比27.8%）规定了场馆类型，包括上海市、广州市、银川市和黑龙江省相关文件中的电竞特色展示馆、文化体验馆、选手训练基地

---

[1] 目前已有文件规定了体育场馆房产和土地方面的政策措施，可以在电竞场域参考适用，如《财政部、国家税务总局关于体育场馆房产税和城镇土地使用税政策的通知》（2015）第2项规定："经费自理事业单位、体育社会团体、体育基金会、体育类民办非企业单位拥有并运营管理的体育场馆……其用于体育活动的房产、土地，免征房产税和城镇土地使用税……"第3项规定："企业拥有并运营管理的大型体育场馆，其用于体育活动的房产、土地，减半征收房产税和城镇土地使用税。"《国务院办公厅关于促进全民健身和体育消费推动体育产业高质量发展的意见》（2019）第2项第5条中规定："体育场馆自用的房产和土地，可按规定享受有关房产税和城镇土地使用税优惠。"而在电竞场域，广州市文件规定了电竞产业的用地政策，即从用地计划、用地供应等方面提供保障，同时覆盖了电竞场馆及衍生的娱乐设施和旅游项目等，实现了"场馆"和"地产"的政策结合。

等。笔者认为，城市电竞产业的发展并非仅需要赛事场馆，承载其他功能的场馆和设施也是必要的；出于成本的考虑，如若展示馆、体验馆等能够合并至赛事场馆或能与之联结和邻近，则可建设综合性/多功能场馆或场馆集群，这也和前文所述的复合式运营理念相一致。

（2）共有 8 部文件（占比 44.4%）写入了资金支持，即对于新建或改建电竞场馆给予资助、奖励或补贴。由于电竞场馆的建设和运营确实有着较高的成本，如若没有政府的资金支持，部分场馆在运营初期可能会入不敷出：一个能够支持顶级俱乐部的场馆初次投入在 1000 万元左右，而每个月的维护也需要投入 100 万元左右。[1]相较之下，"LPL 主场门票价格大多数在 50 到 120 元之间……而以每个主场 500 个座位，每周打两场比赛，每场比赛上座率都达到90%的情况下，每周的门票也仅仅只有 8 到 10 万左右，每个月 30 到 40 万元的收入仅仅只能填满一部分成本。"[2]而资金支持则能大体"填满"另一部分成本，从而帮助电竞场馆平稳进入盈利阶段。问题在于，此处的场馆分层并未直接对应资金支持的额度——场馆部分的资金支持一般同时采用两个标准：一是按照项目总投资额的一定比例给予资助并设定上限，如广州市花都区资助 30%且不超过 500 万元；二是按照办赛场次和规模给予补助，如上海市静安区要求每年办赛 100 场次以上且 50%以上总奖金额超过 100 万元，而除上海市普陀区采取货币形式外，其余地区都是补助场馆租赁费用的一定比例并设定上限。笔者认为，对场馆建设和场馆办赛分别给予资助是较为合理的做法，前者有助于引导资金流向建设环节，后者则有助于充分利用已建成的场馆承办赛事，二者相结合能够为当地电竞赛事提供较为完整的基础设施支持；而后者采用租赁费用补贴的形式则能与前者统一以"实际支出"为基准实施资助，以免固定额度过分偏离实际支出。此外，银川市文件规定了"鼓励采用 PPP、股权投资等模式，吸引社会资本投入建设"等内容，通过多元渠道筹集场馆成本、引进社会资本进入电竞产业链符合"新业态"发展的通行规则，即"从国家制度层面引导资本合理分流，使产业链上的各个环节都充分享受到资本带来的推动力，并

---

〔1〕　电竞世界："制造风口：走入 2020 年的电竞狂潮"，载 https://mp. weixin. qq. com/s/XPlaQxo7 Fbpo-_ _ LdoUwHQ，最后访问日期：2022 年 3 月 28 日。

〔2〕　电竞世界："城市主场，联盟化的下一条道路？"载 https://mp. weixin. qq. com/s/CNGsGKpk7 qIYYc4piNmlOA，最后访问日期：2022 年 3 月 28 日。

积极向薄弱环节倾斜"[1]，这也和前文所述的复合式投资方式相一致。

（3）表5-1中并无文件写入审批与规范的相关措施。这类措施主要包括场馆建设的审批和建设标准的设定两个层面。在场馆建设的审批层面，尽管地方政府以电竞产业推动经济结构升级转型的初衷无可厚非，但由于涉及较大规模的财政支出，制定并实施相关的审批、财务、验收等规范也是防止盲目投资和恶意骗补的必要手段。对此，上海市普陀区文件第3项第1、3条规定由区文旅局"落实项目审核、跟踪、评估等工作"，区财政局"会同审计部门对专项资金的使用进行监督管理"，但这并不是专门针对场馆建设的，或者说目前各地方文件都未对其监管措施做出更为具体的规定。尽管《国务院办公厅关于创新管理优化服务培育壮大经济发展新动能加快新旧动能接续转换的意见》第2项第5条要求"将优惠政策由备案管理和事前审批，逐渐向加强事中事后监管转变，提高中小企业优惠政策获得感"，但笔者认为，为了降低财政资金的风险，对于场馆建设仍然应当进行实质性的事前审查，而非单纯地依靠难以挽回损失的事中事后监管。在场馆建设标准层面，电竞场馆亦需制定严格的建设标准，使其不仅能在建成后举办相应规模的赛事，而且能确保观众、选手等场馆内人员的安全。目前，《电子竞技场馆建设标准》（T/CSVA 0101-2017）和《电子竞技场馆运营服务规范》（T/IASAC 001-2018）两项国家标准已经颁布实施，其中详细规定了电竞场馆的分级依据与标准、各个功能分区和用房的规格、比赛用机等附属设施设备的配置等；而上海市《电竞场馆建设规范》（T/SGCA000001-2019）和《电竞场馆运营服务规范》在国家标准的基础上进行了细化，并已有东方体育中心（A类）、主场ESP电竞文化体验中心（B类）、上海静安量子光电竞中心（C类）等11家场馆获评首批电竞场馆。[2]然而，尽管上述标准在"开放要求"一节中写入了有关消防安全及疏散设施的内容，但尚未规定针对电竞器材和陈设等差异化措施；《国务院办公厅关于促进全民健身和体育消费推动体育产业高质量发展的意见》（2019）第4项第16条要求"建立体育场馆安保等级评价制度。制定相关安保标准，分级分类明确体育赛事安全设施和安保

---

〔1〕 游继之、布特："我国电子竞技产业链发展现状及前景研究"，载《吉林体育学院学报》2018年第3期，第61页。

〔2〕 参见腾讯电竞："上海市首批电竞场馆授证仪式顺利举行，11家场馆获评等级认证"，载ht-tps://www.sohu.com/a/417799392_120754697，最后访问日期：2022年3月28日。

人员装备配备要求"，而其亦应逐渐纳入电竞场馆〔1〕的建设规范中。

三、三重维度下城市电竞产业的联动措施

电竞产业发展中的联动措施是指能在宏观、中观和微观三重维度之间设置关联并实现相互促进的各种方式和手段，或者说，其可以同时调动或协同三重维度下的空间设施。上表所列文件中共有 12 部（占比 66.7%）规定了各种类型的联动措施。需要提及的是，有的文件同时覆盖了宏观维度、中观维度和联动措施三个层面，而有的文件仅涉及其中一个层面；笔者认为，覆盖面广的文件更能显示当地电竞政策的全面性，而宏观和中观的措施也能为后续的联动提供必要的基础。具体而言：

（1）共有 7 部文件（占比 38.9%）规定了各种形式的会议、论坛等活动，其中产业峰会（"北京国际电竞创新发展大会"）、行业论坛（"平潭电竞产业发展高峰论坛""海峡两岸电竞产业发展合作论坛"）等主要参与人员是电竞从业者，而电竞嘉年华、电竞周、电竞展等主要参与人员则是电竞爱好者。这些活动之所以能联动三重维度，是因为在宏观维度上，电竞会议、论坛、嘉年华等如果能由当地企业承办并得到政府支持，既可表明电竞产业在当地的重视程度，亦可促进各地方的产业交流，或者宣传当地的电竞政策并吸引企业入驻；在中观维度上，这些活动可以直接使用并对外展示当地的电竞场馆，从而为提升场馆利用率开辟外部渠道，即如忠县文件所规定的在电竞馆举办具有一定影响力的论坛、峰会、赛事等活动。在微观维度上，嘉年华和会展等可以吸引大量电竞爱好者参与，从而提升电竞酒店及商圈的经营状况。需要提及的是，表5-1 中有 3 部文件进一步规定了活动举办的资金支持，其中上海市静安区和南京市江宁区是按活动费用给予 50% 的补贴且每年限额 50 万元；重庆市忠县则是按国际级和国家级的不同收取 50% 和 70% 的场馆租赁费用——由于场馆费用并非活动举办的唯一费用，加之场馆若非政府所有则无收取"租赁"费用之余地，在地方财政相对充裕的前提下，静安区和江宁区的扶持措施更具可行性。

---

〔1〕 微观维度的电竞酒店也存在类似问题："电竞酒店……房间和公共区域内的娱乐设施要符合国家有关安全管理规定。由于它属于新兴起的酒店服务业态，尚缺乏具体标准来约束和规范其发展。"参见赵晓："电竞酒店悄然火热 中国青年开辟社交新领地"，载 https://baijiahao.baidu.com/s？id＝1627496139390813071&wfr＝spider&for＝pc，最后访问日期：2022 年 3 月 28 日。

（2）共有 8 部文件（占比 44.4%）规定了俱乐部入驻或运营的扶持措施。俱乐部入驻——特别是一线俱乐部主场落地——对于当地电竞产业的发展具有举足轻重的作用：在宏观维度上，知名俱乐部可以成为当地电竞产业的标志，并为围绕赛事和俱乐部的节目制作、新闻传播、周边销售等环节注入活力、扩大影响；在中观维度上，很多俱乐部需要新建或改建专属于自身的标准化赛事场馆，同时需要符合软硬件条件的训练基地和设施；在微观维度上，知名俱乐部会吸引支持者前来观赛或参观游览以利于酒店和商圈等——俱乐部主场能够为电竞产业聚集地提供明晰的引线和贯穿始终的推动力。然而，俱乐部主场同样有着较高的成本，想要开启主场，一次性投入的运营费用就在 2000 万元到 3000 万元，此后每年都需要投入千万级的运营费用。RNG 俱乐部在北京时期的主场费用即达到了每月 120 万元，[1]如若俱乐部的盈利能力不足，则有可能为降低成本而更换主场。[2]对此，表 5-1 中有 7 部文件明确规定了相关的资金支持，在写入俱乐部条款的文件中占比 85.7%，充分显示了各地方对于引进和扶持俱乐部的重视程度——俱乐部联动电竞产业空间布局的能力使其获得了相较其他环节更为重要的地位。其中上海市静安区和广州市花都区补贴 50% 的战队培训费用且每年限额 50 万元；广州市黄埔区等地补贴 30% 的实际运营费用且每年限额 100 万元；而杭州市下城区、南京市江宁区、西安市曲江新区和福建省平潭综合实验区给予的皆为入驻补贴，即按俱乐部层级或排名给予 100 万元、200 万元/100 万元、500 万元/100 万元、500 万元/300 万元/100 万元补贴。笔者认为，培训费用可以包含在运营费用中，其在性质上独立于入驻补贴；如若某地方俱乐部数量较少或者缺乏一线俱乐部，可以采用入住补贴和运营补贴并行的模式，前者用以吸引俱乐部入驻，后者则用以降低运营成本，最终使其确立稳固的主场并进一步发挥联动功能。

（3）共有 4 部文件（占比 22.2%）规定了民间赛事、商圈和公共空间的相关措施。首先，包括校园赛、社区赛等在内的民间赛事，既可以在中小型电竞场馆举办，又可以在大型电竞酒店举办，同时有助于竞技游戏的宣传和推广，

---

[1] 参见电竞世界："城市主场，联盟化的下一条道路？"载 https://mp.weixin.qq.com/s/CNGsGKpk7qIYYc4piNmlOA，最后访问日期：2022 年 3 月 28 日。

[2] 参见郑超前："员工解散、资金吃紧，RNG 电竞俱乐部告别北京主场"，载 https://new.qq.com/omn/20200106/20200106A0PSIS00.html? pc，最后访问日期：2022 年 3 月 28 日。

借此进一步增加用户和观众。其次，以电竞为主题规划商圈，如广州市文件规定的新型电竞消费场所，既可以指电竞酒店，也可以指网咖等电竞相关设施，还可以指餐饮、住宿和其他休闲娱乐场所；而成都市文件则直接规定了周边产品零售、特色美食、主题酒吧等多种时尚业态。电竞主题商圈旨在围绕电竞场馆形成商业区，吸引电竞爱好者在现场观赛或线下参与之余进行消费，从而借助电竞的热度带动商圈发展、活跃地区经济，即将电竞的流量扩展至其他商业领域中，与国务院《新业态意见》第 3 项第 11 条中"规划建设新型消费网络节点"，"着力建设辐射带动能力强、资源整合有优势的区域消费中心"等要求相一致。仅就电竞酒店而言，虽然其自身也具有商品销售业务[1]，但尚不足以满足部分顾客的需要，这为其与关联产业在微观领域的互动创造了条件。最后，将电竞元素融入更为广阔的城市公共空间，如成都市文件规定的天府绿道、广场、公园、街区等，促进电竞文化融入城市生活，从而在整体上塑造电竞之都的城市形象。上述各项规定的共同之处在于有助于提升城市电竞氛围，甚至将电竞作为城市的主题和标志；但与前述的会议、论坛、俱乐部入驻等不同，此处并未规定相应的资金支持，这一方面是因为部分公共设施和旅游景区等本就由政府主导，无需额外提供资金；另一方面则是因为街区、商圈等与电竞酒店相似，通过民间自发的形式即可充分填补。此外，亦有部分地方采取了政策文件之外的联动措施，如海南省允许用户通过电竞、棋牌等游戏获得"椰子积分"，用于兑换酒店、门票、购物等各种优惠，[2]这不仅能借助线上的竞技游戏连通线下的电竞酒店以吸引电竞用户，而且能连通赛事门票以吸引电竞观众，并将电竞与旅游绑定在一起，是为联动电竞产业多层维度的有效措施。《国务院办公厅关于加快发展体育竞赛表演产业的指导意见》要求"坚持因地制宜"，"推动不同地区体育竞赛表演产业多样化、差异化发展，形成优势互补、相互协调的联动发展格局"；在此基础上，各地方应当根据自身情况进一步探索行之有效的空间布局及联动措施，通过与从业主体的共同努力来推动电竞及关联产业的蓬勃发展。

---

[1]　在电竞酒店的商品销售中，饮料、零食、香烟、酒分列前四位，顾客的单次平均商品消费为 34. 46 元。参见电竞世界："2020 年电竞酒店迎来新爆发，河南成为总数最多省份"，载 https：//mp. weix-in. qq. com/s/Dyf2JcSkXN4gKB5woxWz2A，最后访问日期：2022 年 3 月 28 日。

[2]　参见电竞世界："海南成立电竞省队：不爱做电竞的文创不是好旅游大省"，载 https：//mp. weixin. qq. com/s/R6hJUdl6BZd2URw34edewA，最后访问日期：2022 年 3 月 28 日。

第六章　电竞场域中假赛惩处的机制建构

<hr/>

　　继电子竞技成为 2018 年雅加达亚运会表演项目后，2020 年 12 月，第 38 届亚奥理事会批准电子竞技成为 2022 年杭州亚运会正式项目；而作为"智力项目"的电子竞技，不仅赛事数量和规模逐年增加，而且综合影响力和关注度也已接近传统体育赛事[1]。然而，电竞场域中以假赛为代表的违规行为亦因高额收益、难以查证等因素频频发生，不仅违背了公平公正的竞技精神、影响了爱好者的观赛体验，而且损害了电子竞技的整体形象。《竞技体育"十三五"规划》（2016）第 4 项第 10 条明确要求"完善赛风赛纪……监督检查机制和惩罚机制，加大对弄虚作假、徇私舞弊……违规违纪行为的检查处罚力度"，而电竞场域亦应贯彻有违规必有处罚的原则[2]，在对假赛等施以惩戒的同时树立良好的竞赛风气。但由于电子竞技在设备载体、操作模式和版权归属等方面与传统体育/竞技项目有着较为明显的区别，其监管主体亦呈现出多元分立的局面；而在系统梳理不同主体及所对应的处罚权限、依据和措施等的基础上构建周延的电竞假赛惩处机制，即是本章的主旨。

<hr/>

　　〔1〕　艾瑞咨询发布的《2020 年中国电竞商业化研究报告》显示，在新浪微博热度上，LPL 相关话题总阅读量 310.9 亿、总讨论量 2461 万，英雄联盟 S9 话题总阅读量 105.8 亿、总讨论量 372.3 万；NBA 话题总阅读量 395.3 亿、总讨论量 1503.2 万，NBA 总决赛话题总阅读量 130.9 亿、总讨论量 528.5 万。在观赛人次上，2019LPL 赛事总观赛人次 200 亿、最高观赛人次（2019 英雄联盟全球总决赛）4400 万；2019 中超赛事总观赛人次 15.99 亿、最高观赛人次（第 23 轮国安 vs 恒大）3231.07 万。参见艾瑞咨询："2020 年中国电竞商业化研究报告"，载 http://report.iresearch.cn/report/202008/3640.shtml，最后访问日期：2022 年 3 月 28 日。

　　〔2〕　"纪律处罚程序在体育法中占据着一个重要的位置……违规行为在被证实之后，应当施加适当的处罚，除非我们准备冒着忍受……欺骗与不公平的体育优势的风险。"参见 ［英］米歇尔·贝洛夫、蒂姆·克尔、玛丽·德米特里：《体育法》，郭树理译，武汉大学出版社 2008 年版，第 183 页。

176

第一节 电竞假赛的界定、成因与相关案例

一、电竞假赛的基本定位

假赛，也称虚假比赛、串通比赛，是一种较早出现于传统体育/竞技项目中的违规行为；《体育赛事活动管理办法》（2020）第 44 条将"假球、黑哨、赌球、兴奋剂"并列为典型的体育赛事违规行为；《中国篮球协会纪律准则和处罚规定》（2018）亦在第 34 条专门规定了"虚假比赛（赌球、假球）"的处罚措施。而在电竞场域中，假赛则有着更为详细的界定：《腾讯 2018 电子竞技运动标准》5.1.1.1 描述了四种"合谋"行为，包括"不在游戏中伤害或阻止对手"，"有意在某局游戏中失利，或是唆使其他选手如此行动"，以及"事先安排分割奖金和/或任何其他形式的报酬"等[1]；《2021 赛季 英雄联盟职业联赛比赛规则》11.1.1.1 进一步提炼了假赛的定义："涉及假赛 任何队伍及其成员不得基于为本人或他人获取不正当利益之目的，直接或间接（包括但不限于：提出、同意、谋划、唆使或者尝试等）参与任何可能改变比赛进程、结果，以及全面或部分改变比赛不确定性的行为……"

从构成上说，电竞假赛与传统体育/竞技项目中的"操纵比赛"具有重合之处。欧洲理事会《反对操纵体育比赛公约》（2014）将操纵体育比赛定义为"为自己或他人谋取不当利益故意谋划、作为或不作为，以不正当地改变体育比赛的进程或结果，部分或全部消除体育比赛的不确定性"，其不仅涵盖了体育组织内部人员实施的直接影响体育比赛进程或结果的行为，还涵盖了为赌博获利等非法目的而贿买、胁迫运动员等间接影响体育比赛进程或结果的行为。[2]相较而言，①电竞假赛同样不是某个选手、教练及赛事管理人员能够独自完成的，而需要各方的串通或共谋；如一方内部多个选手的串通、对战双方多个选手的

---

〔1〕《腾讯 2018 电子竞技运动标准》5.2.15 和 5.2.17 直接使用了"假赛"字样，即 5.2.15："礼物 任何队伍成员均不得接受礼物、礼金或者报酬以换取与比赛竞技有关的承诺和要求，目的在于……放弃比赛或是假赛。"5.2.17："假赛 任何队伍成员不得提出、同意、谋划或者尝试以任何法律或此份规则禁止的手段影响游戏或者比赛结果的行为。"

〔2〕 参见陈艳、王霁霞："德国操纵体育比赛刑法规制研究"，载《西安体育学院学报》2020 年第 6 期，第 664 页。

串通，以及场外的发起人或组织人与选手的串通等。这一情形使得一起电竞假赛事件的发生往往会牵涉若干操纵者、联系人和执行人[1]。②电竞假赛可以操纵的不仅是比赛结果，而且包括比赛过程中的各种重要环节乃至相关数据，如《英雄联盟》中的一血、一塔、一龙、击杀数、经济值、比赛时间等，2018年"DOTA2 十杀假赛事件"[2]即是较为典型的案例；由于这些事项易于操作且难于发现，不仅使得电竞假赛复杂化，而且为相应的监管增加了难度。

从本质上说，电竞假赛同样是消抹了比赛结果或过程中的不确定性[3]，将参赛者之间以获胜为目标的对抗和比拼转化成了事先策划的"戏剧"或"演出"。对于选手而言，其违背了体育诚信原则，无法体现出坚韧、顽强、奋进等体育精神，甚至已经不能称其为"竞技"；对于观众而言，则是一种欺骗或欺诈，当其支付金钱和时间却不能获得相应对价时，即会显著降低观赛意愿甚至失去对电竞的信任，就此而言，电竞假赛增加的是违规者的利益，损害的却是电竞产业——包括举办方、赞助方、版权方、传播方乃至周边各方——的整体利益。有鉴于此，体育和电竞的多项法律或规则都在倡导公平竞赛、禁止弄虚作假，如《体育法》第 51 条第 1、2 款规定："体育赛事实行公平竞争的原则……组织者和运动员、教练员、裁判员……不得弄虚作假、营私舞弊。"《电子竞技赛事管理暂行规定》第 18 条规定："电子竞技赛事遵循公平竞争的原则……严禁……弄虚作假、徇私舞弊……"《腾讯 2018 电子竞技运动标准》5.1.1.2 规定："任何队伍都应在游戏中时刻秉承良好的体育精神，尽全力参与比赛，始终保持诚实，并保证公平游戏的原则不被破坏……"等等。

二、电竞假赛的发生机理

在引发电竞假赛的若干因素中，最重要的无疑是博彩，甚至可以说假赛和

---

〔1〕 相关案例可见玩家电竞团："condi 假赛语音被曝光，爆料者竟是幕后庄家？"载 https://baijiahao. baidu. com/s? id=1662218742097903763&wfr=spider&for=pc，最后访问日期：2022 年 3 月 28 日。

〔2〕 参见 17173："假赛最惨只是禁赛？韩国选手吃 18 个月牢饭"，载 https://m. sohu. com/a/228182178_ 362130/，最后访问日期：2022 年 3 月 28 日。

〔3〕 "竞技体育的最大魅力在于其比赛的不确定性，即比赛的过程与结果在发生之前具有完全的未知性……比赛不确定性的存在与否，为其是否受到操纵与支配进行判定的最为核心要素"。参见张于杰圣："法学视阈下对操纵比赛的认定——从职业足球切入"，载《吉林体育学院学报》2020 年第 4 期，第10 页。

博彩是相伴而生的——电竞比赛具有不确定性，电竞博彩也因此具有不确定性；若要通过消抹博彩中的不确定性而从中获利，就需要通过假赛来消抹比赛中的不确定性。因此，体育法律规范虽然较少提及"假赛"，但频频提及"赌博"。比如，《体育法》第51条第3款规定："严禁任何组织和个人利用体育赛事从事赌博活动。"《黑龙江省体育发展条例》（2020）第34条、《贵州省体育条例》（2017）第36条、《内蒙古自治区体育竞赛管理办法》（2012）第26条、《苏州市体育经营活动管理条例》（2016）第6条、《无锡市体育经营活动管理条例》（2016）第14条、《西安市体育经营活动管理条例》（2020）第12条、《电子竞技赛事管理暂行规定》第18条皆禁止利用赛事进行赌博活动。同时，电竞规则一般采取的是假赛和赌博双重禁止的模式，如《腾讯2018电子竞技运动标准》5.3规定："任何队伍成员以及赛事官方人员都不得直接或间接地参与任何与赛事结果有关的投注与赌博。"《2020年KPL王者荣耀职业联赛秋季赛赛事规则》4.2.16、《2021赛季 英雄联盟职业联赛比赛规则》11.3也规定了类似的内容。

相较而言，电竞博彩的特殊性表现在：①随着电竞产业的高速发展，世界范围内电竞博彩市场也呈快速增长趋势，特别是近几年由于一些不可抗因素，足球、篮球等传统体育赛事停摆，相应项目中的博彩资金部分涌入电竞场域，致使投注金额逐渐堆高，并在2020年达到200亿美元[1]。②电竞博彩的项目更为复杂多样，除传统体育赛事中的胜负、比分等，前文述及的各种重要环节乃至相关数据皆可投注；并且由于电子竞技不依赖于实体场馆，电竞博彩也并非仅存在于正规赛事，高水平主播参与的直播赛事[2]、职业选手的排位赛等亦可成为博彩对象。这一方面使得电竞博彩在时间上呈现长期化和持续化特征，常规赛、国内赛、世界赛乃至没有正规赛事时皆可运转；另一方面也使其在项目上呈现分散化和分级化特征，不同类型的博彩项目对应着差异化的投注金额和投注方法。③目前国内并没有电竞博彩的合法渠道，或者说并没有像体育彩票那样用以释放博彩需求的"电竞彩票"。在博彩合法化的前提下，监管主体可以通过严格的管控切断博彩和假赛的关联，并将部分博彩收益投入职业赛事发展；但在欠缺合法渠道

---

〔1〕 参见读娱："疫情之下，'菠菜'肆虐：电竞毒瘤为何割不掉？"载 https://baijiahao.baidu.com/s?id=1664683669809125047&wfr=spider&for=pc，最后访问日期：2022年3月28日。

〔2〕 参见差评君："打假赛，下博彩……'游戏演员'们一盘游戏就能赚几千块"，载 https://hot.cnbeta.com/articles/game/1070823.htm，最后访问日期：2022年3月28日。

的前提下，电竞博彩只能隐蔽进行，监管主体难以通过常规手段审查并制止其与假赛的关联。在这个意义上，假赛和博彩尽管具有较强的关联，但二者毕竟分属不同事物，体育博彩在某些国家是合法的[1]，但假赛在任何国家皆为非法——博彩必须在杜绝假赛的前提下进行。而在现阶段合法的电竞彩票项目尚未建立之时，通过构建并完善惩处机制有效制止假赛和博彩，即是唯一可供选择的路径。

然而，博彩的存在并非假赛发生的唯一机理，下列因素必须同时具备才能将之转化为现实：①参与人能获取高额收益。尽管此处的参与人包括职业选手、教练、裁判等多方主体，但最为核心的仍然是职业选手——若无选手执行，假赛即不可能实现；而此处的"高额收益"是指参与一次假赛或连续参与多次假赛所能获取的报酬远高于其工资收入和赛事奖金。就此而言，假赛发生的频率会随着赛事层级的升高而降低，如国内职业联赛的冠军争夺、世界性的 S 赛、TI 赛等很少有假赛发生，因为这类赛事能为俱乐部带来更高的有形和无形收益，并为选手的职业发展奠定更为坚实的基础。②选手职业前景黯淡。作为电竞赛事中最为严重的违规行为，参与假赛对于任何选手都有着较高的风险，其面临的通常是长期禁赛乃至职业生涯的终结；因此，顶级选手和多数潜力选手一般不愿承受此种风险，而职业发展出现坎坷或自认为前景黯淡者则有可能为高额收益甘冒风险。③假赛行为难以查证。相较传统体育/竞技项目，电竞选手的操作非常细微和繁复，普通观众往往难以察觉选手因假赛而引起的操作变化，即便有所察觉，选手也可用状态欠佳、操作失误等理由辩解，而监管主体也难以举证证明选手失误具有主观故意，特别是"一血""一塔""一龙"等过程性项目几乎没有取证的空间——目前已经查实的假赛事件很少是通过选手操作认定的。而这一情形又间接降低了参与假赛的风险，使得电竞场域中的假赛更为多见，也更加难以根治。

---

〔1〕"全球范围来看，成功的职业体育赛事，都和博彩公关有关，从英超到西甲、从 NBA 到 F1 等等，各大博彩公司都是最重要的赞助商。"参见读娱："疫情之下，'菠菜'肆虐：电竞毒瘤为何割不掉？"载 https://baijiahao.baidu.com/s？id＝1664683669809125047&wfr＝spider&for＝pc，最后访问日期：2022 年 3 月 28 日。"目前美国有超过 15 个州允许某种形式的合法体育博彩存在，而科罗拉多州于 5 月 1 日放开的体育博彩业务中，拥有了全美最自由的电竞博彩规则。""美国内华达州的监管机构已经放开了13 个不同的电竞联盟和锦标赛的投注限制。"参见电竞世界："中国'菠菜'外销韩国 电竞菠菜忧虑重重"，载 https://www.163.com/dy/article/FTIP7NOQ0526GKPV.html，最后访问日期：2022 年 3 月 28 日。

三、电竞假赛的相关案例

为进一步考察电竞场域中的假赛惩处情况，我们选取了当前主流竞技游戏中较具影响力的假赛案例，列举了相应的处罚主体、处罚事由和处罚结果等（见表6-1），并将在后文展开分析。

表6-1　典型电竞假赛案例及惩处情况列举

竞技游戏	编号	时间	处罚主体	处罚事由	处罚依据	处罚结果
《英雄联盟》	01	2019.04	LMS职业联赛主办单位Garena	2019 LMS春季常规赛期间涉及场外博弈并以非常规游戏行为影响比赛	《英雄联盟》职业联赛全球罚则索引"尝试影响比赛结果"，"不在场上时，在职业或次级职业比赛下注"两项。	DG经营者胡伟杰永久不得经营全球英雄联盟职业、业余赛事战队；DG被LMS永久除名；禁止刘洋（18个赛季月份）、李鑫宇、范江鹏（12个赛季月份）参加全球英雄联盟职业、业余赛事[1]。
	02	2019.04	英雄联盟职业赛事纪律管理团队	2019 LDL春季赛常规赛期间存在影响公平竞技、以规则禁止手段影响游戏或者比赛结果等违规行为	《2019赛季英雄联盟发展联赛比赛正式规则》第11.1.1、11.2.17、12.1、13.1条。	对RWS战队任捷等4位选手予以禁赛18个比赛月；对教练叶胜燎和经理李凯豪予以官方警告[2]。
	03	2019.06	英雄联盟职业赛事纪律管理团队	2019 LPL比赛期间存在参与、提供信息和协助他人实行影响公平竞技、以规则禁	《2019赛季英雄联盟职业联赛比赛正式规则》《2019赛季英雄联盟发展联赛比赛	对LGD战队选手向人杰予以禁赛18个比赛月；对经理宋子洋予以终生全球禁赛且不得参与英雄联盟职业联赛和发展联赛的一切事务；对预

〔1〕　米瑟："《LOL》LMS赛区公布处罚DG战队菠菜打假赛被除名"，载 https://m.3dmgame.com/ol/mip/esports/11290.html，最后访问日期：2022年3月28日。

〔2〕　英雄联盟赛事："关于对英雄联盟发展联赛RWS战队教练、经理和部分选手的处罚决定"，载 https://weibo.com/ttarticle/p/show? id=2309404366438558213257#_ loginLayer_ 1612685265800，最后访问日期：2022年3月28日。

续表

竞技游戏	编号	时间	处罚主体	处罚事由	处罚依据	处罚结果
				止手段影响游戏或者比赛结果等违规行为	正式规则》第11.1.1、11.2.17、12.1、13.1条。	备队伍选手伏鼎源予以禁赛10个比赛月；对预备队伍教练团唐圣予以禁赛10个比赛月〔1〕。
	04		RW俱乐部	2020春季赛期间存在严重违纪及违规行为		解除与王湘的《选手服务协议》并移交LPL联盟处理〔2〕。
	05		英雄联盟职业赛事纪律管理团队	存在影响比赛公平性的行为并从中获取不正当利益、参与非法组织的赛事投注	《2020赛季英雄联盟职业联赛比赛规则》第11.3、11.2.17条。	对RW战队选手王湘予以禁赛24个自然月，期间不可在直播平台进行任何英雄联盟相关直播；对RW俱乐部予以书面严重警告、罚款300万元〔3〕。
	06		英雄联盟职业赛事纪律管理团队	2020 LDL春季赛期间存在影响比赛公平性的行为并从中获取不正当利益、参与非法组织的赛事投注	《2020英雄联盟发展联赛比赛规则》第11.2.17、11.3条。	对WZ战队选手田迈予以禁赛38个月，对李全球予以禁赛14个月，期间不可在直播平台进行任何英雄联盟相关直播〔4〕。对YM战队前教练周星辰予以禁赛32个月，期间不可在直播平台进行任何英雄联盟相关直播，不得以任何身份参与全球任何地区由腾讯、Riot Games及/或腾竞举办的职业及半职业比赛〔5〕。

〔1〕 英雄联盟赛事："关于对LGD及其预备队伍部分成员的处罚决定"，载https://www.vpgame.com/news/article/246492，最后访问日期：2022年3月28日。

〔2〕 电子竞技："Weiyan的不眠夜后，太阳照常升起"，载https://www.sohu.com/a/383446658_272501，最后访问日期：2022年3月28日。

〔3〕 英雄联盟赛事官方："对于WeiYan事件的第一阶段调查结果和处罚决定"，载http://lol.qq.com/news/detail_m.html? docid=5874047652135384142，最后访问日期：2022年3月28日。

〔4〕 英雄联盟赛事公告："关于田迈、李全球选手参与假赌赛的处罚公告"，载http://lol.qq.com/news/detail.shtml? docid=1367807035165784379，最后访问日期：2022年3月28日。

〔5〕 英雄联盟赛事公告："关于周星辰教练参与假赌赛的处罚公告"，载http://lol.qq.com/news/detail.shtml? docid=14727261183899754601，最后访问日期：2022年3月28日。

续表

竞技游戏	编号	时间	处罚主体	处罚事由	处罚依据	处罚结果
《DOTA2》	07	2018.03	DPL 赛事组委会	消极比赛		对 ROCK.Y 俱乐部、Ulrica 俱乐部、范天佑等 5 位选手予以永久禁止参加 DPL 和 Mars 旗下所有赛事；对李春波等 5 位选手予以两年内禁止参加上述赛事[1]。
	08	2020.05	中国 DOTA2 职业俱乐部联盟 CDA	参与不正当竞赛并从中获利；俱乐部经营管理不善		取消 Newbee 俱乐部 DOTA2 分部 DPL-CDA 参赛资格和 CDA 联盟成员资格；对领队封亦卿予以 CDA 联盟拒绝录用的处罚；对徐瀚等 5 名队员予以终身禁赛[2]。
	09	2021.01	完美世界电竞、Valve			对 Newbee 俱乐部及徐瀚等 5 位选手予以永久禁赛，严禁参加 Valve 及完美世界主办的 DOTA2 官方赛事[3]。
	10	2021.01	完美世界电竞、Valve			对 Avengerls 战队及成子航等 4 位选手予以永久禁赛[4]。

---

〔1〕 "DPL 赛事组委会关于 ROCK.Y 与 Ulrica 消极比赛处罚决定"，载 https://www.sohu.com/a/226566691_739756，最后访问日期：2022 年 3 月 28 日。

〔2〕 "《DOTA2》假赛被曝 Newbee 战队遭禁赛、踢出 CDA"，载 https://www.sohu.com/a/395442218_120099877，最后访问日期：2022 年 3 月 28 日。

〔3〕 "关于永久禁赛 Moogy、Aq、Wizard、Waixi、Faith 的公告说明"，载 https://www.dota2.com.cn/article/details/20210103/219091.html，最后访问日期：2022 年 3 月 28 日。

〔4〕 "关于永久禁赛 Avengerls 战队及选手的公告说明"，载 https://www.dota2.com.cn/article/details8/20210104/219111.html，最后访问日期：2022 年 3 月 28 日。

竞技游戏	编号	时间	处罚主体	处罚事由	处罚依据	处罚结果
《CS：GO》	11	2016.01	Valve	涉及假赛，参与博彩		对 iBUYPOWER 战队 cud 等 7 位选手予以永久禁止参加 Valve、CEVO、ESEA、DreamHack、FACEIT 等赞助或主办的赛事〔1〕。

通过表 6-1 可以看出，对于电竞场域中的假赛行为，不同竞技游戏对应着不同的处罚主体，同一竞技游戏也可能出现不同的处罚主体，而不同处罚主体所能采取的处罚措施亦有所不同。这不仅意味着电竞场域中监管主体呈多元化态势，而且意味着监管主体与处罚措施存在对应关系。贝洛夫教授指出，"在纪律处罚程序中被指控的人或者俱乐部，自然必须与该行使纪律处罚权限的机构之间存在事先的法律联系。"〔2〕我们可以根据处罚权基础将电竞场域中的规则执行大致分为"政府监管-行业自律-内部章程"三个层面，并进一步划分为实然和应然两类监管主体，其中实然主体是指现阶段实际执行假赛惩处的俱乐部、游戏厂商或其主导的联盟，应然主体则是指现阶段尚未执行但有理由或有必要介入执行的电竞协会和国家机关。

第二节　电竞假赛惩处的实然主体之一：俱乐部的初步罚则

一、作为假赛惩处主体的电竞俱乐部

一般而言，职业体育俱乐部是指"由职业运动员组成，并且有资格参加职业运动竞赛的体育俱乐部"〔3〕；而职业电子竞技俱乐部则是指"具有企业法人资格的、拥有由职业电子竞技选手组成的、有资格参加国内外各项职业电子竞

---

〔1〕　"CS：GO 史上争议最大的判决：iBUYPOWER 假赛风波"，载 https：//www.vpgame.com/news/article/173489，最后访问日期：2022 年 3 月 28 日。

〔2〕　[英] 米歇尔·贝洛夫、蒂姆·克尔、玛丽·德米特里：《体育法》，郭树理译，武汉大学出版社 2008 年版，第 184 页。

〔3〕　王勇：《体育俱乐部经营管理实践》，中国经济出版社 2015 年版，第 4 页。

技大赛的职业运动队的体育俱乐部"[1]。目前电竞俱乐部一般采取公司制结构，在性质上属于企业法人且能独立承担民事责任，其基本目的是通过参与高水平电竞赛事而实现利润最大化。根据这一定位，在假赛惩处过程中：①电竞俱乐部不能如行政机关和事业单位等公权力组织那样，依据通行的法律规范对所属人员施以"行政处分"，俱乐部的惩处不具有公权属性。②俱乐部只能依据与所属人员的合同或者合同所援引的俱乐部章程等对其施加惩处，由于这种合同——无论是"综合性经纪合同"[2]还是"服务合同"[3]——属于民事性质而非行政协议，其所能追究的通常仅为违约责任。③俱乐部在因假赛而惩处所属人员时并不会获得经济利益，因此可以视为一种自律行为[4]，但这仅限于所属人员参与假赛时未经俱乐部允许，而不能是俱乐部的整体行为——表6-1中01、05、07、08、09、10号案例皆为俱乐部整体遭受处罚的情形。这也意味着，俱乐部对于假赛的惩处只是"初步的"而非最终的，在俱乐部整体参与假赛或怠于履行内部监管职责时只能由上位主体施加惩处。

二、电竞俱乐部的对位罚则

电竞俱乐部所能采取的罚则主要取决于与所属人员签订的合同。一般而言，选手合同不仅包括训练、参赛、薪酬等事务性条款，而且包括纪律与处罚的相关条款——"为了维护联盟、项目、俱乐部的最大利益，运动员合同都对运动员良好行为和纪律处罚进行规定，以约束运动员行为"[5]；而这类条款的设定又包含三种情况：①将纪律和处罚的具体内容详细写入合同文本，"如禁止接受贿赂、操纵比赛、下注比赛、滥用药物等"，使得"纪律处罚及其正当程序

---

〔1〕　张轩、巩晓亮主编：《电子竞技新论》，电子工业出版社2019年版，第14页。

〔2〕　参见康乐："为何电竞俱乐部偏爱与选手签订经纪合同而不是劳动合同？"载 https://baijiahao. baidu. com/s？id=1631654376869570960&wfr=spider&for=pc，最后访问日期：2022年3月28日。

〔3〕　参见吴明："电竞俱乐部与电竞选手的合同类型之争"，载 https://www.sohu.com/a/336805638_ 120051855，最后访问日期：2022年3月28日。

〔4〕　目前部分选手的假赛行为是其所在俱乐部主动向联盟申报的，如2021年2月周杨博（FPX. Bo）选手涉嫌假赛即是FPX俱乐部主动申报的。参见英雄联盟赛事官方："关于周杨博选手（ID：FPX. Bo）的调查声明"，载 http://lol. qq. com/news/detail. shtml？docid=984245751923138681，最后访问日期：2022年3月28日。

〔5〕　周爱光主编：《体育法学概论》，高等教育出版社2015年版，第198页。

的规定是运动员合同的重要内容之一"。[1]此种模式尽管能使合同内容详尽具体、便于执行，但也会使文本信息过于繁杂，并且可能滞后于游戏厂商/联盟纪律规则的变化。②在合同中援用俱乐部章程的纪律和处罚规定。随着时间的推移，俱乐部内部的管理愈发严格和规范，其也越来越多地通过统一章程来对不同分部的职业选手和相关人员设定纪律和处罚。[2]援用章程可以大幅减少单一人员的合同文本量，并且当游戏厂商/联盟的纪律规则发生变化时，可以通过修改统一章程来代替全员合同的更改。③在合同中认可游戏厂商/联盟纪律规则的上位权限。通常而言，游戏厂商/联盟设定的规则能够约束俱乐部及所属人员，或者说，由于前者有着上位于后者的处罚权，为避免对违规行为认定的不一致，后者不能减少或弱化前者的纪律规定。在这个意义上，尽管多数游戏厂商/联盟尚未发布标准的格式合同，但仍可以通过将自身的纪律规则内化于俱乐部合同来约束职业选手和相关人员。[3]

仅就假赛而言，俱乐部是且应当是对参与人员实施惩处的首要主体或第一个环节，这不仅是因为其对所属人员有着更为直接的监管责任、调查取证也更为便捷，而且因为其需要展现对于假赛的立场和态度。表6-1中只有04号案例是俱乐部作为假赛惩处主体的情形，其时间点是在联盟惩处结果公布之前，虽然在处罚理由中并未直接写明假赛及博彩，但处罚类型是解除选手合同。从理论上说，作为合同一方的选手对合同所规定或援引的包括假赛在内的纪律规则的违反，属于对合同核心条款的违反，而俱乐部单方解除合同则是选手承担合同责任的一种方式。尽管俱乐部基于合同所能采取的处罚措施包括降低薪酬、限制参赛等多种，但由于假赛的严重性质以及游戏厂商/联盟普遍采取的禁赛罚则，涉事选手几乎无法继续履行与俱乐部的合同义务，加之假赛对于涉事选手

[1] 周爱光主编：《体育法学概论》，高等教育出版社2015年版，第199页。

[2] 在韩国，多数电竞俱乐部内部都有着较为完整的规章制度，对所属人员的行为进行严格管控，并有专人负责执行和监督。除假赛外，私自经营网店、从事工作室代练等行为都是明令禁止的；如韩国原Team Dark战队队长Dopa因从事代练和消极比赛，被禁止参加国内一切职业比赛。参见直尚电竞主编：《电子竞技产业生态》，高等教育出版社2018年版，第124页。

[3] "这种遵守由上而下更高级别规则的合同义务链条"保证了联盟的权威，并为"俱乐部级别的体育决策自治划定了疆域"。"一个运动员或者教练员可能必须接受某一个体育机构的纪律处罚管辖权，尽管他或她与该体育机构之间并没有合同关系，通过⋯⋯该运动员对俱乐部承担合同义务接受该体育机构的纪律处罚管辖权，该机构或许可以行使管辖权。"参见［英］米歇尔·贝洛夫、蒂姆·克尔、玛丽·德米特里：《体育法》，郭树理译，武汉大学出版社2008年版，第29页。

声誉上的严重影响，使得单方解除合同成了俱乐部最为首要的处罚措施。需要说明的是，此处的罚则之所以是"初步"的，不仅是因为其是以游戏厂商/联盟罚则为背景衍生出来的，而且是因为如若允许涉事选手更换俱乐部继续参赛，则会显著削弱假赛惩处的力度。

第三节　电竞假赛惩处的实然主体之二：游戏厂商/联盟的核心罚则

一、作为假赛惩处主体的游戏厂商/联盟

在当前的电竞假赛监管中，游戏厂商或其主导的联盟是最为核心的主体，其所做出的处罚通常也是最终裁决；而电竞场域中的联盟与传统体育/竞技项目有着较为明显的区别。一般而言，"职业联盟是俱乐部自发成立的用以约束各俱乐部行为，并进行合作生产的利益共同体。"[1]"联盟最大的作用就是通过制定共同遵守的规章制度协调、约束并解决成员间的竞争，保障联赛市场的稳定发展"，[2]其中不仅包括经营管理机制、监督约束机制、纠纷解决机制，而且包括赛事规则、转会制度和利润分配制度等。《体育法》第112条规定，竞技体育中的违规行为"由体育组织按照有关规定给予处理"，而联盟符合其所要求的主体资格。在电竞场域中，尽管有论者将联盟划分为三种类型，即游戏厂商建立的联盟、政府扶持建立的联盟和俱乐部自发组成的联盟[3]，但我国目前并没有如韩国职业电子竞技协会（KeSPA）那样具有政府背景的联盟，民间自发的国内电竞行业统一联盟ACE（中国电子竞技俱乐部）联盟也已名存实亡；而正在运营的LPL联盟、KPL联盟、CF（穿越火线职业联赛）联盟、OWL（守望先锋职业联赛）联盟等都是游戏厂商建立的——"游戏厂商通过各种规则的设定达到监督俱乐部在合规的范围内管理经营"，从而"保证俱乐部在经营管理、参赛以及其他商业性活动中不会做出有损电子竞技项目和联赛声誉的行为"[4]。

电竞场域中的联盟最为核心的特殊之处即是其与游戏厂商的关联：①游戏

---

〔1〕　郑志强：《职业体育的组织形态与制度安排》，中国财政经济出版社2009年版，第30页。

〔2〕　魏荣："职业体育联盟效益维护与发展的因素分析"，载《西安体育学院学报》2018年第6期，第706页。

〔3〕　参见超竞教育、腾讯电竞主编：《电子竞技产业概论》，高等教育出版社2019年版，第61页。

〔4〕　超竞教育、腾讯电竞主编：《电子竞技产业概论》，高等教育出版社2019年版，第140页。

厂商享有竞技游戏的版权，竞技游戏是游戏厂商的创造物或所有物，游戏厂商掌握着对于竞技游戏最根本的控制权。相反，传统体育/竞技项目并没有版权归属，任何一个营利性公司都无法声称足球、篮球、游泳、跳水乃至围棋、象棋等归其所有并进行赛事授权。[1] 这就意味着，电竞场域中不仅存在着传统体育/竞技项目中所没有的版权方，而且其能够控制竞技游戏所衍生出的各类赛事活动——电竞赛事不可能不使用竞技游戏，若无版权方的授权，赛事一经举办即构成侵权；游戏厂商也因此取得了电竞场域中超越其他私人主体的地位。②在对应关系上，首先，传统体育/竞技项目中足球、篮球等分别只有一个项目，也分别对应一个联盟；乒乓球虽然下设男单、女单、男双、女双等若干小项，体操虽然下设鞍马、吊环、平衡木、自由操等若干小项，但二者同样分别对应乒联和体联一个联盟；相较而言，电子竞技虽然属于亚运会的"一个"项目，但由"多个"隶属于不同厂商且会随时间发生更替的竞技游戏组成，而竞技游戏和职业联盟又是一一对应的关系，简言之，电子竞技作为一个竞技项目却包含了多个彼此独立的职业联盟。其次，游戏厂商和联盟却不完全是一一对应的关系，某一游戏厂商既可能只有一款游戏，也可能有多款游戏成为主流竞技游戏，如拳头公司只有《英雄联盟》为主流竞技游戏，而 Valve 则有《DOTA2》《CS: GO》同为主流竞技游戏，等等。最后，联盟和俱乐部也不是一一对应的关系，一个综合型电竞俱乐部通常会设立不同分部分别参加相应竞技游戏及其联盟的赛事。上述情形使得，"游戏厂商-竞技游戏-职业联盟-电竞俱乐部"四者呈现出交错对应的局面（见图6-1）；如若一个游戏厂商拥有多个竞技游戏，即能主导多个联盟并关涉多个俱乐部。③因此，从法理上说，联盟的权限并不是来自各个俱乐部的授权，而是来自游戏厂商的授权；联盟实质上是游戏厂商主导的。比如，《腾讯2018电子竞技运动标准》即是作为游戏厂商的腾讯以自己的名义制定的，其能够约束旗下各款竞技游戏的赛事，而作为联盟规则的《2021赛季英雄联盟职业联赛比赛规则》《2020年KPL王者荣耀职业联赛秋季赛赛事规则》等皆未与《腾讯2018电子竞技运动标准》相抵触，甚至在2020年6月，

---

[1] "传统体育除个别项目之外，是属于全人类共同所有的文化财富，而电子竞技的游戏项目的解释权和举办权归属游戏厂商，具有一定排他性。也因此有人担心，当电子游戏厂商具有足够强大的话语权时，会利用自身的优势形成垄断，对电子竞技的运动属性构成伤害。"参见张轩、巩晓亮主编：《电子竞技新论》，电子工业出版社2019年版，第7页。

26 家俱乐部联合签署的《英雄联盟职业赛事自律公约》也是由腾讯公司主导的
〔1〕。就此而言，尽管游戏厂商和联盟有着各自的分工，但联盟不能违反游戏厂商设定的规则。

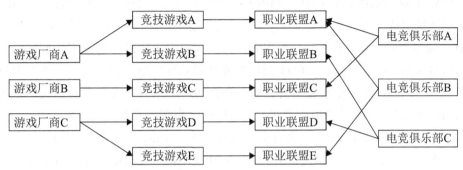

图 6-1　"游戏厂商–竞技游戏–职业联盟–电竞俱乐部" 对应关系示意

二、游戏厂商/联盟的对位罚则

第一，在处罚性质上，游戏厂商/联盟既不属于国家机关也不属于法律规范授权的协会，因此不能对俱乐部和选手实施"行政处罚"，联盟的惩处同样不具有公权属性——虽然其不同于合同上的违约责任，但仍然应当归属于私法范畴。

第二，在处罚主体上，通过表 6-1 可以看出，①由拳头公司开发的《英雄联盟》处罚主体多为"英雄联盟职业赛事纪律管理团队"，即处罚是以联盟的名义做出的；而由 Valve 公司开发的《DOTA2》和《CS：GO》处罚主体多为"Valve"，即处罚是以游戏厂商的名义做出的。②01 号案例中的处罚主体之所以是"LMS 职业联赛主办单位 Garena"，是因为 LMS 赛区（中国港澳台地区联赛，现已与 LST 合并为 PCS 赛区）并没有实现联盟化，在拳头公司通常不直接实施处罚的情况下，只能由授权的赛区运营商实施。③07 号案例中的处罚主体之所以是"DPL 赛事组委会"，是因为 DPL 赛事是由国家体育总局体育信息中心主办、完美世界官方合作、MarsTV 承办的〔2〕，尽管此时 Valve 仍可以自己

---

〔1〕　参见 "LPL 各方签署英雄联盟职业赛事自律公约"，载 http://www.xinhuanet.com/sports/2020-06/06/c_ 1126082511. htm，最后访问日期：2022 年 3 月 28 日。

〔2〕　参见直尚电竞主编：《电子竞技赛事管理》，高等教育出版社 2019 年版，第 8 页。

的名义实施处罚，但参照《体育赛事活动管理办法》（2020）第39条的规定，主办方和承办方应当加强赛风赛纪管理，确保体育赛事活动公平公正开展，即以赛事主办方的名义实施处罚亦无不可。④08号案例中的处罚主体"中国DOTA2职业俱乐部联盟CDA"情况较为特殊：成立于2020年3月的CDA由8家俱乐部组成（处罚后现存7家），本意是通过线上办赛弥补赛程空缺；[1]与ACE联盟类似，其并非游戏厂商主导而是民间自发组织的，因此对于假赛的处罚权也受到了明显限制——CDA只能对成员俱乐部实施处罚，对于违规选手只能在其所举办的比赛中实施禁赛，对于违规组织者也只能在其自身机构内拒绝录用；换言之，只要违规俱乐部和人员绕开CDA联盟，其参赛和就业即可不受限制。⑤09、10号案例都是"完美世界电竞"和"Valve"联合做出的，而完美世界电竞是《DOTA2》和《CS：GO》在中国大陆的独家运营商。由于性质上属于游戏"运营商"而非"开发商"，其所运营的游戏版权同样来自开发商的授权，加之并不像联盟那样具有部分相对独立的处罚权，通常不能在未经开发商许可的情况下单独实施处罚，其与开发商以共同名义实施处罚即是更为合理的选择。⑥还需注意的是，04和05号案例、08和09号案例都是不同监管主体对同一假赛事件的处罚；其中04号案例中RW俱乐部和08号案例中CDA联盟的处罚都可看作是初步的内部处罚，而05和09号案例则是游戏厂商/联盟做出的最终处罚。由此可见，一方面，俱乐部和民间联盟由于权限所限无法对违规者实施充分的惩戒，而游戏厂商/联盟则可通过更为严厉的措施进行补强；另一方面，亦可再次显示出游戏厂商在当前假赛监管主体中的主导地位。

第三，在处罚事项上，①尽管职业选手、领队、教练、经理等所对应的处罚事项略有差异，但在假赛行为上则基本相同。比如，《腾讯2018电子竞技运动标准》在第5章和第6章分别规定了"电竞赛事选手规则"和"电竞赛事教练规则"，其中又共同设置"竞技行为""不专业的行为""涉及赌博"三种类型并下设若干小项，但选手方5.2.17规定的"假赛"内容和教练方6.2.17规定的"假赛"内容是完全相同的，裁判方4.4规定的"赌博"内容和选手方5.3、教练方6.3规定的"赌博"内容也是完全相同的。②《2021赛季 英雄联盟职业联赛比赛规则》在11.5对俱乐部行为做出了规定，包括"如实陈述"

---

〔1〕 参见"DOTA2国内8大俱乐部联合创建CDA联盟"，载 http://dota2.17173.com/news/03192020/141023265.shtml，最后访问日期：2022年3月28日。

"配合官方联络""非官方活动行为""现场拍摄行为"等 8 种情形，其中 11.1.5.1 规定了俱乐部对其所属人员的管理与监督义务，并要求在发现违规行为后及时向 LPL 官方进行书面汇报和做出内部处罚，LPL 官方有权根据该事件的性质及后果严重程度等，对俱乐部做出相应处罚。这不仅将假赛监管的责任赋予了俱乐部，而且明示了联盟对于俱乐部的处罚权。③在表 6-1 所显示的处罚事由中，多数并未直接使用"假赛"一词，而是通过"以非常规游戏行为影响比赛"（01 号案例）、"以规则禁止手段影响游戏或者比赛结果"（02、03 号案例）等描述性语句加以定性；同时，其中多数也未直接使用"赌博"一词，而是通过"场外博弈"（01 号案例）、"获取不正当利益""参与非法组织的赛事投注"（05、06 号案例）等描述性语句加以定性；而在俱乐部方面，"经营管理不善"亦可成为其内部出现严重假赛行为时的处罚事由。④在表 6-1 所显示的处罚依据中，《英雄联盟》联赛又分为职业联赛（LPL）和发展联赛（LDL），并且每一赛季的赛事规则都会修订并重新发布，因此 02—06 号案例依据的都是当期的比赛规则并列明了具体条款。相较而言，在 Valve 发布的处罚公告中，通常仅载明处罚结果，而处罚事由则很少提及，处罚依据更是从未列明——无论是 Valve 本身还是《DOTA2》《CS：GO》，笔者都未能查找到成文的赛事规则，这显然会影响违规惩处过程的公正性和透明性。笔者认为，DPL 赛事机构或 CDA 联盟应当自行制定相关规则并取得 Valve 的认证，从而至少在中国内地为假赛惩处提供确切的依据。

第四，在处罚措施上，《腾讯 2018 电子竞技运动标准》5.5 共规定了 8 种类型，其中"罚款及/或没收奖金""禁赛""取消参赛资格"3 种较多适用于对假赛的惩处；在此基础上，《2021 赛季 英雄联盟职业联赛比赛规则》12.2 增加或细化了 4 种可适用于假赛的措施，即"禁止参加英雄联盟竞赛若干场、天、月、年"，"限制从事与英雄联盟竞赛相关的活动"，"收回奖项和/或取消评奖资格"和"终身禁赛"。在表 6-1 所显示的处罚结果中，①由于假赛是目前电竞场域中最为严重的违规行为，禁赛也是假赛惩处中最为常见的处罚措施——案例中除 04 号是俱乐部做出的，其余都实施了禁赛处罚。首先，游戏厂商不仅可以通过联盟禁止违规者参加其所举办的赛事，而且相较而言，足球、游泳等传统体育/竞技项目可以禁止违规者参赛，但不能禁止其以娱乐或健身为目的自行从事该项运动，而游戏厂商却能使违规者在不参赛时也无法使用其享有版权的竞技游戏，或者说从根源上禁止违规者使用游戏本体。在这个意义上，游戏厂商的处罚权限略高于传统体育联盟或协会。其次，禁赛可以分为阶段性禁赛和永久性禁赛，除03、07、08、09、10、11号案例采用的永久性禁赛外，阶段性禁赛中期限最短的是03号案例的10个比赛月，最长的是06号案例的38个自然月。问题在于，一方面，电竞选手的职业生涯通常非常短暂，两年左右的禁赛期过后往往已到了职业生涯的末期，很难再取得优异成绩；另一方面，即便禁赛期结束，目前也没有国内俱乐部接纳过有"假赛案底"的选手。最后，尽管部分案例没有明确说明，但游戏厂商实施的禁赛一般都是全球禁赛，因为其所享有的版权并不限于某一国家或地区，其可以禁止违规者参加世界范围内由其授权的所有赛事，这能有效防止违规者通过转移赛区的方式规避处罚。上述各种情形使得，假赛行为一经发现即可宣告违规者职业生涯的终结。②除禁赛外，假赛惩处的另一项重要措施是禁止违规者从事与竞技游戏相关的事务，如05号和06号案例中"不可在直播平台进行任何英雄联盟相关直播"、01号案例中"不得经营全球英雄联盟职业、业余赛事战队"、03号案例中"不得参与英雄联盟职业联赛和发展联赛的一切事务"等。一方面，对于直播的禁止是游戏厂商层面的，而对于经营战队、参与事务的禁止是联盟层面的，就前者而言，由于游戏厂商享有竞技游戏的版权，而直播过程又必然会使用游戏画面，游戏厂商可以实现对处于赛事和联盟之外的直播活动的禁止；另一方面，这类措施的作用在于避免违规者在退出职业赛事后仍以竞技游戏为业、从事相关的直播和经营管理等活动，从而进一步切断其与竞技游戏的关联。③警告和罚款等属于程度较轻的辅助性处罚措施，既可以单独使用，也可以和禁赛等措施合并使用；目前，警告既可以针对个人（02号案例）也可以针对单位（05号案例），而罚款则仅针对单位（05号案例）。综合上述情形可以认为，目前游戏厂商/联盟已经设立了比较全面的处罚措施，而更为严厉的行政和刑事处罚则不是其有权设定的。

第五，在处罚实效上，一方面，《腾讯2018电子竞技运动标准》5.2.9和《2021赛季 英雄联盟职业联赛比赛规则》11.2.5规定了一致的内容，即如果赛事官方人员联系一名队伍成员进行调查，那么这名成员有告知实情的义务。如果队伍成员隐瞒信息或者误导赛事官方人员以阻碍调查，那么这个队伍及/或队伍成员将会遭受惩罚。简言之，尽管不含公权属性，但游戏厂商/联盟对于违规行为的调查具有强制性，俱乐部及所属人员必须接受并配合调查。另一方面，在已经宣告的假赛惩处中，尚未有无法执行的情况发生；这也意味着，无论是基于游戏厂商/联盟日趋严格的查处力度，还是基于俱乐部的主动配合，假赛惩处在游戏厂商/联盟的框架内基本能够正常运转并发挥实际效力。

第四节　电竞假赛惩处的应然主体之一：进退两难的电竞协会

一、寻求上位监管主体的电竞假赛和博彩

尽管俱乐部和游戏厂商/联盟已经大体形成了系统性的假赛监管机制，但仍不断有声音呼吁上位的协会和国家机关进入电竞场域成为"实然"监管主体。究其原因在于，目前的监管机制尚不足以全面制止乃至杜绝假赛和博彩的发生：①部分游戏厂商怠于履行监管职责。例如，由于《DOTA2》国服高中段位天梯比赛中长期充斥着各种以博彩网站为 ID 的账号，2021 年 2 月，斗鱼平台主播 Zard 向工业和信息化部、国家互联网信息办公室等实名举报"完美世界纵容赌博网站在 DOTA2 中宣传"[1]。尽管《DOTA2》国服运营团队及时发布了《关于部分涉嫌天梯广告帐号封禁公告》[2]，并于 2 月 16 日至 2 月 26 日期间连续发布了 6 则涉嫌违规广告账号处理公示[3]，但每次封禁账号过少、封禁期限过短以及前期对于博彩的消极应对等仍为人所诟病。这一情形恰好处于当前假赛监管机制的盲区：一方面，由于多数博彩 ID 都不归属于职业选手，俱乐部和联盟并无监管资格；另一方面，由于博彩 ID 并非出现于官方举办的联赛或杯赛中，而是出现在以普通玩家为主体的天梯赛/积分赛/排位赛中，又由于多数竞技游戏本体是免费的，此时如果游戏厂商或运营商不作为或者消极作为，假赛

---

〔1〕　这些账号的目的是通过在比赛中排到主播并利用直播画面来增加博彩网站的曝光度，或者利用高分段账号在《DOTA2》首页区亮相来宣传 ID 中的博彩网站。参见店点："拿什么拯救你，被'菠菜'侵蚀的 DOTA2"，载 https://www.3dmgame.com/original/3742847.html，最后访问日期：2022 年 3 月 28 日。

〔2〕　参见 DOTA2 国服运营团队："关于部分涉嫌天梯广告帐号封禁公告"，载 https://www.dota2.com.cn/article/details/20210216/219731.html，最后访问日期：2022 年 3 月 28 日。

〔3〕　6 则涉嫌违规广告账号处理公示网址分别为：https://www.dota2.com.cn/article/details/20210216/219751.html；https://www.dota2.com.cn/article/details/20210217/219761.html；https://www.dota2.com.cn/article/details/20210219/219771.html；https://www.dota2.com.cn/article/details/20210220/219801.html；https://www.dota2.com.cn/article/details/20210222/219811.html；https://www.dota2.com.cn/article/details/20210226/219881.html，最后访问日期：2022 年 3 月 28 日。

和博彩就会进入无人过问的真空地带。②监管方式有限且处罚力度不足。俱乐部和游戏厂商/联盟并非公权主体，无法使用部分监管和处罚措施。在监管方式上，《DOTA2》主要通过匿名账号系统、敏感词，以及屏蔽昵称、发言、语音等来实现，但都被违规者以更改昵称、断线重连等方式破解[1]；同时，尽管部分竞技游戏开辟了举报渠道[2]，但不仅程序相对烦琐，而且将玩家置于假赛监管的前排亦有本末倒置之嫌。诚然，部分联盟正在优化监管方式，如"对选手的比赛习惯进行大数据分析……如发现与盘口走势雷同的比赛，便触发调查流程"[3]等，但这并不构成认定假赛的关键性证据；相反，违规者参与下注的账号及私人账户的资金流动情况虽然更具证明力，但俱乐部和游戏厂商/联盟显然无权直接调取。在处罚力度上，对于博彩 ID，由于其并不参加官方赛事，无法实施禁赛处罚；而所能实施的"封号处理"亦可以通过更换账号来绕开——即便注册账号需要实名认证，游戏厂商也无权向有关机关查证其身份信息。同时，赛事罚则中最为严厉的禁赛，也只是竞技游戏内部乃至行业内部的处罚——对于"竞技游戏内部"，违规者可以通过更换游戏来继续职业生涯[4]；而对于"行业内部"，由于其并非具有"普适性"的行政处罚和刑罚，无论违规行为有多严重，都不会影响违规者在电竞场域之外的择业情况。

二、电竞协会的"进退"及缘由

从"进"的角度看，很多论者主张成立全国统一的电竞协会以实施系统性

---

[1] 以至于"有一些网友反映，一些被 DOTA2 官方发公告封禁的账号，依旧还在游戏中活跃"。参见店点："拿什么拯救你，被'菠菜'侵蚀的 DOTA2"，载 https://www.3dmgame.com/original/3742847.html，最后访问日期：2022 年 3 月 28 日。

[2] 参见"关于部分涉嫌天梯广告帐号封禁公告"，载 https：//www.dota2.com.cn/article/details/20210216/219731.html，最后访问日期：2022 年 3 月 28 日。

[3] 薛天、郭方达、王恒志："假赛频发博彩横行 电竞行业监管短板亟待补齐"，载《经济参考报》2021 年 2 月 25 日，第 A08 版。

[4] 比如，因在《CS：GO》参与假赛而被永久禁赛的 Brax（11 号案例），以"首位职业选手"的身份参与了拳头公司《Valorant》的官方赛事；这一情形跨越了不同游戏厂商的不同竞技游戏，因此并未出现障碍。相反，"对于拳头来说，这位前 CS：GO 选手不光具备过人的天赋，在过去的职业和直播阶段还拥有一定的粉丝基础，或许是能够帮助 Valorant 迅速吸引到玩家、积累起观众的一条捷径。"参见曹珺萌："合规却冒险的违规选手再就业"，载 https://mp.weixin.qq.com/s/ZwEVwhd5KGbQuuksVKnNGg，最后访问日期：2022 年 3 月 28 日。

监管[1]，而现有的政策法规亦为之提供了初步支持，如《国务院关于加强和规范事中事后监管的指导意见》第5项第15条中规定："推动行业协会商会建立健全行业经营自律规范、自律公约和职业道德准则，规范会员行为。"《体育赛事活动管理办法》（2020）第36条中规定："体育协会应当……加强对会员组织举办的体育赛事活动的日常管理"，第38条中规定："出台本项目体育赛事活动组织的团体标准、奖惩措施、信用管理、反兴奋剂工作等规范"，等等。一般而言，我国各单项体育协会担负着相应竞技体育项目的具体管理工作，尽管其性质上属于全国性、行业性社会团体，但依据《体育法》第65条的授权取得了行政主体资格，能够以自己的名义实施包括行政处罚在内的行政行为，并独立承担法律责任；即如贝洛夫教授所言："体育管理组织被视为是私法主体，但是行使着准公法的功能"[2]。比如，《中国足球协会章程》（2019）第4条明确将"对违反国际足联、亚足联及本会的章程……以及有损于足球比赛的行为进行监管及处罚"纳入了"业务范围"，而《中国足球协会纪律准则》（2019）对违规行为及罚则做出了详细规定；再如，《中国篮球协会章程》（2020）第13条第12项明确将"针对有违国际篮联及本会的章程、规定，以及……弄虚作假、腐败、涉赌、涉毒、使用兴奋剂等行为……进行监管和处罚"纳入了"业务范围"，而《中国篮球协会纪律准则和处罚规定》也对违规行为及罚则做出了详细规定，等等。

从"退"的角度看，由于电竞场域的特殊性，全国统一的电竞协会其实难以发挥如足协、篮协一样的监管和处罚功能。

（1）尽管《体育法》第65条中规定："全国性单项体育协会……代表中国参加相应的国际单项体育组织"，但无论是国际还是国内，电竞场域都处于"协会林立"的状态（见表6-2），无法形成如"国际足联-亚足联-中国足协"

---

[1]　"为电竞产业建立官方的行业协会，制定完善并且为各方接受的行业准则，是促进我国电竞产业发展的当务之急。"参见金轲、王昕："大力发展文化产业的产业政策研究——以电竞产业为例"，载《经济研究参考》2017年第56期，第64页。"应该成立电竞行业协会，和电竞产业链上的每个环节保持互动联系，为从业者争取政策、营造环境、提供服务，从而加强行业引导和监管，增强公信力和执行力。"参见杨宇良："电竞那些事"，载《金融博览》2018年第12期，第77页。另可见超竞教育、腾讯电竞主编：《电子竞技产业概论》，高等教育出版社2019年版，第140页，等等。

[2]　[英]米歇尔·贝洛夫、蒂姆·克尔、玛丽·德米特里：《体育法》，郭树理译，武汉大学出版社2008年版，第19页。

这样的"单线"对应关系；[1]比如，IeSF（国际电子竞技联盟）的中方代表是国家体育总局直属的"体育信息中心"，GEF（国际电子竞技联合会）的中方代表是腾讯公司，而WESA（世界电子竞技协会）则并无中方代表；尽管GEF和全国电子竞技联席会议存在对接关系，但在电竞尚未"入奥"之际，二者亦未如传统体育协会那样具有处罚权。

表6-2　国际和国内电竞协会基本情况列举

	协会名称	成立时间	组织结构	主要职能
国际	国际电子竞技联盟（International e-Sports Federation，IeSF）	2008.11	总部位于韩国首尔，共有100个成员国及地区。	具有防止作弊、兴奋剂、假赛等监管职能，但并无处罚权和仲裁权。
	世界电子竞技协会（World Esports Association，WESA）	2016.05	欧洲电子竞技联盟（ESL）牵头成立，共有Fnatic、Natus Vincere等14家俱乐部。	具有假赛、博彩、兴奋剂等监管职能，并有处罚权和仲裁权。
	国际电子竞技联合会（Global Esports Federation，GEF）	2019.12	国际电子竞技单项组织，共有65个成员；内设教育、文化与慈善委员会，财务、法律与行政委员会，道德规范委员会等8个工作委员会。	建立、管理、控制和监督国际比赛，制定并执行道德行为准则。
国内	中国文化娱乐行业协会电子游戏竞技分会	2016.02		无监管和处罚权（《中国文化娱乐行业协会章程》第7条）。

───────────

[1]　电竞场域内尚不存在"国际单项体育联合会"这样具有统领性的国际组织，游戏厂商或其主导的联盟实质上代行了这类组织的主要职能。有关国际单项体育联合会的职责和权限，可见韩勇：《体育与法律——体育纠纷案例评析（二）》，人民体育出版社2017年版，第29页。

协会名称	成立时间	组织结构	主要职能
中国通信工业协会电子竞技分会	2017.08	内设标准化工作组、电竞培训工作组、产业研究智库工作组等5个工作组。	无监管和处罚权。
中国文化管理协会电子竞技管理委员会	2019.01		无监管和处罚权（《中国文化管理协会章程》第6条）。
中国互联网协会电子竞技工作委员会	2019.03		无监管和处罚权（《中国互联网协会章程》第7条）。
全国电子竞技联席会议	2020.08	全国体育运动学校联合会科技体育分会与中国文化管理协会电子竞技管理委员会联合发起成立。	构建电子竞技国家管理体系，全权负责对接国际电子竞技联合会等国际组织相关工作。

（2）电竞场域内之所以"协会林立"且能彼此独立、并行不悖，以及大多没有监管和处罚权（IeSF和GEF有监管权无处罚权；WESA虽有监管和处罚权，但仅限于会员俱乐部，类似于民间联盟），是因为无法绕开游戏厂商的版权。国际田径联合会、世界游泳联合会、国际举重联合会等之所以能够掌控相应项目的规则制定权和处罚权，是因为并没有拳头公司、Valve公司、暴雪公司等版权方与之分庭抗礼；相较之下，尽管国际和国内各个领域的协会都试图参与对电竞场域的管理，但都无法以自己的名义限制或消除游戏厂商对竞技游戏的控制；同时，即便国内电竞协会具有公权属性，也无法直接干预位于国外的游戏厂商，况且竞技游戏是多元的，游戏厂商位于美国、欧洲、韩国、中国、日本等多个国家——任何一个统一的电竞协会都难以统一掌控所有游戏厂商。此时，如果电竞协会的纪律规则与游戏厂商相冲突，或者其监管和处罚权能够覆盖或逾越游戏厂商，那么一旦游戏厂商撤销授权，该国的电竞赛事便难以为继。

（3）目前多数电竞协会行使的都是沟通、协调和服务等"辅助性"职能；其中，全国电子竞技联席会议、中国通信工业协会电子竞技分会和中国文化管理协会电子竞技管理委员会都将标准制定、教育和培训、对外交流、学术研究等纳入了"业务范围"。比如，2019 年 9 月，中国通信工业协会电子竞技分会主办了首届电子竞技师资培训班[1]；2021 年 2 月，北京市电子竞技运动协会与巴基斯坦进行了沟通并表达了合作意向[2]；同月，中国文化管理协会电子竞技管理委员会参与制定的《国家职业技能标准 电子竞技员（2020 年版）》正式发布，等等。同时，目前多数电竞协会也未能行使违规处罚等"核心性"职能；比如，尽管中国文化娱乐行业协会电竞分会发布了《自律管理办法》和《信用自律资格证管理办法》，但 2020 年 11 月的违规处罚是以 KPL 等联盟的名义或联合处罚的名义做出的，而非该协会单独做出的[3]，其所组织的自律培训考核也以参加人全数通过并取得信用自律资格证告终[4]。再如，上海市电子竞技运动协会发布的《上海市电子竞技运动员注册管理办法（试行）》(2018) 虽然规定了若干罚则，但一方面，其在第 26 条规定的"遵守体育道德风尚，公平、公正参赛"并不在第 33 条的惩戒范围内，或者说即便违反了第 26 条也不会受到协会"注销运动员证书"的处罚；另一方面，尽管其在第 34 条规定了禁赛处罚，但仅仅是"不得参加上海市电竞协会及其会员单位组织的赛事活动"，而游戏厂商/联盟主办的联赛和杯赛显然不在此列，况且"协会的禁赛"也未超出"联盟的禁赛"所涵摄的范畴，即便其能够覆盖主流赛事也无非是一种"重复处理"。

（4）由于电竞场域中存在着专属性的游戏版权，国际和国内各个电竞协会其实都较为谨慎地绕开了游戏厂商/联盟的权限，特别是对于假赛等违规行为的处罚权——表 6-2 中缺少任何一个协会都不会在实质上影响到当前的假赛惩处机制；而前文所述及的欠缺部分——如账户和身份信息的调取、刑事责任的追究等——作为特定国家机关的专属职权也无法通过法律规范授权电竞协会。有

---

〔1〕 参见电子竞技分会秘书处："首届电子竞技师资培训班结业"，载 http://chinaesa. org. cn/jiaoyu_ show-748. aspx，最后访问日期：2022 年 3 月 28 日。

〔2〕 参见陈康："中国电竞看上巴基斯坦人才？北京电竞协会会长：不会对真正的人才说不"，载 https://baijiahao. baidu. com/s？id = 169269761 7371121324&wfr = spider&for = pc，最后访问日期：2022 年 3 月 28 日。

〔3〕 参见"关于进一步加强中国电竞行业自律工作的通知"，载 http://www. cnccea. com/ index. php？m = newscon&id = 408&aid = 1075，最后访问日期：2022 年 3 月 28 日。

〔4〕 参见"中国电竞行业自律公告"，载 http://www. cnccea. com/index. php？m = newscon&id = 408&aid = 1067，最后访问日期：2022 年 3 月 28 日。

鉴于此，笔者认为电竞协会在假赛惩处中应当以"退"为主，在积极推进电竞产业发展的同时，将更具强制性的监管方式和更具力度的处罚措施交由国家机关来行使。

第五节　电竞假赛惩处的应然主体之二：国家机关的校正罚则

一、行政机关及相应行政处罚

之所以将国家机关的罚则定性为"校正"罚则，是因为国家机关并非取代游戏厂商/联盟和俱乐部在电竞假赛中的监管主体地位，也并非覆盖或逾越其对应罚则的制定和实施，而是对其监管和处罚进行"校正"：在其不愿监管时督促其履行监管职责、在其无从监管时提供更具强制性的监管方式、在其监管不力时提供更为严厉的处罚措施；国家机关并不是"改造"或"终结"当前的假赛监管机制，而是在维持其正常运转的前提下对其加以补充或补强，以使电竞场域在行业自律的基础上，获得来自公权力的"防护性屏障"。在这个意义上，国家机关的校正罚则并不会与版权方发生冲突：国家机关并不是获取凌驾于游戏厂商之上的地位，而是与其进行合作，共同打击假赛行为。国家机关并不会改变联盟的纪律规则和假赛惩处结果，而是在其力有不逮时提供高位的监管方式和处罚措施。

此处的国家机关可以划分为行政机关和刑事司法机关两个类别。就行政机关而言，"放管服"改革的重要要求之一是按照"谁审批谁监管、谁主管谁监管"的原则落实主管部门的监管责任[1]，而电竞假赛的监管部门主要是体育行政部门和公安部门。《体育法》第112条第2款规定："利用体育赛事从事赌博活动的，由公安机关依法查处。"《体育赛事活动管理办法》（2020）第44条规定："体育赛事活动中出现假球、黑哨、赌球、兴奋剂违规等行为的……应当配合公安、市场监管、体育等部门依法依规处理……"依据上述规定，对于治安管理范围内的电竞赌博/博彩应当由公安部门行使处罚权，而假赛、兴奋剂等违规行为则应由体育行政部门行使部分处罚权。

---

〔1〕　参见曾飞凡："'放管服'改革进程中创新监管方式的研究——以福建省为例"，载《发展研究》2019年第6期，第63页。

在体育行政部门方面，按照目前的规定，其所能履行的主要是日常监管职责，处罚权较为有限，并且没有直接强制执行权，若要执行处罚决定只能申请法院强制执行。比如，《黑龙江省体育发展条例》第 40 条中规定："有下列行为之一的，由县级以上体育行政部门给予直接责任人员处以 1 万元以上 5 万元以下罚款，有违法所得的，没收违法所得……（一）在竞技体育中弄虚作假和行贿受贿的。（二）在体育活动中使用禁用药物和方法的……"即在假赛方面赋予了体育行政部门罚款和没收两项处罚权。再如，《电子竞技赛事管理暂行规定》第 16 条规定："信息中心电子竞技项目部在管理电子竞技赛事工作时履行以下职能：……（三）监督承办人遵守有关体育竞赛的法规……（九）处理竞赛中发生的赛风赛纪和兴奋剂问题。"但一方面，该规定仅适用于国家体育总局体育信息中心主办的电竞赛事；另一方面，此处也未明确规定信息中心享有处罚权。于是，截至目前，笔者并未查找到体育行政部门直接对电竞假赛实施处罚的案例。笔者认为，体育行政部门有必要在电竞场域中履行假赛监管及部分处罚职能，比如在前文所述的赛事"盲区"或者当游戏厂商怠于履行监管职责时，对相应的违规行为施以罚款和没收等处罚。

在公安部门方面，基于电竞假赛和博彩之间的关联关系，其处罚依据主要是《治安管理处罚法》（2012）第 70 条中有关赌博的规定，处罚措施则为罚款和拘留两项——该条并未区分赌博的原因，加之上述《体育法》第 112 条的援用，因此可以适用于关联电竞假赛的赌博行为。相较而言，公安部门可以实施处罚措施中最为严厉的行政拘留，并且其自身即具有直接强制执行权，可以自行执行处罚决定。目前已有部分公安部门和第三方合作研发电竞假赛的监管方案，如"借助 AI 技术训练选手模型……在比赛中对选手进行异常特征识别来捕捉选手的作弊行为"，"结合 FDS 监测系统和舆情监测系统……梳理出一套检测流程和判别标准，以便于在查出有疑似作弊行为的选手时提供有效证据"等[1]。笔者认为，公安部门有必要借助信息化和技术化手段对电竞假赛和博彩进行常态化监管，但若涉案金额较高，超出了"公安部门"在《治安管理处罚法》框架下的权限范围，则应转由"公安机关"等刑事司法机关在《刑法》框架下施加惩处。

---

[1] 人民电竞："电竞行业与公安部门如何双向狙击假赛行为"，载 https://mp. weixin. qq. com/s/UQ6I081mKWFtNUAepdMs5w，最后访问日期：2022 年 3 月 28 日。

二、刑事司法机关及相应刑罚

作为刑事司法机关的公安机关，其"侦查权"比普通行政机关的"调查取证权"更能有效地获取电竞假赛和博彩的相关证据。比如，对于前文提及的"违规者参与下注的账号及私人账户的资金流动情况"，公安机关可以依据《刑事诉讼法》（2018）第 144 条的规定进行查询；违规者之间串通假赛事宜的通信记录，公安机关可以依据《刑事诉讼法》第 150 条进行调取；而违规者的真实身份信息，公安机关亦可依据《刑事诉讼法》第 160 条进行核实，等等。此外，如果违规者遭受刑罚或较为严重的行政处罚，则会显著影响其在电竞场域之外——特别是公职范畴内——的择业情况。可见，国家机关的介入能在电竞假赛的查实和违规人员的惩处两个环节起到强化作用，从而大幅提升参与假赛的"间接成本"。但目前与电竞直接相关的刑事案件，如"（2015）晋市法刑终字第 42 号""（2019）豫 1103 刑初 54 号""（2020）豫 0411 刑初 147 号"刑事判决书，皆是在电竞网络会所、动漫城等电竞相关场所内设置赌博机，而以开设赌场罪追究刑事责任的情形；或者，笔者并未查找到本章意义上的电竞假赛和博彩被施以刑罚的案例。笔者认为，公安机关有必要系统介入电竞假赛惩处过程，借鉴 2010 年前后"赌球"整治的经验，为电子竞技这一新兴领域清除重大违法行为。

此处还需提及的是电竞假赛的入刑问题。目前兴奋剂问题已经通过《刑法修正案（十一）》进入《刑法》（2020）第 355 条，但假赛问题尚未有独立的罪名；而是通过《刑法》中的赌博罪、诈骗罪和非国家工作人员受贿罪这三项罪名追究刑事责任。尽管这种做法能大致拆分假赛过程中所存在的各类行为，但毕竟缺乏专属性——组织或参与电竞假赛有着与之不同的行为目的。有观点认为应当在刑法中设立"操纵体育比赛罪"作为独立罪名，从而"对组织、实施、帮助、教唆操作比赛的所有行为人进行规制"，"减少乃至根除操纵比赛行为"[1]；而德国于 2017 年增设了体育博彩诈骗罪和操纵职业体育比赛罪，前者主要针对在体育博彩中通过影响比赛进程或结果以获取非法利益的行为；后者主要针对以反竞争方式影响比赛进程或结果使之有利于对手以获取非法利益

---

[1]　徐伟："体育犯罪刑法边界：标准构建与实践策略"，载《上海体育学院学报》2017 年第 5 期，第 59 页。

的行为。[1]笔者认为，独立的"操纵体育比赛罪"不仅能将假赛从传统罪名中剥离出来、还原其本来的客体定位，而且能较为充分地覆盖传统罪名中涵摄不到的假赛情形，是较为合理的立法模式；同时，该罪名对于电竞场域的一体适用亦应通过立法语言予以明示。[2]

---

[1] 参见陈艳、王霁霞："德国操纵体育比赛刑法规制研究"，载《西安体育学院学报》2020年第6期，第665页。

[2] 尽管韩国早已对参与电竞假赛的职业选手追究刑事责任，如2010年《星际争霸》职业选手马在允因假赛被判入狱18个月；2015年《星际争霸2》prime战队主教练Gerrard和职业选手YoDa因受贿和假赛被判有期徒刑1年6个月等，但其刑事责任是由韩国《游戏产业振兴法》第28条和第44条设定的，而我国只有《刑法》可以设定犯罪和刑罚，故不能采用韩国的立法模式。韩国电竞假赛及惩处情况，参见17173："假赛最惨只是禁赛？韩国选手吃18个月牢饭"，载https://m.sohu.com/a/228182178_362130/，最后访问日期：2022年3月28日。

第七章　电竞执裁公正的法理界说与制度建构

电子竞技在我国乃至世界范围内的高速发展，不仅使得各个竞技项目的系列赛事愈发丰富和多样，而且吸引了越来越多的电竞观众持续予以关注。同时，国家体育总局于 2003 年批准电子竞技为第 99 个正式体育竞赛项目，2011 年将电子竞技改批为第 78 个正式体育竞赛项目，雅加达亚运会和杭州亚运会于 2018 年和 2022 年分别将电子竞技纳入表演项目和正式项目，国际奥林匹克委员会于 2021 年举办的奥林匹克虚拟系列赛（Olympic Virtual Series，OVS）亦被认为是电竞入奥的"重要桥梁"之一[1]，加之目前多数电竞项目的赛事体系都是借鉴或参照职业体育设置的，从而使得电子竞技和传统体育的契合度呈逐渐上升趋势，二者之间的鸿沟已然不再"难以逾越"。在此基础上，作为传统体育首要原则的"公平竞争原则"在电竞场域中存在着同样的适用性与重要性。联合国教科文组织（UNESCO）拟定的竞技运动宣言认为："缺乏公平竞争的运动不是真正的竞技运动。"[2]我国《体育法》第 51 条第 1 款和第 2 款规定："体育赛事实行公平竞争的原则。体育赛事活动组织者和运动员、教练员、裁判员应当遵守体育道德和体育赛事规则，不得弄虚作假、营私舞弊。"相应地，《电子竞技赛事管理暂行规定》（2015）第 18 条规定："电子竞技赛事遵循公平竞争的原则，参加赛事的运动员、教练员和裁判员必须遵守国家对体育竞赛的有关规定，遵守体育道德，严禁使用兴奋剂、弄虚作假、徇私舞弊……"而作为公平竞争原则要素之一的"执裁公正"问题也一直困扰着电竞场域，并随着间歇性发生的重大争议判罚事件冲击着电子竞技的公信力和整体形象。厘清电竞场域中执裁公正的本质属性，通过典型案例析出其与传统体育的相似及特殊之处，并借助赛事规则、裁判员制度和申诉制度的基本法理与制度构设来校正并改善

---

〔1〕　参见口永："虚拟体育，电竞入奥催化剂"，载 https://baijiahao. baidu. com/s? id＝1731587737367574072&wfr＝spider&for＝pc，最后访问日期：2022 年 9 月 28 日。

〔2〕　参见孙博文主编：《电子竞技赛事与运营》，清华大学出版社 2019 年版，第 4 页。

相关问题，即是本章的主旨。

第一节　电竞执裁公正的范畴、特性及典型案例

一、电竞场域中的公平竞争原则及执裁公正问题

电子竞技与传统体育/竞技项目最为核心的相似之处是竞争性和对抗性，[1]而争取获胜则是选手个人及所在团队参赛的主要目的之一；由于高水平职业选手的能力差距往往只在毫厘之间，公平公正的竞技环境能否确保、胜负结果由何种规则及主体进行评判，就显得至关重要。艾媒咨询的数据显示，有将近一半的用户认为电竞中有关胜负的公平竞争是能吸引他们关注的重要原因。[2]

整体而言，电竞场域中的"公平竞争"亦包含规则公正、起点公正、程序公正、结果公正[3]等要素，具体而言：①参赛各方的初始条件和各项规则是对等的。比如，选手所使用的主体设备皆由主办方按照统一标准配备，而键盘、鼠标等外设则可由选手自带并由主办方审查；MOBA 类项目中能够彰显平衡性和双方博弈的 BP（ban-pick，禁用-选择）环节是对等的；各方的获胜条件、获胜途径是对等的，而在非对称性及带有随机性的项目中，胜负的概率亦是基本相同的。[4]②参赛各方无法通过消费能力的差距来主导胜负结果。选手无法通过购买不同价格的虚拟物品来提升角色的属性和技能，以获取超越乃至凌驾于对方之上的竞争优势——以选手能力为基准的电子竞技不会转化为经济实力的比拼。③电竞赛事是公开的，即"向所有观赛者公开而不加隐蔽"，场上表现、胜负归属以及判罚结果等都"以开诚布公的方式接受用户对竞技运动的监督"。[5]而尽可能周延的规则设置和客观的评判标准皆有助于将电竞赛事带入实质公正的境界。

然而，尽管电子竞技在"公平竞争"的题域下尚存在些许争议，如游戏版

---

〔1〕　参见直尚电竞主编：《电子竞技导论》，高等教育出版社 2018 年版，第 60—62 页。

〔2〕　参见艾媒咨询："2021 年中国电子竞技产业运行监测报告"，载 https://www.iimedia.cn/c400/79212.html，最后访问日期：2022 年 9 月 28 日。

〔3〕　参见郭振、刘波、徐龙："价值、原则和美德：公平视域下的竞技体育审视"，载《北京体育大学学报》2016 年第 9 期，第 19—20 页。

〔4〕　参见直尚电竞主编：《电子竞技文化》，高等教育出版社 2018 年版，第 41—42 页。

〔5〕　参见直尚电竞主编：《电子竞技文化》，高等教育出版社 2018 年版，第 43 页。

本的频繁更迭会给不同选手带来不对等的影响，硬件和网络条件的差异会使不同赛区选手的训练环境不够对等，但执裁公正问题无疑是其中最为关键且影响最为深远的问题。一般而言，"执裁（Officiating and Decision-making）是裁判员根据比赛情况，从待决案例经过事实认定和规则适用，推导出唯一正确的执裁结果的过程。"[1] 而执裁公正则意味着裁判员的事实判断具有充分的客观性、价值判断具有充分的正当性，从而使得裁判结果是"公正的"并且是"可接受的"。与更为宏观的公平竞争原则不同，执裁公正的范畴通常仅限于裁判员以及特殊情况下的赛事主办方针对赛事过程中的相关事项所做出的决断，而不涉及针对竞技双方对等性的各项规则；事关"公平竞争"的参赛机会、兴奋剂、消极比赛等都不在本章的研究范围内。作为执裁公正的首要主体，裁判员的"身份特权给了裁判员进入特定比赛情境和做出终局性判罚的许可"，"认识垄断（Epistemological privilege）……使得裁判的执裁工作具备了专业性和不可替代性特征"，基于这些权限和特征，"裁判员的身份必须是独立、公正和无利益冲突的"。[2]

　　在传统体育/竞技项目中，裁判员的执裁行为大体可以划分为两种：一是对运动员的赛场表现进行评价（即"评分"），二是对运动员的违规行为进行惩处（即"判罚"）；前者通常可以直接决定胜负归属，后者则可以间接影响比赛结果。相较而言，电竞场域的特殊性表现为：①电竞裁判通常不能像体操、跳水、花样滑冰乃至自由式滑雪空中技巧那样进行评分，尽管部分电竞项目中存在着选手及团队的分数/数据，但都是由竞技游戏的内置程序自动计算得出，无需裁判员人工操作。②电竞裁判虽然能够从事判罚工作，但其所针对的违规行为大多是"程序性的"，而无论是违规行为还是判罚结果，大多不会决定胜负归属。此处笔者梳理了 2022 年 LPL 夏季赛前期（6 月 10 日—7 月 16 日）官方发布的裁判报告，[3] 并将其中的判罚事项列举如下（见表 7-1）。由此可以看出，在 12 起判罚事项中，4 起属于设备问题，3 起属于提前退出游戏，2 起属于迟到问题，1 起属于违规暂停，1 起属于服装问题，而对应的处罚基本都是警告和

---

〔1〕　张琪："体育裁判辅助技术的伦理风险与消解路径——基于图像技术现象学的考察"，载《成都体育学院学报》2022 年第 3 期，第 86 页。

〔2〕　参见张琪："裁判员执裁的正义性研究"，上海体育学院 2018 年博士学位论文，第 37—40 页。

〔3〕　系列裁判报告发布于"英雄联盟赛事公告"，见 https://lol.qq.com/space/news.shtml? initGrid =0&id=3d767ddc-3a05-4662-bf18-525a6985fa48，最后访问日期：2022 年 9 月 28 日。

罚款——这类程序性的违规多发生于比赛之前或比赛之后，对比赛过程和结果皆无直接影响；而唯一一起违规使用符文组合的事项中，虽然会影响参赛双方的"起点公正"，但"比赛重新开始"的判罚结果直接消弭了这种影响。就此而言，尽管电竞裁判能够对选手或俱乐部的声誉、财产等切身利益进行剥夺或限制，但对胜负归属和比赛结果的主导作用明显低于传统体育/竞技项目。③"电竞裁判"的外延在特殊情况下还包括赛事主办方，如不正当游戏行为的认定和重赛程序的启动等往往并非由裁判员而是由赛事主办方做出的——游戏厂商及其授权的赛事主办方在比赛过程中有着比传统体育/竞技项目更强的影响力。

表 7-1　LPL 裁判报告判罚事项列举（2022.06.10—2022.07.16）

裁判报告	赛事场次	判罚事项
LPL 夏季赛线上赛裁判报告（2022/06/10）	IG vs WBG	WBG、IG 迟到，根据规则予以处罚。
LPL 夏季赛线上赛裁判报告（2022/06/11）	AL vs RA	AL Xiaohao 延迟交付比赛用机，根据规则予以处罚。
	JDG vs TES	JDG 369 提前退出游戏，根据规则予以处罚。
LPL 夏季赛线上赛裁判报告（2022/06/14）	JDG vs LGD	JDG Yagao 服装不符合规范，根据规则予以处罚。
LPL 夏季赛线上赛裁判报告（2022/06/15）	LNG vs AL	LNG Ale 在调试阶段迟到，根据规则予以处罚。
LPL 夏季赛线上赛裁判报告（2022/06/16）	RA vs OMG	OMG shanji 外设不符合规范，根据规则予以处罚。
LPL 夏季赛线上赛裁判报告（2022/06/18）	WE vs WBG	WBG On 反馈了一个设备问题并暂停游戏，该问题属于不合理的暂停理由，根据规则予以处罚。
LPL 夏季赛线上赛裁判报告（2022/06/25）	FPX vs TES	TES Wayward 和 knight 外设检查不符合规范，根据规则予以处罚。
		TES JackeyLove 在水晶爆炸前提前退出游戏，根据规则予以处罚。
LPL 夏季赛线上赛裁判报告（2022/06/26）	IG vs AL	IG Xun 提前退出游戏，根据规则予以处罚。

续表

裁判报告	赛事场次	判罚事项
LPL夏季赛线上赛裁判报告（2022/07/03）	RA vs WE	RA Strive 在比赛过程中使用了已提前告知的禁用英雄符文组合，因游戏进程已过 GOR，判定该场比赛重新开始并不保留禁选结果，根据规则予以处罚。
LPL夏季赛线上赛裁判报告（2022/07/12）	RNG vs WE	WE Beishang 鼠标电量未达到规定标准，根据规则予以处罚。

二、电竞场域中的争议判罚事件及"权重"比较

执裁公正问题在比赛过程中的直接映射是争议判罚事件。一般而言，争议判罚是指"在竞技比赛中，裁判员对运动员的赛场行为做出未能使得竞赛各方或某方认可而引发争论的判决"[1]。而争议判罚不仅可能源自裁判员的"过失"，而且可能源自"偏私"；又由于裁判员的身份特权和认识垄断，部分判罚结果即便显著错误或显失公正也依然会发生实质效力，从而不仅损害参赛方的权益，还可能带来严重的舆论风波。

基于前述的诸种特殊性使然，电竞场域内的执裁公正问题乃至争议判罚数量通常要弱于传统体育/竞技项目。主要原因在于：①电竞比赛中"人工确认/决断"的事项较少，最大限度地降低了主观因素对胜负归属的影响——如果英雄联盟赛事中双方的经济值、补刀数、伤害值等都由裁判员进行"评分"，技能释放、团战开启、高地防守等是否违规都由裁判员进行"判罚"，那么争议事件必然呈指数级上升。②在评分方面，人工操作之处必然存在主观因素，也必然存在争议事项。比如，在传统体育/竞技项目中，竞技体操的 D 分是对动作难度系数的认定，相对客观且争议较少；而 E 分则是对动作完成质量的评分，其虽然有着完整且复杂的评分规则，但仍然是主观性较强且争议较多的区域，乃至同一赛事中同一运动员质量相仿的动作在不同裁判区可能得到相差悬殊的评分。而在电竞场域，评分仅限于客观数值的计算，不涉及主观因素，皆由系统/程序自行计算得出，评分的主体是作为赛事载体的竞技游戏内部的子程序，

---

[1] 魏晖、冯俊翔、李柏："刍议竞技体育中的争议判罚"，载《湖北体育科技》2019 年第 4 期，第 305 页。

裁判员及其他任何主体都无权干涉或改变评分结果。③在判罚方面，对于违规行为的人工判定其实难以与竞技规则实现绝对严整的对应关系。比如，在传统体育/竞技项目中，短道速滑虽然有着繁复的竞技规则，但对于"变线/从外侧向内侧/引起接触"和"变线/从内侧向外侧/引起接触"的判罚仍然持续在大型国际赛事中引发争议（见表7-2中04号案例），其法理原因在于有限的规则难以完全容纳赛场上近乎无限的具体情形，从而赋予了裁判员不同程度的裁量空间。而在电竞场域，"比赛之中"的竞技规则皆已固化在游戏程序中，除少数bug（漏洞）外，竞技双方在物理上不可能突破程序限制实施违规行为，如违规提升己方属性、违规阻挡对方进攻等；而"程序性的"违规行为——如迟到、鼠标电量未达标、提前退出游戏等（见表7-1）——不仅很难引发争议，而且大多存在于"比赛之前"和"比赛之后"，即便人工判定存在过错也不会决定胜负归属。

然而即便如此，重大的争议判罚事件在电竞场域仍然时有发生，由于在相对客观的电竞赛事中，主观公正问题一旦出现就容易被集中、凸显和放大，加之电竞观众基数较大且较为年轻，其所引发的舆论风波不仅可能针对主办方和主办国家，甚至可能冲击"电子竞技"本身——2022年MSI重赛事件（见表7-2中10号案例）发生后，即有观众致信亚组委"建议取消英雄联盟项目入驻亚运会的资格"，[1]而这显然会对电竞行业的整体发展带来负面影响。此处我们选取了传统体育和电子竞技中较具影响力的争议判罚事件，列举了相应的争议内容、执裁形式、后续处理等事项（见表7-2），并将在后文展开分析。

表7-2 传统体育和电子竞技典型的争议判罚事件列举

	序号	所在赛事	所在项目	争议内容	执裁形式	后续处理
传统体育	01	2016年里约奥运会	拳击	中国选手吕斌以显著优势领先对手却被判负。	评分	国际业余拳击协会宣布参加奥运会拳击赛事的全部36名裁判被禁赛。但比赛结果并未改变。

---

[1] 参见由江："2022MSI风波始末：好人就得让人拿枪指着吗？"载 https://mp.weixin.qq.com/s/GDA4NUwdz8ORngUDpRd2Ew，最后访问日期：2022年9月28日。

	序号	所在赛事	所在项目	争议内容	执裁形式	后续处理
	02	2018年平昌冬奥会	短道速滑	女子3000米接力决赛，韩国、中国、加拿大队均有犯规动作，裁判处罚了中国和加拿大队，却让犯规情节最重的韩国队获得金牌。	判罚	中国队提出申诉被驳回。
	03	2019年曼彻斯特跆拳道世锦赛	跆拳道	比赛临近结束时，中国选手郑姝音以20：10领先，而裁判员无视英国选手频频推人的违规动作，将郑姝音的躲避动作判定10次违规以致成绩无效。	判罚	中国队提出申诉但未见处理。
	04	2020年东京奥运会	水球	日本女子水球队员为抢占有利身位，强行将中国队员压在水中，裁判却并未判罚。	判罚	无
	05	2022年北京冬奥会	单板滑雪坡面障碍技巧	加拿大籍裁判员被质疑刻意压低中国选手苏翊鸣的分数，以确保加拿大选手获得金牌。	评分	无
电子竞技	06	2012年韩国龙争虎斗杯	英雄联盟	第2局WE前期取得显著优势，却忽然集体掉线，KTA趁机击杀了WE 2名英雄且推掉了3座防御塔，对场上局势造成重大影响。WE申请重开被拒绝。	判罚	无
	07	2013年西雅图TI3	DOTA2	决胜局同福前期取得显著优势，而NaVi利用游戏bug使出"泉水钩"技能组合，多次击杀同福角色并逆转局势赢得比赛。主办方认定"泉	判罚	无

	序号	所在赛事	所在项目	争议内容	执裁形式	后续处理
				水钩"不属于 bug，但在赛后修复了这一 bug。		
	08	2020 年 LPL 夏季赛	英雄联盟	JDG 选手认为出现 bug 请求暂停，裁判组经过 1 小时确认并裁定将比赛回溯到团战开始之前。但这使得 JDG 对于 RNG 的团战意图有了预判，并改变了比赛局势。	判罚	4 名裁判因违反了 LPL 裁判守则而被追究责任。但比赛结果并未改变。
	09	2020 年酒馆战棋邀请赛	炉石传说	计算总分时，部分选手的分数并未计入真正归属的战队，而是错误地计入了其所潜伏的战队。	评分	选手申诉后，主办方更正了计算结果。
	10	2022 年釜山 MSI	英雄联盟	主办方认为网络延迟存在问题，决定 RNG 前 3 个比赛日的所有 3 场比赛无效，并在 2 日内进行重赛。	判罚	拳头先后两次进行了解释，期间暗中修改了公告。重赛决定并未改变。

　　需要强调的是，执裁公正在电子竞技中的"权重"往往还要超过传统体育，或者说，执裁公正对于电子竞技的存续和发展起着更为关键的作用。原因在于，①相较于传统体育，目前电子竞技的政治色彩明显偏弱，其运营机制独立于"举国体制"，大多主流赛事的参与都不属于国家行为；掌控核心赛事的是商业属性的游戏厂商，而非行政属性的国际单项体育联合会。因此，各个电竞项目首先要面对的其实是"生存"问题——举重、射击和体操等在 1896 年已成为奥运会比赛项目，距今已有 120 余年历史；而《英雄联盟》S 赛和《DOTA2》TI 赛皆创办于 2011 年，距今只有 10 余年历史，并且，2001 年首届 WCG 中的全部竞技项目（包括《虚幻竞技场》《FIFA2001》《帝国时代 II》等）如今早已全部退出电竞舞台。②在这一背景下，竞技游戏为了维系生存，"用户至上"（包括玩家和观众）就成了基本准则。电子竞技对于观众的依赖度要高

于多数传统体育/竞技项目——击剑、手球、水球、冰球、曲棍球等尽管参与人数和观赛人数都相对"小众",但仍能维持国内-国际赛事的举办并持续成为奥运项目;而电竞项目如果失去了观众,则必然会走向消亡。③执裁不公往往会带来非常糟糕的观赛体验,因此如果某一电竞项目争议频出或者纵容/放任各种违规行为,观众完全可以转投其他项目,而用户的流失对于游戏厂商而言是致命的,也是必须全力避免的;可以说,正是观众在电竞场域的"高权重"及"优先顺位",才使得晚近争议判罚发生后,官方的后续处理(见表7-2中08—10号案例)要相对优于传统体育(见表7-2中03—05号案例)。

第二节　电竞执裁公正的校正机制之一:赛事规则的周延化

在电竞执裁公正的校正机制中,赛事规则处于最为基础的位置,其不仅是电竞赛事的起点、裁判员/主办方的执行对象,而且是后续裁判员制度和申诉制度的设立依据之一。按照一般法理的逻辑进路,电竞赛事规则亦应按照"规则细化-遵从先例-裁量基准"这一优先顺位加以周延化,即①首先对电竞赛事中的各项规则加以细化,以应对比赛中可能出现的各种特殊情形;②当目前的赛事规则尚未纳入已经出现的特殊情形时,应当按照遵从先例的原则进行处理;③当规则和先例皆未纳入已经出现的特殊情形时,裁判员/主办方可以依托自由裁量权做出决断,但该项权力应当受到限制,不得任意而为或与一般公正理念相悖。

一、"规则细化"的法理与应对

一般而言,赛事规则不仅包含了相应项目的技术要求、比赛方式以及违规处理等内容,而且是"所有参加人必须遵循的行为准则",其"主要目的是规范竞争并控制运动员的行为"。[1]为了最大限度地促进电竞执裁公正,"规则细化"应当至少符合如下两项要求:

第一,电竞赛事规则应当充分确保自身的公正性。尤伊克和西尔贝认为,"正规的法律程序能够提供正义和公正"是人们"忠诚并接受法律"的前提和基

---

〔1〕　参见王建中、汪克新主编:《体育法学》,北京师范大学出版社2015年版,第54页。

础。[1]与之相似,"规则完全是以正义承载者和实现者的身份走进体育竞赛这一特定的社会领域的。"[2]而裁判员的执裁行为实质上是对赛事规则的执行,如果赛事规则自身存在不公正因素或者未能对公正问题给予必要的回应,那么执裁结果即有可能出现公正性偏差。进言之,如果赛事规则中存在公正性"漏洞",具有偏私意图的裁判员即可利用相关漏洞实现个人目的,或者说为意图偏私的裁判员提供了合法性依托——规则本身的公正性争议大概率会引发执裁争议[3]。以表7-2中的01号案例为代表的奥运会拳击赛事之所以争议频发,原因之一在于评分规则并不能切实反映场上运动员的实际表现及双方的优劣状况,既有的规则可能使占据显著优势的一方选手评分低于需要借助医疗设备才能离场的另一方选手——在对抗性极强的拳击项目中,这样的结果意味着规则本身的公正性存在欠缺,或者评分规则与所在项目存在适配性冲突。表7-2中的07号案例中不仅游戏程序客观上存在漏洞,而且一方战队主观上利用这一漏洞赢得了比赛,裁判员/主办方的处理结果却意味着这类情形是规则允许的——在电竞场域中,允许"恶意利用漏洞"无异于鼓励参赛方寻找程序漏洞来获取优势并摆脱"公平竞争"的束缚,这就从根本上动摇了电竞赛事的公正性基础。有鉴于此,后续多数电竞项目都在赛事规则中严厉禁止"利用漏洞"并对违规者从重处罚。

第二,电竞赛事规则应当尽可能详细/周延,并将更多可能出现的特殊情形纳入其中。莱恩将"公正、中立、可预见性"视为规则公共性的主要特征;[4]仅就可预见性而言,苏力认为,详细/周延的规则能够使行为主体获得对于未来的基本判断,从而"采取有效的行动、做出种种安排";[5]卢埃林则更为鲜明地指出,"如果规则很明智而且也很清楚明白,那么其指导作用确实会十分有力,

---

〔1〕 参见 [美] 帕特里夏·尤伊克、苏珊·S. 西尔贝:《法律的公共空间——日常生活中的故事》,陆益龙译,商务印书馆2005年版,第70—71页。

〔2〕 王建中、汪克新主编:《体育法学》,北京师范大学出版社2015年版,第54页。

〔3〕 " '争议判罚' 的类型之一是竞赛规则主导型 '争议判罚',此类争议出现的原因有:……竞赛规则存在漏洞,一方面规则的判罚规定不完备,导致判罚主观因素增加,容易造成判罚尺度不一。另一方面竞赛机制不完善,使得运动员有机会利用规则而获利,影响比赛的公平竞争。"参见魏晖、冯俊翔、李柏:"刍议竞技体育中的争议判罚",载《湖北体育科技》2019年第4期,第306页。

〔4〕 参见 [英] 简·埃里克·莱恩:《公共部门:概念、模型与途径》(第三版),谭功荣等译,经济科学出版社2004年版,第163页。

〔5〕 参见苏力:《道路通向城市:转型中国的法治》,法律出版社2004年版,第4页。

以至于实际上几乎等同于控制或者命令。"〔1〕与之相似，电竞赛事规则应当逐渐覆盖比赛中可能出现的特殊情形，从而不仅为参赛方的行为划定方向和界限，而且让执裁依据更为清晰，并降低因规则漏洞产生争议判罚的可能性。在表 7-2 中的 06 号案例发生之时，赛事规则并未规定线下比赛出现意外断开（即"掉线"）时的处理方法，因此裁判组做出的决定虽然是显失公正的，但却是"合法"的，即主办方网络出现严重问题的后果由主办国家的对战方来承担，这并未违反当时的赛事规则；简言之，赛事规则未能纳入的特殊情形一旦发生，即有可能被裁判员/主办方用以实现偏私目的。有鉴于此，后续多数电竞项目都在赛事规则中规定了意外断开的相关情形，如《2022 赛季英雄联盟职业联赛比赛规则（6 月版本）》10.1.1 等。在表 7-2 中的 10 号案例中，尽管线上赛事已经实际运行近两年，但《2022 季中冠军赛规则》仍未纳入详细的线上赛规则——其仅在 7.7 "远程比赛专属规则"通过两个条文进行了粗略规定，属于规则层面的重大缺失；而 RNG 又是以线上形式参加了此次比赛，等于进入了规则的真空地带，也由此引发了关于耳机、监控、网络延迟和重赛等一系列争议判罚。有鉴于此，后续颁布的《2022 赛季英雄联盟职业联赛比赛规则（6 月版本）》通过"11. 线上赛规则"〔2〕、《王者荣耀职业联赛（KPL）2022 夏季赛赛事规则（7 月版本）》通过《王者荣耀职业联赛（KPL）线上赛规则（暂行）》对相关事宜进行了详细规定。

二、"遵从先例"的法理与应对

尽管与判例法国家不同，成文法国家普遍为法律条款设置了高于既往判例的优先级，但当某一特殊情形并未被法律条款覆盖却存在既往判例的情况下，遵从先例的公正性显然高于任意性裁判。罗尔斯将"按照同样情况同样处理"

---

〔1〕 ［美］卡尔·N. 卢埃林：《普通法传统》，陈绪纲、史大晓、仝宗锦译，中国政法大学出版社 2002 年版，第 211—212 页。

〔2〕 2022 年 7 月 16 日 LPL 夏季赛 BLG vs RA 的比赛中出现了网络波动，导致 RA 五名选手在龙团掉线，并从场上优势转为劣势；但裁判组并未允许重赛，其依据即是 11.5.1.1.1："在线上赛阶段，队伍有义务保障基地网络和设备的稳定性。基于对比赛双方的判决一致性，如果在涉及基地比赛模式、多基地比赛模式、及居家比赛模式的比赛期间出现了网络波动和设备及/或软件故障导致的突发情况，LPL 官方将不会为双方任一队伍提供时空断裂或重赛。"

视为"常识性的正义概念中最少争议的成分";[1]博登海默认为:"正义要求对相同情形或极为相似的情形予以平等对待。"[2]这也构成了遵从先例原则的来源和基础。即如卡多佐所言,"如果有一组案件所涉及的要点相同,那么各方当事人就会期望有同样的决定。如果依据相互对立的原则交替决定这些案件,那么这就是一种很大的不公";因此,"坚持先例必须是一个规则而不是一个例外"。[3]与之相似,竞技项目的规则如果能够覆盖比赛中发生的情形,那么依据同一规则进行执裁即是对不同参赛者的公平对待;而当规则之外的情形发生时,按照既往的先例进行执裁亦符合"相同对待"的公正性要求。作为这一原则的引申,表7-2中的02号案例是在同一场次的比赛中对于相同情形的区别对待,尽管其并不直接关联遵从先例原则,但在赛事规则并未充分周延的情况下,对于违规情形相同或近似的参赛者给予相反的判罚结果,同样是显失公正的。关于表7-2中的10号案例的重赛决定,《2022季中冠军赛规则》虽然在"8.5.重赛程序"中通过3个条款进行了规定,但并未包含网络延迟的情形,其只是在8.5.1中规定"只有遭受到显著不利才能获得重赛的机会"。而何为"显著不利",相差20ms左右的网络延迟能否构成显著不利,则属于赛事规则未能覆盖的特殊情形。按照前述的逻辑顺位,此时应当适用的是"遵从先例",但在2021年S11的数场比赛中,EDG选手Meiko频繁且持续出现电脑黑屏的情况,裁判组并未做出重赛决定[4];而以毫秒计的网络延迟给参赛者造成的不利显著低于持续黑屏,要求RNG重赛三场的判罚也违背了遵从先例的公正性要求。简言之,当裁判员/主办方拟做出某一判罚时,应当优先考虑该判罚在既往案例中的适用情况,并与当前情形进行对照和权衡,而非无视先例径行做出"创造性"判罚。

三、"裁量基准"的法理与应对

当比赛中出现的特殊情形既未被规则亦未被先例覆盖时,评分和判罚就只

---

[1] [美] 约翰·罗尔斯:《正义论》,谢延光译,上海译文出版社1991年版,第548—549页。

[2] [美] E. 博登海默:《法理学:法律哲学与法律方法》,邓正来译,中国政法大学出版社2004年版,第331页。

[3] [美] 本杰明·卡多佐:《司法过程的性质》,苏力译,商务印书馆1998年版,第18页。

[4] 参见懒熊体育:"RNG被判重赛三场惹众怒,凸显电竞线上办赛困境",载 https://baijiahao.baidu.com/s? id=1733023752612522839&wfr=spider&for=pc,最后访问日期:2022年9月28日。

能由裁判员依据自由裁量权做出；而为了降低执裁不公的风险，自由裁量权应当由裁量基准等加以限制。崔卓兰指出，由于现实情景的复杂多变，以及立法领域有意或无意的预留空间〔1〕，自由裁量权的存在具有必然性且无法彻底消除；〔2〕对此，弗里德曼认为应当将"裁量性规则限于恰当范围之内"〔3〕，否则个案公正就会存在风险，即如戴维斯所言，"最有必要且最有希望改善个案公正的领域，是那些必须更多地依靠裁量而非规则和原则作出决定的领域"〔4〕。而作为限制裁量权的主要工具，裁量基准是指对自由裁量权按照一定标准进行量化、区分出不同格次，使其更为明晰并更具可操作性的一种控权方式〔5〕。在电子竞技这一新兴领域，裁量权过大及裁量基准缺失的情况同样明显。比如，《腾讯 2018 电子竞技运动标准》5.4 规定："任何参与或者试图参与构成不正当游戏的行为将会受到处罚……此类行为导致的处罚的性质及程度将由赛事官方全权裁定。"《2022 季中冠军赛规则》9.5 做出了同样的规定。而何为"不正当游戏"、违规者应当受到何种处罚均未明确，而由主办方"全权裁定"；这等于是授予了其无限制的自由裁量权——主办方有权直接认定参赛方的任何非常规甚至常规行为属于"不正当游戏"，且施以取消参赛资格、判定比赛弃权、禁赛（《腾讯 2018 电子竞技运动标准》5.5）等处罚。再如，《王者荣耀职业联赛（KPL）2022 夏季赛赛事规则》9.2 规定："KPL 联盟可以随时对此规则进行修订、改动或者补充，旨在确保 KPL 比赛的公平竞争及完整性。"《2022 季中冠军赛规则》10.2 做出了同样的规定。尽管对于赛事规则的制定和修改确属游戏厂商/联盟的权限，但此处规定的"随时"意味着在比赛进行时亦可修改，这种修改不仅会违背规则的稳定性和可预期性，而且可能对已经参赛的某一方造成不利，表 7-2 中的 10 号案例主办方在做出重赛判罚后径行修改规则性公告的

---

〔1〕　关于规则制定中精确性与模糊性之间的张力，可见 ［美］德博拉·斯通：《政策悖论：政治决策中的艺术》（修订版），顾建光译，中国人民大学出版社 2006 年版，第 300—304 页。

〔2〕　参见崔卓兰、刘福元："析行政自由裁量权的过度规则化"，载《行政法学研究》2008 年第 2 期，第 16—17 页。

〔3〕　［美］劳伦斯·M.弗里德曼：《法律制度——从社会科学角度观察》，李琼英、林欣译，中国政法大学出版社 2004 年版，第 40—41 页。

〔4〕　［美］肯尼斯·卡尔普·戴维斯：《裁量正义：一项初步的研究》，毕洪海译，商务印书馆 2009 年版，第 245 页。

〔5〕　参见刘福元：《行政自制：探索政府自我控制的理论与实践》，法律出版社 2011 年版，第 116 页。

做法，即对 RNG 造成了显著不利却又符合"随时"的规定。又如，表 7-2 中的 10 号案例做出重赛判罚依据的是《2022 季中冠军赛规则》8.7："根据 MSI 官方的自由裁决权，如果 MSI 官方认为有必要……重新开始比赛来保证联赛的最大利益，那么 MSI 官方有权在任何时间……重新开始任何一场比赛。"这同样是一项不受限制的自由裁量权。该案中，锁定网络延迟的技术已在 2020 年举办的 MSC 赛事中验证为可行[1]，而 MSI 主办方的判罚等于是将自身未能有效控制延迟的技术失误交由 RNG 及其对战方来承担，如此行使裁量权已有滥用职权之嫌。可见，通过裁量基准等工具限制裁判员/主办方的自由裁量权，为其裁量权设定触发的具体情景、判罚的种类和幅度等是维护电竞执裁公正必不可少的一环。[2]

第三节　电竞执裁公正的校正机制之二：裁判员制度的类型化

在电竞执裁公正的校正机制中，裁判员制度具有最为显著的主体性作用——执裁公正的各项理论和目标都是由裁判员个人或组织将之转化为现实的，而裁判员制度即是通过提升"执裁者"自身素质、降低或消解其负面因素来实现"执裁公正"的最大化。前文已经述及，争议判罚产生的原因可以划分为裁判员的"过失"和"偏私"两类，"过失"对应的是"执裁能力"问题，"偏私"对应的则是"道德素养"问题；而裁判员制度的"类型化"即是指相关规则应

---

〔1〕　参见懒熊体育："RNG 被判重赛三场惹众怒，凸显电竞线上办赛困境"，载 https://baijiahao. baidu. com/s? id=1733023752612522839&wfr=spider&for=pc，最后访问日期：2022 年 9 月 28 日。

〔2〕　表 7-2-10 号案例是近期影响最为广泛的电竞争议判罚事件，该案实质上覆盖了"赛事规则周延化"的主要环节，即"规则细化-遵从先例-裁量基准"3 个方面皆有纰漏，但其仍然存在一定的正面意义：线上参赛的 RNG 在赛事初期即受到了部分观众关于选手违规佩戴耳机的质疑。《2022 季中冠军赛规则》4.1 规定：MSI 参赛选手所使用的"头戴式耳机、及或入耳式耳机、及或麦克风"由 MSI 官方提供，4.2 进一步规定："选手不得携带、使用或者佩戴非 MSI 官方提供的任何头戴式耳机、入耳式耳机以及/或者麦克风。"但由于疫情防控期间 RNG 基地实施静态管控，MSI 官方提供的设备无法发送到位，RNG 客观上不可能满足上述规则的要求；由于 4.1 和 4.2 属于线下赛事的规则，《2022 季中冠军赛规则》并未对线上参赛者做出规定，使得 RNG 自行准备耳机成了规则未能包含的特殊情形。而主办方依据客观现实做出的"耳机佩戴方式已被允许，会将所有音频同步给裁判进行监控"即属于正确且公正行使裁量权的典型事例。参见"拳头回应质疑：RNG 有多个摄像头、麦克风监控 耳机没问题"，载 https:// www. shenyou. cn/article/432583. html，最后访问日期：2022 年 9 月 28 日。

当有意识地区分这两类问题，并以之为核心构筑合理且有效的应对措施，包括围绕前者展开的选拔–培训–职业化规则，围绕后者展开的考察–回避规则，以及同时作用于两者的监督–惩戒规则等。此处笔者梳理了传统体育和电子竞技中有关裁判员管理的主要制度文本，并将直接涉及上述问题的条款列举如下：[1]

表 7-3　传统体育和电子竞技中裁判员管理的重要条款列举

	裁判员技术等级认证	裁判员的选派	裁判员的义务	裁判员的惩戒
《体育竞赛裁判员管理办法》（2015）	第 16 条 裁判员技术等级认证考核内容分别为：竞赛规则、裁判法和临场执裁考核和职业道德的考察。第 17—20 条 各级裁判员技术等级认证标准。	第 32 条 全国性体育竞赛的临场技术代表、仲裁、裁判长、副裁判长、主裁判员须由国际级、国家级裁判员担任，其他裁判员的技术等级应为一级以上。第 35 条 各省、自治区、直辖市举办的同级以下的各类体育竞赛的临场技术代表……的选派条件，由各省、自治区、直辖市政府体育主管部门或地方单项协会做出规定。	第 40 条 各级裁判员应当承担下列义务：（一）自觉遵守有关纪律和规定，廉洁自律，公正、公平执法；（二）主动学习研究并熟练掌握运用本项目竞赛规则和裁判法；（三）主动参加培训，并服从和指导培训其他裁判员。	第 42 条 对违规违纪裁判员的处罚处罚分为：警告、取消若干场次裁判执裁资格、取消裁判执裁资格 1—2 年、降低裁判员技术等级资格、撤销裁判员技术等级资格、终身禁止裁判员执裁资格。

---

[1]　因为《四川省电子竞技运动协会裁判员管理办法》（2021）的相关条款与《中国篮球协会裁判员管理办法暨实施细则》（2018）基本相同，《宁夏电子竞技裁判员管理办法》（2017）的相关条款与《全国电子竞技裁判员管理办法（试行）》（2006）基本相同，《2022 赛季英雄联盟职业联赛比赛规则（6 月版本）》《2022 季中冠军赛规则》的相关条款与《腾讯 2018 电子竞技运动标准》基本相同，所以表 7-3 未做列举。

	裁判员技术等级认证	裁判员的选派	裁判员的义务	裁判员的惩戒
《中国足球协会裁判员管理办法实施细则》(2016)	第17条 足球裁判员技术等级认证考核内容分为：竞赛规则、临场执裁、专项体能及英语水平等。另外，裁判员还将接受职业道德等方面的考察。第18—21条 各级裁判员技术等级认证标准。	第39条 参加全国综合运动会和全国性足球比赛的裁判员，由中国足协确定裁判员的选派条件、标准和程序。第40条 参加全国综合运动会和全国性足球比赛的临场裁判员的选派，中国足协应根据回避、中立或择优等原则进行。	第42条 各级裁判员应当承担下列义务：（一）自觉遵守有关纪律和规定，廉洁自律，公正、公平执法；（二）主动学习研究并熟练掌握运用足球竞赛规则和裁判法；（三）主动参加培训，并服从和指导培训其他裁判员。	第44条 对违规违纪裁判员的处罚 处罚分为：警告、取消若干场次裁判执裁资格、取消裁判执裁资格一至两年、降低裁判员技术等级资格、撤销裁判员技术等级资格、终身禁止裁判员执裁资格。
《中国篮球协会裁判员管理办法暨实施细则》(2018)	第10条 裁判员技术等级认证考核内容分别为：竞赛规则、裁判法和临场执裁考核以及职业规范、职业道德的考查。晋升国家级、国际级裁判员应当加试英语考试，并根据国际篮联标准进行体测。第11—15条 各级裁判员技术等级认证基本标准。	第29条 全国综合性运动会选派的裁判员，由中国篮协按照主办单位规定，提出裁判员的选派条件、标准和程序……	第42条 各级裁判员应当承担下列义务：（一）自觉遵守有关纪律和规定，廉洁自律，公正、公平执裁；（二）主动学习研究并熟练掌握运用篮球竞赛规则和裁判法；（三）主动参加培训，并服从和指导培训其他裁判员。第32条 中国篮协……每年不定期举办不同类型的裁判员培训班，原则上每年将举行三大联赛裁判员培训班、西部培训班、	第48条 对违规违纪行为裁判员的处罚：（一）警告：不遵守赛区纪律的……在临场执法中出现明显漏判、错判的。（二）取消若干场次裁判执裁资格……在执裁中出现明显错判、漏判等较大失误，造成不良影响的；在赛区有酗酒滋事等违纪行为。（三）取消裁判执裁资格6个月—2年……在执裁中多次出现明显错判、漏判等重大失误，

续表

	裁判员技术 等级认证	裁判员的选派	裁判员的义务	裁判员的惩戒
			国际培训班、青年骨干培训班、晋级或复试培训班等，对裁判员进行理论、英语、身体素质的培训和测验。	造成不良社会影响的。 （四）降低技术等级资格……多次出现明显反判、错判或漏判等重大失误，造成较大社会不良影响的。 （五）撤销技术等级资格……有收送钱物等违规行为的，或认定多次出现异常反判、错判或漏判等重大失误，造成恶劣社会影响的。 （六）终身禁止裁判执裁资格……参与假赛黑哨，暗箱交易，操控比赛等违法行为的。
《全国电子竞技裁判员管理办法（试行）》(2006)	第9—12条各级裁判员技术等级认证标准。	第18条 电子竞技裁判员的选派应当遵循公开、公正的原则，国际性、全国性电子竞技比赛裁判员由全国体总秘书处选派。	第22条 各级裁判员应当承担下列义务： （一）培养和坚持良好的职业道德，在竞赛工作中公正执法； （二）钻研电子竞技项目规则。 第24条 各级电子竞技裁判员审批单位至少每两年举办一次电子竞技裁判员培训，并对本单位审批的裁判员进行考核。各级电子	第28条 不遵守赛区纪律或在临场执法中出现漏判、错判者，给予警告；凡在同一比赛中（含联赛）受到两次警告或在赛区酗酒滋事的裁判员，取消该次比赛裁判资格；凡在比赛中执法不公，有意偏袒一方，妨碍公正执法者，停止裁判工作两年。 第29条 凡电子竞技裁判员有下列情

	裁判员技术 等级认证	裁判员的选派	裁判员的义务	裁判员的惩戒
			竞技比赛的裁判长和副裁判长，应当对参加比赛裁判工作的裁判员进行考核，并在其裁判员证书内填写考核意见。	节者，给予撤销技术等级称号、终身停止裁判工作的处分： （一）行贿受贿，执法不公； （二）在重要比赛中，出现明显错判、漏判，造成恶劣影响； （三）触犯刑律，受到刑事处罚。
《腾讯2018电子竞技运动标准》(2018)			4.2. 裁判举止。自始至终，裁判的行为都应当具有专业性，并且应该以公正的方式进行裁决。且不得对任何选手、队伍、队伍经理、所有者以及其他个人展示出喜爱或偏见。	

一、裁判员"执裁能力"的法理与应对

由于部分体育和电竞项目有着颇为繁复的赛事规则，要求裁判员具有扎实的专业基础和丰富的执裁经验，当争议判罚出现后，首先需要考虑的是裁判员的"过失"，即因执裁能力不足而引发了错误或不当的决断。张琪指出，"裁判员执裁过程的实质就是基于运动员的竞技表现，不断进行规范性命题证立的过程"，"证立过程必须是符合理性和可普遍性的"。[1]而这一过程对于执裁能力有着较高的要求——如若裁判员对于既有规则的掌控不足以识别场上行为是否为规则所涵括，或者即便涵括也不足以识别其是否与规则相抵触，则对应判罚

---

[1] 参见张琪："裁判员执裁的正义性研究"，上海体育学院2018年博士学位论文，第Ⅱ页。

的准确性必然会受到影响。质言之，裁判员的执裁能力至少包括：对所属项目的深刻理解、对赛事规则的全面掌握、对场上情形的精准判断、对裁判尺度的统一把控，以及能够胜任执裁工作的生理和心理素质等。而在电竞场域，裁判员还必须具备 PC/移动设备的软硬件专业知识——尽管《2022 赛季英雄联盟职业联赛比赛规则（6 月版本）》9.4.1 规定的 6 项裁判职责中仅有"检查并监督选手的设备和比赛区域"和"指挥比赛中的暂停/继续"两项直接与之相关，但电竞裁判的大部分执裁行为，如硬件设备调试、网络和软件调试、选手自带外设的鉴别、游戏界面异常的识别、局部或全局程序错误的认定等都必须依托软硬件专业知识。正如论者所言，电竞裁判"不仅对赛事本身需要更深入的了解，对科技的原理也需要有一定的研究，需要……进行更加专业和权威的鉴别"[1]。也正因如此，电竞场域中因执裁能力不足引发的争议判罚通常多于传统体育。比如，对于表 7-2 中 08 号案例中选手报告的异常情况，赛事规则已经有了明确规定（《2020 赛季英雄联盟职业联赛比赛规则》10.3.2.2.3、10.3.1.9、10.3.1.4），但①裁判组虽然按照 10.3.1.9 的规定进行了回溯，但选取的时间点对一方选手造成了实质不利并改变了比赛局势，未能准确回溯到规则要求的"死球"状态（"Dead-Ball"State），这意味着裁判组对于场上形势的判断存在错误，并且对于赛事规则和游戏机制的理解不够充分；②裁判组的判罚遗漏了 10.3.1.4 的规定，即出现异常的英雄并未在当场及后续比赛中被禁用，使得再次发生异常的风险未被排除或降低，这意味着裁判组对于规则全面性的掌握存在欠缺；③裁判组做出判罚耗时 1 小时之久，尽管其原因是"本着慎重的态度……对该操作进行多次反复测试"，但仍被认为因"大量消耗观众的时间"而构成了"极大的程序不正义"[2]，裁判组选择的测试方式虽然没有违反赛事规则，但显然未将"观众体验"考虑进去。上述三个方面并不是在"规则层面"存在问题，而是在"规则的运用和执行层面"出现了错误或不当，皆可归结为执裁能力不足所致，其所导致的后果无论让一方参赛者承担还是让观众承担都有违执裁公正的基本理念。再如，表 7-2 中 09 号案例中"计算总

---

〔1〕"电竞裁判员：给电竞最好的守护"，载 https://www.sohu.com/a/318 954442_ 120043535，最后访问日期：2022 年 9 月 28 日。

〔2〕参见石翔："电竞程序正义的路还很远"，载 https://mp.weixin.qq.com/s/toRd6pKaMHyW8M0DFpvqtA，最后访问日期：2022 年 9 月 28 日。

分"的工作本应由系统自动完成，但由于该场比赛引入了特殊机制，个别选手的分数归属只能由人工操作，但裁判员并未考虑特殊机制也未能执行这一操作，从而使分数归属发生了错误，这仍可归结为执裁能力不足所致。

为了系统性地提升电竞裁判员的执裁能力，可供选择的措施包括：①裁判员选拔工作应重视专业水平要求。首先，在裁判员技术等级认证方面，表7-3中三部传统体育文件都将竞赛规则、临场执裁等直接关涉执裁能力的事项纳入了考核内容，并通过具体条款分述了各级裁判员的不同标准；但在游戏厂商的文件中未见相关规定。目前主流电竞项目尚未正式开展技术等级认证工作，甚至裁判员的"准入"规则都处于缺位状态。尽管KPL已经建立了内部的认证流程，重点考核电竞理论和实践操作等内容，并按考核结果确定裁判员的执裁范围，[1]但相关流程应当进一步制度化并形成统一规定。其次，裁判员的技术等级应当和赛事选派相关联。表7-3中只有国家体育总局文件规定了全国性体育竞赛对裁判员技术等级的要求，其他文件都只进行了授权性规定而无明确的限制性规定。笔者认为，如果不同层级的赛事中裁判员的选派不能与其技术等级形成对应关系，那么技术等级认证即有可能流于形式，如果任何等级的裁判员都能参与高层级赛事，那么为获取更高等级而提升专业水平就可能失去动力。在电竞场域中，建立"裁判员技术等级-执裁赛事层级"的对应关系，也是提升裁判员执裁能力的重要驱力。②裁判员培训工作应重视新规则和新技术。表7-3中除《腾讯2018电子竞技运动标准》外，全部文件皆纳入了裁判员参加培训及主动学习竞赛规则[2]的要求，而中国篮协文件则进一步细化了裁判员培训班的类型、课程和周期等要素。相较而言，由于电竞项目版本变动快、新技术应用周期短，裁判员的专业知识一旦更新不及时即难以胜任执裁工作，对其培训不仅应形成固定期限内的强制性要求，而且应当重点培训新规则和新技术，同时将之纳入技术等级认证标准，并如表7-3《全国电子竞技裁判员管理办法（试行）》第24条之规定进行严格考核，以确保电竞裁判员的执裁能力与时俱

---

〔1〕 参见电竞世界："电竞裁判该如何培养？中国又为世界电竞树立了模板"，载 https://mp.weixin.qq.com/s/zkHbKRmUGvfY4DpIQQ3YLg，最后访问日期：2022年9月28日。

〔2〕 "在很大程度上，裁判员的错判、漏判、反判是由于对竞赛规则理解不深，对裁判法运用不恰当所致。所以裁判员要积极主动地钻研竞赛规则，对比、查找新旧规则的不同之处，并深入研究新规则改动的背景及原因，彻底吃透规则的内容与精神，做到判之有据。"参见高恒、李志明："裁判员发展之路的展望——伦敦奥运争议判罚评析"，载《当代体育科技》2013年第34期，第134页。

进。③应加速推进裁判员职业化。尽管表7-3并无任何文件对裁判员职业化做出规定，但相应的改革已经取得了初步进展，如中国足协于2019年聘任了首批职业裁判[1]等。而在电竞场域，对于职业裁判的需求更为迫切——由于部分电竞项目赛事频繁而密集，如英雄联盟常规赛和季后赛期间几乎每天都在进行比赛，且一天之内的对局最多可达9场，如果相应层级的裁判员仅为兼职，可能难以承担繁重的执裁任务。同时，电竞裁判的职业化也为其提供了身份保障，使其有充分的时间和意愿来学习规则、强化技能，从而持续提升自身的执裁能力。

二、裁判员"道德素养"的法理与应对

与"过失"相比，因裁判员"偏私"所引发的争议判罚会对执裁公正带来更为严重的损害——"偏私"实质上是在赛事规则和执裁能力皆无欠缺的情况下故意对场上行为进行歪曲，从而使胜负归属取决于裁判员的意图而非双方的竞技水平。就此而言，"偏私"并不属于"能力"范畴，而属于"品德"范畴。布雷耶指出，"法官审查规制决定时，所依据的……还有与是非曲直有更为直接关联的'良好理性'（good reason）观念"[2]；施瓦茨进一步认为，"如果法官头脑中有个人偏见，这种或那种情感就会支配他或者就会妨碍他公正地判断争议中的是非曲直。"[3]与法官相似，裁判员亦应秉持中立的立场依据场上情形和赛事规则做出客观决断，而非对某一方"特殊对待"。正因如此，张琪将"有高尚的道德品质，作风正派，坚持原则，公正无私，严肃认真，对所有运动员一视同仁"视为裁判员的首要条件。[4]表7-2中几乎所有传统体育的案例都存在裁判员"偏私"的成分：一方面，02、03[5]、04号案例是偏私于赛事举

---

〔1〕　参见新华社："足协：如争议判罚确有错漏判　会依规进行处理"，载 https://sports.qq.com/a/20190312/009428.htm，最后访问日期：2022年9月28日。

〔2〕　[美] 史蒂芬·布雷耶：《打破恶性循环：政府如何有效规制风险》，宋华琳译，法律出版社2009年版，第75页。

〔3〕　[美] 伯纳德·施瓦茨：《行政法》，徐炳译，群众出版社1986年版，第283页。

〔4〕　参见张琪："裁判员执裁的正义性研究"，上海体育学院2018年博士学位论文，第37页。

〔5〕　特别是03号案例，其已经不在"赛事规则"的调整范围内，或者"规则细化-遵从先例-裁量基准"已经不足以规制这类事件。因为该案中裁判员的判罚是从根本上违背规则的，或者说裁判员为了实现偏私的目的已经不再顾及规则，而是凌驾于规则之上径行判罚，这就需要从裁判员制度层面去应对执裁公正问题。

办国选手，05 号案例是偏私于裁判员所在国选手。另一方面，01、03、04 号案例中场上形势和违规行为过于明显，以至于不可能超出普通裁判员的执裁能力。相较而言，表 7-2 电竞案例中只有 06 号可以明确认定为"偏私"于举办国选手，而 07 号和 10 号案例形式上是技术性问题，是以执裁能力不足为主因，但由于判罚结果对某一方过于不利，并且判罚过程也存在"暗箱操作""出尔反尔"等因素，被多数观众认为是"偏私"所致。

为了最大限度地提升电竞裁判员的道德素养，降低个案中的公正性质疑，可供选择的措施包括：①将有关道德素养的考察明确纳入裁判员的认证过程。尽管表 7-3 中三部传统体育文件都将职业道德纳入了裁判员技术等级认证的考核内容，但在分列各级认证标准的条文中没有相关要求，职业道德与晋升技术等级之间并未建立直接关联。笔者认为，应当将职业道德特别是既往的执裁工作有无偏私等作为等级认证的主要"考察"事项，一经查实则在一定期限内或终身不得晋升等级，以此提升裁判员对"道德素养"的重视程度。②在裁判员义务中进一步细化有关道德素养的要求。表 7-3 中全部文件都将廉洁自律、公正执裁等纳入了裁判员义务之中，特别是腾讯文件对禁止"偏私"进行了详细阐述。笔者认为，这一要求可以进一步细化，如将弄虚作假、营私舞弊乃至不当接触、收受贿赂等禁止性规定纳入进来，或者将《全国电子竞技竞赛规则》(2006)"严格履行裁判员职责，做到严肃、认真、公正、准确"，"作风正派，不徇私情，坚持原则，敢于同不良倾向做斗争"等规定纳入进来，形成道德素养的体系化条款，以起到更为鲜明的警示作用。③设立并实施裁判员回避制度。尽管表 7-3 中全部文件皆未涉及回避制度，但其应当是避免裁判员偏私的有效措施之一，并且已有部分传统体育/竞技项目在高层级赛事中采用了这一制度[1]。在行政和司法程序中，"法律规定了两种类型的法律偏见：1. 利害关系 2. 个人偏见。只要有一种偏见存在，受偏见影响的裁判官就必须回避。如他自己不回避他所作出的或他参与作出的裁决无效。"[2]与之相似，在确保裁判员独立性（包括独立于比赛组织者和独立于参赛者）[3]的前提下，偏私产生的原因无外

---

〔1〕 参见效正："我们要接受争议判罚也是竞技体育的一部分吗？"载 https://www.163.com/dy/article/H0AIATE3051481US.html，最后访问日期：2022 年 9 月 28 日。

〔2〕 ［美］伯纳德·施瓦茨：《行政法》，徐炳译，群众出版社 1986 年版，第 281 页。

〔3〕 参见郑志强：《职业体育的组织形态与制度安排》，中国财政经济出版社 2009 年版，第 86—87 页。

乎利害关系和个人偏见，其中又以前者更为多见，即一方选手或胜负归属与裁判员本人或其所在国家和地区存在利害关系。笔者认为，电竞场域可以借鉴行政或司法中较为成熟的回避规则，如《公务员法》（2018）第76条所规定的执行公务回避，除"涉及本人利害关系"外，"其他可能影响公正执行公务的"情形可以包括师生关系、同学关系、同乡关系、朋友关系、敌意关系等多种实质性影响，而回避程序的启动也可以借鉴"自行回避—申请回避—决定回避"的逻辑顺位。尽管回避制度有着一定的程序成本，并且在中国足协、篮协的适用过程中出现了波折[1]，但其能够通过物理途径来隔绝道德素养不足时可能产生的偏私结果，或者说能够从根源处切断利害关系对执裁公正的影响，对进一步降低电竞场域的争议判罚有着较高的制度价值。

三、裁判员"监督和惩戒"的法理与应对

监督和惩戒主要考量的是裁判员错误或不当执裁后所要付出的代价，如若裁判员基于"过失"或"偏私"引发争议判罚后，自身利益不会受到显著影响，那么其提升执裁能力和道德素养的动力就会有所欠缺。苏力认为，必须"要有一套机制来防止法官利用其权力谋求自己的利益"。[2]与之相似，"裁判员权力监管的缺失"亦是争议判罚出现的核心原因[3]，而"裁判责任实现是职业赛事健康发展的重要标志和重要内容"[4]。《竞技体育"十三五"规划》（2016）第4项第10条要求"加大对……执裁不公……违规违纪行为的检查处罚力度"；《国务院办公厅关于加快发展体育竞赛表演产业的指导意见》（2018）第5项第18条要求完善裁判员公正执法的约束机制。但在实践中，真正对执裁不公施加惩戒的情形并不多见，表7-2中只有01号和08号案例做出了处罚。原因在于：①在违规认定的标准上，无论是传统体育还是电子竞技都鲜有详细而严格的规则来认定执裁是否错误或不当、主观是否过失或偏私，即便存在也

---

〔1〕　参见效正："我们要接受争议判罚也是竞技体育的一部分吗？"载 https://www.163.com/dy/article/H0AIATE3051481US.html，最后访问日期：2022年9月28日。

〔2〕　苏力：《送法下乡：中国基层司法制度研究》，中国政法大学出版社2000年版，第98页。

〔3〕　参见魏晖、冯俊翔、李柏："刍议竞技体育中的争议判罚"，载《湖北体育科技》2019年第4期，第306页。

〔4〕　李剑："'场域-惯习'视角下我国职业赛事裁判员责任伦理研究"，载《福建体育科技》2021年第1期，第6页。

很难获取充分的证据加以证明。②在违规认定的主体上，裁判员作为赛场上的法官，通常具有不容置疑的评分或判罚的权力，而很少会有"法官的法官"对其执裁行为进行直接评判；尽管个别传统体育/竞技项目进行了执行裁判和监督裁判的划分，后者能够当场否决前者的判罚，但在电竞场域尚未出现类似的设置。③在违规认定的意图上，各个比赛项目都有维护裁判员乃至主办方权威的需要，除非存在翔实的证据，否则各级协会或联盟都不愿对所属裁判员施加惩戒。基于上述原因，往往只有情节严重、影响恶劣的执裁行为才会遭受惩罚，采取的亦是较重的禁赛（01 号案例）和开除（08 号案例）措施。

为了强化电竞裁判员惩戒制度的实效性，提升违规执裁的成本，可供选择的措施包括：①制定并公开电竞裁判员的惩戒规则，细化有关违规执裁的各项事宜。通过表 7-3 可以看出，目前游戏厂商对于裁判员的规定还较为稀少，并且至今没有任何公开发布的惩戒规则，这虽然是游戏厂商高位权限的表现，但既不利于约束执裁行为，也有碍于电竞整体的公开性。笔者认为，电竞场域可以借鉴传统体育通过单行文件对裁判员制度进行细化规定，包括违规认定、惩戒措施、实施主体、处理程序、救济途径等，从而将执裁行为完整地纳入制度框架中。②将惩戒措施和裁判员的违规行为相对应。表 7-3 中国家体育总局文件和中国足协文件都只规定了惩戒措施的种类，而没有与之对应的违规行为；中国篮协文件则是以惩戒措施为线索对应了违规行为，即在每种惩戒措施之后详细列举了所应适用的违规行为；《全国电子竞技裁判员管理办法（试行）》则采用了混合式的规定方法，即第 28 条是以违规行为为线索、第 29 条是以惩戒措施为线索进行规定。笔者认为，在目前的立法条件下，中国篮协的规定更具合理性，其可以在惩戒措施和违规行为两个方面进行穷尽式列举，以最大限度地提升规则的覆盖面；而混合式列举不仅覆盖面有限，惩戒措施和违规行为的对应关系也容易产生文义性争议。③裁判员的"执裁能力"和"道德素养"应当对应不同的惩戒措施。由于我们主张裁判员制度应当围绕这两方面因素加以类型化，惩戒措施亦应围绕其进行区分。表 7-3 中国篮协文件进行了融合规定，其在前 4 项所规定的错判、漏判并未包含道德因素，即可视为执裁能力所致；有关赛区纪律、酗酒滋事等虽属道德范畴但非争议判罚的成因；而第 5、6 项有关收送钱物、假赛黑哨等严重的道德问题对应的亦是最为严厉的惩戒措施。笔者认为，由于"道德素养"的主观恶性更为明显且在性质上有别于"执裁能力"，通过单独的条款集中规定能够更加清晰且减少适用争议，也更能对应

《体育法》第 112 条中"违反体育道德","弄虚作假、营私舞弊"以及"没收违法所得"的专项规定。

第四节　电竞执裁公正的校正机制之三：申诉制度的实效化

在电竞执裁公正的校正机制中，申诉制度起到的是程序性的保障作用：在赛事主办方的角度上，申诉制度能够对已经做出的争议判罚进行纠正；在参赛方的角度上，申诉制度能够对已经遭受的争议判罚提供救济。仅就公正性而言，申诉制度一方面能够将错误或不当的裁判恢复到公正状态，另一方面则能避免相同或类似的裁判再次出现，或者能够树立足以否定或推翻这种裁判的先例；但其更重要的意义往往是：若无具备实效的申诉制度，参赛方所遭受的不公正对待将会"无处伸张"，不公正状态也会永久持续。我们将"申诉制度"进一步划分为"回应程序"和"申诉程序"，其中回应程序的主体是裁判员/主办方，申诉程序的主体则是处理相关事宜的专门机构；回应程序是申诉程序非必经的前置程序，且具有相对独立性。

一、"回应程序"的法理与应对

程序正义是构建法治国家的重要基石之一，其既能守护实体正义的产出过程，又能确保实体正义的真实性。即如诺内特和塞尔兹尼克所言，程序是"公正使用规则的显而易见的主要保障"，"法律体系所提供的最显著、最别具一格的产品就是程序公平。"[1]与之相似，在现代体育中，合理且完备的赛事程序也是确保公平竞争所不可或缺的要素，而程序正义在事后节点上最为核心的表现，即是回应程序和申诉程序。其中，回应程序是指在争议判罚发生后，由参赛方或其他人员发起请求，而由裁判员或主办方对所做裁判的事实依据和规则依据做出解释说明，或者对执裁结果进行修正的过程。季卫东指出，"程序合理性可以从决定过程的制度条件、目的、角色作用、功能等的整合与效率以及讨论的理由充分性等方面来把握。"[2]就此而言，设置回应程序的法理不仅在于

---

〔1〕［美］诺内特、塞尔兹尼克：《转变中的法律与社会：迈向回应型法》，张志铭译，中国政法大学出版社 1994 年版，第 73 页。

〔2〕季卫东：《法治秩序的建构》，中国政法大学出版社 1999 年版，第 14—15 页。

公平，而且在于效率。在公平层面，回应程序不仅给予了参赛方即时表达异议的通道，而且给予了裁判员/主办方重新审视所做裁判的平台，从而提升了错误或不当执裁回归公正的可能性。在效率层面，无论是任喜荣所说的"沟通"，[1]还是诺内特和塞尔兹尼克所说的"调整而非裁判"，[2]相较正式的申诉程序而言都能为争议双方节省程序成本，最终节省执裁公正的校正成本——回应程序是申诉程序的前置程序，如果裁判员/主办方给出的回应是可接受的，那就意味着参赛方所持有的异议得以伸张，所遭受的不公正对待不再持续，救济程序即可宣告终结；但如果不予回应或者所做回应不可接受，则只能进入后续的申诉阶段。表7-2中02号案例国际滑联确实对争议判罚做出了回应，即公布了现场照片和判罚依据，但只解释了中国队和加拿大队的判罚理由，并未解释违规更为严重的韩国队不予判罚的理由。国际滑联做出的是"选择性回应"，对于更为核心的"判罚一致性"问题则拒绝回应。尽管选择性回应总要好过于完全不回应，但未做回应的部分往往会被视为是默认了自身的错误或不当，"争议"的内容也会在舆论中逐渐转化为"黑幕"，这同样会对裁判员/主办方的公信力造成损害。表7-2中10号案例中主办方同样对争议判罚做出了回应，但前期存在严重的程序性问题，即没有对判罚依据进行公开声明，而是暗自对规则性质的"公告"进行了修改，[3]这实质上是在"判罚后"将"判罚时"还不存在的依据加入了"判罚前"制定的规则中；尽管主办方迫于舆论压力在后期又进行了一系列公开回应并进行了道歉，但前期的行为仍会对其公信力造成损害。

为了推动电竞申诉制度中回应程序的实效化进程，可供选择的措施包括：①建立健全回应程序的相关立法，使之成为电竞场域内的强制性程序。前文已经述及，电竞对观众有着更强的依赖性，并且观众对执裁公正有着更强的诉求，为维护游戏厂商的公信力，当参赛方提出请求时应当即刻启动回应程序，或者将回应程序设定为强制性程序而非裁判员/主办方的可选择程序。②在回应程序

---

〔1〕 参见任喜荣：《伦理刑法及其终结》，吉林人民出版社2005年版，第154页。

〔2〕 参见[美]诺内特、塞尔兹尼克：《转变中的法律与社会：迈向回应型法》，张志铭译，中国政法大学出版社1994年版，第122—123页。

〔3〕 "公告与官方的公信力是相互挂钩的，也是游戏或比赛官方与玩家沟通的最常用途径。暗自更改公告的行为，是对所有信任官方的玩家和观众的'背刺'，当公告成为可以随意更改的一纸空文，那么这个赛事的公信力也就不复存在了。"参见由江："2022MSI风波始末：好人就得让人拿枪指着吗？"载 https://mp.weixin.qq.com/s/GDA4NUwdz8ORngUDpRd2Ew，最后访问日期：2022年9月28日。

中展开对于争议判罚的实质性审查，并及时公布审查结果。尽管回应程序不是申诉程序的必经程序，参赛方可以不经回应直接提起申诉，但实质性审查不应仅限于申诉程序——回应阶段距离争议发生的时间较近，调查取证更为便利，融入实质审查不仅有助于提升审查结果的准确性，而且有助于高效、快速地解决争议，同时也能避免"敷衍塞责"的形式化风险。③回应程序应当注重全面性和公开性。"对于'争议判罚'的解释应该全面性地对待所有质疑，对质疑进行正面的回应与解释"[1]，而选择性回应、回避核心争议、暗自修改规则等都不能发挥回应程序所应具备的维护执裁公正的作用。④回应程序应当贯彻平等对话、互动交流等过程性要素。克拉玛德雷将"对话和交流""建议与回答""主张与反驳"等视为司法过程与体育竞赛的共同特征；[2]而在回应程序中，应当将主办方和参赛方乃至社会公众置于平等地位，"强调双向对等的对话"[3]，接收并汇总来自各方的问题和建议，通过官方公告和社会化媒体开展细致的释疑工作。⑤应当强化回应程序的实效性。主办方做出的回应应当建立在充分的事实依据和规则依据的基础上，尽可能将争议解决在回应程序中，从而终止救济程序，以减轻双方的诉累。

二、"申诉程序"的法理与应对

作为自然公正原则的组成部分，为遭受不利者提供申辩机会是程序正义必不可少的要素之一，正如吉尔霍恩所言，"正当的程序意味着，不能在对有关当事人……接受最终裁决前没有给他提供一个反驳机构裁决的机会的情况下，剥夺其生命、自由以及财产权。"[4]与之相似，"当某一体育机构行使对某一具体体育项目或者具体赛事的控制权，被指控者是一名该体育项目或者赛事的参赛者，或者潜在的参赛者时，被指控者在原则上应当有权利获得……一项宣告性

---

〔1〕　魏晖、冯俊翔、李柏："刍议竞技体育中的争议判罚"，载《湖北体育科技》2019 年第 4 期，第 308 页。

〔2〕　参见［意］皮罗·克拉玛德雷：《程序与民主》，翟小波、刘刚译，高等教育出版社 2005 年版，第 55—56 页。

〔3〕　参见万晓红、周榕、李雪贝："社会化媒体语境下体育赛事争议的对话性传播路径探讨——以平昌冬奥会女子 3000 米短道速滑判罚事件为例"，载《成都体育学院学报》2019 年第 2 期，第 4 页。

〔4〕　［美］鲍叶：《美国行政法和行政程序》，崔卓兰等译，吉林大学出版社 1990 年版，第 12—13 页。

判决，来强制履行公平对待的义务"〔1〕。在体育赛事中，申诉程序是指参赛方认为裁判员或主办方做出的裁判错误或不当，而请求相关机构予以纠正的过程。作为参赛方的一项救济机制，申诉程序是校正执裁公正的最终程序，也是"最后一道防线"。和回应程序相比，申诉程序更为正式而复杂；如果说前者的主体尚有"自己做自己的法官"之嫌，那么后者的主体则应为独立于主办方和参赛方的"居中裁断者"，并"按照某种标准和条件整理争论点，公平地听取各方意见，在使当事人可以理解或认可的情况下作出决定"〔2〕，即更为符合程序正义的一般法理。然而申诉程序无论在传统体育还是电子竞技中的适用情况都不乐观，表 7-2 中只有 09 号案例通过申诉更正了比赛结果，其余案例或者申诉未被受理，或者未能实现诉求。在电竞场域，《腾讯 2018 电子竞技运动标准》4.3 规定："……如果一名裁判做出了不正确的裁决，那么此裁决在比赛过程中无法被撤销，因为裁判的决定不可更改。但赛事官方可在赛后自行对裁决进行评估，以判断是否采取了能够做出公平裁决的正当程序。如果没有采取正当的程序，赛事官方保留撤销裁判裁决的权力……"《2022 季中冠军赛规则》7.3.3 做出了同样的规定。这就意味着，主办方可以自行纠正所做裁决，但参赛方并无申诉其裁决的途径。而《2022 赛季英雄联盟职业联赛比赛规则（6 月版本）》9.4.3 则在此基础上规定："如果队伍对裁决有异议，应当在赛后通过官方渠道向 LPL 官方进行申诉。"并在 13.4.1 规定："可以以电邮形式向 LPL 官方申诉，申诉将由 LPL 官方的仲裁委员会处理。"《王者荣耀职业联赛（KPL）2022 夏季赛赛事规则》9.1 进一步规定："……KPL 联盟在判罚公布 3 个工作日内接受申诉，申诉将由 KPL 仲裁委员会终裁，最终裁定以终裁结果为准不再更改……"尽管这两个电竞项目在联盟的范围内赋予了参赛方申诉权，并明确了申诉的形式和期限，但未见具体的程序性规定，特别是有关"官方的仲裁委员会"的具体所指和详细规则，笔者未能找到公开发布的制度文本和相关案例。

在电竞场域，申诉程序实效化最为关键的因素在于能够居中裁断的申诉机构。尽管有论者认为，应当"在竞赛中建立责任部门，专门负责处理竞赛过程中的判罚质疑，规范申诉流程，使申诉过程及结果不受人为因素或现场其他事

---

〔1〕　[英]米歇尔·贝洛夫、蒂姆·克尔、玛丽·德米特里：《体育法》，郭树理译，武汉大学出版社 2008 年版，第 185 页。

〔2〕　季卫东：《法治秩序的建构》，中国政法大学出版社 1999 年版，第 12 页。

件的影响"[1]，但"责任部门"如何设立一直是传统体育和电竞领域的疑难问题。在传统体育中，无论是贝洛夫所说的"体育行会"[2]，还是周爱光所说的"体育社会团体"[3]，实质上都属于争议判罚的"当事方"，即与裁判做出者乃至规则制定者同为一方主体；而当"申诉处理者"和"被申诉者"发生身份重合时，其所受到的更多是自我约束而非外部约束，处理结果的合法性和公正性也容易受到质疑。与之相似，目前主流电竞赛事的主办方来自游戏厂商的授权，而裁判员则由主办方聘请，无论是游戏厂商还是赛事主办方都不是与争议判罚无涉的中立机构，特别是游戏厂商借助于高位权限，有时还会越过裁判员/主办方直接做出判罚。有鉴于此，电竞场域内的申诉机构应当是独立于游戏厂商/联盟和赛事主办方的第三方机构，同时，该机构应当具备充分的专业性和权威性以胜任申诉案件的处理工作。问题在于，各个电竞项目都存在着版权归属，掌控着版权的游戏厂商并不受制于诸如国际单项体育联合会、国际奥林匹克委员会、国际体育仲裁法庭（CAS）乃至瑞士联邦法院等外部机构——这不仅是因为国际奥林匹克委员会等传统体育组织尚未正式接纳电子竞技，而且游戏厂商也未必愿意受其管理——游戏厂商在由其制作、发行、运营的竞技游戏及其衍生赛事中的权力是"至上"的，从中获取的收益也由其享有并在产业链中加以分配；而接受管理则意味着规则制定权、赛事举办权、收益分配权等相当一部分实质利益从游戏厂商移转出去，如果这种"屈从他人"乃至"出让利益"的行为只能换取电竞在名义或概念上的正统性，游戏厂商显然得不偿失。简言之，由于版权因素，任何一个传统体育组织都无法对游戏厂商进行直接管理，或者说无权干涉游戏厂商的"内部事务"，客观上也难以设立一个中立甚至上位于游戏厂商的申诉机构，而目前游戏厂商及其授权的联盟所做出的裁决也都是最终的。笔者认为，剩余的方案主要有两种：第一种是游戏厂商主动让渡出一部分权力，将申诉处理工作交由独立的第三方机构。前文已经述及，在"生存"和"用户至上"的压力下，执裁公正在电竞场域有着更高的权重；为了竞技游戏的持续发展，让渡申诉处理权是符合游戏厂商利益的——在强化申诉处理的

---

〔1〕　魏晖、冯俊翔、李柏："刍议竞技体育中的争议判罚"，载《湖北体育科技》2019年第4期，第308页。

〔2〕　参见［英］米歇尔·贝洛夫、蒂姆·克尔、玛丽·德米特里：《体育法》，郭树理译，武汉大学出版社2008年版，第8页。

〔3〕　参见周爱光主编：《体育法学概论》，高等教育出版社2015年版，第404页。

公正性、提升赛事公信力的同时，游戏厂商其实无需支付过多成本，也无需让渡赛事运营所产生的收益。第二种则是由国家行政机关设立专门机构统一管辖各个电竞项目的申诉案件，其优点是具有显著的中立性和权威性，缺点是无法处理国际赛事的申诉案件。需要提及的是，根据《体育法》第 91 条至第 100 条的规定，尽管体育仲裁委员会由国务院体育行政部门设立，有关仲裁员、仲裁庭、仲裁程序等相关规定已经较为全面，但其既没有明确将争议判罚纳入仲裁范围，也没有明确适用于电子竞技，其所针对的主要是运动员遭受违规处罚时产生的纠纷，其所设定的"体育仲裁–民事诉讼"途径也不适合缺乏人身权和财产权内容的执裁公正问题。简言之，若要让我国目前的体育仲裁委员会成为电竞申诉机构，需要进一步扩大其仲裁范围并限缩其司法衔接。

除申诉机构外，电竞申诉程序实效化可供选择的措施还包括：①加强申诉机构人员配备的合理性和均衡性。电竞申诉机构不仅应确保自身的中立性，而且应确保案件处理人员的中立性。《体育法》第 93 条第 2 款规定："体育仲裁委员会由体育行政部门代表、体育社会组织代表、运动员代表、教练员代表、裁判员代表以及体育、法律专家组成"，而在电竞场域，电竞选手、教练员、法律专家的占比不宜过低，赛事主办方工作人员则不宜参与或占比不宜过高。同时，申诉处理人员亦应实行注册管理制度并取得相应的从业资格，以确保稳定性和专业性。②细化电竞申诉的程序性规则，包括提起申诉的时限、受理申诉的条件、申诉处理小组/仲裁庭/合议庭的组成方式、辩诉规则、裁决的时限及公开等事项，以符合程序正义的基本要求。同时，申诉程序应注重争议双方的对抗性和辩论性，特别是保障申诉人的陈述、申辩、举证等权利，并适度强化被申诉人对于所做判罚的举证责任，最终通过申诉程序让受到损害的电竞执裁公正切实恢复到初始状态。

第八章　电竞职业选手的三维规则体系建构

近年来，电子竞技产业的高速发展以及各地方扶持性政策的陆续出台，不仅使产业本身获得了健康且稳定的发展环境，而且电竞职业选手也受到了大众越来越多的关注——作为一种典型的注意力经济（attention economy）[1]，国内外顶级单项赛事及部分综合性赛事正不断刷新着观赛人数和社交媒体讨论量[2]，而电竞职业选手的技术水平和临场发挥等无疑是其中的核心内容；同时，电竞职业选手在广告代言、品牌营销及泛娱乐领域的参与也逐渐增多并取得了良好效果。一般而言，职业选手是指"参加带有明显商业性质的职业比赛来获取收入维持生计的人"[3]，而电子竞技职业化则是在"电子竞技体育市场不断繁荣的条件下，利用高水平电子竞技运动的商品价值和文化价值……使电子竞技运动员获得丰厚的报酬，并且为社会提供竞技体育和文化服务的一种活动"[4]。现阶段，尽管电竞职业选手的素质要求、训练强度和赛事频率有时会超过传统体育/竞技项目，但其在权益保障、违规处罚与申诉救济等方面的制度规范尚不健全；而以这三重维度为核心，在详细考察上述领域中的相关问题并与传统体育/竞技项目相比较的基础上，构建周延的电竞选手规则体系，即是本章的主旨。

第一节　电竞职业选手的权益保障：身份、薪酬与合同监管

在法的一般理论中，围绕特定身份者展开的规则体系通常是以权利、义务

---

[1]　参见超竞教育、腾讯电竞主编：《电子竞技产业概论》，高等教育出版社 2019 年版，第 86 页。

[2]　"赛事活动及选手游戏直播为电竞用户关注的主要内容，关注比例均超过 50%。同时，电竞用户关注俱乐部或电竞选手动态的频次较高，54.5% 的用户至少每周会关注一次，而每天都关注的比例高达 31.4%，每周都在关注电竞俱乐部的用户占比总和超过 85%。"参见艾瑞咨询："2020 年中国电竞商业化研究报告"，载 http://report. iresearch. cn/report/202008/3640. shtml，最后访问日期：2022 年 3 月 28 日。

[3]　周爱光主编：《体育法学概论》，高等教育出版社 2015 年版，第 194 页。

[4]　张鑫、金青梅："我国电子竞技职业化路径分析"，载《体育文化导刊》2016 年第 7 期，第 105 页。

和救济为核心构建而成的，其中权利维度和义务维度是实体性的，救济维度则是程序性的；三重维度之间彼此独立却又不容分割，特别是救济维度中不仅包含了对权利维度遭受侵害时的救济，还包含了义务维度被违法评价时的救济。如罗尔斯所言，"规则体系……规定职务和地位及其权利和义务……这些规则详细说明某些行动是可以允许的，另一些行动是被禁止的；对于可能发生的违犯行为，它们还规定了某些处罚和辩护，等等。"[1]此处的"处罚和辩护"是义务维度在救济维度中的映射。而权利、义务和救济这三重维度外化于电竞职业选手等职业身份者时，就表现为权益保障、违规处罚与申诉救济；或者说，若要为电竞职业选手建构公平合理的规则体系，即应围绕这三重维度展开，并对其中的诸项具体规则进行考察、分析和优化。在这三重维度中，权益保障居于相对核心的位置，违规处罚和申诉救济皆有部分内容是围绕选手权益展开的——违规处罚的具体措施表现为对职业选手部分权益的剥夺或限制，而申诉救济的目的之一则是让受到侵害的权益恢复原状；但随着晚近一段时间国家对电竞产业监管力度的增强，俱乐部及其所属选手如若实施了违规行为，即使相应的处罚措施会对其利益造成严重不利亦应严格执行，以行为规范为主要标尺的违规处罚并非权利保障的附属物，而是有着约束选手行为、赛事风气乃至电竞行业整体的独立功用。

一、作为身份认证的注册管理制度

与传统体育/竞技项目相似，电竞职业选手的基本权益包括赛事参与和成绩认定等竞赛性权益、获取荣誉和奖励等声誉性权益，以及获得工资和报酬等待遇性权益；而权益维度中最为核心的要素在于身份、薪酬和合同，其中身份代表着国家对于选手的认证和认可，也是来自国家的综合性权益保障的前提；薪酬是选手参加各类赛事所能获取的最为重要的物质利益；而合同则是这一利益的主要乃至唯一载体。

在身份认证层面，我国2003年发布的《全国运动员注册与交流管理办法（试行）》即已确立了运动员注册管理制度，其在第5条规定："运动员参加国家体育总局主办的全国综合性运动会和全国单项比赛，应代表具有注册资格的单位进行注册。"这一方面将注册管理设定为运动员身份认证的必要条件；另一

---

〔1〕［美］约翰·罗尔斯：《正义论》，谢延光译，上海译文出版社1991年版，第60页。

方面则赋予了其"参赛权"这一基本权益，或者，未经注册者无法享有这项权益[1]。质言之，"运动员注册"是国家对"运动员身份"的认证，只有经过注册，选手个人才能享有运动员的各项权益并获得来自国家层面的保障。而注册管理的具体工作，则由各单项体育协会负责，如《中国田径协会章程》（2020）第8条、《中国篮球协会章程》（2020）第13条、《中国足球协会注册管理规定》（2016）第3条等皆规定了对运动员、教练员、裁判员等人员进行注册管理的职能。

在电竞场域，仅有部分地方正式开展了职业选手的注册管理工作，负责这项工作的同样是相应地方的电竞协会，如《上海市电子竞技运动员注册管理办法（试行）》（2018）第4条规定："上海市电子竞技运动协会负责本市电子竞技运动员注册管理"；第17条规定："通过首次注册的运动员，由上海市电竞协会颁发上海市电竞协会运动员证书……"[2]《内蒙古电子竞技运动员注册与交流管理办法（试行）》（2019）则在第4条和第16条做出了类似的规定[3]。笔者认为，将电竞职业选手纳入传统的运动员注册管理制度中，主要有两方面作用：一是赋予其正式/正规的运动员身份，为一直游离于"体育项目"之外的电子竞技正名，并将之纳入"国家运动员"的统一管理中[4]——"当职业电竞从业者从个体自发行为到拿到国家资质证明后，舆论影响力会更趋正面，其商业价值也将得到有力提升"[5]；二是与传统运动员接轨，规定与之相同或类似的权利和义务，实现电竞职业选手与传统运动员权利义务的一致性，比如，

---

　　[1]《中国足球协会注册管理规定》（2016）第25条进一步明确了参赛权的含义："球员参加中国足协组织的足球比赛，必须在中国足协注册或备案，且持有中国足协制作并颁发的'足球运动员注册、转会、参赛资格登记证'。球员持有未经有关单位盖章确认注册的'登记证'将不能参赛。"

　　[2] 2019年7月，DOTA2、炉石传说和英雄联盟等共计7个项目的85名选手成为上海首批电竞注册运动员。参见"上海向首批电竞注册运动员颁发证书 共85名选手"，载 https://www.sohu.com/a/331214590_100131082，最后访问日期：2022年3月28日；米瑟："上海电竞协会公布首批运动员注册名单 多支著名战队在列"，载 https://ol.3dmgame.com/esports/11582.html，最后访问日期：2022年3月28日。

　　[3]《内蒙古电子竞技运动员注册与交流管理办法（试行）》（2019）同样明确了参赛权的含义："运动员参加内蒙古电子竞技运动协会主办、承办、协办的电子竞技竞赛，应提前在内蒙古电子竞技运动协会进行运动员注册。"

　　[4]《内蒙古电子竞技运动员注册与交流管理办法（试行）》（2019）在附件一中规定了预备级、三级、二级、一级运动员的认证标准，这与传统运动员的等级认证趋于一致。

　　[5] 夏清华主编：《电子竞技商业模式》，武汉大学出版社2019年版，第62页。

《上海市电子竞技运动员注册管理办法（试行）》（2018）第 4 章和第 5 章所规定的"运动员权益"和"运动员义务"都是针对"注册运动员"的，并在对参赛（第 18、19 条）、获奖（第 21 条）、学习培训（第 22 条）等权益给予保障的同时，对服从选调、参加集训（第 23 条）、公正比赛（第 26 条）等义务进行了限定——尽管这些条款仅搭建了一个整体性的规范框架，但在权益方面规定的高校深造、技能学习等是电竞俱乐部难以提供的，而在义务方面规定的竞技行为、职业操守等则为当前游戏厂商/联盟主导的监管机制增加了一道屏障。

在上述规定尚需进一步细化的同时，还应处理好与游戏厂商/联盟相关工作的衔接。比如，《腾讯 2018 电子竞技运动标准》第二部分 7.1.4 规定了选手的注册要求："成为正式名单之一的选手，必须提交合同汇总表，并经过赛事官方的审核及注册认可后，才有资格参赛。"并通过项下的 5 个条款详细规定了注册流程。尽管这一规定是针对竞技游戏及其赛事的"程序性"事宜，但同样关涉到选手的"参赛权"，即未经注册无法参加游戏厂商/联盟举办的相应比赛。电竞场域之所以会出现"双重注册"的局面，是因为电竞赛事及相关的人员管理、监督惩戒等都是由游戏厂商/联盟主导的，而电竞职业选手的注册也是其中一环。笔者认为，电竞协会与游戏厂商/联盟的选手注册不应是前者取代后者的关系，而应形成分工和互补，即由游戏厂商/联盟给予选手赛事过程中的程序性保障，而由电竞协会乃至政府主体给予选手"运动员"的实体性保障，即为电竞职业选手的诸项基本权益提供上位于游戏厂商/联盟的国家认可和保护。

二、薪酬保障及工资帽制度

获得工资和报酬等待遇性权益最为直接地关涉职业选手的物质利益，是其参与并提供高水平赛事的经济基础。一般而言，职业选手的薪资收入由两部分组成，一是与训练和参赛等相关的基本收入，二是与广告和代言等相关的额外收入，二者皆与选手的竞技水平存在直接关联。对于基本收入来说，"能力是决定工资最重要的因素"，"另一个决定……因素是赛场上的表现"[1]，而各个俱乐部也会有意识地拉开不同选手之间的工资差距，这使得同一个俱乐部且同一个项目的选手之间工资可能相差悬殊；尽管这一设计的目的是"促使每个运动

---

〔1〕［美］布拉德·汉弗莱斯、丹尼斯·霍华德主编：《体育经济学·第二卷》，赵长杰译，格致出版社、上海人民出版社 2012 年版，第 138 页。

员无论训练还是比赛，时时刻刻都要全身心地投入……竭尽全力提高竞技能力，保持最佳的身体和运动状态"[1]，但也可能使部分选手工资过低或得不到基本保障。对于额外收入来说，广告代言需要选手投入的时间和精力相对有限，但能显著增加其总体收入，而这同样取决于选手的知名度[2]，如学者所言，"只有竞技水平极高的运动员方能单凭奖金和广告收入自负盈亏，这意味着运动员在成名之前，其职业生涯实际上是没有保障的。"[3]

在电竞场域，职业选手的收入呈显著增长趋势，比如，2019 年 JDG 俱乐部发布的《英雄联盟》选手招募公告，将年薪设定为 JDG 主力队员 50 万元—1000 万元、JDM 主力队员 25 万元—100 万元、青训队员 8 万元—20 万元；[4]再如，2019 年丹麦《CS：GO》优秀选手 Astralis 年薪为 240 万丹麦克朗（约合人民币 254 万元），奖金则为 39 万美元；又如，2020 年《王者荣耀》最高等级的月薪约为 15 万元，明星选手约为 5 万元—7 万元，普通一线选手约为 2 万元—3万元，[5]等等。目前职业选手和游戏主播薪资倒挂[6]的现象已得到明显缓解，顶级选手的薪资已然不低于顶级主播，况且游戏主播亦是职业选手退役后的就业方向之一；笔者认为，电竞职业选手的薪酬保障应当侧重下列事项：

---

〔1〕 王勇：《体育俱乐部经营管理实践》，中国经济出版社 2015 年版，第 18 页。"给予那些水平更高一些的运动员高得多的工薪，可以激励其他运动员努力提高水平以减小其工资差距。同时这些领取高薪的运动员也……必须不断保持其相对其他队员的领先优势……否则他将被视为一般水平的球员，而这将使其声望和收入大减。"参见郑志强：《职业体育的组织形态与制度安排》，中国财政经济出版社 2009年版，第 249—251 页。

〔2〕 例如，迈克尔·乔丹曾在其职业生涯早期退出了 NBA 的集体授权项目，任何一家经 NBA 授权的企业若想要在其产品中使用乔丹的形象，都需要与乔丹单独签订一份协议；乔丹将其形象授权给数十家制作多种产品的企业，每一个产品授权协议都为乔丹创造了额外的收入。参见［美］丹尼尔·J. 布鲁顿：《体育营销：行业专家的观点》，史丹丹译，清华大学出版社 2017 年版，第 35 页。

〔3〕 肖永平、陈星儒："我国《体育法》中政府职责与体育权利的错位与调适"，载《广西大学学报（哲学社会科学版）》2018 年第 4 期，第 99 页。

〔4〕 参见万南："京东电竞俱乐部招聘 00 后 LOL 青训新人：最高可拿千万年薪"，载 https://news. mydrivers. com/1/621/621932. htm，最后访问日期：2022 年 3 月 28 日。

〔5〕 参见电子竞技人才网："这碗青春饭究竟值不值得吃？浅析职业选手的工资分层"，载 https://mp. weixin. qq. com/s/o_ bFGtPgqHHBv8Qx64xC4g，最后访问日期：2022 年 3 月 28 日。

〔6〕 参见谭青山、孙娟、孔庆波："我国电子竞技赛事发展研究"，载《体育文化导刊》2018 年第12 期，第 58 页；杨越："新时代电子竞技和电子竞技产业研究"，载《体育科学》2018 年第 4 期，第 17页。

（1）建立俱乐部欠薪惩处及保证金制度。个别俱乐部由于成绩不佳或经营不善可能存在欠薪问题，如《DOTA2》选手 hFn、Tavo 起诉 paiN Gaming 俱乐部拖欠 TI8 奖金，《英雄联盟》选手 Patrick、BalKhan 公开指责 Redemption eSports 俱乐部拖欠两个月薪资，[1]等等。对于类似情形，《中国足球协会纪律准则》（2019）第 85 条规定，经认定"俱乐部拖欠球员、教练员工资与奖金的……给予俱乐部警告、罚款、扣分、降级或取消注册资格的处罚。"《中国篮球协会纪律准则和处罚规定》第 45 条规定，相关人员可就欠薪问题向协会投诉，经核实后由协会"给予俱乐部（运动队）警告并责令其在一个月内解决。限期内仍未解决的，则……动用竞赛保证金（如有）填补欠薪空缺……仍拖欠……工资的，给予违规俱乐部或运动队通报批评，直至取消注册的处罚"。而在电竞场域，尽管游戏厂商/联盟会在实践中处理相关问题，但在已经发布的规则中并未纳入对俱乐部及相关人员的罚则，其保障机制在现行立法中亦未形成。笔者认为，游戏厂商/联盟有能力履行传统体育协会的职责，对欠薪俱乐部实施处罚以保障选手的权益；而上述"竞赛保证金"制度虽然未必能补足欠薪的缺口，但毕竟有助于问题的解决或缓解，建议电竞场域予以借鉴。

（2）对普通职业选手实施最低薪酬保障制度。与传统体育相同，推动电竞赛事运转并非仅靠少数顶级/明星选手，普通选手或者说电竞场域的参赛者和从业者也是必不可少的要素，若其薪资过低显然不利于行业整体的健康发展。针对这一问题，部分游戏厂商/联盟设置了最低薪酬保障制度，《腾讯 2018 电子竞技运动标准》第二部分 3.1 关于选手及教练最低薪酬规定："各支队伍必须根据相关的队伍协议的条款，为其注册选手发放规定的最低薪酬……在任何情况下，选手或教练都不得选择接受低于最低薪酬标准的薪酬……"而《2021 赛季 英雄联盟职业联赛比赛规则》2.5.2 进一步将注册选手的最低服务费设定为 2 万元/月，并在 2.5.3 规定了联盟的抽查和处罚事项。最低薪酬保障制度并不是在所有职业选手之间实行收入均等，而是对每一位职业选手给予基础性保障，使其更为专心地训练和参赛，并为电竞场域吸引更多人才；而设定详细的薪酬数额不仅便于操作和监管，还能对各个俱乐部按照统一标准进行约束，增强联盟内部的规范性。但在监管机制上，笔者认为仅靠联盟的抽查并不足以完全覆盖

---

[1] 参见电子竞技人才网："'老赖'战队？paiN Gaming 拖欠选手奖金达两年"，载 https://mp.weixin.qq.com/s/NxIoR5p9h1LbuhDBm_JapA，最后访问日期：2022 年 3 月 28 日。

违规行为，开辟选手的投诉、申诉渠道，设置更具独立性的争议调查机构等，则是执行这项制度的有益补充。

（3）对顶级职业选手实施工资帽制度。工资帽是传统体育/竞技项目中较为常见的一项制度，其目的并非单纯地限制顶级选手的工资，而是防止俱乐部为争夺顶级选手无止境地堆高薪酬而透支经营成本、陷入财务困境——这其实是从侧面对俱乐部选手进行保障，同时防止选手之间的薪酬差距被无限制地拉大。目前 KPL 联盟已经部分实施了这项制度，即规定选手工资总额不得超出某个数额；但由于移动电竞发展尚不成熟，对顶级选手难以准确定价，允许俱乐部借助各种条款以及薪酬递增突破工资上限。[1]而 LPL 联盟拟实施的财务公平规则亦能起到工资帽的作用，即对俱乐部的支出进行限制，超出限制的部分征收"奢侈税"。问题在于，工资帽的另一层功能在于防止某些财力雄厚的俱乐部通过薪酬将顶级选手齐聚旗下，从而过度破坏联赛竞争的平衡性，工资帽制度会间接导致顶级选手在俱乐部之间的分流；然而，《英雄联盟》最高级别的 S 赛属于汇聚各个赛区俱乐部的世界赛，如果 LPL 顶级选手过于分散，显然不利于其在世界赛中的竞争力。[2]笔者认为，电子竞技作为起步较晚的新兴产业，工资帽制度虽有存在的必要，但也不宜过快过严地实施：一方面，随着时间的推移，市场能够大致确定顶级选手的薪酬范围，另一方面，工资帽的具体数额亦应参照国际惯例，充分考虑国外主流俱乐部的薪酬水平，从而在减轻俱乐部财务压力、确保选手基本权益的前提下，不影响我国在世界赛事中的优势地位。

三、趋向选手权益的合同监管

除前文所述的注册管理制度外，电竞职业选手的多数实体性权益都是通过合同与俱乐部约定而成的：由于与俱乐部相比，"运动员始终是处于弱势地位的一方"[3]，合同能否保障选手权益，或者合同条款的设定和执行是否明显对选手方不利是监管层面的重要事项。在传统体育/竞技项目中，"建立备案合同规

---

〔1〕　参见超竞教育、腾讯电竞主编：《电子竞技产业概论》，高等教育出版社 2019 年版，第 32—34 页。

〔2〕　参见七煌电竞："LPL '工资帽'要来了？以后再无银河战舰？"载 https://www.163.com/dy/article/FL1HR8KS0526D1Q6.html，最后访问日期：2022 年 3 月 28 日。

〔3〕　焦洪昌主编：《体育纠纷指导案例选编》，北京大学出版社 2019 年版，第 17 页。

范化管理流程""严格审查俱乐部对合同的履行情况"〔1〕已经成了合同监管的主要发展趋势；而在电竞场域，《腾讯 2018 电子竞技运动标准》第二部分7.1.5 规定了合同备案："队伍与选手的合同须在赛事官方进行备案……"《2021 赛季 英雄联盟职业联赛比赛规则》4.1.6 中进一步规定："队伍与选手或教练的合同须签署后 10 天内在 LPL 官方进行备案……"而联盟方面亦表示将聘请专门的审计和法务团队对合同违规现象加以监管。〔2〕笔者认为，电竞职业选手的合同监管应当侧重下列事项：

（1）联盟有必要制定标准合同，或者通过规定的形式列举合同中的必要条款，并对部分条款的具体内容加以限定。一般而言，选手合同中的必要条款包括工作内容、技能训练、参赛安排、薪酬和福利、生活保障、健康与医疗、商业/推广活动、禁止活动、不当行为与纪律处罚、违约责任、纠纷解决等。〔3〕其中，为了维护选手权益，合同应当特别明确一定期限内的比赛场次、薪酬的组成情况和奖金的分配标准、直播和商业活动的次数及相应的报酬、转会的相关要求等重要事项，以避免俱乐部超出约定范围单方面增加选手的工作及其他义务。而在特殊事项上，以合同期限为例，由于电竞选手的职业生涯较为短暂，如若期限过长不仅会限制其对俱乐部的选择权甚至形成人身依附关系，而且会因俱乐部可能出现的成绩下滑而影响其职业发展。对此，法国将电竞职业选手的合同期限限定为 1—5 年〔4〕，《2021 赛季 英雄联盟职业联赛比赛规则》2.2.6 则将合同期限限定为更加合理的 3 年。2020 年 1 月，由于 JDG 俱乐部向选手 Kanavi 提供为期 5 年的选手服务协议，英雄联盟职业赛事纪律管理团队对JDG 俱乐部处以了 35 万元罚款。〔5〕

（2）选手合同应当符合劳动合同的一般标准。尽管我国《劳动合同法》和《体育法》并未直接将选手合同定性为劳动合同，但由于其中确有选手向俱乐

〔1〕 焦洪昌主编：《体育纠纷指导案例选编》，北京大学出版社 2019 年版，第 17 页。

〔2〕 参见电竞世界："传统体育指引下'财务公平规则'推出，电竞正在迎来更好的发展"，载 https://mp.weixin.qq.com/s/2u028dm18kWHaX7xcucO0Q，最后访问日期：2022 年 3 月 28 日。

〔3〕 参见周爱光主编：《体育法学概论》，高等教育出版社 2015 年版，第 196—199 页。

〔4〕 参见超竞教育、腾讯电竞主编：《电子竞技运动概论》，高等教育出版社 2019 年版，第 43—44 页。

〔5〕 参见 3DM 整理："《英雄联盟》官方发布公告 京东战队被罚款 35 万元"，载 https://ol.3dmgame.com/esports/12166.html，最后访问日期：2022 年 3 月 28 日。

部提供劳动的情形，属于劳动关系的基本范畴，通过劳动合同的一般标准加以约束更有利于选手权益的保障。在司法实践中，"许多职业运动员与俱乐部发生合同纠纷，都采取劳动争议仲裁或司法诉讼解决的方式，裁决均适用劳动法律法规，明确认定职业运动员是劳动法上的劳动者，和俱乐部之间是劳动关系。"[1]而在电竞场域，上海市第一中级人民法院（2017）沪01民终5638号民事判决书将电竞选手叶某怡与英恰公司签订的《演艺事业经纪合同》认定为"包含多种权利义务关系的综合性合同"，但当时的合同内容尚不规范，与目前常见的《选手服务协议》有着较为明显的区别，且设置了5年的期限；同时，法院并未支持选手方对于合同的法定解除权和任意解除权，而是支持了有关单方解除的合同条款，即未将该合同作为单纯的劳动合同对待。此后，湖北省黄石市中级人民法院（2020）鄂02民终551号民事裁定书则将电竞选手郑某楷与上海世竞体育文化有限公司签订的《选手服务协议》认定为劳动合同，并指出，"虽然电竞行业和传统行业相比确实存在如上诉人提到的工作时间、劳动者权利行使等方面的特殊性，但本案仍属于劳动争议范畴"，因此应当"先行向劳动仲裁委员会申请仲裁"。笔者认为，尽管电竞选手确实存在一些有别于普通劳动者的特殊性，如工作时间一般都会超过每周44小时（《劳动法》第36条）、提前30日书面通知即可解除合同（《劳动合同法》第37条）会对俱乐部过于不利等，但这些特殊情形可以在合同中进行特别约定，而如拖欠工资、社保缴纳等劳动争议和劳动保障[2]的内容仍应遵从《劳动法》《劳动合同法》的一般规定，否则电竞职业选手的多项权益就会游离于法律之外而缺乏必要的保障。

（3）单方解除合同的条件应当有利于选手权益。当俱乐部一方作为解除主体时，CBA（中国职业篮球联赛）《国内球员聘用合同》（试行版）（2019）13.9列举了12项单方解除合同的条件，包括"未经甲方书面同意，代表其他球队参加任何比赛，或进行其他任何商业活动"，"乙方在签订本聘用合同时，隐瞒重大疾病或旧伤情况"等；而《腾讯2018电子竞技运动标准》则仅在第二部分

---

〔1〕 周爱光主编：《体育法学概论》，高等教育出版社2015年版，第194页。

〔2〕 尽管上述措施确有可能增大俱乐部的人力成本、管理成本和运营风险，但也有助于电竞场域内选手权益的规范化并逐步向传统体育靠拢。"无论是欧洲的足球联盟还是美国四大联盟的运动员合同都规定了较为完善的运动员福利，这些福利覆盖面广，如保险、退休金制度、残疾补偿金制度，为运动员伤害、残疾、退役和再就业提供了保障。"参见周爱光主编：《体育法学概论》，高等教育出版社2015年版，第196页。

7.1.2 规定队伍不得随意单方面解除其与选手的合作合同，却未对解除合同的条件进行细化规定。笔者认为，尽管"俱乐部在解除合同方面占据了绝对主动"[1]，但为了避免"选手生病超过 30 天队伍有权将其开除""队伍能够以状态不佳为理由随意终止合同"[2]等不公正条款的出现，解除条件既应清楚界定又应严格限制，并且条件的成立必须有充足的事实依据和法律依据，如上述 CBA 标准合同 13.9.1 之规定，若要以违纪为由解除合同，不仅应当有证据证明选手违反了协会和联盟的纪律准则，而且需要选手因此被协会和联盟"禁赛、停赛达 15 场以上"——俱乐部单方解除合同会对选手权益造成十分重大的影响，因此必须在条件齐备时方可实施。当选手一方作为解除主体时，考虑到优秀选手单方解除合同会对俱乐部造成重大损失，因此其解除条件一般只包括不按合同约定支付薪酬、未按约定允许上场参赛两项[3]，《中国足球协会球员身份与转会管理规定》（2015）第 45、46 条分别做出了相应规定，并在第 48 条细化了无正当理由解除合同时选手所应承担的责任；而《腾讯 2018 电子竞技运动标准》则仅在第一部分 5.2.19 规定了选手单方解除合同所对应的禁赛处罚，却未规定选手合法解除合同的情形。笔者认为，为进一步保障选手权益，有必要适当增加选手单方解除合同的条件，如俱乐部无法提供符合技术标准的训练条件、指使选手参与假赛等重大违规行为、对选手实施不公正或歧视性的内部处罚等。

第二节 电竞职业选手的违规处罚：行为规范与处罚案例

在电竞职业选手的规则体系中，义务维度主要表现为对选手赛中行为及其他职业行为的约束；尽管"有权利必有义务"是无可争辩的传统法谚，但对于电竞职业选手而言，其权利和义务虽有关联并存在一定的对应关系，却不完全是"一一对应"的关系，其所应负担的义务并非主要表现为各项权利的反面，而是表现为周延的规范条款对其各项行为所施加的综合性约束。相对应地，违

---

[1] 周爱光主编：《体育法学概论》，高等教育出版社 2015 年版，第 200 页。

[2] 大电竞 LOL："GRF 事件不会再次发生 韩国正式通过《电子竞技振兴修订案》"，载 https://xw. qq. com/cmsid/20200521A0B51500? ivk_ sa =1023197a，最后访问日期：2022 年 3 月 28 日。

[3] 参见周爱光主编：《体育法学概论》，高等教育出版社 2015 年版，第 200 页。

规处罚情况则是行为规范实效性的表现，"实效（efficacy）问题所涉及的乃是法律规范适用于的那些人是否真正遵守这些规范的问题"，而"制裁（sanctions）问题是一个关系到法律实效的问题。人们之所以规定制裁，其目的就在于保证法律命令得到遵守与执行"。[1]在这个意义上，处罚案例是对行为规范实效性的验证，如若违规选手未受到处罚，或者所受处罚未遵照既定规范，则可认为该规范在实效性上有所欠缺。简言之，行为规范的全面、合理设置，违规处罚的公正、合法对待，是规则体系中义务维度的首要目标。

一、作为选手义务的行为规范设置

随着职业选手越来越具有"公众人物"的特征，其行为规范也逐步向复合型拓展——不仅在正规/大型赛事中要受到规则约束，线上的天梯赛/积分赛/排位赛、各类直播活动，乃至日常生活中的部分行为都有着严格的准则。笔者梳理了现行电竞规则中的行为规范条款，并与足球、篮球项目相对照，概括列举如下：

表 8-1　电竞职业选手行为规范条款及与足球、篮球之对照

	《腾讯2018电子竞技运动标准》	《2021赛季英雄联盟职业联赛比赛规则》	《2021年KPL王者荣耀职业联赛春季赛赛事规则》	《中国足球协会纪律准则》（2019）		《中国篮球协会纪律准则和处罚规定》（2018）	
	行为	行为	行为	行为	罚则	行为	罚则
赛中行为	一、电竞赛事标准5.1.5演播干扰	11.1.6影响比赛环境 11.1.7演播干扰	4.1.9演播干扰				

----

〔1〕〔美〕E.博登海默：《法理学：法律哲学与法律方法》，邓正来译，中国政法大学出版社2004年版，第347—348、360页。

续表

《腾讯2018电子竞技运动标准》	《2021赛季英雄联盟职业联赛比赛规则》	《2021年KPL王者荣耀职业联赛春季赛赛事规则》	《中国足球协会纪律准则》（2019）		《中国篮球协会纪律准则和处罚规定》（2018）	
行为	行为	行为	行为	罚则	行为	罚则
5.1.3干扰/无礼行为 5.1.4侮辱行为	11.1.4.1暴力行为 11.1.4.3干扰/无礼行为 11.1.4.4侮辱行为	4.2.10斗殴、辱骂裁判行为	第55条干扰比赛	警告、通报批评、罚款、停赛、其他处罚（可独立或合并使用）。	第24条干扰比赛	警告、通报批评、罚款或核减经费2000元—10000元，停赛2—5场。
			第68条未尊重并完成比赛礼仪或相关仪式	通报批评、罚款、停赛、其他处罚（可独立或合并使用）。	第22条比赛礼仪或相关仪式	警告或通报批评，取消当场或下一场比赛资格。
一、电竞赛事标准5.1.6未经许可的通信	11.1.8未经许可的通信 11.1.2.2非法获得其他队伍的保密资讯	4.1.10擅自通信	第67条未遵守官方比赛流程	通报批评、罚款、停赛、其他处罚（可独立或合并使用）。		
			第71条更改年龄、身份造假	通报批评、停赛、限制或禁止转会、取消注册资格（可并用）。		
作弊行为 5.1.1.4利用漏洞	11.1.2.3.3使用漏洞	4.1.5利用漏洞 4.1.15 BUG-认定 4.1.17 BUG-关				

《腾讯2018电子竞技运动标准》	《2021赛季英雄联盟职业联赛比赛规则》	《2021年KPL王者荣耀职业联赛春季赛赛事规则》	《中国足球协会纪律准则》（2019）		《中国篮球协会纪律准则和处罚规定》（2018）	
行为	行为	行为	行为	罚则	行为	罚则
		联违规，从重处罚新标准				
一、电竞赛事标准5.1.1.3黑客行为5.1.1.5窥屏5.1.1.6代打5.1.1.7作弊方法5.1.1.8故意断开	11.1.2.3.1黑客行为11.1.2.3.2作弊方法11.1.2.3.4窥屏11.1.2.3.5代打11.1.2.4.1破坏他人连接11.1.2.4.2故意断开11.1.2.4.3违规使用设备	4.1.6窥屏4.1.7代打				
兴奋剂		11.1.3使用兴奋剂	4.1.11违禁药物	第77条使用兴奋剂	依照国家体育总局颁布的相关规定处罚。	第40条兴奋剂管制	一名运动员有二次检测结果为阳性，终身停赛。
选手言行	一、电竞赛事标准5.1.2亵渎及仇恨言论5.2.2不负责任的公开言论5.2.5歧视与诋毁	11.1.4.2亵渎及仇恨言论11.2.2.5歧视与诋毁	4.1.8不当言论4.2.3歧视言论4.2.4负面言论	第66条歧视	禁止从事任何与足球有关的活动至少3个月，罚款至少10万元。	第23条歧视、不当言论	警告、通报批评、罚款或核减经费2000元—20000元、停赛2—5场。

续表

《腾讯 2018 电子竞技运动标准》	《2021赛季 英雄联盟职业联赛比赛规则》	《2021年 KPL王者荣耀职业联赛春季赛事规则》	《中国足球协会纪律准则》（2019）		《中国篮球协会纪律准则和处罚规定》（2018）	
行为	行为	行为	行为	罚则	行为	罚则
一、电竞赛事标准 5.2.3 骚扰行为 5.2.4 性骚扰	11.1.4.5 饮酒吸烟 11.2.2.1 骚扰行为 11.2.2.2 性骚扰 11.2.2.6 违规露出或展示	4.2.1 骚扰 4.2.2 性骚扰				
一、电竞赛事标准 5.2.11 有悖公德的行为	11.2.2.7 有悖公德的行为	4.2.7 违法行为 4.2.8 有悖公德的行为 4.2.9 扰乱公共秩序行为				

通过表8-1可以看出：

（1）在立法主体方面，目前电竞场域内的选手行为规范及其对应罚则主要是游戏厂商/联盟设定的，而俱乐部也会通过内部章程和合同等约束选手行为，但俱乐部之间的规范可能并不一致，俱乐部亦不能违反或取代联盟的规则。对于地方性电竞协会而言，尽管《上海市电子竞技运动员注册管理办法（试行）》（2018）第31—34条、《内蒙古电子竞技运动员注册与交流管理办法（试行）》（2019）第42—44条属于选手违规处罚的条款，但内容偏少且主要集中在注册领域，笔者也未能查找到相关案例，其在目前的实践中尚不占主导地位。

（2）在罚则对应方面，《腾讯2018电子竞技运动标准》第一部分5.5、《2021赛季 英雄联盟职业联赛比赛规则》12.2、《2021年 KPL王者荣耀职业联赛春季赛事规则》4.3、《中国足球协会纪律准则》第12条和第13条、《中国篮球协会纪律准则和处罚规定》第7条分别集中列举了各自的处罚措施，并且都有警告、通报批评、罚款、收回奖项、取消参赛资格、禁赛等较为通用的措施。[1]处罚措施可以看作是对选手权益的剥夺或限制，或者说是前文"权益保障"的反面，其中，口头警告和通报批评属于申诫罚，是对选手声誉性权益的否定；罚款和没收奖金属于财产罚，是对选手已获薪酬的剥夺；限制进入竞赛场馆、限制从事与竞赛相关的活动属于行为罚，是对选手从事相关电竞活动的禁止或限制；取消参赛资格和禁赛则属于资格罚，其中终身禁赛一般同时伴随着俱乐部解除合同的处罚，并且等于是永久剥夺了职业选手的身份——可见，选手权益保障维度的主要事项皆以不同形式显现在了处罚措施中。相较而言，在中国足协和篮协的文件中，"行为"和"罚则"在同一条款中是直接对应的，即某一条款在规定违规行为的同时，直接规定了相应的罚则；而电竞文件除个别情况外，仅对违规行为进行了规定，并未"绑定"各自的罚则。笔者认为，由于目前电竞文件中的处罚措施多达 10 余种，如若不与违规行为建立直接的对应关系，则会给予执法者过高的自由裁量权，或者说，对于某一违规行为，执法者选择任一种或几种处罚措施都是"合法"的，这会显著增加处罚的不确定性乃至处罚不公的风险，因此有必要参照中国足协、篮协的文件形成对应关系。

（3）在规范内容方面，笔者将之划分为"赛中行为""作弊行为""兴奋剂"和"选手言行"四个类别，虽然各类规范皆具有相对独立性，但亦有彼此交叉之可能，如作弊行为既可能发生在正规赛事之中，也可能发生在正规赛事之外。与足球、篮球规则相对照，部分行为是电竞与之共有/通用的、部分行为是电竞独有的，亦有部分行为尚未纳入电竞规则。其中，在通用行为方面，最为典型的即是兴奋剂问题。《体育法》第 53 条第 1 款规定："禁止在体育运动中使用兴奋剂。"《体育赛事活动管理办法》（2020）第 40 条规定："主办方和承办方应当按照国家有关规定履行体育赛事活动反兴奋剂职责，积极配合反兴奋剂组织开展宣传教育以及检查调查等工作……在管理权限内对兴奋剂违规问题作出处理。"上述规定适用于体育/竞技的各个项目——表 8-1 中中国足协援用了国家体育总局相关规定，中国篮协关于兴奋剂的规定援用了《反兴奋剂条

---

〔1〕 "实施处罚这一管辖权的渊源来自于相关的规则。通常都会有一个条文授予该纪律机构以权力来实施处罚。在体育联合会的规则中一般可以找到的权力有：处以罚款的权力、禁止参加特定的赛事或者在一段时间内禁赛的权力、开除出联合会的权力，以及普遍存在的施加该裁决机构认为合适的其他处罚的权力。"参见 ［英］米歇尔·贝洛夫、蒂姆·克尔、玛丽·德米特里：《体育法》，郭树理译，武汉大学出版社 2008 年版，第 223 页。

例》等并明确了自身的罚则。在电竞场域，尽管提升肌肉力量、爆发力等的药物对于选手并无助益，但这并不意味着兴奋剂与电竞无涉：阿德拉有助于提高专注能力和反应速度；利他林有助于集中精神、缓解压力；莫达非尼、安帕金神经传递素等则有助于在比赛中保持更长时间的精神集中、头脑清晰甚至提高手速。各类兴奋剂的使用不仅违反竞技公平，并且可能严重损害选手健康，因此，2015 年欧洲电子竞技联盟即已和国际反兴奋剂组织列出了电竞禁药名单；然而就在同年，Evil Genius 战队的 Dota2 选手在直播中将阿德拉药瓶置于桌上[1]，C9 俱乐部的《CS：GO》队伍被指控并承认使用阿德拉，使得"电子竞技赛事中的反兴奋剂系统势在必行"。[2]而表 8-1 中的两项电竞规则并未援用国家统一规定，亦未如中国篮协那样直接规定具体罚则，仅笼统地规定"LPL 官方将有权根据行为的性质和情节的严重程度作出相应处罚"。笔者认为，在兴奋剂问题上，电竞场域并无显著区别于传统体育的特殊性，因此应当与之接轨，适用国家统一的管制和处罚规定，或者以之为依据细化罚则，而非完全交由联盟自由裁量。

（4）在"赛中行为"方面，①对其他选手、工作人员等实施的"无礼行为"，由于涉及赛事活动的基本秩序，电竞规则与中国足/篮协规则并无显著差异；而关于"比赛礼仪或相关仪式"（如双方选手、教练员之间的必要性礼节），虽然已在大型赛事中确立了固定的流程，但尚未纳入电竞规则，有必要将之补充完整。②"演播干扰"和"影响比赛环境"是电竞规则所独有的，由于电竞赛事场地空间较小且相对封闭，选手在竞技过程中又处于固定位置，各类演播设备和计算机设备往往"触手可及"，如若故意破坏势必会中断比赛进程，电竞规则皆做出了禁止性规定。"未经许可的通信"同样是电竞规则所独有的，多数电竞项目中战术设计、临场处置、队员配合等都能影响甚至改变比赛形势，所以选手只能按照规定的途径在己方队员之间进行通信，而不能与外界联系，加之选手并不剧烈的身体活动和通信设备的便携性，使得电竞规则有必要专门对通信加以禁止。③对于"遵守比赛流程"，由于电子竞技是在竞技游戏中展开的，而竞技游戏属于广义上的计算机软件，选手无法更改其中设定的流程，

---

[1] 参见"电子竞技也能嗑药了？兴奋剂检测有必要安排上了"，载 https://www.gamersky.com/zl/201808/1092582.shtml，最后访问日期：2022 年 3 月 28 日。

[2] 参见直尚电竞主编：《电子竞技赛事管理》，高等教育出版社 2019 年版，第 33 页。

所以中国足协规定中的这一要求对于电竞而言并非必要。相反，电竞中同样有着对于选手年龄和身份的限定，尽管在赛前的注册和审查等环节中会核实相关信息，但仍然建议将中国足协规定中"更改年龄、身份造假"一项纳入电竞规则中。

（5）在"作弊行为"方面，①其之所以为电竞规则所独有，是因为作为电竞载体的计算机软硬件的复杂性，为选手利用不当手段获取优势提供了空间：窥屏、故意断开、破坏他人连接、违规使用设备等属于硬件层面，利用漏洞、黑客行为、代打等属于软件层面。由于这类行为会严重损害竞技的公平性，禁止措施也更加严格，如表8-1中《2021赛季 英雄联盟职业联赛比赛规则》规定："任何队伍及其成员不得在竞赛内或竞赛外，采用任何形式的作弊手段或方法。任何作弊或试图作弊行为……都是被禁止的且将由LPL官方自行裁定处罚。"即是说，对于作弊行为的处罚是不限对象、时间和措施的。②作弊行为中最为重要且常见的是"利用漏洞"。相较而言，黑客、窥屏、故意断开等皆为主动行为，在职业选手中较为罕见。只有利用漏洞并非"完全主动"——漏洞的产生并非选手主动为之，而是源于游戏厂商，这在游戏版本更新等过程中是难以避免的。相较其他作弊手段，利用漏洞成本更低且更能破坏游戏的平衡性。对此，《2021赛季 英雄联盟职业联赛比赛规则》规定："LPL官方有权以最高直接判负等严厉的处罚惩罚使用漏洞的队伍"，《2021年KPL王者荣耀职业联赛春季赛赛事规则》直接规定了从重处罚的标准，包括"选手将被禁赛6个月起""赛事高额罚金"等，是为电竞文件中唯一建立了罚则对应关系之处。③表8-1中的电竞规则虽然对"利用漏洞"之外的各类作弊行为进行了细致规定，但不同规则所涵盖的行为类型仍有所差异；鉴于破坏他人连接、违规使用设备等可以出现在任何电竞项目中，笔者认为有必要在不同规则之间实现统一。

（6）在"选手言行"方面，①对于"歧视"和"不当言论"，电竞规则与中国足/篮协规则并无显著差异。尽管二者都强调了社交媒体，但只有电竞规则对"直播"进行了专门规定，因为开展直播活动是多数电竞职业选手的合同义务，且直播过程中选手较为放松或自制力较弱，易于出现不当言论。②电竞规则对选手"日常行为"的要求显然比中国足/篮协规则更为详细，比如对"饮酒吸烟""骚扰行为"的专项禁止，以及《2021赛季 英雄联盟职业联赛比赛规则》11.2.2所规定的"不得做出任何违反中华人民共和国或相关国家地区法律、有损社会公共利益、不符合社会主义核心价值观、有违公序良俗、具有歧视性……贬损他人的人格……内容过激或具有道德争议性、捏造事实……的言论及行为";《2021 赛季 英雄联盟职业联赛比赛规则》同时将"违法行为""有悖公德的行为""扰乱公共秩序行为"三项"社会通则"纳入了选手行为规范。

二、选手违规处罚的相关案例

为进一步考察上述行为规范的实施情况,笔者选取了近期较具影响力的 7 则违规处罚案例,析出了相应的处罚主体、处罚事由和处罚结果,并按时间顺序列举如下:

表 8-2　电竞职业选手违规处罚典型案例列举

编号	时间	处罚主体	处罚事由	处罚结果
01	2020.04	《守望先锋》顶级联赛 OWL 官方	洛杉矶勇敢队选手 Lastro 和旧金山震动队选手 Rascal 在一场面向观众直播的比赛中不当聊天	1000 美元罚金[1]
02	2020.06	英雄联盟职业赛事纪律管理团队	OMG 二队打野选手 Mori 与 FPX 一队上单选手 Khan 在排位赛中发生言语冲突	对 OMD 俱乐部罚款人民币 10 000 元,对 Mori 选手禁赛 2 场[2]
03	2020.07	EDG 俱乐部	EDG 选手 Aodi 在游戏排位时对 keria 选手多次进行人身攻击	扣除当月工资与奖金,记内部警告处分一次[3]
04	2020.11	SN 俱乐部	SN 打野选手 SofM 在游戏排位中出现挂机的消极行为	扣除 1 个月工资,进行严肃教育[4]

---

〔1〕 3DM 编译:"迷惑行为《OW》联赛两位职业选手因不当言论被罚 1000 刀",载 https://www.shenyou.cn/article/415131.html,最后访问日期:2022 年 3 月 28 日。

〔2〕 电子竞技人才网:"有关于 OMG 二队选手 Mori 不当言论的初步结果",载 https://mp.weixin.qq.com/s/grznnsiOfWfEUXD1MY8WCg,最后访问日期:2022 年 3 月 28 日。

〔3〕 七煌电竞:"职业选手又起冲突,EDG 上单选手发表不当言论遭处罚",载 https://www.163.com/dy/article/FILVNP9U0526D1Q6.html,最后访问日期:2022 年 3 月 28 日。

〔4〕 "SN 战队开出罚单,SofM 被扣一个月工资",载 https://www.sohu.com/a/430229937_482821,最后访问日期:2022 年 3 月 28 日。

续表

编号	时间	处罚主体	处罚事由	处罚结果
05	2020.11	VG 俱乐部	VG 选手 Leyan 在排位赛且直播中故意使用恶性 BUG	扣除 3 个月工资，严重警告
		英雄联盟职业赛事纪律管理团队		在以下赛事中处以禁赛：2020 英雄联盟全明星赛；2020 年 LPL 全明星周末；2020 年德玛西亚杯；2021 年 LPL 春季赛首 2 场峡谷之巅账号停封 3 年，通报批评〔1〕
06	2020.11	拳头公司	SANDBOX Gaming 打野选手 Onfleek 在个人直播中发表带有种族歧视的不当言论	禁赛 3 场，罚款 100 万韩元
		SANDBOX Gaming 俱乐部		禁止参与 2021 年 LCK 春季赛第一轮比赛，罚金 300 万元韩元，社会劳动 30 小时〔2〕
07	2020.12	SN 俱乐部	SN 选手 huanfeng 直播中发表"打假赛"的不当言论	扣除春季赛全部奖金〔3〕

通过表 8-2 可以看出：

（1）在处罚主体方面，①有 4 则案例是游戏厂商/联盟做出的，5 则案例是俱乐部做出的，2 则案例是双方先后做出的。而双方既是选手权益的保障主体，又是违规处罚的实施主体，能在不同程度上对其所赋予的选手权益进行剥夺或限制。②尽管俱乐部的罚则一般都是"初步"的且带有"自律"性质，但对于行为规范事项，俱乐部作为处罚主体起到了更为关键的作用——相较而言，参与假赛等重大违规行为，一方面需要游戏厂商/联盟的最终认定，另一方面俱乐部的处罚多为单一的解除合同，因此前者往往能覆盖后者；而选手行为则与俱乐部的人员管理有着更为直接的关联：在电竞产业发展早期，选手职业素养不

---

〔1〕 "乐言排位公然卡 BUG，遭到姿态正义举报"，载 https://www.sohu.com/a/4317055 40_482821，最后访问日期：2022 年 3 月 28 日。

〔2〕 "LCK 打野直播发表辱华言论，遭到拳头禁赛处罚"，载 https://m.sohu.com/a/431223565_482821/，最后访问日期：2022 年 3 月 28 日。

〔3〕 "'海王'事件后焕烽再爆假赛言论，SN 俱乐部发布处罚公告"，载 https://www.sohu.com/a/437582898_ 482821，最后访问日期：2022 年 3 月 28 日。

高、无故缺席训练、不听从俱乐部安排和教练指挥的情况时有发生，[1]这也是俱乐部强化管理职能、细化处罚规则的契机之一，以至于2020年以来职业选手实施的一般性违规行为，俱乐部大多在第一时间给予了处罚。③游戏厂商/联盟作为上位处罚主体，与俱乐部的罚则处于并行关系，对于同一违规行为，一方罚则的实施并不对另一方构成限制：上表中05号、06号案例即是双方分别施加处罚的情形，其中05号案例构成了罚则互补，06号案例则是俱乐部在游戏厂商的基础上加重了处罚[2]——罚则并行的模式显著增加了违规惩戒的力度。

（2）在处罚事由方面，①按照表8-1的行为规范分类，01号、04号案例属于"赛中行为"，05号案例属于"作弊行为"，02号、03号、06号、07号案例属于"选手言行"；即是说，除"兴奋剂"外，晚近的案例大体覆盖了行为规范的各个层面。②"选手言行"是占比最高的违规行为——01号案例虽然发生在赛中，但表现形式是双方选手在观众可见的聊天频道中涉及低俗内容，与赛事之外的"不当言论"虽然时间点不同但性质相同；因此，表8-2中71.4%的处罚都缘于选手的违规言辞。其实，选手行为规范中的很多禁止性事项，对于普通玩家是不受限制或者相对宽泛的，而职业选手往往有着较高的关注度，并且会代表所在俱乐部或国家，因此对于言语冲突、人身攻击甚至歧视性言论和假赛言论等都会严加惩处，这和传统体育具有共通之处；加之电子竞技曾经长期背负社会公众的误解，通过更为严格的规范来约束选手行为，亦是树立自身形象的必要举措。③"赛中行为"占比较少，表8-2中并未出现"演播干扰""擅自通信"等"技术性违规"，而01号案例则是选手并不知晓聊天频道为观众可见；简言之，目前正规/大型赛事活动的基本秩序已能得到有效维持。相较而言，02—05号案例发生在排位赛中，06—07号案例发生在直播中，表8-2中85.7%的案例皆发生于正规赛事之外；这也意味着，在正规/大型赛事中选手普遍较为注重自身的行为管理，能够遵守各项规范、减少或杜绝违规行为，但在天梯赛/积分赛/排位赛乃至个人直播中，由于心态较为放松并且和观众互动较多，往往会疏于管控、不假思索地发表不当言论——与多数传统体育/竞技

---

〔1〕 参见朱东普、黄亚玲："我国职业电子竞技俱乐部发展探析"，载《体育文化导刊》2016年第10期，第113页。

〔2〕 在该案中，拳头公司的处罚力度相对较轻，只是禁赛3场；而SANDBOX俱乐部则进一步将禁赛延续到春季赛第一轮——LCK常规赛一般是双循环打两轮，禁赛一轮相当于半数比赛不能出场。

项目不同，电竞选手参加的排位赛等尽管常常以练习或训练为目的，但却是通过互联网公开的，其观众数量往往不亚于一场中小型赛事，选手一旦言行不当即可造成广泛的不良影响；或者说，除正规赛事外，电竞选手的相当一部分日常训练和生活都是"观众可见"的，其必须对自身行为做到持续化、常态化管控，才能适应不断细化且日趋严格的规范要求。④涉及"作弊行为"的05号案例属于"利用漏洞"之情形。在各项竞技游戏中，游戏厂商都在持续打击包括利用漏洞在内的作弊行为，比如，拳头公司采取的"账户连坐"是指用户在某一竞技游戏中作弊后，在该公司其他游戏中的账号也会被封禁。"硬件封禁"则是指永久阻止作弊者在特定硬件上启动游戏；〔1〕再如，腾讯公司协助昆山警方破获了全球最大游戏外挂案〔2〕，并通过诉讼途径禁售妨碍公平竞技的带有连点功能的手游按键〔3〕，等等。就此而言，对作弊行为的打击已经覆盖到包括普通玩家在内的所有用户，而对职业选手理应更加严格：05号案例尽管只是发生在排位赛中，并且俱乐部已经扣除了违规选手3个月工资，但联盟仍然给予了系列大型赛事禁赛以及封号、通报批评等更高层级的处罚，从而进一步宣示了职业选手的这一禁区。

（3）在处罚措施方面，①游戏厂商/联盟一般通过自身制定的规则予以明示，如02号案例是以《LDL比赛规则》11.1.10及11.2.5为依据并按《LDL惩罚细则》确定了处罚结果。俱乐部则是以自身章程或选手合同为主要处罚依据。②游戏厂商/联盟和俱乐部的处罚措施有所重合又各有侧重。比如，双方皆可采取罚款、禁赛、警告等，而游戏厂商/联盟可以封禁账号、处罚单位（02号案例），并且多数禁赛处罚也是由其做出的。俱乐部的处罚则更具内部管理性质，如扣除工资和奖金等。③笔者认为，游戏厂商/联盟有必要通过单行文件对各类处罚措施加以界定，并根据选手的违规情节和次数等进一步细化罚则，以确保处罚结果的公平公正。如《中国足球协会纪律准则》第15条规定："警告是对违规者的一种最轻处罚，如再次出现违规行为，将对违规者实施进一步纪

〔1〕　参见3DM编译："连坐惩罚！拳头考虑将《Valorant》封禁延伸到LOL中"，载https://www.3dmg-ame.com/news/202005/3788518.html，最后访问日期：2022年3月28日。

〔2〕　参见建嘉："涉案金额达5亿！全球最大游戏外挂案告破"，载https://news.mydrivers.com/1/747/747549.htm，最后访问日期：2022年3月28日。

〔3〕　参见振亭："吃鸡不能用物理外挂了 腾讯告赢物理外挂厂商"，载https://news.mydrivers.com/1/715/715536.htm，最后访问日期：2022年3月28日。

律处罚。"第 21 条第 2 款规定："停赛以比赛场次、天数或月的形式出现。除非另有规定，停赛时间不得超过 24 场比赛或 24 个月"，等等。

第三节　电竞职业选手的申诉救济：争议类型及救济途径

在电竞职业选手的规则体系中，救济维度主要表现为选手在职业范畴内遭受违法或不公正对待时向有关机构提出诉求并请求公正处理的程序性通道。救济维度中所包含的并非实体规则，而是程序规则——无论申诉、仲裁还是诉讼，其本身都不会增加或减少选手实体上的权利义务，而是在实体规则的实施出现偏差时，通过程序规则将选手受到侵害的权利或受到违法评价的义务予以纠正并恢复到应然状态。即是说，"程序法的对象不是人们的实体权利和义务，而是用来申明、证实和强制实施这些权利义务的手段，或保证在它们遭到侵害时能够得到补偿。"[1]需要再次强调的是，救济维度的规则不仅涵摄了权利维度项下的内容，而且涵摄了义务维度项下的内容：在权利维度，选手的权利可能受到侵害，如前述的俱乐部未履行有关选手参赛机会、薪酬发放、劳动保障等方面的义务，其争议主要表现为合同争议，即与俱乐部签订的合同在履行过程中引发的争议；在义务维度，施加于选手的处罚可能是违法的或不公正的，如前述的针对选手各类违规行为所施加的罚款、禁赛、警告等措施存在明显错误，其争议主要表现为违规处罚争议，即俱乐部或游戏厂商/联盟对其实施违规处罚时引发的争议，二者皆可通过救济维度中的相关规则加以纠正，当电竞选手认为俱乐部未按约定履行合同条款，或者俱乐部、游戏厂商/联盟对其施加的处罚缺乏事实和法律依据乃至有失公正时，应当为之设定相应的申诉渠道以符合"有损害必有救济"的基本法谚。而救济途径的健全与否，亦是电竞职业选手规则体系完善与否的重要标志。

一、合同争议及相应救济途径

在合同争议方面，我们将若干救济途径按照应然顺序分述如下：

（1）联盟应当提供优先救济途径。在处理合同争议的若干机构中，联盟是

---

〔1〕　［英］戴维·M. 沃克：《牛津法律大辞典》，北京社会与科技发展研究所组织翻译，光明日报出版社 1988 年版，第 17 页。

第一顺位的救济机构，或者说，当争议发生后，选手应当首先考虑向联盟申请救济。原因在于，①游戏厂商/联盟能够大体掌控主流电竞赛事及其衍生的各项事宜，参加联赛的俱乐部席位以及选手资格皆须由其审核通过；换言之，联盟对于俱乐部具有上位的监管和处罚权。②联盟作为救济机构有着更强的专业性和高效性，相比仲裁和诉讼等"外部"救济途径往往能更为快速和准确地裁决争议。③联盟的优先救济也是电竞行业自治性的一种体现，"任何一个行业都希望将其纠纷在内部解决，而不倾向于诉诸行业外。"[1]而电竞场域内特有的技术规则、竞赛规则、行业规则亦成了约束各类从业者的自治依据。有鉴于此，《2021赛季 英雄联盟职业联赛比赛规则》4.1.6中规定："在俱乐部与俱乐部选手……产生相关争议时，将由官方内部设立的争议解决机构根据具体情形做出最终决定/裁决。"事实上，部分联盟不仅会"积极处理"选手提出的合同争议，而且可能"主动介入"。比如，2020年4月，《王者荣耀》选手阿泰在直播中公开指责TS俱乐部拖欠两年奖金，KPL联盟第一时间介入调查并责令俱乐部在一周内补发全部欠款，而选手从"直播公开"到"收到欠款"历时仅7天。[2]进言之，目前KPL联盟对俱乐部履约情况的监管包括：①定期召开线下选手大会（俱乐部管理层不得参与），与选手沟通并了解其诉求；定期实地走访以了解选手的训练、比赛和生活状况；公布专用邮箱，接受选手反映情况。②赛事奖金分两批发放，第一批发放选手和教练的奖金，俱乐部提供相应的流水和完税证明，联盟向选手核实无误后，才会向俱乐部发放第二批奖金；如果选手和教练没有收到足额奖金，那么俱乐部也无法获得剩余奖金。③定期抽查俱乐部的合同履行情况，如五险一金的缴纳、工资的按时发放等，并在年度考核中对违规俱乐部进行处罚，包括通报批评、扣除俱乐部积分，以及上调应缴保证金等。[3]从上述情况看，联盟的监管机制基本覆盖了俱乐部不履行合同以致选手权益受损的情形；选手遇有合同争议，既可主动向联盟专门机构申诉，也可在联盟的日常监管中反映，而联盟大多可以做出及时且有效的处理。

　　还需提及的是，游戏厂商/联盟和电竞协会的分工协作问题。《中国足球协

---

〔1〕肖永平主编：《体育争端解决模式研究》，高等教育出版社2015年版，第29页。

〔2〕参见澎湃新闻："电竞战队陷入劳资纠纷，KPL联盟如何保障选手权益"，载 https://baijiahao. baidu. com/s？ id=1664824986160207698&wfr=spider&for=pc，最后访问日期：2022年3月28日。

〔3〕参见澎湃新闻："电竞战队陷入劳资纠纷，KPL联盟如何保障选手权益"，载 https://baijiahao. baidu. com/s？ id=1664824986160207698&wfr=spider&for=pc，最后访问日期：2022年3月28日。

会章程》（2019）第 54 条第 2 项中规定："争议各方或争议事项属于本会管辖范围内的为国内争议，本会有管辖权。"《中国足球协会球员身份与转会管理规定》（2015）第 81 条规定："在球员转会中发生的争议，当事方可将争议提交中国足协仲裁委员会仲裁。国内球员在国内发生的纠纷，中国足协仲裁委员会做出的裁决为最终裁决。"由于转会争议以合同为基础，可以认为中国足协已经将之纳入了管辖范围。但同属裁决机构，《上海市电子竞技运动员注册管理办法（试行）》（2018）第 29 条规定："运动员因注册等原因产生争议的，当事各方应当协商解决，也可提请上海市电竞协会仲裁委员会仲裁。"即目前明确列举的仲裁事项仅限注册争议。《内蒙古电子竞技运动员注册与交流管理办法（试行）》（2019）第 45 条规定："运动员注册和交流过程中发生争议问题或出现违规行为，任何单位或个人均可以书面形式向内蒙古电子竞技运动协会、市级性电子竞技运动协会运动或电协管理中心提出申诉或进行举报。"尽管其在第46、47 条进一步规定了 30 天的裁决期限以及类似行政救济的复议和诉讼程序，但争议事项仍然仅限于注册和交流。简言之，电竞协会由于缺乏监管和处罚权，难以和俱乐部形成有效的制约关系；而由联盟主导合同争议的处理，电竞协会从事辅助和补充工作，则有助于形成更为完整的申诉救济机制。比如，2021 年5 月，上海市电子竞技运动协会设立了法律工作委员会和电竞法律服务平台，其职能一方面是对电竞行业提供法律指引并推出示范合同文本、法律汇编、专项法律指南等，尽管其"只有指导性、示范性，并不具有强制性及强制力，但会形成行业内的示范效应，引领行业规范的发展"，甚至"可能在司法过程中会对法院理解适用法律形成很强的解释性及说服力"；另一方面则是为会员之间的争议提供解决方案并形成解决机制，如促成会员间协商、设立调解办公室进行调解等。[1]笔者认为，充分发挥电竞协会的服务性职能，深入研究电竞行业内的相关法律问题，为电竞选手提供专业法律服务，是促进争议解决及推动电竞行业合规发展的重要举措。

（2）劳动争议仲裁和民事诉讼应当成为后续救济途径。对于合同争议中具有劳动性质的部分，如若联盟未能提供救济或者未能做出公正裁决，选手可以采取社会通行的救济途径，即申请劳动争议仲裁，并可对仲裁结果向人民法院

---

〔1〕 参见电竞世界 & 王如华："从今天起电竞有了说'法'"，载 https://mp.weixin.qq.com/s/sL-WdMmE-xlt LubcIHOP6jA，最后访问日期：2022 年 3 月 28 日。

提起民事诉讼。尽管有论者站在俱乐部的立场上，主张"通过服务合同与劳动合同进行区分，适用《合同法》调整并排除劳动仲裁的前置管辖"，[1]但一方面，选手合同中有着不容消抹的劳动关系；另一方面，我国电竞产业发展至今，俱乐部的生存与发展已不再是首要问题，俱乐部的利益已非当然优于选手权益，电竞选手作为劳动者，理应享有劳动者通用的申诉救济途径。《劳动争议调解仲裁法》（2007）第5条规定："发生劳动争议，当事人……可以向劳动争议仲裁委员会申请仲裁；对仲裁裁决不服的……可以向人民法院提起诉讼。"换言之，劳动争议仲裁是民事诉讼的前置程序。根据河南省南阳市卧龙区人民法院（2019）豫1303民初5654号民事判决书的记载，当事人首先申请的即是劳动争议仲裁。河南省南阳市劳动人事争议仲裁委员会认为：申请人和被申请人之间具有明显的从属性，申请人必须遵守被申请人的相关管理制度，服从日常训练及参赛安排；申请人从事的工作正是被申请人开展业务的重要组成部分，且申请人为被申请人提供的劳动为有偿劳动，《选手服务合同》也明确约定了报酬标准及付款方式和付款时间，因此，双方已形成事实劳动关系。而在被申请人提起的民事诉讼中，河南省南阳市卧龙区人民法院同样认定双方存在事实上的劳动关系，并判决被申请人给付拖欠的工资和解除劳动关系的经济补偿金。由此可以看出，无论电竞场域内的选手合同具有怎样的特殊性，都无法掩盖其中存在劳动关系这一事实；而劳动争议仲裁和司法裁判也有着比联盟裁决更高的法律效力，当选手的合同争议难以在行业内部解决时，仲裁和诉讼应当成为其可靠的"后续"救济途径。

二、违规处罚争议及相应救济途径

相较于民事性质的合同争议，违规处罚更具有行政性质，并且实施处罚的主体主要是俱乐部和游戏厂商/联盟；对于这类争议，如若由联盟作为主要处理机构，则有"自己做自己的法官"之嫌，因此，开辟高位的救济途径是确保公正处理的首要选择。

（1）联盟的申诉机制应确保公平公正。《2021赛季英雄联盟职业联赛比赛规则》12.4.1规定："如果队伍对于LPL官方的裁决或惩罚有疑异，可以以电

---

〔1〕　吴明："电竞俱乐部与电竞选手的合同类型之争"，载 https://www.sohu.com/a/336805638_120051855，最后访问日期：2022年3月28日。

邮形式向 LPL 官方申诉，申诉将由 LPL 官方的仲裁委员会处理。"在这一规定中，违规处罚的实施主体是 LPL 联盟，而处理申诉的主体则是其下设的仲裁委员会。《2021 年 KPL 王者荣耀职业联赛春季赛赛事规则》9.1 中规定："对不端行为处罚的决定权完全属于 KPL 联盟。KPL 联盟在判罚公布 3 个工作日内接受申诉，申诉将由 KPL 仲裁委员会终裁，最终裁定以终裁结果为准不再更改。"同样，在这一规定中，违规处罚的实施主体是 KPL 联盟，而处理申诉的主体亦是其下设的仲裁委员会。此外，在 Newbee 俱乐部假赛事件中，作为民间联盟的 CDA 同样设定了申诉期，处理申诉的亦是 CDA 联盟本身。[1] 可见，上述联盟虽然都为违规处罚争议提供了救济途径，但作为救济机构的联盟或其下设的仲裁委员会都是内部性质的，而且单方面排除了外部救济。笔者认为，在联盟内部处理申诉的情况下，应当更为严谨地设置程序以最大限度地保证裁决的公正性，如参与处罚程序的人员不得作为仲裁委员会的组成人员，以及借鉴《行政处罚法》(2021) 第 64、65 条的规定纳入听证程序并实行案卷排他制度，等等。

（2）设立外部仲裁机构和人民法院的救济机制。电子竞技和传统体育一个不甚合理的共通之处在于，其仲裁机构都是内部的并且排除外部救济。比如，《中国足球协会纪律准则》第 8 条将纪律委员会设定为违规处罚机构，而第 106 条第 1 款则将仲裁委员会设定为申诉处理机构，二者皆属中国足协的内设机构；同时，《中国足球协会章程》(2019) 第 54 条中规定："本会及本会管辖范围内的足球组织和足球从业人员不得将争议诉诸法院。"这将违规处罚及其救济完全限制在了中国足协内部。同样，《中国篮球协会章程》(2020) 第 59 条将纪律与道德委员会设定为违规处罚机构，《中国篮球协会纪律准则和处罚规定》第 67 条则将仲裁委员会设定为申诉处理机构，二者皆属中国篮协的内设机构；尽管前者明确规定"纪律与道德委员会负责人不能同时为本会会员、执委和秘书处人员"，兼顾了程序正义，但对仲裁委员会人员却没有做出限制性规定。笔者认为，将申诉救济限制在行业内部并没有充分的正当性理由，或者说，"专业性"以及"行业自治和自决"并不构成排除外部救济的充分理由，否则，一切通行的行政性司法救济都将失去立足之基，而体育和电竞的行业特殊性并非绝然优于其他行业。如贝洛夫教授所言，"在国内、国际体育行会作出内部裁断

---

[1] 参见"《DOTA2》假赛被曝 Newbee 战队遭禁赛、踢出 CDA"，载 https://www.sohu.com/a/395442218_120099877，最后访问日期：2022 年 3 月 28 日。

后，并不能阻止当事人继续向法院起诉或提起仲裁。尽管有的体育行会规定其内部纠纷解决机制作出的裁决是最终裁决，当事人不得继续寻求其他救济手段（如司法诉讼），但这样的规定往往在合法性或者合宪性上存在问题，类似寻求司法救济一类的权利往往是受宪法保护的基本人权，不容剥夺。"[1]笔者认为，电竞场域内的违规处罚可以以内部救济为主，但在内部救济无法发挥作用或者无法获得公正结果时，应当提供有效的外部途径以供选手进一步寻求救济。

考虑到裁决的专业性和程序的快捷性，对于电竞职业选手的违规处罚申诉，首先可以设立独立于游戏厂商/联盟的外部仲裁机构。具体而言，①该机构与游戏厂商/联盟不存在隶属关系，并且可以成为《体育法》规定的"体育仲裁机构"的组成部分，或者说，可以成立专门的电竞分委员会以处理相应案件。《体育法》第 92 条将体育仲裁的范围明确限制在违规处罚争议和注册交流争议，与此处的电竞争议一致——由于电子竞技的内在架构相当程度上都是借鉴或参照职业体育设置的，将电竞争议案件纳入统一的体育仲裁机制，也有助于各项目之间的相互协调和共同进步。②仲裁庭、仲裁程序和仲裁规则可以统一适用《体育法》中的对应条款，但仲裁员除符合第 93 条的基本要求外，还应增加电竞从业人员代表，并且其劳动关系不得隶属于游戏厂商/联盟，以保证仲裁裁决的权威性和公正性。③由于电竞场域难以容纳类似 CAS 这样的国际仲裁机构，或者说国际仲裁机构无法排除游戏厂商的主导地位，外部仲裁机构只能在不同国家分别设置且只能管辖国内案件，而如何适用法律和执行裁决、如何处理跨联盟或者涉外的申诉案件，以及内部裁决和外部仲裁应当如何衔接等问题，还需通过立法进一步加以细化。

按照普通的仲裁规则，对仲裁裁决不服者可以继续向法院提起诉讼："如果一项有效的法律……授予私人以权利或权力，那么……在它们遭到侵损时应当得到司法机关的保护"[2]，即便是对 CAS 的裁决有异议，也可以向瑞士联邦法院提起诉讼请求撤销裁决，我国《体育法》第 98 条同样规定了向法院申请撤销仲裁裁决的诸种情形，这是"司法终局"原则的应有之义。原因在于，

---

〔1〕　[英] 米歇尔·贝洛夫、蒂姆·克尔、玛丽·德米特里：《体育法》，郭树理译，武汉大学出版社 2008 年版，第 31 页。

〔2〕　[美] E. 博登海默：《法理学：法律哲学与法律方法》，邓正来译，中国政法大学出版社 2004 年版，第 347—348 页。

一方面，电竞乃至体育中的违规处罚并非只涉及技术性问题，而是"涉及财产和经济利益并且可能影响运动员人格的具有巨大利害关系的经济活动""这些规范不再受法律的调整是不恰当的"[1]；另一方面，"审级的复数化至少可以在程序上最大限度地保证正义的实现，让当事人获得更多的机会去纠正仲裁过程中可能产生的错误。"[2]具体而言，①尽管对于电竞选手的违规处罚具有行政性质，但做出处罚的俱乐部和游戏厂商/联盟显然不具有行政主体资格，无法纳入行政诉讼范畴，只能由民事审判庭进行审理。[3]②但当事人双方毕竟分属处罚主体和处罚对象，二者实质上的法律地位并不平等，电竞选手处于相对弱势的一方，因此可以借鉴行政诉讼中的有关规则，比如，赛中的违规行为以及各类作弊行为，相关的数据和信息都掌握在游戏厂商/联盟手中，选手难以取证，此时可以采取举证责任倒置，或者允许申请法院收集调取证据等，以确保诉讼程序的公平性。③在法律适用方面，对于国内已有高位阶立法的通行性事项，应当认定其对于联盟规则的优先性，如对电竞场域中兴奋剂问题的处罚，法院应当优先适用《刑法》《反兴奋剂条例》和《反兴奋剂管理办法》等。而对于其他非典型性事项，法院则有必要审查联盟规则是否违反《体育法》等所规定的基本原则，从而督促电竞职业选手的权益保障、违规处罚和申诉救济在现代法治的框架下不断完善和进步。

---

〔1〕 周爱光主编：《体育法学概论》，高等教育出版社 2015 年版，第 117 页。

〔2〕 肖永平主编：《体育争端解决模式研究》，高等教育出版社 2015 年版，第 51 页。

〔3〕 "在纪律处罚的案件中，应当存在某种救济措施，而无需考虑另外一个问题，就是被诉称遭到侵犯的权利的性质是源自于私法还是公法……无论有无合同，服从某一纪律处罚机制本身，就是指控者、被指控者与裁决机构之间事先所存在的足够的法律联系。"参见 [英] 米歇尔·贝洛夫、蒂姆·克尔、玛丽·德米特里：《体育法》，郭树理译，武汉大学出版社 2008 年版，第 185 页。

第九章　电竞高校教育的挑战与应对

电竞产业的高速发展同样催生了相关人才的需求和高校专业教育的需求：在人才需求方面，2020 年，人社部中国就业培训技术指导中心发布的《新职业在线学习平台发展报告》显示，未来 5 年电子竞技员和电子竞技运营师合计需求近 350 万人；[1]在专业教育方面，2016 年教育部《普通高等学校高等职业教育（专科）专业目录》增补了"电子竞技运动与管理"专业，目前已有中国传媒大学、上海体育大学等开设了电竞本科专业，北京京北职业技术学院、黑龙江商业职业学院等开设了电竞专科专业。一般而言，电竞高校教育是指大学、高职及第三方平台针对学生及部分在职人员开展的电竞专业知识课堂教学和实践训练等活动。作为实践性较强的专业，电竞高校教育与学生就业情况亦呈紧密对接的状态。2020 年《全国深化"放管服"改革优化营商环境电视电话会议重点任务分工方案》第 1 项第 3 条要求"稳定和扩大就业，破除影响就业特别是新就业形态的各种不合理限制"，"适应并促进多元化的新就业形态"；在此基础上，《教育部办公厅关于严格核查 2020 届高校毕业生就业数据的通知》将"电子竞技工作者"纳入"9. 自由职业（编码 76）"范畴，使得电竞职业正式成为高校毕业生的就业方向。而探索电竞高校教育如何实现"产业链–岗位需求–人才培养"的相互关联，如何细化课程设置、师资配备、校企合作等具体方案，以及如何通过学生就业和行业招聘来反推电竞教育改革，即是本章的主旨。

第一节　产业引导：对接产业链各环节的电竞高校教育

一、电竞产业诸环节及其衍生岗位

中共中央办公厅、国务院办公厅《关于推动现代职业教育高质量发展的意

---

〔1〕 参见"人社部 & 阿里钉钉：《新职业在线学习平台发展报告》（全文）"，载 http://www.100ec.cn/detail--6565616.html，最后访问日期：2022 年 3 月 28 日。

见》（2021）第 3 项第 7 条中规定："鼓励学校开设更多紧缺的、符合市场需求的专业，形成紧密对接产业链、创新链的专业体系。"电竞高校教育的诞生即是源自电子竞技对专业人才的需求，而为产业发展培养并输送人才即是电竞教育建设的目标之一。在传统体育产业中，运动员、教练员、体育科研人员、体育教学人员、体育医疗保健人员、体育经营管理人员等皆是"体育要素市场"的组成部分[1]；相较而言，电子竞技如今已经形成了更为复杂多元的产业链条——尽管同属电竞产业，但由于跨度较大、差异较为明显，不同产业环节对于从业者专业知识和技能的要求也有所不同，比如，软件产业对应电竞游戏策划/开发等岗位，需要掌握程序语言、数据引擎、美术制作等技能的人员；直播产业对应电竞解说/主播等岗位，需要掌握视频剪辑、口语表达并对游戏机制具有深刻理解的人员；等等。就此而言，若要在电竞行业中实现"产业链–岗位需求–人才培养"相对接，首先应当将产业整体拆分成各个环节，并精确把握每一环节所对应的职业岗位和人才需求，从而将其所需要的知识和技能对应到电竞教育的专业设置中。此处笔者选取了电竞产业链中较为典型的 6 个环节，按照不同的职业方向析出了 14 个对应岗位，并将各个岗位的工作内容和技能要求[2]概括列举如下：

表 9-1 电竞产业环节与职业岗位对应关系示意

电竞产业链	职业方向	对应岗位	工作内容	技能要求
软件产业	产品研发	游戏策划	设计策划游戏内容及结构，包括背景故事、游戏规则、交互环节等。	①基本的市场调研能力；②对程序、美术和音乐的鉴赏能力；③良好的文字表达和沟通能力。
		游戏开发	竞技游戏的详细设计、编码和内部测试，解决游戏开发和维护过程中的技术问题。	①精通 MySQL 等数据系统、Java 等编程语言；②良好的面向对象设计能力；③了解竞技游戏系统架构、数据结构和游戏引擎。

〔1〕 参见张瑞林、王会宗主编：《体育经济学概论》，高等教育出版社 2016 年版，第 152 页。

〔2〕 参见直尚电竞主编：《电子竞技导论》，高等教育出版社 2018 年版，第 14—21 页；超竞教育、腾讯电竞主编：《电子竞技职业生涯规划》，高等教育出版社 2019 年版，第 34—43 页。

电竞产业链	职业方向	对应岗位	工作内容	技能要求
竞赛表演产业	赛事参与	职业选手*	参加各类电竞赛事、常规训练，服从俱乐部日常运营安排。	①操作水平高、游戏理解透彻；②能快速学习不同游戏版本。
		教练员*	为选手制订训练计划、设计战术执行方案、进行赛后复盘、研究其他战队的战术及选手特点。	①较高的游戏操作水平、对技战术有深刻理解；②较强的管理和沟通能力。
		裁判员	保证赛事的公平性，制止并判罚违规行为；负责报名信息对比、计算机调试、作弊监督等事项。	①熟悉各电竞项目及比赛规则；②接受过系统的裁判员培训，持有相关资格证书；③较强的责任感和沟通能力。
		数据分析师*	对比赛和选手数据进行深入分析，寻找存在的问题并提供解决方案。	①对竞技游戏有较深的理解；②擅长比赛的观察及数据的统计与分析；③能灵活运用 Excel 等制表软件。
		驻队医师	针对手部、腰部、脊椎等身体疾病进行康复理疗；提供心理咨询，制定并实施心理治疗方案。	①较高的医疗技巧，丰富的医疗知识储备及临床经验；②熟练掌握心理咨询、心理治疗的专业知识。
		俱乐部经理*	俱乐部的日常运作、人员管理及未来规划，处理商务活动、创造营收。	①较强的市场信息收集能力；②较强的人员管理和商务谈判能力；③优秀的文字处理能力，善于制定解决方案。
	赛事执行	赛事策划与执行※	撰写赛事流程策划方案，组织开展赛事，进行比赛现场的统筹、监督、管理，并于赛后整理总结。	①了解电竞赛事的具体举办流程；②具备较强的执行力，能将策划方案转化为执行方案，并细化工作流程、保证赛事质量。
直播产业（赛事+主播）	内容制作	节目编导策划※	视频节目的创意策划，带领团队进行广告片、直播视频拍摄工作，完成节目的后期制作。	①丰富的文化底蕴和广阔的想象空间；②独立撰写脚本、宣传片方案；③对色彩、构图、镜头语言感觉敏锐。
		视频制作※	制作比赛视频，搜集素材、形成赛事节目。	①掌握 3D Studio Max、Adobe Premiere、After Effects 等视频剪辑软件；②了解竞技游戏，善于

续表

电竞产业链	职业方向	对应岗位	工作内容	技能要求
				挖掘视频中的亮点及特色；③良好掌控作品的主题创意和节奏等。
	赛事解说	解说员/主播※	讲解、分析独立场次的电竞赛事。	①深刻理解竞技游戏；②对俱乐部、选手和战术有系统的分析和独到的见解；③语言表达能力强、仪表形象良好，随机应变能力强。
场馆地产		场馆运营※	电竞场馆内部设施的日常维护、地产招商、运营管理等。	①了解电竞场馆的运营方式和商务运作模式；②了解电竞场馆内设施的维护方法；③良好的沟通、协调、统筹能力。
信息产业		媒体宣传※	媒体关系的日常维护，通过微博、微信等进行宣传推广并对效果进行评估及优化。	①了解竞技游戏及电竞用户的关注点；②优秀的沟通能力、文字撰写能力、业务拓展能力。

二、电竞岗位的类型划分及专业匹配

2019年4月，人力资源和社会保障部等制定的《人工智能工程技术人员等职业信息》将电竞列为新职业，并将职业岗位划分为"电子竞技员"和"电子竞技运营师"两类。其中，"电子竞技员"是指从事不同类型电子竞技项目比赛、陪练、体验及活动表演的人员，主要工作任务包括参加电竞项目比赛；进行专业化电竞项目训练；收集和研究电竞战队动态、电竞游戏内容，提供电竞数据分析；参与电竞游戏的设计和策划，体验电竞游戏并提出建议；参与电竞活动的表演。按照这一界定及具体工作内容[1]，该职业岗位主要是指表9-1所列的职业选手，同时辐射到教练员、数据分析师和俱乐部经理（在表9-1中用*标出），即以"参赛"为核心工作的人员。而人力资源和社会保障部制定的《国家职业技能标准电子竞技员（2020年版）》将该职业岗位分为五级/初

---

[1] 参见"新职业——电子竞技员就业景气现状分析报告"，载 http://www.mohrss.gov.cn/SYrlzyhshbzb/dongtaixinwen/buneiyaowen/201906/t20190628_321882.html，最后访问日期：2022年3月28日。

级工、四级／中级工、三级／高级工、二级／技师和一级／高级技师五个等级，并分别列举了每个等级的技能要求和相关知识要求，其中绝大部分都是围绕电竞项目（竞技游戏）展开的，包括人机操作、技术训练、战术制定、团队配合、赛时局面、心理调节以及相关的指导分析等；该职业岗位专注于"竞技"工作，主要目标是在电竞赛事中取得优异成绩，尽管其也包含了"电竞活动表演""电竞项目开发"等辅助性事项，但仅限于高级等级并对应教练员和俱乐部管理人员，可以看作是职业选手发展的后续阶段。

"电子竞技运营师"则是指在电竞产业从事组织活动及内容运营的人员，主要工作任务包括电竞活动的策划和规划，设计并制定活动方案；维护媒体渠道关系，对电竞活动的主题、品牌进行宣传、推广、协调及监督；评估电竞活动商业价值，拓展与赞助商、承办商的合作；制作和发布电竞活动的音视频内容；对电竞活动进行总结报告，对相关档案进行管理。按照这一界定及具体工作内容[1]，该职业岗位主要是指表9-1所列的赛事策划与执行，同时辐射到节目编导策划、视频制作、解说员／主播、场馆运营和媒体宣传（在表9-1中用※标出），即以"办赛"和"播赛"为核心工作的人员。而人力资源和社会保障部制定的《国家职业技能标准电子竞技运营师（2020年版）》将该职业岗位分为四级／中级工、三级／高级工、二级／技师、一级／高级技师四个等级，并分别列举了每个等级的技能要求和相关知识要求，其中绝大部分都是围绕赛事活动展开的，包括方案策划、活动营销、业务洽谈、宣传推广、后勤管理，以及相关的审核和评估、培训和指导等；该职业岗位专注于"运营"工作，主要目标是让电竞赛事取得优异的社会效果和商业效果。

从目前的行业需求来看，电子竞技运营师及所包含的赛事策划与执行、节目编导策划、媒体宣传等都存在着较为明显的人才缺口。比如，EDG俱乐部有100多名队员，但只有40多名运营人员，赛事活动、体育医疗、视频后期、电竞媒体等岗位皆"有待补齐"[2]；Hero久竞电竞俱乐部能够提供场馆、赛事、

---

[1] 参见"新职业——电子竞技运营师就业景气现状分析报告"，载 http://www.mohrss. gov. cn/SYrlzyhshbzb/dongtaixinwen/buneiyaowen/201907/t20190705_ 322555.html，最后访问日期：2022年3月28日。

[2] 参见电竞世界："尴尬了，电竞企业并不需要电竞专业的学生？"载 https://mp. weixin. qq. com/s/O0kpaBhDWMOcPjOovDpd2A，最后访问日期：2022年3月28日。

品牌、媒介、渠道运营、内容制作等岗位，其中部分需要应届毕业生[1]；而上海市电子竞技运动协会秘书长朱沁沁指出，电竞行业最大的人才缺口并非运动员，而是体现在全产业链上的专项性人才[2]。其部分原因在于，一方面，电竞从业者很多是由职业选手退役后转型担任的[3]，虽然精通竞技游戏和相关赛事，但缺乏俱乐部管理、品牌营销、赛事运营等专业知识；另一方面，拟进入电竞行业的求职者多来自互联网、金融、文教传媒等领域[4]，而缺乏电子竞技的专业知识——"兼具职业比赛经验和运营经验的管理人员，目前在各大俱乐部中尚且不多。"[5]而电竞高校教育的功能之一，就在于培养既具备电竞专业知识又能从事管理、策划、运营、直转播等一项或几项工作的人才，并将之嵌入电竞产业的各个环节中。

需要特别说明的是，电竞高校教育主要培养的是"电子竞技运营师"，而非"电子竞技员"，或者，主要培养的是电竞产业链中软件产业、直播产业、场馆地产、信息产业以及竞赛表演产业中负责赛事执行的人员，而非竞赛表演产业中职业选手、教练员、裁判员等直接参与比赛的人员。原因在于，①由于我国对于电子竞技的管理模式属于"监管和服务"而非"举办和参与"，电竞职业选手的选拔机制不同于多数传统体育/竞技项目，其是由各个俱乐部"横向"开展的，而非从中央到各个省市"纵向"开展的；高校中的电竞专业也不同于地方体校，高校和电竞俱乐部之间并不存在直接或间接的隶属关系。②电竞职业选手的竞技能力并不是通过高等教育"习得"的，尽管其需要长期而刻苦的训练，但天赋仍然占据了较高比重——这显然不是以知识和技能传播为主导的高校教育所能给予的。况且，普通高校本科毕业生的年龄已经接近或超过职业选手的退役年龄，职业选手的招募主要是通过青训营、全民赛事体系或者

---

〔1〕 参见陈均："首届电竞专业学生毕业了，第一批吃螃蟹的他们还好吗？"载 https://www. thepaper. cn/newsDetail_ forward_ 11010111，最后访问日期：2022 年 3 月 28 日。

〔2〕 参见电竞世界："S10 全球总决赛本周末打响丨人才缺口大，但电竞教育仍需'冷思考'"，载 https://mp. weixin. qq. com/s/TnXq9tupRm0cMvsn6nMB0g，最后访问日期：2022 年 3 月 28 日。

〔3〕 参见电竞世界："又现'800 万人才缺口'，电竞能否消化 2021 首批'正规军'？"载 https://mp. weixin. qq. com/s/f1wBBjBiNXvCP_ -lzO2dAA，最后访问日期：2022 年 3 月 28 日。

〔4〕 参见电竞世界："2020 年电竞企业平均年薪 17.52 万元 新增职位数同比增长 41.89"，载 https://mp. weixin. qq. com/s/EZLNO4BJhMhiibOB16wuIQ，最后访问日期：2022 年 3 月 28 日。

〔5〕 镜像娱乐："微博、快手相继入局电竞，寻找千亿市场的'超游戏'价值空间"，载 http://k. sina. com. cn/article_ 6216747334_ 1728c094600100tfev. html，最后访问日期：2022 年 3 月 28 日。

发掘有潜力的业余玩家[1]，高校毕业生并非合适人选。[2]③除职业选手外，教练员更适合由退役的高水平职业选手担任，因为该岗位需要对竞技游戏有着透彻的了解，能够通过观察选手的操作特征来制定合理的战术体系，并成为选手的引导者和教育者，丰富的参赛经历对之有着较高的助益，而相应的经营管理等知识则非必备；同理，裁判员也更适合由声望较高的退役职业选手担任，高校毕业生亦非合适人选。就此而言，一方面，电竞高校教育应当与电竞行业的岗位需求相匹配，形成清晰的定位及准确的专业设置，应当着重培养能够通过高校教学和实训充分掌握知识和技能的岗位人才，即表9-1中除职业选手、教练员、裁判员等之外的10余个职业岗位；另一方面，电竞高校教育不应局限在产品研发、赛事执行、内容制作中的某一个或几个环节，而应有所侧重地覆盖这10余个职业岗位，以形成电竞高校教育至电竞产业发展之间的通道。

第二节　专业建设：政策扶持下电竞高校教育的结构优化

在传统体育层面，高校教育一直有着较为稳定的政策支持，比如，《体育法》第89条规定："国家发展体育专业教育，鼓励有条件的高等学校培养教练员、裁判员、体育教师等各类体育专业人才，鼓励社会力量依法开展体育专业教育。"《国务院办公厅关于加快发展体育产业的指导意见》（2010）第2项第10条规定："鼓励……多渠道培养既懂经济又懂体育的复合型体育产业管理人才。有关高等院校要积极推进教育教学改革，优化专业和课程设置，培养适应体育产业发展需要的专门人才"，等等。而晚近电竞高校教育也获得了部分地方的政策支持，笔者查找并梳理了13部电竞专项文件，列举了其中的教育-培训条款（见表9-2），并将在后文展开分析。

---

〔1〕　参见洛珍念："电竞产业，面临人才培训'生死劫'"，载 https://mp. weixin. qq. com/s/CPuf KOk-JXurOE_ iQ_ 3vkA，最后访问日期：2022年3月28日。

〔2〕　根据《国家职业技能标准电子竞技员（2020年版）》的规定，电子竞技员的"受教育程度"仅需"初中毕业"；尽管申报三级/高级工及以上岗位的条件之一是"具有大专及以上本专业或相关专业毕业证书"，但该条件可以通过取得省级、国家级和国际电竞赛事的参赛资格或奖项代替，这使得高校教育并不是申报电子竞技员高级岗位的必要条件。相反，根据《国家职业技能标准电子竞技运营师（2020年版）》的规定，"具有大专及以上本专业或相关专业毕业证书"则是申报电子竞技运营师三级/高级工及以上岗位的并列条件之一。

表 9-2　部分地方关于电竞教育-培训的政策措施

文件名称	电竞教育-培训条款
《黑龙江省发展电子竞技产业三年专项行动计划（2018—2020年）》（2018）	四、（三）支持大专院校、职业学校增设电子竞技运动与管理等专业，开展各类职业教育和培训……加强校企合作，多渠道引进和培养电子竞技产业复合型人才。
《关于推动北京游戏产业健康发展的若干意见》（2019）	三、（三）支持发展电竞产业职业教育，鼓励具备条件的高校和职业学校设立相关专业；支持行业协会、专业机构等针对各类电竞从业人群开展专业技能和行业规范培训。
《关于促进上海电子竞技产业健康发展的若干意见》（2019）	2. 鼓励企业对接高校、科研机构及全球电竞研发团队，加强产学研用深度结合。 12. 支持本市高校和职业学校设立电竞专业或电竞学院，科学制定教学计划和人才培养方案，编写电竞教材、培育专业师资、编制考核标准，建立学术高地，培养各类电竞专业人才。支持企业、行业协会或专业机构针对赛事解说、组织运营、转播制作、电竞裁判、经纪管理等各类从业人群开展专业技能和行业规范培训……设立电竞培训机构和实训基地……促进电竞领域非学历教育培训市场规范发展。
上海市《静安区关于促进电竞产业发展的实施方案》（2020）	二、4. 整合上海大学、上海戏剧学院、逸夫职校、行健学院等区域内各类院校、电竞龙头企业及专业培训机构的专业资源，从学历教育、职业教育、在职教育、科普教育四个层面开展电竞专业教育与培训，做好产业和教育的有效对接。
《广州市促进电竞产业发展三年行动方案（2019—2021年）》（2019）	二、（三）鼓励电竞企业与高校科研单位加强产学研结合。 三、（十二）支持本市高校和职业学校开办电竞学院或开设电竞专业，培养各类电竞专业人才。
《佛山市南海区文化广电旅游体育局关于促进电竞产业发展的实施细则》（2021）	三、（六）2. 对佛山市内各类高等院校、业余体校、职业院校、教育机构在南海区内设立电子竞技专业课程或校外学历教育教学点、且年度实际招生 60 人及以上、年度专业课程（教学点）正式上课时间不少于 150 天的，按获得教育或人社部门认可的学历或培训证书给予 1000 元/人补贴。
《成都市人民政府办公厅关于推进"电竞+"产业发展的实施意见》（2020）	三、（五）14. 鼓励高校、高职、中职设立电竞相关专业，建立电竞实训室，成立专业教师团队，编制电竞相关教材，科学制定教学计划，培养电竞编导、电竞演艺与主持、电竞赛事策划与执行等不同专业方向和教育层级的技术技能创新型人才……支持企业、行业协会或专业机构针对赛事解说、组织运营、转播制作、电竞裁判、经纪管理等各类从业人群开展专业技能和行业规范培训。

文件名称	电竞教育-培训条款
《关于促进苏州市电竞产业健康发展的实施意见》（2021）	二、（七）支持苏州各类高校和职业院校、业余体校、教育机构开设电竞课程或开办电竞专业，针对赛事解说、组织运营、转播制作、电竞裁判、经纪管理等各类从业人群开展专业技能和行业规范培训。 三、（六）支持在苏高校开设电竞类专业，自获批并实现招生当年起，每年给予一定的建设经费支持。
《关于促进太仓市电竞产业健康发展的实施意见》（2021）	二、（七）支持我市各类高校、机构开设电竞相关专业，开展赛事解说、组织运营、转播制作、电竞裁判、经纪管理等专业技能和行业规范培训。 三、（六）支持在太高校、企业和社会组织开设电竞类专业培训课程，正式招生后给予一定项目支持；培训毕业学员与太仓电竞企业或俱乐部签订就业合同的，按300元/人标准给予奖励，签订见实习合同的，按100元/人标准给予奖励。
南京市《江宁开发区促进电子竞技产业加快发展的若干政策》（2020）	第12条 对建设电竞游戏相关的学生实训（实习）基地的企业或机构，给予最高100万元补贴……支持企业、高校、机构开展电竞理论研究与教材编纂，对于正式出版并纳入教材的……给予不超过30万元的一次性奖励。
《银川市人民政府关于促进电竞产业发展的实施意见》（2017）	三、（三）对本市域内各类高等院校、职业院校增设电子竞技专业课程且实际招生60人以上的，一次性奖励30万元，用于提高师资质量、建设电竞试训基地。
《杭州市下城区人民政府关于打造电竞数娱小镇促进产业集聚发展的实施意见（试行）》（2018）	三、14. 对经核准的入驻小镇电竞数娱培训机构，三年内给予培训机构人才奖励：在培训期限一年期内的培训班毕业学员与小镇内电竞数娱企业签订就业合同的，每学员奖励电竞培训机构200元。
福建省《平潭综合实验区关于加快推进电竞产业发展的实施意见》（2019）	四、（十一）鼓励区内职业院校开设电竞专业，对开设电竞专业且实际招生人数达到60人以上的区内职业院校一次性奖励10万元。支持开设电竞专业培训机构。对所培养的电竞人才与区内企业签订劳动合同每年达20人以上的电竞专业培训机构予以年度一次性奖励10万元。

一、高校电竞专业的开设状况及层次提升

在电竞高校教育的若干问题中，首要的即是专业开设——只有电子竞技进

入了高校的专业体系，才有后续的招生、授课乃至系统化的人才培养工作。在传统体育层面，《国务院关于加快发展体育产业促进体育消费的若干意见》第3项第5条中规定："鼓励有条件的高等院校设立体育产业专业，重点培养体育经营管理、创意设计、科研、中介等专业人才。"《国务院办公厅关于加快发展体育竞赛表演产业的指导意见》第3项第10条规定：加强体育产业创新创业教育服务，支持有条件的高等院校设置相关专业和课程。二者都将高校教育中相关专业的开设列入了政策目标之中。在电竞层面，"电子竞技运动与管理"已经逐步进入了部分高校的专业体系，比如，根据《北京市教育委员会关于公布2018年新增高等职业教育专业名单的通知》，北京京北职业技术学院开设的电子竞技运动与管理专业通过了教育部的备案审批；澳门科技大学2019/2020学年开始招收电子竞技特长生[1]；而根据人力资源和社会保障部2019年的统计数据，已有6所本科院校、23所高职院校、9所中职院校开设了电竞相关专业。[2]此处的问题在于：

第一，开设电竞专业的高校层次相对较低，重点院校明显偏少。在笔者的调查数据中，只有中国传媒大学属于"211工程"和"双一流"建设高校、上海体育大学属于"双一流"建设高校，其余皆为民办或高职院校。[3]尽管表9-2中有11部文件明确支持高等院校、职业院校等开设电竞专业，占文件总数的84.6%，但一方面，目前绝大多数电竞专业都开设在职业院校中，普通乃至重点本科院校数量稀少；另一方面，上述文件并未对重点院校规定详细的扶持措施，或者并未对学历教育制定区别于职业教育的特殊方案。而重点高校的数量直接决定了其所能培养的电竞高水平人才的数量——目前电竞行业缺乏的并不是普通的"从业人员"，而是高水平的"专业人才"；尽管黑龙江省文件仅规定了大专院校、职业学校以及各类职业教育和培训，但从学生就业情况来看，本

---

[1] 参见文乐生："继人社部新电竞职业后 澳门科大开始招收电竞特长生了"，载 https://ol.3dmgame.com/news/201902/17096.html，最后访问日期：2022年3月28日。

[2] 参见"新职业——电子竞技员就业景气现状分析报告"，载 http://www.mohrss.gov.cn/SYrlzyhshbzb/dongtaixinwen/buneiyaowen/201906/t20190628_321882.html，最后访问日期：2022年3月28日。

[3] 相较而言，美国已有众多常青藤等百名院校开设了电子竞技专业（Esport Program），包括加州大学欧文分校、俄亥俄州立大学、贝克学院、南加利福尼亚大学等。参见电竞世界："电竞教育深度解读：2021年全球电竞观众规模将达4.74亿，高端人才稀缺！"载 https://mp.weixin.qq.com/s/2c_v_AFcvmhVqDMSR9zaCg，最后访问日期：2022年3月28日。

科教育明显优于专科及其他职业教育，况且，如果电竞高校教育长期集中在高职阶段，显然难以培养出能够推动行业发展的核心人才。笔者认为，各地方有必要在现行政策的基础上，鼓励并支持省属重点院校或当地本科院校开设电竞相关专业，并细化扶持措施，为其招生、师资、校企合作等事项提供便利条件。

第二，电竞专业学历教育明显偏少且层次有限。由于目前电竞专业集中开设在高职院校，学历教育占比过低；而现有的学历教育也仅限于本科层次，硕士和博士研究生环节尚属空白[1]。一方面，学历教育的层次一定程度上限制了电竞行业人才培养的层次，或者说限制了具有更高专业知识储备的人才进入电竞行业；另一方面，电竞产业同样需要科研工作及纵深层面的理论研究[2]，特别是作为核心环节的软件产业，为了提升我国在电竞行业的话语权，拥有自主知识产权且能为市场接受的竞技游戏即是关键所在，而游戏策划、游戏开发等岗位皆需较深的知识水平和较强的技术能力，普通本科教育往往难以与之对接。电子竞技需要高等教育科学研究和人才培养的双向介入，但我国电竞教育体系内应用型、低学历比重过高，知识型、研究型比重过小，而表9-2所列文件皆未提及硕士以上的学历教育，这对电竞行业的长远发展不利。笔者认为，有必要提高学历教育层次，探索并开设硕士及以上的电竞相关专业，以使电竞人才培养的格局和电竞产业发展的升级相适配。

第三，电竞专业的学科定位不够清晰且缺乏一致性。按照《普通高等学校高等职业教育（专科）专业目录》的认定，"电子竞技运动与管理"（670411）归属于"教育与体育大类"（67）中的"体育类"（6704），但目前电竞专业在各高校中的学科定位呈现出错综复杂的局面。比如，在本科教育层面，中国传媒大学将"艺术与科技（数字娱乐）"专业设置在动画与数字艺术学院，上海体育大学将"播音与主持艺术（电竞解说方向）"专业设置在传媒与艺术学院，四川电影电视学院将本科部分的"数字媒体艺术游戏竞技"设置在新媒体

---

〔1〕　相较而言，俄亥俄州立大学的电子竞技专业设置了从本科到硕士的与电竞专业相关的课程，包括电竞管理、游戏设计、计算机编程、电竞商业化以及康复治疗等。参见电竞世界："电竞教育深度解读：2021年全球电竞观众规模将达4.74亿，高端人才稀缺！"载 https://mp.weixin.qq.com/s/2c_v_AFcvmhVqDMSR9zaCg，最后访问日期：2022年3月28日。

〔2〕　《国务院关于加快发展体育产业促进体育消费的若干意见》第3项第5条要求"加强体育产业理论研究，建立体育产业研究智库"。

学院数字媒体艺术系，三者都是艺术类本科；在高职教育层面，同为"电子竞技运动与管理"专业，黑龙江商业职业学院、石家庄财经职业学院、山西信息职业技术学院等将之设置在信息工程系，河北软件职业技术学院将之设置在软件工程系，北京京北职业技术学院将之设置在影视技术系，哈尔滨科学技术职业学院、湖南体育职业学院则将之设置在体育系。[1]笔者认为，形成这一局面的原因之一是电竞产业链过长，比如，表9-1所列举的职业岗位中，解说员/主播、节目编导策划等与艺术类更为接近，数据分析师与信息工程更为接近，视频制作与影视技术更为接近，游戏策划、游戏开发与软件工程更为接近，等等；上述任何一个学科范畴都不足以囊括电竞专业的全貌，单纯的艺术类、软件工程、影视技术等并不能充分满足各个产业环节的用人需要。笔者认为，在理想情况下，应当将电子竞技设置成一个独立的院系，并下设能够对应不同职业岗位的专业方向；如果无法实现，则可以在校内不同院系分别设置电竞专业的对应方向，从而在学科定位层面上实现"岗位需求-人才培养"的对接。

二、高校电竞专业的招生政策及释明义务

高校电竞专业的招生情况能够大体决定向电竞行业输送人才的数量与质量。自2017年起，各高校已经陆续开展了电竞专业的招生工作并已形成一定规模，此处的问题在于：

第一，与专业开设相一致，电竞专业的招生仍然显著向职业教育倾斜。比如，2021年，作为重点院校的中国传媒大学计划招生30人、上海体育学院计划招生40人，而作为高职院校的湖南体育职业学院计划招生60人、河北软件职业技术学院计划招生70人、黑龙江商业职业学院五年制高职计划招生93人、三年制专科计划招生35人；根据《2021年黑龙江省高职院校单独招生计划》中的数据，全省高职院校电子竞技运动与管理、播音与主持（电子竞技解说、网络主播）两项专业三年制专科的合计招生总数为185人，而该省并无本科及以上的电竞专业招生计划；加之该省的电竞产业发展规模有限，毕业生若要从事本专业工作势必会向产业发达地区迁移。笔者认为，除适当提升学历教育的

---

〔1〕 美国最早开设电竞专业的是加州大学欧文分校，并将之设置在商务管理系。参见电竞世界："电竞教育深度解读：2021年全球电竞观众规模将达4.74亿，高端人才稀缺！"载 https://mp.weix-in.qq.com/s/2c_ v_ AFcvmhVqDMSR9zaCg，最后访问日期：2022年3月28日。

招生数量外，各高校应当根据毕业生的实际就业情况来确定电竞专业的招生计划，或者由省级教育行政部门来限定省内电竞职业教育的招生总数，以免人才培养和岗位需求出现错位。

第二，部分地方的招生扶持政策尚需进一步细化。表9-2中共有6部文件规定了电竞专业招生扶持的政策条款，占文件总数的46.2%，其中，苏州市文件仅规定"一定的建设经费支持"而无具体数额；银川市文件是按照招生人数给予一次性奖励；太仓市和杭州市下城区文件是按照毕业生与电竞企业或俱乐部签订就业/见实习合同来给予奖励；佛山市南海区文件是在限定招生人数、授课时间的基础上，以学员获得学历或培训证书为基准给予补贴，而福建省平潭综合实验区则是综合了银川市和太仓市的两项政策。笔者认为，首先，地方性政策的主要目的是扶持本地电竞产业的发展，毕业生在本地就业才有相应补贴或奖励，这类规定尽管尚在情理之中但仍不免有些狭隘；其次，为确保"人才培养-岗位需求"的对接关系，毕业生的就业情况应当成为政策基准之一。最后，为保证人才培养的质量、避免盲目扩大招生，毕业生学历/职业资格的取得情况亦应成为政策基准之一。因此，各地方在电竞专业开设/招生时给予高校、培训机构等一次性奖励，后续按照毕业生学历/职业资格的取得和实际就业情况给予相应数额的补贴，是电竞招生环节更为合理的政策方案。

第三，部分高校在招生过程中并未尽到释明义务。释明义务是指高校应当以主动公开等方式向报考者详细阐明电竞专业的报考条件、授课内容、就业方向等必要性事项。尽管电竞爱好者中仅有31.7%愿意从事电竞行业[1]，并且其中仅有19.9%想成为职业选手[2]，但社会公众仍然普遍存在着"电竞专业旨在培养职业选手"这样的误区，需要招生高校加以澄清；而目前仍有部分高校在专业简介中将电子竞技运动员基础、电子竞技游戏操作、电子竞技技战术训练等列为核心课程，并将电子竞技员列为就业方向等，同样应予以纠正。同时，电竞专业招生应当将"对电子竞技具有必要的认知"作为报考条件之一。尽管对于四川某高校的调查数据显示，因游戏爱好而选择电竞专业者仅占25%，

---

〔1〕 参见腾讯电竞："《2020全球电竞运动行业发展报告》发布：中国拥有5.3亿人次电竞人口"，载 https://mp.weixin.qq.com/s/u99ePdk2DDb2kqfYyzvimA，最后访问日期：2022年3月28日。

〔2〕 参见超竞教育、腾讯电竞主编：《电子竞技用户分析》，高等教育出版社2019年版，第42—43页。

选择该专业者普遍较为理性而非沉迷游戏，[1]但若对电子竞技及竞技游戏一无所知或毫无兴趣，反而会为后续的学习、实训等带来诸多不利因素。在笔者的调查数据中，只有中国传媒大学在报考条件中要求"学生应对游戏行业有一定了解并对游戏创作、电子竞技感兴趣"。而由于目前无论是"艺考"还是"体考"都没有针对电子竞技的测试内容，笔者认为，可以单独通过笔试或机考的形式测试考生对电竞及游戏的了解程度；同时，鉴于电竞专业的性质，测试应当以知识性内容为主，操作性内容则应限制在20%以内。

三、高校电竞专业的课程设置及岗位对接

课程设置是电竞专业建设的核心环节，其直接决定了学生在校期间所能习得的具体知识和技能；合理的课程设置不仅能让学生"学有所长"，而且能让学生在未来的工作中"学以致用"。此处的问题在于：

第一，各高校电竞专业的课程设置较为零散且缺乏一致性。比如，在重点院校中，中国传媒大学艺术与科技（数字娱乐）专业的课程包括：赛事策划、赛事管理、赛事导播、游戏概论、游戏叙事、游戏心理学、游戏策划、游戏创作、游戏数据分析、电子竞技解说以及特效短片创作、数字视频编辑、数据库设计与开发等[2]，可以近似地划分为赛事、游戏和媒体三个模块；四川电影电视学院数字媒体艺术游戏竞技专业的课程包括：电竞文化史、电子竞技运动心理学、电子竞技运动训练学、电子竞技运动竞赛分析、电子竞技竞赛管理学、电子竞技市场管理学、电子竞技主持与解说、艺人经纪、赛事转播、电竞游戏交互设计、多媒体 UI 创意、互动艺术创新思维、用户体验分析及互动设计等，仍然可以划分为赛事、游戏和媒体三个模块；而上海体育大学播音与主持艺术（电竞解说方向）专业的课程包括：电竞文化通论、电竞产业经济学、电竞赛事运营与管理、电竞心理学、电竞项目技战术分析、电竞数据统计与分析、电竞解说概论、电竞解说实训、电竞节目制作、电竞专业外语、电竞运筹学等，相对集中于媒体模块。在高职院校中，同为"电子竞技运动与管理"专业，河北软件职业技术学

〔1〕 参见潘捷、龚博文、黄子洋："电子竞技运动与管理专业的新生调查与分析——以四川某高校为例"，载《学周刊》2018 年第 8 期，第 182—183 页。

〔2〕 参见电竞世界："电竞教育深度解读：2021 年全球电竞观众规模将达 4.74 亿，高端人才稀缺！"载 https://mp.weixin.qq.com/s/2c_v_AFcvmhVqDMSR9zaCg，最后访问日期：2022 年 3 月 28 日。

院的专业课程包括：电子竞技游戏规则和理论知识、电子竞技运动员基础、电子竞技游戏实践训练、播音主持、电子竞技解说、电子竞技新媒体运营实战、电子竞技俱乐部管理、电子竞技赛事管理、数据分析等；湖南体育职业学院专业课程包括：电子竞技概论、电子竞技技术基础、电子竞技技战术训练与运用、电子竞技裁判、电子竞技心理学、计算机软硬件维护、电子竞技多媒体应用基础、电子竞技活动策划、电子竞技赛事运营与管理、电子竞技俱乐部运营与管理，等等。

由此可见，尽管可以按模块进行划分，但无论是重点院校还是高职院校，以相同或近似名称命名的课程仅占课程总数的一小部分，这意味着各高校电竞专业具体开设何种课程是自主决定的，其优点在于灵活性强，课程可以随着行业和技术的变化适时调整；缺点则在于设置零散且在各高校间缺乏一致性，而当前电竞教材的现状也无法满足名目繁多的"特色课程"，况且，课程设置"各自为政"也会影响所培养的人才在电竞行业的"通用性"。笔者认为，国家教育行政部门有必要为电竞专业设置统一的主干/核心课程，如电竞概论、电竞文化通论、电竞产业经济学等，以使学生掌握行业通用的基础知识，在此之上则可根据师资力量和自身特色开设不同模块的选修课。

第二，电竞专业课程存在"通识性"和"专业性"的矛盾。在各高校开设的电竞课程中，一个较为显著的特征即是"通识性"——本科 4 年或专科 3 年的课程覆盖了电竞产业的多数环节，比如，游戏策划、游戏创作、电竞游戏交互设计、数据库设计与开发等课程对应软件产业，电竞赛事运营与管理、电竞俱乐部管理、游戏数据分析、艺人经纪等课程对应竞赛表演产业，电竞主持与解说、电竞节目制作、数字视频编辑、电竞项目技战术分析等课程对应直播产业，电竞新媒体运营实战、多媒体 UI 创意、互动艺术创新思维、用户体验分析及互动设计等课程对应信息产业，计算机软硬件维护等课程对应 PC-移动产业，等等。这种"通识性"课程设置的优点在于，毕业生能够获得电竞行业各个岗位的专业知识，就业时可以应对不同岗位的需要，甚至并不局限于电竞行业——根据《国家职业技能标准电子竞技运营师（2020 年版）》对"本专业或相关专业"的界定[1]，掌握上述专业课程的毕业生可以参与传统体育赛事及俱乐

---

〔1〕　高职：电子竞技运动与管理、数字媒体应用技术、市场营销、网络营销、会展策划与管理、视觉传播设计与制作、广告设计与制作、广播影视节目制作、媒体营销、传播与策划；本科：市场营销、视觉传达设计、会展经济与管理、广播电视编导、数字媒体艺术、文化产业管理。

部的运营[1]、手游或端游的开发乃至其他信息媒体等关联行业的工作；简言之，即是不把学生捆绑于电竞产业链或是其中某一个环节，以限制或缓解电竞行业的就业风险。[2]而通识性课程设置的缺点则在于"专业性"不足，学生往往只对各个模块的知识有初步的了解或掌握基本的技能，而缺乏纵深层面的把控，即"广度有余，深度不足"；特别是部分技术类岗位，如游戏策划、游戏开发、数据分析等[3]，学生很难通过一两门课程的学习而熟练掌控。在笔者的调查数据中，只有上海体育大学的电竞专业明确对应了电竞解说这一职业岗位，符合此处的"专业性"定位。根据 2019 版《上海体育学院本科教学培养方案（传媒与艺术学院）》，其所开设的专业必修课如普通话语音与发声、表演基础理论、播音主持创作基础、演播空间处理、节目主持人文案写作等是围绕"播音与主持"展开的，电竞赛事运营与管理、电竞传播学、电竞赛事现场报道、电竞评论与解说、电竞项目技战术分析等是围绕"电竞与解说"展开的；其所开设的专业选修课如影视配音艺术、融媒体节目策划与制作、专业竞演与传播实践等则皆是围绕"播音与主持"展开的。这一课程设置以播音主持为主、电竞为辅并集中围绕两个模块展开，充分体现了"播音与主持艺术（电竞解说方向）"的专业定位；学生经过 4 年的学习能够具备较为专业的电竞解

---

〔1〕 即如论者所言，"传统体育和电竞在管理上有很多共通性，传统体育领域的优秀管理人才，完全可以通过一定的电竞知识培训，成为新的电竞管理人才"。反之亦然。参见洛珍念："电竞产业，面临人才培训'生死劫'，载 https://mp.weixin.qq.com/s/CPufKOk - JXurOE_ iQ_ 3vkA，最后访问日期：2022 年 3 月 28 日。

〔2〕 与之相似，英国北安普顿大学（The University of Northampton）电竞专业 BSc（Hons）Esports 课程包括电竞技术、选手与教练心理学、数据分析、市场调研、赛事组织和电竞媒体等，通过电竞赛事以及观摩专业电竞队伍，增加实战经验以及拓宽业界视野和确定未来职业发展方向；培养主教练/分析师、市场营销媒体人、产品经理、销售/合作伙伴关系经理、行政裁判、组织的所有者/经理、社交/社区媒体经理等岗位人才。参见电竞世界："电竞教育深度解读：2021 年全球电竞观众规模将达 4.74 亿，高端人才稀缺！"载 https://mp.weixin.qq.com/s/2c_ v_ AFcvmhVqDMSR9zaCg，最后访问日期：2022 年 3 月 28 日。

〔3〕 "近年来游戏产业虽然较为热门，但由于这一产业发展的时间并不长，目前国内开设游戏设计相关课程的顶尖学校较少，造成创意型高等人才输出不足。而由于游戏企业庞大的人才需求，企业只能从相关培训机构招收集中培训的速成型人才，培养周期在半年内甚至更短，这一类人才虽然很好地满足了游戏企业的临时需求，但也存在一定的局限性。"参见中国游戏产业报告："伽马数据发布《2020 中国游戏创新与发展趋势报告》：产业创新指数同比增 12% 仍面临四大挑战"，载 https://baijiahao.baidu.com/s? id=1678877064297977699&wfr=spider&for=pc，最后访问日期：2022 年 3 月 28 日。

说的能力及节目主持的知识和技能，能够直接从事乃至胜任相应工作，其显然较之 4 年内仅开设一门电竞解说课程的毕业生更具"专业性"。当然，"专业性"课程设置亦存在就业方向较为单一的缺点，笔者认为，鉴于目前国内为电竞设置专业性课程的情况较为罕见，各高校可以结合自身师资力量适当增加课程设置的"专业性"或者在课程体系内部进行方向性划分，如产品研发方向、赛事执行方向、赛事解说方向等，据此调整专业课程的侧重点，从而实现与职业岗位的进一步对接。

第三，电竞课程可以融入关联专业的课程体系中。前文已经述及，目前多数高校的电竞课程尚未做到与职业岗位完全对接，并未按照表 9-2《关于促进上海电子竞技产业健康发展的若干意见》规定的赛事解说、组织运营、转播制作、电竞裁判、经纪管理或者《成都市人民政府办公厅关于推进"电竞+"产业发展的实施意见》（2020）中规定的电竞编导、电竞演艺与主持、电竞赛事策划与执行等的人才需求进行细化；而表 9-1 之所以并未依次列举电竞产业的 13 个环节，是因为部分环节对于电竞专业知识和技能的需求不占主导地位，即有人员掌握一定知识即可满足需要。比如，在"PC-移动产业"中，计算机硬件厂商和手机厂商掌握主流竞技游戏的硬件需求和特性，以及职业选手和普通用户在人体工学上的操作习惯，即可生产电竞设备，而无需或只需少量专业电竞人才；再如，在"旅游产业""周边产业（实体）"和"电商平台"中，从业者将一定程度的电竞知识融入本行业中即可实现目标，同样无需或只需少量专业电竞人才。就此而言，在开设电竞专业的重点院校尚属少见且高职院校尚以"通识性"课程为主的前提下，可以将电竞课程按照不同模块分别融入体育、旅游、工商管理、市场营销、新闻传播、数据科学、软件设计等关联专业的课程体系中，作为专业选修课乃至集中为专业方向，从而打破专业之间的"壁垒"，培养"既懂电竞，又懂运营、管理、数据、媒体等"的复合型人才。

四、高校电竞专业的师资配备与教材编写

教师和教材属于课堂讲授环节必不可少的"基础设施"，而电竞作为新兴专业，"配套不足"的现象还较为明显。此处的问题在于：

第一，各高校应当多渠道解决电竞专业教师配备不足的问题。2017 年电竞专业初次招生时，并不存在"专职"的电竞教师——由于电子竞技的学科体系尚未建立，加之硕博阶段的学历教育仍处空白，通常以"教学+科研"为主要

工作的高校电竞教师无从产生；在这一背景下，补齐专业师资可从以下渠道着手：①借助关联专业的师资力量。比如，在上海体育大学，围绕"播音与主持"开展的专业必修课与选修课可由原有教师承担，而直接以"电竞"为名的4门必修课则可由关联专业的教师通过学习、培训和企业交流等形式将电竞知识融入本专业来承担；而专业教师丰富的教学技能是相较从业人员的优势所在。②聘请电竞从业人员作为兼职教师。高水平的电竞从业人员通常会对行业的基本情况、工作内容和方法有着较为充分的知识积累，由他们来讲授电竞专业课程可以在相当程度上弥补校内教师实践经验的不足；特别是，实施"通识性"课程设置的高校，其自身的教学资源很难覆盖包含了各个产业环节的电竞课程，聘请从业人员是执行教学计划的必然选择。比如，上海体育大学聘任李晓峰（SKY）等10多名前职业选手、电竞解说员、解说嘉宾作为校外专业导师；北京京北职业技术学院聘请 LOL 官方解说员、RNG 的 TI9 战术教练、华嘉电竞团队教练与解说等来校讲解赛事运营知识，等等。需要注意的是，一方面，应当按照课程门类乃至职业岗位分别聘请不同领域的从业人员，比如电竞解说课程应当聘请现任的官方解说或知名主播进行讲授，电竞俱乐部运营课程应当聘请主流俱乐部的管理人员进行讲授，等等；另一方面，由于从业人员并非"全职教师"，通常无法按照每周固定课时授课，可以换用专题讲座的形式，并可采取集体授课的模式，由多名从业人员分工协作共同承担某一课程的授课任务。③拓展电竞专业硕博阶段的学历教育，从而为专业教学储备师资。而表 9-2 中上海市文件和成都市文件都做出了有关专业师资、教师团队和考核标准的政策性指引。

第二，电竞专业教师的培养和选取应当借鉴既定的行业标准。尽管目前电竞专业普遍面临师资不足的问题，但教师的配备仍然应当坚持高水平、高质量，从而保证学生在课堂讲授中充分习得专业知识和技能。2020 年中国通信工业协会电子竞技分会发布了《中国电子竞技培训讲师标准》（T/CA 204-2019），尽管其并非直接针对高校教师，但仍可作为参考标准适用于兼职教师。比如，"高级电子竞技培训讲师"的认定条件包括作为职业选手参加过国家级以上电竞赛事或从事电竞教育 2 年以上等，而其资格鉴定包含了教学设备使用、知识讲授、作业布置等教学能力要求。特别是该标准分别规定了初级、中级、高级讲师的具体技能要求，如高级讲师中"1.2.2 了解竞技游戏行业的职业体系、行业构成和职能分工"属于"竞技游戏基础与行业认知"类别，"3.3.1 深刻理解电子竞技涉及的数据及指标的作用、内涵和外延"属于"电子竞技游戏综合能力"

类别，而"6.2.2 能针对学生的需求运用多种方式方法进行示范"则属于"授课技巧和技术指导"类别等，全面覆盖了"专业"和"教学"两个领域。由于这一技能要求涵盖了电竞专业的多门课程，高校教学管理人员可以参照其中的部分内容来考察教师是否具备相应课程的授课能力，从而使专业师资符合或优于既定标准的规定。

第三，电竞专业教材的编写应当注重体系化并及时更新。目前高等教育出版社、电子工业出版社、清华大学出版社、武汉大学出版社等已经分别出版发行了电竞专业的系列教材，特别是高等教育出版社的教材已达 15 种以上。需要注意的是：①电竞教材应注重体系化建设并提升课程覆盖率。一方面，部分出版社的系列教材还存在种类偏少的问题，而体系化建设不仅能使高校师生有更多的选择，而且有助于综合不同教材中的精华内容，以增加课堂讲授中的优质知识；另一方面，电竞教材应当与已开设的课程相对应，而部分高校开设的电竞项目技战术分析、电竞数据统计与分析、电竞市场管理学、电竞游戏交互设计、电竞节目制作等课程至今仍未有与之对应的教材，使得部分教师不得不"自编教材"[1]。表 9-2 中南京市江宁区文件将电竞教材编纂列为扶持对象，即给予不超过 30 万元的一次性奖励，具有较强的借鉴价值。②电竞教材编写应注重实践性并及时更新。电子竞技属于操作性很强的学科，所培养的人才亦和产业环节直接对应，因此教材内容应当理论和实践并重，且将操作流程进行分解并详细阐释。《关于推动现代职业教育高质量发展的意见》第 4 项第 11 条要求高校主动吸纳行业龙头企业深度参与教材开发、教学设计、教学实施等，而高等教育出版社的系列教材即是由直尚电竞、腾讯电竞、超竞教育等参与撰写的，整体质量较高，因此建议由理论研究人员和从业人员协作完成电竞教材的撰写。同时，已出版的教材亦应及时进行修订和再版，以符合电竞产业高速发展下知识更新的需要。

五、高校电竞专业的学生实训与校企合作

实践训练是将学生在校期间习得的理论知识转化为职业技能的必经环节，这一环节对于偏重于实践的电竞专业显得尤为重要。"在电竞教育培训中所学到

---

〔1〕　参见上观新闻："人才缺口大，但电竞教育仍需'冷思考'"，载 https://mp.weixin.qq.com/s/TnXq9tupRm0cMvsn6nMB0g，最后访问日期：2022 年 3 月 28 日。

的知识必须要可以运用到实际的俱乐部、赛事运营和管理中，而不是停留在理论知识平面上。"[1]《体育产业发展"十三五"规划》第 5 项第 4 条中规定："鼓励校企合作……开展'体育产业创新创业教育服务平台'建设，帮助企业、高校、金融机构进一步有效对接。"《国务院关于加快发展体育产业促进体育消费的若干意见》第 3 项第 5 条中规定："鼓励多方投入……加强校企合作，多渠道培养复合型体育产业人才"，而这些规定在电竞产业中同样适用。此处的问题在于：

第一，应当树立电竞实训的正确导向，为学生提供更多的实践机会。虽然多数学生在入学之前对电子竞技特别是游戏和赛事有着初步的了解，但对行业内部的具体工作知之甚少，实践训练则是将学生置于工作情境中使其习得相应的从业技能，其中最具真实性的场所即为电竞企业。然而部分企业却只接纳具有从业经验的人员，"与其花费时间成本培养新人，不如直接招聘富有经验的人员"[2]；这种做法尽管能节省人员培养的成本，但为了产业的可持续发展，电竞企业特别是规模较大者应当积极与高校合作，为学生提供更为丰富的实践岗位，持续培养和锻炼行业人才。需要注意的是，作为"岗位需求-人才培养"对接中最具实践价值的环节，学生实训中的具体岗位亦应与其专业方向相对接，如综合性电竞企业应进行内部划分并析出不同类型的岗位，而专门性电竞企业如电竞传媒、赛事运营等则可与对应方向的学生进行"点对点"的实习和指导。

第二，实训基地建设应当坚持校内外并重的原则。在校内实训方面，部分重点院校能够立足既有的学科优势及场所和设备为电竞专业提供独立的实训空间，如上海体育大学利用校内的国际广播级综合演播室、电竞解说直播室、大型赛事虚拟直播系统和电竞赛事现场解说虚拟仿真实验室等开展实训；亦有部分高职院校通过模拟赛事情景等方式开展实训，如北京京北职业技术学院将"举办一场完整大型赛事"纳入培养方案，每年组织两场由学生独立运营的大型校内电竞赛事，等等。在校外实训方面，《关于推动现代职业教育高质量发展的意见》第 4 项第 10 条中规定："推动职业学校在企业设立实习实训基地、企业在职业学校建设培养培训基地。"比如，合肥信息技术职业学院与上海极光网

---

[1] 张轩、巩晓亮主编：《电子竞技新论》，电子工业出版社 2019 年版，第 200 页。

[2] 参见陈均："首届电竞专业学生毕业了，第一批吃螃蟹的他们还好吗？"载 https://www.thepaper.cn/newsDetail_forward_11010111，最后访问日期：2022 年 3 月 28 日。

络科技有限公司、上海芒果互娱网络科技有限公司、大唐辉煌传媒股份有限公司等签订了校外实训基地协议等。此外，"开放式实训基地"的模式可以惠及某一地区开设电竞专业的各个高校，更有助于实训资源的充分利用，如全国工商联"电子竞技人才实训基地"落户上海，浦东新区的钜成集团成为国家级电子竞技人才实训基地企业，能够集中为当地的电竞从业人员和专业学生提供培训、实习场所，[1]等等。同时，表9-2中上海市、成都市和银川市文件都规定了建设电竞实训基地的政策导向，南京市江宁区文件则进一步对建设实训基地的企业或机构给予最高100万元补贴，具有较强的借鉴价值。

第三，电竞专业校企合作应当坚持互利互惠原则。与电竞企业进行合作是学生实践机会的重要来源，比如，上海体育大学与完美世界、腾讯体育、香蕉传媒、企鹅电竞、哔哩哔哩等10多家电竞主流媒体建立了校企合作平台，而湖南体育职业学院则与南京直尚电竞科技有限公司、虎牙直播、广西爱电竞教育发展有限公司建立了合作关系，等等。然而，尽管对于电竞企业而言，"与高校共建电竞方向专业，不失为一种从根源上提升人才输送效率的办法"[2]，以及尽管表9-2中黑龙江省、上海市、上海市静安区和广州市文件都规定了校企合作、校企对接、产学研相结合的政策导向，但校企合作的持续稳定进行仍需坚持互利互惠、合作双赢的基本原则，或者说，如果电竞企业无法从合作中受益，则可能消极对待或者通过其他不合理方式获益[3]。具体而言：①落实校企合作的政策性激励。《关于推动现代职业教育高质量发展的意见》第4项第12条要求各地方对产教融合型企业给予"金融+财政+土地+信用"组合式激励，按规定落实相关税费政策，其中工业和信息化部门要把企业参与校企合作的情况，作为各类示范企业评选的重要参考。教育、人力资源社会保障部门要把校企合作成效作为评价职业学校办学质量的重要内容。鼓励金融机构依法依规为校企合作提供相关信贷和融资支持，等等。这些措施还有待地方政府进一步落实。②实训岗位可以适当向人员紧缺部门倾斜并可以将合作企业列入毕业生就业的

---

〔1〕　参见"全国首个电竞行业人才实训基地落户上海"，载 http://www.cnr.cn/shanghai/tt/20191228/t20191228_ 524916944. shtml，最后访问日期：2022 年 3 月 28 日。

〔2〕　宋德胜、万鸣宇："我在中传学电竞"，载 http://www.geekpark. net/news/246044，最后访问日期：2022 年 3 月 28 日。

〔3〕　如提供的实训设备向学生高额收费。参见"四川电子竞技教育之殇"，载 http://www. scesports. net/scesports/vip_ doc/15587096. html，最后访问日期：2022 年 3 月 28 日。

推荐方向。虽然学生普遍缺乏实践经验，但已经具备了电竞专业的理论知识，能够从事相关岗位的基础工作，从而缓解企业临时且特定的用人需要。同时，实训过程中合作企业能够对学生的基本素质、知识水平有着大致的了解，其中可能存在合作企业需要招募的人才，而校方则可将合作企业列入推荐就业的名单以供毕业生优先考虑。比如，北京京北职业技术学院与完美世界签订了合作框架协议，学生毕业前通过完美世界的选拔和考核之后，可进入完美世界及其推荐的行业头部企业实习与就业。③可以聘请合作企业的工作人员入校进行有偿授课。《关于推动现代职业教育高质量发展的意见》第5项第13条要求落实教师定期到企业实践的规定，支持企业技术骨干到学校从教，推进固定岗与流动岗相结合、校企互聘兼职的教师队伍建设改革，这是较为典型的校企之间人员交流、相互协作的规定，但对于头部电竞企业而言，双方人员的薪酬往往并不对等；为吸引企业人员入校提供高质量课程，可以考虑通过有偿服务的方式协商具体的课时和内容等。

第三节　招聘就业：适配实际就业和招聘的电竞人才培养

一、电竞专业学生的就业意愿和就业状况分析

"产业链-岗位需求-人才培养"相对接是电竞高校教育的核心要素，而企业招聘与学生就业则是衡量这一对接关系能否充分发挥效用的实践标准；其中，企业招聘情况——特别是重点岗位和薪酬待遇等——是电竞产业"岗位需求"的实际体现，而学生的就业意愿与就业状况则不仅能体现高校向产业输送人才的"教育成果"，而且能体现出"企业-学生"双向互动的情形。

在电竞专业学生一方，电竞产业的整体发展态势及岗位和人员的容纳情况能够为其提供报考和求职的基本预期。中国人民大学中国就业研究所发布的《数字文化产业就业报告（2020）》显示，游戏、电竞、直播及相关行业就业总人数约为3000万人，其中全职就业人数约为1145万人，"为当代青年提供了展示兴趣特长、拓宽职业选择、获得补充性收入的重要途径"；[1]艾媒咨询发

---

〔1〕 "腾讯研究院：数字文化就业的9大亮点"，载http://www.199it.com/archives/1155198.html，最后访问日期：2022年3月28日。

布的《2021 年中国电子竞技产业运行监测报告》显示，69.7%的用户对电竞职业的未来前景持"非常乐观"和"比较乐观"的态度[1]，这说明电竞职业得到了越来越多人的认同；而共青团上海市委和上海体育大学发布的《上海青年电竞报告（2020）》显示，在 1 万多名上海青年中有 10%愿意投身电竞产业相关工作，[2]这说明电竞行业的后备就业人员已经较为充分。

在专业学生的就业意愿方面，对四川某高校的调查数据显示，意向工作单位为电竞俱乐部者占 54.2%，赛事执行公司者占 35.4%，电竞游戏运营商者占 29.2%，直播平台者占 27.1%，电竞媒体和数据公司者各占 23%，电竞游戏开发商者占 16.7%；意向工作岗位为战队管理类（领队、教练、分析师等）者占 52.1%，策划执行类（执行、解说、运营、策划等）者占 52.1%，行政事务类（人事、财务、行政等）者占 29.2%，商务推广类（产品、市场、品牌等）者占 27.1%，新闻传媒类（内容、编辑、媒介等）者占 21%。[3]尽管电竞专业的课程开设可以向占比较高的意愿岗位倾斜，也可以根据学生不同的就业意愿安排相应单位进行实训，但可以看出，学生普遍向往赛事第一线的工作，即表 9-1 中竞赛表演产业和直播产业项下特别是赛事公司和俱乐部的相关工作[4]，而场馆地产、信息产业特别是软件产业则鲜有意向，其原因仍然是前述的学历及知识水平和技术能力方面的限制，而这一状况可能会形成"报考—课程—学历—就业"的恶性循环，从而不仅使相应的课程和培养方向失去针对性，而且不利于各产业环节的协调发展。

在专业学生的就业状况方面，尽管 58 同城发布的《2021 年电竞行业人才从业现状及发展研究报告》显示，近六成电竞从业者所学专业与从事职位较为匹配，[5]但学生就业仍然存在"专业对口"的问题：部分电竞专业毕业生的实

---

〔1〕　参见艾媒咨询："2021 年中国电子竞技产业运行监测报告"，载 https://www.iimedia.cn/c400/79212.html，最后访问日期：2022 年 3 月 28 日。

〔2〕　参见塔哥：　"实锤了！　《上海青年电竞报告（2020）》正式发布！"载 https://www.thepaper.cn/newsDetail_ forward_ 8527548，最后访问日期：2022 年 3 月 28 日。

〔3〕　参见潘捷、龚博文、黄子洋："电子竞技运动与管理专业的新生调查与分析——以四川某高校为例"，载《学周刊》2018 年第 8 期，第 183 页。

〔4〕　参见陈均："首届电竞专业学生毕业了，第一批吃螃蟹的他们还好吗？"载 https://www.thepaper.cn/newsDetail_ forward_ 11010111，最后访问日期：2022 年 3 月 28 日。

〔5〕　参见电竞世界："电竞行业发展前景如何？报告：近八成从业者对岗位有信心"，载 https://mp.weixin.qq.com/s/29sCrSZ9ZpGbIpsigEqFpQ，最后访问日期：2022 年 3 月 28 日。

际就业单位并非电竞岗位，以中国传媒大学首届（2021 届）电竞专业毕业生为例，部分学生从事了非电竞类游戏的策划、运营等工作，部分学生从事了互联网工作，即广义的数字文化产业，亦有部分学生考取了公务员职位或进入了事业单位等。[1] 但这是普遍存在于多数专业的现象[2]，而非电竞专业所独有——学生就业的专业匹配度会受到就业市场、地域、薪酬和环境等多重因素的影响，而学历情况也是重要影响因素之一：在目前的电竞从业者中，本科学历者占比63.3%，研究生及以上学历者仅占 3.2%，[3] 使得高学历者成了电竞行业的"稀缺资源"，并使部分用人单位更关注求职者的学历层次而非专业对口[4]。需要提及的是，电竞行业中不同职业岗位的用人需求会明显影响毕业生的就业状况。比如，解说员/主播这一岗位不仅薪酬待遇和工作环境普遍较好，而且高水平人才缺口较大、校企合作项目较为丰富，因此以电竞解说为专业或方向的毕业生就业也相对乐观，部分学生在校期间甚至入学未满一年即已和电竞企业签订了就业协议并参与了官方赛事的解说工作。[5] 就此而言，高校在培养方案的设计上应当对就业状况有所关照，并对缺口较大的职业岗位适当倾斜；但电竞产业发展速度较快，中央及地方政策的出台也较为密集，使得就业形势处于持续不断的变化过程中，而电竞高校教育亦应针对这些变化及时进行调整。

二、电竞用人单位的招聘信息及相关要点分析

在电竞用人单位一方，各类电竞企业通过媒体公开发布的招聘信息，不仅

---

〔1〕 参见陈均："首届电竞专业学生毕业了，第一批吃螃蟹的他们还好吗？"载 https://www.thepaper. cn/newsDetail_ forward_ 11010111，最后访问日期：2022 年 3 月 28 日。

〔2〕 参见刘福元："'探究的场所'抑或'社会的桥梁'——以法学教育的服务对象为线索"，载《中国大学教学》2013 年第 2 期，第 38—39 页。

〔3〕 参见电竞世界："电竞行业发展前景如何？报告：近八成从业者对岗位有信心"，载 https:// mp. weixin. qq. com/s/29sCrSZ9ZpGbIpsigEqFpQ，最后访问日期：2022 年 3 月 28 日。

〔4〕 "部门最后留用的几个都是 985 的研究生，他们当中有些人进来时对游戏几乎没有了解，但最后的结果是，更高的学历和学习能力，使得他们被老板认可。"参见陈均："首届电竞专业学生毕业了，第一批吃螃蟹的他们还好吗？"载 https://www.thepaper.cn/newsDetail_ forward_ 11010111，最后访问日期：2022 年 3 月 28 日。

〔5〕 参见"电竞解说行业观察：蓝海的背面，是层层'荆棘'"，载 http://sports. xinhuanet.com/ c/2020-09/16/c_ 1126501433. htm，最后访问日期：2022 年 3 月 28 日；参见上观新闻："人才缺口大，但电竞教育仍需'冷思考'"，载 https://mp. weixin. qq. com/s/TnXq9tupRm0cMvsn6nMB0g，最后访问日期：2022 年 3 月 28 日。

能反映出其内部空缺的职业岗位，即何种岗位人员较为充足，何种岗位人员缺口较大，而且能提取出其工作地点、应聘条件、薪酬待遇等相关要素。笔者梳理了网竞教育创立的电子竞技人才网[1]2021年6—9月发布的招聘信息，其中包含了23家用人单位提供的64个职业岗位，并就相关要点分析汇总如下：

第一，在招聘主体方面，①电竞俱乐部共15家，占总数的65.2%，说明俱乐部不仅占据了电竞行业的主流位置，而且人员缺口相对较大，这也迎合了前文中多数电竞毕业生的就业意愿。②电竞媒体共3家，占总数的13%，目前第三方专业电竞媒体数量较少，所能提供的职业岗位也相对有限，其原因一方面是部分游戏厂商自身即拥有媒体分部并能更为快捷地发布一手信息，另一方面则是不同电竞媒体之间内容重合度较高且盈利困难。此处发布招聘信息的《电子竞技》杂志是国内唯一一家拥有纸质期刊的电竞媒体，运营时间长久且状态稳定；而"玩加电竞"和"靠谱电竞"则是新兴互联网电竞媒体。③综合性电竞公司共3家，占总数的13%，其中深圳市众乐互娱网络有限公司是包含了内容制作、游戏媒体、营销、电竞等多项业务的游戏公司，邮人体育是新近开设电竞项目的传统体育公司；相较而言，腾竞体育则是主导LPL赛事运营的头部公司，综合影响力较高，应聘条件也较为严苛。④此外，"超竞教育"属于社会性电竞教育培训机构，"《英雄联盟手游》赛事"则是运营商为新发售的竞技游戏招募工作人员。可见，目前电竞行业的招聘主体主要集中在竞赛表演产业和直播产业，其他产业环节虽然有所涉及但尚未占据主导地位。

第二，在招聘岗位方面，①媒体运营/内容制作类型的岗位共26个，占总数的40.6%，包括视频制作、视频剪辑、游戏短视频编导、插画师、新媒体运营、线上微博运营、电竞记者、直播运营、直播内容管理、直播项目导演等具体岗位，并对应表9-1中内容制作和媒体宣传两个职业方向和岗位。在现有课程中，中国传媒大学开设的特效短片创作、数字视频编辑，上海体育大学开设的电竞节目制作，河北软件职业技术学院开设的电子竞技新媒体运营实战等课程与这些岗位具有较为直接的对应关系。②赛事运营/营销经纪类型的岗位共13个，占总数的20.3%，包括策划运营、经纪运营、《王者荣耀》运营专员、俱乐部内容运营专员、销售主管、商务助理、媒介公关经理、电竞客户经理等

---

〔1〕　参见小竞："电竞行业进入下半场 电竞人才怎么招？"载 https://mp.weixin.qq.com/s/m4RjDvx6jT27Mvuz2kxiog，最后访问日期：2022年3月28日。

具体岗位，并对应表 9-1 中俱乐部经理、赛事策划与执行两个岗位。在现有课程中，中国传媒大学开设的赛事策划、赛事管理，四川电影电视学院开设的电子竞技竞赛管理学、电子竞技市场管理学、艺人经纪，上海体育大学开设的电竞赛事运营与管理等课程与这些岗位具有较为直接的对应关系。③俱乐部领队和主持解说类岗位分别为 6 个和 4 个，占总数的 9.4% 和 6.3%，后者包括解说管理、赛事主持人等具体岗位，并对应表 9-1 中赛事解说这一职业方向，而多数高校都开设了有关电竞解说的专业课程。可见，目前电竞行业的人员缺口主要集中在内容、运营、领队等几个层面。问题在于：首先，并没有产品研发方向的招聘岗位，尽管"电竞游戏研发类和运营类的人才"被认为是行业中最为稀缺的人才[1]，尽管其作为游戏具体引擎架构的搭建者，可以进入电子竞技游戏开发公司从事游戏策划、开发、测试与维护等技术类工作，[2]并且在非竞技类游戏公司中，不仅研发投入大幅上涨，游戏程序、游戏策划等岗位的薪资也有了明显增加（2021 年相较 2018 年分别增长 28% 和 29%），[3]但目前电竞行业的就业市场未给予这类方向的毕业生更多的机会。软件产业是电竞产业的核心环节，如果长期不重视这一环节，不仅会使相关人才流入其他领域甚至外流，而且会使电竞行业长期无法掌握竞技游戏的版权且持续受制于国外游戏厂商。其次，对于招聘过程中较为集中的职业岗位，可以在培养方案中适当增加对应课程的课时和学分，并可在授课中深入讲解视频制作、视频剪辑、网络直播等工具软件的操作方法和技巧，并让学生达到熟练应用的程度。最后，上述所涉及的课程中，有一部分（如数字视频编辑、经纪运营等）并非专属于电竞，而是与其他专业存在交叉，甚至是通用性课程在电竞场域的特殊适用，因此其师资配备和教材编写等也可借助相邻专业的既有资源。

第三，在工作地点方面，上述招聘岗位中共有 37 个明确标注了所在城市，其中一线城市 22 个，占总数的 59.5%；省会城市 13 个，占总数的 35.1%；电竞小镇所在地 2 个，占总数的 5.4%。可以看出，电竞招聘岗位基本集中于一线城市和省会城市，属于经济、文化和社会资源相对集中且工作环境和发展前景

---

〔1〕 参见陈均："首届电竞专业学生毕业了，第一批吃螃蟹的他们还好吗？"载 https://www.thepaper. cn/newsDetail_ forward_ 11010111，最后访问日期：2022 年 3 月 28 日。

〔2〕 超竞教育、腾讯电竞主编：《电子竞技职业生涯规划》，高等教育出版社 2019 年版，第 17 页。

〔3〕 参见伽马数据："雇主品牌报告：薪酬不断上浮，企业是否只靠薪酬'抢人'"，载 https://mp. weixin. qq. com/s/MlA-n_ K2Dx7Moc7vukh_ xQ，最后访问日期：2022 年 3 月 28 日。

较为理想之场所，也为多数年轻人所向往，这也和电竞从业者目前的城市分布情况相一致[1]。而位于太仓的电竞小镇尽管只是县级市，但一方面邻近苏州并由其代管，另一方面产业布局较为集中且有地方政府的专项政策扶持，整体运营状况良好。但也可以看出目前主流电竞赛事和头部电竞企业都集中在少数城市甚至个别城市，分布不够均匀，致使电竞毕业生可选择的就业城市偏少，容易因同质人才高度聚集而加剧竞争。从另一个角度说，北京、上海、深圳、西安、成都等招聘岗位较多的城市，其高校开设电竞专业亦具有"天然"的"地缘优势"。

第四，在应聘条件方面，①上述招聘岗位中共有 21 个明确标注了对于应聘者学历的要求，其中要求本科以上者 14 个，占 2/3；要求大专以上者 7 个，占 1/3。由此可以看出，受到新兴产业、发展前景和工作地点等的影响，多数岗位都要求本科以上学历；而目前国内电竞专业尚未开展研究生教育，学历要求并不对专业毕业生构成限制。同时，尽管亦有部分岗位大专学历即可应聘，为高职院校的电竞毕业生提供了就业出口，但较为明显的是，招聘岗位中的本/专科要求和电竞高校教育中的本/专科开设恰成反比，即作为"主力"的高职毕业生所能应聘的岗位反而偏少——这一状况再次对学历教育层次的提升提出了要求。②上述招聘岗位中共有 11 个明确标注了对于应聘者所学专业的要求，占总数的 17.2%。首先，此处的专业要求与招聘岗位对应关系较为直接，如视频策划岗位要求编导、剪辑专业，商务助理要求营销类、经贸管理类专业，等等。其次，并无任何岗位要求电竞专业，这一方面是因为电竞行业与数字文化产业交集较多，另一方面则是因为电竞专业设立较晚，上述招聘信息的时间节点在首届电竞本科生毕业前后，如若不选择邻近专业则可能无人可用；作为弥补，对应聘者电竞知识和技能的要求是通过单独模块提出的。而随着电竞毕业生的增加，这一局面也会逐渐改变。最后，前文所述的电竞解说/主持岗位对专业的限制非常严格，即仅限于播音主持专业，加之其对应聘者电竞水平的要求较高，使得该岗位虽然热门，但只有少数高校中综合素质优良的毕业生方能符合应聘条件。③上述招聘岗位中共有 12 个明确标注了对于应聘者工作经验的要求，占总数的 18.8%。如媒介公关经理岗位要求 2 年以上俱乐部媒介/项目管理经验，

---

〔1〕　参见电竞世界："电竞行业发展前景如何？报告：近八成从业者对岗位有信心"，载 https://mp. weixin. qq. com/s/29sCrSZ9ZpGbIpsigEqFpQ，最后访问日期：2022 年 3 月 28 日。

直播项目导演要求 5 年以上大型电竞直播赛事导演工作经验，而作为头部电竞企业的腾竞体育全部招聘岗位皆要求 3—5 年的工作经验。尽管应届毕业生有过中小企业的工作经历才能进入头部企业符合部分行业的一般规则，但对于需要较多创意的新兴产业，这无疑是阻断了部分新鲜血液的加入，可能导致毕业生和头部企业的双输局面。

第五，在电竞要求方面，上述招聘岗位中共有 41 个明确标注了对于应聘者电竞知识和技能的要求，占总数的 64.1%。由于电竞企业尚且难以直接限制"电竞专业"，那么对邻近专业的应聘者提出"电竞要求"即是折中的解决方案；邻近专业的应聘者必须具备相应的电竞素养才能符合应聘条件，这也对未来的电竞毕业生有利。而不同招聘岗位对于电竞知识和技能的要求也有所不同：①共有 18 个岗位仅要求应聘者掌握基本的电竞知识，占总数的 43.9%，如"热爱电竞并熟悉热门游戏，了解行业最新资讯"，"懂电竞，了解电竞联赛，熟知电竞文化"等，近半数提出要求的岗位对邻近专业的"电竞爱好者"并不构成障碍。②共有 14 个岗位要求应聘者熟悉特定的竞技游戏，占总数的 34.1%，如腾竞体育 LPL 直播内容管理岗位要求"热爱英雄联盟，对英雄联盟赛事文化有深入了解"，EP 电子竞技俱乐部视频制作岗位要求"热爱穿越火线，了解当下热门项目及相关资讯"，等等。此处的职业岗位是专门从事特定竞技游戏的相关工作，因为虽然同属电竞产业，但各个竞技游戏/项目通常由不同游戏厂商掌握版权，其赛事体系和运营模式等互不相同且彼此独立，需要应聘者在电竞"通识"的基础上对于某一个或几个竞技游戏具有更深入的了解和更熟练的掌控。由此可以看出，相当一部分职业岗位和主流竞技游戏息息相关，甚至是围绕俱乐部的各个竞技分部展开的，这要求电竞专业学生不能只掌握电子竞技的宏观理论，而且必须对主流游戏的模式、机制、赛事和动态等有具体详细的了解并实时更新信息。③共有 8 个岗位要求应聘者的游戏水平达到较高等级，占总数的 19.5%，如 SN 电子竞技俱乐部英雄联盟手游经理岗位要求《英雄联盟手游》高端玩家，《英雄联盟手游》赛事解说岗位要求"《英雄联盟手游》段位钻石或钻石以上，《英雄联盟》端游游戏最高段位到过超凡大师"，等等。这类要求常见于解说/主持、数据分析师、教练等岗位，如若应聘者自身游戏水平不足则难以更好地履行岗位职责，比如赛事解说员如果自身参与游戏不足则难以看出选手的操作逻辑和比赛的关键点并给予准确的解释。但由于电竞高校教育并不培养电子竞技员，这类要求往往会成为专业毕业生的障碍，而更有利于参加过职业比赛的退役选手。就此而言，在校内不会直接提供课程和实训的前提下，以电竞解说/主持等为方向的学生应当自行选择并安排某项竞技游戏的练习或训练，以使自身水平能够明显区别于普通爱好者，而高校亦可参照选修课的标准赋予学生一定的学分。

第六，在薪酬待遇方面，上述招聘岗位中共有 15 个明确标注了相应事项，占总数的 23.4%；其中共有 9 个岗位写明了工资数额，地点为上海、深圳、成都和石家庄，除位于成都的销售主管和招生顾问最高薪酬为 5.5 万元和 2 万元外，其余岗位皆在 4000 元至 8000 元之间。尽管根据统计数据，电竞行业整体平均月薪为 11 905 元，其中一线城市为 13 310 元，新一线城市为 10 402 元；[1]近一年电竞行业新发职位的企业平均年薪为 17.52 万元（包括产品经理、后端开发、游戏策划等岗位)[2]；游戏运营月工资为 1 万元至 3 万元、游戏策划月工资为 0.9 万元至 2 万元[3]，但这样的岗位和薪酬很少出现在我们所考察的招聘信息中，而 4000 元至 8000 元的薪酬水平在一线城市并不突出，且明显低于同一地区非竞技类游戏公司[4]，这也使得电竞毕业生流向后者成了较为理性的选择[5]。笔者认为，原因之一在于，有相当一部分招聘岗位可以容纳邻近专业的人员，从而淡化了"电竞专业人才"的稀缺性；对此，高校可以在培养方案中突出强调"电竞"特色并强化其比重，以使毕业生能够选择专业性更强的职业岗位，尽可能避免与邻近专业者的过度竞争。

三、作为高校教育延伸的电竞社会培训

在电竞教育的场域中，社会培训机构虽然占比有限，但也是较为重要的主体之一。体育培训层面，《体育产业发展"十三五"规划》第 4 项第 5 条中规

---

〔1〕　参见电竞世界："电竞行业发展前景如何？报告：近八成从业者对岗位有信心"，载 https://mp. weixin. qq. com/s/29sCrSZ9ZpGbIpsigEqFpQ，最后访问日期：2022 年 3 月 28 日。

〔2〕　参见电竞世界："2020 年电竞企业平均年薪 17.52 万元 新增职位同比增长 41.89"，载 https://mp. weixin. qq. com/s/EZLNO4BJhMhiibOB16wuIQ，最后访问日期：2022 年 3 月 28 日。

〔3〕　参见电子竞技人才网："首批电子竞技本科生毕业 电竞到底缺不缺人？"载 https://mp. weixin. qq. com/s/ahmlHjhs2YEOO6Tfj2FeMg，最后访问日期：2022 年 3 月 28 日。

〔4〕　参见伽马数据："雇主品牌报告：薪酬不断上浮，企业是否只靠薪酬'抢人'"，载 https://mp. weixin. qq. com/s/MlA-n_ K2Dx7Moc7vukh_ xQ，最后访问日期：2022 年 3 月 28 日。

〔5〕　参见陈均："首届电竞专业学生毕业了，第一批吃螃蟹的他们还好吗？"载 https://www. thepaper. cn/newsDetail_ forward_ 11010111，最后访问日期：2022 年 3 月 28 日。

定："大力发展各类运动项目的培训市场，培育一批专业体育培训机构。"在高校教育层面，《关于推动现代职业教育高质量发展的意见》第3项第8条要求健全多元办学格局，鼓励上市公司、行业龙头企业举办职业教育，鼓励各类企业依法参与举办职业教育。在此背景下，表9-2共有8部文件规定了有关电竞社会培训的政策条款，占文件总数的61.5%；预计2024年我国电竞教育市场规模将达到130.6亿元[1]。笔者认为，作为电竞高校教育的延伸，社会培训机构应当从以下几个方面凸显自身特色：

第一，在功能定位方面，电竞社会培训应当专注于"行业培训"而非"教育教学"，从而与电竞高校教育形成鲜明的功能区分。电竞社会培训与电竞高校教育在性质上有着显著的区别：在高校一方，无论是学历教育还是职业教育，其核心都是"教育"，对象为适龄学生，期限相对较长，目的是让学生习得专业知识和技能，为未来的工作奠定基础；而在培训机构一方，其核心是"培训"，对象为电竞从业者或其他行业中意图从事电竞工作的人员，期限相对较短，目的是让学员提升从业技能、熟悉或了解行业的新动向、新规则或新技术，提高工作水平或工作效率。比如，表9-2中北京市、上海市、成都市文件均将社会培训主体定位为企业、行业协会或专业机构，其中北京市文件明确将培训对象限定为"各类电竞从业人群"，上海市、成都市和苏州市文件则进一步限定为"赛事解说、组织运营、转播制作、电竞裁判、经纪管理等各类从业人群"，等等。相反，如若社会培训机构从事"教育"活动或本属于高校的相关工作，则往往难以取得良好的效果，原因之一在于，这类机构在教育领域的准入、课程、师资、考核等方面尚没有完善的国家标准和行业标准，甚至可能因教育质量不过关而使学员不被行业认可。就此而言，从表9-2中可知，佛山市南海区鼓励"教育机构"设立"校外学历教育教学点"显然不够妥当；而即便是学历教育，上海戏剧学院也将电子竞技人才培养项目（电子竞技主持解说和电子竞技舞台设计）放置在了一般高校教育所缺少的"继续教育"环节[2]，从而形成了错位竞争之格局。

---

〔1〕 参见电竞世界："研报：2021年我国电竞教育行业整体发展向好 市场规模稳定增长"，载 https://mp.weixin.qq.com/s/LllGH5Tqrmkf4lLeMoAf5Q，最后访问日期：2022年3月28日。

〔2〕 参见"上海戏剧学院电子竞技人才培养项目招生简章"，载 https://www.sta.edu.cn/_s5/7d/03/c1625a32003/page.psp，最后访问日期：2022年3月28日。

　　第二，在培训对象方面，电竞社会培训应当对从业者进行细分并适当向高层次倾斜。与其他行业相似，电竞从业者也有着职业岗位和层级的划分，培训机构应当以此为依据分别配适不同的师资结构和培训内容，以使学员能够按其所需选择培训课程。需要注意的是：①电竞社会培训的对象仍然不是或主要不是电子竞技员，因为多数规模和业务能力有限的培训机构难以与主流俱乐部、游戏厂商在同一市场内竞争，甚至可能使电竞培训蜕变为"托管服务"[1]。②虽然表9-2中太仓市、杭州市下城区、福建省平潭实验区文件按照签订就业合同进行奖励是值得推荐的做法，但在社会培训机构一方，如若培训对象为适龄学生，则与高校相重合；如若培训对象为电竞从业者，则很少有签订就业合同的情形；只有其他行业中意图从事电竞工作的人员可以重新签订就业合同，但这会使政策奖励的适用空间过于狭窄，可以通过培训学员及所在单位资格/资质的提升或整体效益水平的提升情况来拓宽奖励的范围。③由于高层次管理者对行业影响力较大，甚至可能引领电竞行业发展，其对新理念和新知识的需求也相对迫切，有能力的培训机构可以向高层次人员倾斜。比如，2021年北京大学继续教育部门开设的"电子竞技高级人才研修班"即将培训对象限定为电竞相关企业董事长、总经理和核心管理层，金融、投资类公司总裁，电竞场馆、电竞俱乐部负责人等，其师资结构也以高校教授、博导、电竞协会会长、电竞企业CEO等为主。[2]再如，2021年深圳市福田区人力资源协会主办、深圳市福田区现代人才研究院等协办的"福田区电竞产业企业高级管理人才研修班"亦将培训对象限定为福田区电竞企业人力资源负责人、中高层管理人员，电竞赛事、电竞场馆和电竞俱乐部负责人，电竞金融、电竞投资类负责人等，其师资结构亦以国外高校的教授、博导、国外商业代表、电竞协会会长等为主。[3]

---

　　[1]　参见有饭蛋包饭："巨头之外，电竞业的另一面真实"，载 https://mp. weixin. qq. com/s/YGD1DcAlaNGzmisj2co4lw，最后访问日期：2022年3月28日。

　　[2]　参见 skylark："北京大学将开设电竞高级人才进修班 每人6.8万元"，载 https://ol. 3dmgame. com/esports/13323. html，最后访问日期：2022年3月28日；相应招生网址为 https://peixun. pku. edu. cn/cms/recruit/index. htm? projectId=9a4d734d82bb4d94984660a4cbd11816，最后访问日期：2022年3月28日。

　　[3]　参见电竞世界："深圳福田区电竞产业高级管理人才研修班即将开讲 电竞世界分享产业市场品牌营销实战案例"，载 https://mp. weixin. qq. com/s/p4mqHChUbV4wDuby_ P57uQ，最后访问日期：2022年3月28日。

第三，在培训内容方面，电竞社会培训应当注重灵活性、实用性，并紧跟行业的新发展和新变化。①表9-2中上海市、成都市、苏州市和太仓市文件皆将培训内容限定为"专业技能和行业规范"，凸显了有别于高校教育的在职培训特色。②相较而言，高校教育偏重线下，而社会培训则可以选择包括线上在内的灵活、便利的方式。腾讯电竞发布的《2020全球电竞运动行业发展报告》显示，在线教育不仅有着比学历教育和职业教育更为广泛的教育资源、辐射范围和人才适应性，并且有55.7%的用户更希望从线上获得培训。[1]但在线培训一直存在着师生互动不足、听课状况难以保证等问题，建议通过严格学员考核程序等来改善这些问题。③从实际培训课程来看，上述北京大学研修班共包含12个模块，每个模块16—48课时，其中管理哲学与文化产业、企业战略与商业模式等与电子竞技并无直接关联，而智慧体育与电竞产业、电竞赛事运营与电竞场馆管理等则与电竞产业的部分环节直接对应；深圳市福田区研修班共包含6个模块，每个模块3—6个主题，其中韩国的电竞产业是怎样炼成的、电竞的品牌推广与市场规划等都与电子竞技直接相关，特别是韩国电竞产业存在的问题、竞技游戏和电竞地产的投资案例等，对于行业高层更具实用价值。在这个意义上，弱化基础理论、进一步强化应用性和实操性，并在短时间内集中阐释行业前沿问题，则更能体现电竞社会培训的功能所在。

---

[1] 参见腾讯电竞："《2020全球电竞运动行业发展报告》发布：中国拥有5.3亿人次电竞人口"，载 https://mp.weixin.qq.com/s/u99e Pdk2DDb2kqfYyzvimA，最后访问日期：2022年3月28日。

参考文献

一、中文译著

1. ［美］简·麦戈尼格尔：《游戏改变世界：游戏化如何让现实变得更美好》（经典版），闾佳译，北京联合出版公司2016年版。

2. ［美］布拉德·汉弗莱斯、丹尼斯·霍华德主编：《体育经济学·第一卷》，邓亚萍、张宁、侯海强译，格致出版社、上海人民出版社2012年版。

3. ［美］布拉德·汉弗莱斯、丹尼斯·霍华德主编：《体育经济学·第二卷》，赵长杰译，格致出版社、上海人民出版社2012年版。

4. ［美］丹尼尔·J.布鲁顿：《体育营销：行业专家的观点》，史丹丹译，清华大学出版社2017年版。

5. ［美］珍妮特·V.登哈特、罗伯特·B.登哈特：《新公共服务：服务，而不是掌舵》，丁煌译，中国人民大学出版社2010年版。

6. ［美］戴维·H.罗森布鲁姆、罗伯特·S.克拉夫丘克：《公共行政学：管理、政治和法律的途径》（第五版），张成福等校译，中国人民大学出版社2002年版。

7. ［美］德博拉·斯通：《政策悖论：政治决策中的艺术》（修订版），顾建光译，中国人民大学出版社2006年版。

8. ［美］约翰·罗尔斯：《正义论》，谢延光译，上海译文出版社1991年版。

9. ［美］伯纳德·施瓦茨：《行政法》，徐炳译，群众出版社1986年版。

10. ［美］E.博登海默：《法理学：法律哲学与法律方法》，邓正来译，中国政法大学出版社2004年版。

11. ［美］劳伦斯·M.弗里德曼：《法律制度——从社会科学角度观察》，李琼英、林欣译，中国政法大学出版社2004年版。

12. ［美］帕特里夏·尤伊克、苏珊·S.西尔贝：《法律的公共空间——日常生活中的故事》，陆益龙译，商务印书馆2005年版。

13. ［美］卡尔·N.卢埃林：《普通法传统》，陈绪纲、史大晓、仝宗锦译，中国政法大学出版社2002年版。

14. ［美］本杰明·卡多佐：《司法过程的性质》，苏力译，商务印书馆1998年版。

15. ［美］肯尼斯·卡尔普·戴维斯：《裁量正义：一项初步的研究》，毕洪海译，商务印书馆 2009 年版。

16. ［美］诺内特、塞尔兹尼克：《转变中的法律与社会：迈向回应型法》，张志铭译，中国政法大学出版社 1994 年版。

17. ［美］史蒂芬·布雷耶：《打破恶性循环：政府如何有效规制风险》，宋华琳译，法律出版社 2009 年版。

18. ［英］米歇尔·贝洛夫、蒂姆·克尔、玛丽·德米特里：《体育法》，郭树理译，武汉大学出版社 2008 年版。

19. ［英］克里斯托弗·胡德等：《监管政府：节俭、优质与廉政体制设置》，陈伟译，生活·读书·新知三联书店 2009 年版。

20. ［英］弗里德利希·冯·哈耶克：《法律、立法与自由》（第一卷），邓正来、张守东、李静冰译，中国大百科全书出版社 2000 年版。

21. ［英］简·埃里克·莱恩：《公共部门：概念、模型与途径》（第三版），谭功荣等译，经济科学出版社 2004 年版。

22. ［丹麦］乌尔里克·瓦格纳、拉斯穆斯·K. 斯托姆、［英］克劳斯·尼尔森：《当体育遇上商业：体育赛事管理及营销》，胡晓红、张悦译，中国友谊出版公司 2018 年版。

23. ［意］皮罗·克拉玛德雷：《程序与民主》，翟小波、刘刚译，高等教育出版社 2005 年版。

二、中文原著

1. 超竞教育、腾讯电竞主编：《电子竞技运动概论》，高等教育出版社 2019 年版。

2. 超竞教育、腾讯电竞主编：《电子竞技产业概论》，高等教育出版社 2019 年版。

3. 超竞教育、腾讯电竞主编：《电子竞技用户分析》，高等教育出版社 2019 年版。

4. 超竞教育、腾讯电竞主编：《电子竞技职业生涯规划》，高等教育出版社 2019 年版。

5. 直尚电竞主编：《电子竞技导论》，高等教育出版社 2018 年版。

6. 直尚电竞主编：《电子竞技文化》，高等教育出版社 2018 年版。

7. 直尚电竞主编：《电子竞技产业生态》，高等教育出版社 2018 年版。

8. 直尚电竞主编：《电子竞技赛事管理》，高等教育出版社 2019 年版。

9. 张轩、张大鹏主编：《电子竞技史》，电子工业出版社 2019 年版。

10. 张轩、巩晓亮主编：《电子竞技新论》，电子工业出版社 2019 年版。

11. 孙博文主编：《电子竞技赛事与运营》，清华大学出版社 2019 年版。

12. 夏清华主编：《电子竞技商业模式》，武汉大学出版社 2019 年版。

13. 蔡湫雨：《电竞经济：泛娱乐浪潮下的市场风口》，人民邮电出版社 2018 年版。

14. 王萌、路江涌、李晓峰：《电竞生态：电子游戏产业的演化逻辑》，机械工业出版社 2018

年版。

15. 戴焱淼：《电竞简史：从游戏到体育》，上海人民出版社 2019 年版。

16. 周爱光主编：《体育法学概论》，高等教育出版社 2015 年版。

17. 董小龙、郭春玲主编：《体育法学》（第三版），法律出版社 2018 年版。

18. 王建中、汪克新主编：《体育法学》，北京师范大学出版社 2015 年版。

19. 韩勇：《体育与法律——体育纠纷案例评析（二）》，人民体育出版社 2017 年版。

20. 焦洪昌主编：《体育纠纷指导案例选编》，北京大学出版社 2019 年版。

21. 肖永平主编：《体育争端解决模式研究》，高等教育出版社 2015 年版。

22. 丛湖平、郑芳主编：《体育经济学》（第二版），高等教育出版社 2015 年版。

23. 张瑞林、王会宗主编：《体育经济学概论》，高等教育出版社 2016 年版。

24. 郑芳、杨升平主编：《体育产业经济学》，高等教育出版社 2017 年版。

25. 张贵敏主编：《体育市场营销学》（第二版），复旦大学出版社 2015 年版。

26. 李伟：《垄断与创新——当代职业体育的新经济学分析》，首都经济贸易大学出版社 2017 年版。

27. 郑志强：《职业体育的组织形态与制度安排》，中国财政经济出版社 2009 年版。

28. 王勇：《体育俱乐部经营管理实践》，中国经济出版社 2015 年版。

29. 苏力：《送法下乡：中国基层司法制度研究》，中国政法大学出版社 2000 年版。

30. 苏力：《道路通向城市：转型中国的法治》，法律出版社 2004 年版。

31. 季卫东：《法治秩序的建构》，中国政法大学出版社 1999 年版。

32. 任喜荣：《伦理刑法及其终结》，吉林人民出版社 2005 年版。

33. 余凌云主编：《全球时代下的行政契约》，清华大学出版社 2010 年版。

34. 万俊人主编：《现代公共管理伦理导论》，人民出版社 2005 年版。

三、中文论文

1. 杨越："新时代电子竞技和电子竞技产业研究"，载《体育科学》2018 年第 4 期。

2. 易剑东："中国电子竞技十大问题辨识"，载《体育学研究》2018 年第 4 期。

3. 高源、赵容娴、杜梅："我国电子竞技产业发展研究"，载《哈尔滨体育学院学报》2015 年第 6 期。

4. 游继之、布特："我国电子竞技产业链发展现状及前景研究"，载《吉林体育学院学报》2018 年第 3 期。

5. 吕树庭："中国电子竞技的发展需要高等教育科学研究与人才培养双向介入——暨广州体育学院电竞专业（方向）建设的初步探索"，载《广州体育学院学报》2019 年第 3 期。

6. 谭青山、孙娟、孔庆波："我国电子竞技赛事发展研究"，载《体育文化导刊》2018 年第 12 期。

7. 张鑫、金青梅："我国电子竞技职业化路径分析"，载《体育文化导刊》2016 年第 7 期。

8. 朱东普、黄亚玲："我国职业电子竞技俱乐部发展探析"，载《体育文化导刊》2016 年第 10 期。

9. 崔丙刚："论信息时代下电子竞技与体育运动的关系"，载《体育科技文献通报》2016 年第 12 期。

10. 李兰忠："试论电子竞技与动商的培养"，载《南京理工大学学报（社会科学版）》2019 年第 6 期。

11. 林竞、谢方正："基于 SWOT 理论的我国电子竞技产业化分析"，载《赣南师范大学学报》2018 年第 6 期。

12. 庞玉兰、辜民富："从《英雄联盟》探究电子竞技产业在我国的发展"，载《运动》2018 年第 17 期。

13. 郭超然："我国电子竞技行业发展与政策"，载《中外企业家》2017 年第 31 期。

14. 何威、曹书乐："从'电子海洛因'到'中国创造'：《人民日报》游戏报道（1981—2017）的话语变迁"，载《国际新闻界》2018 年第 5 期。

15. 张璇、刘媛媛："传播学理论视域下的移动电子竞技研究——以《王者荣耀》为个案研究"，载《传媒观察》2018 年第 8 期。

16. 蔡润芳："中国电子竞技行业政策的'合法化'分析——新制度主义视角"，载《东南传播》2018 年第 1 期。

17. 王永健、王玲琳："太仓市天镜湖电子竞技小镇评价指标体系理论研究"，载《江苏科技信息》2017 年第 31 期。

18. 潘捷、龚博文、黄子洋："电子竞技运动与管理专业的新生调查与分析——以四川某高校为例"，载《学周刊》2018 年第 8 期。

19. 姜熙："比较法视角下的我国《体育法》修改研究——基于 30 国体育法的文本分析"，载《体育科学》2019 年第 7 期。

20. 肖永平、陈星儒："我国《体育法》中政府职责与体育权利的错位与调适"，载《广西大学学报（哲学社会科学版）》2018 年第 4 期。

21. 徐伟："体育犯罪刑法边界：标准构建与实践策略"，载《上海体育学院学报》2017 年第 5 期。

22. 陈艳、王霁霞："德国操纵体育比赛刑法规制研究"，载《西安体育学院学报》2020 年第 6 期。

23. 张于杰圣："法学视阈下对操纵比赛的认定——从职业足球切入"，载《吉林体育学院学报》2020 年第 4 期。

24. 张永韬、刘波："体育产业政府引导资金：概念、特征与效应"，载《体育与科学》2019 年第 2 期。

25. 张永韬、刘波："我国体育产业政府引导资金健康发展对策研究"，载《体育文化导刊》2019 年第 6 期。

26. 成会君："体育产业发展引导资金的功能定位、引导机理及运行机制"，载《天津体育学院学报》2016 年第 1 期。

27. 成会君、徐阳："我国体育产业发展引导资金的管理现状、问题及对策"，载《沈阳体育学院学报》2015 年第 1 期。

28. 刘远祥、孙冰川："政府体育产业发展引导资金运行现状分析"，载《南京体育学院学报（社会科学版）》2017 年第 6 期。

29. 张文健、靳厚忠："我国职业体育组织的发展模式创新"，载《天津体育学院学报》2019 年第 2 期。

30. 周文英、陈昌："体育与城市的互动关系及其融合研究"，载《广州体育学院学报》2018 年第 4 期。

31. 魏荣："职业体育联盟效益维护与发展的因素分析"，载《西安体育学院学报》2018 年第 6 期。

32. 郭振、刘波、徐龙："价值、原则和美德：公平视域下的竞技体育审视"，载《北京体育大学学报》2016 年第 9 期。

33. 张琪："体育裁判辅助技术的伦理风险与消解路径——基于图像技术现象学的考察"，载《成都体育学院学报》2022 年第 3 期。

34. 魏晖、冯俊翔、李柏："刍议竞技体育中的争议判罚"，载《湖北体育科技》2019 年第 4 期。

35. 李剑："'场域-惯习'视角下我国职业赛事裁判员责任伦理研究"，载《福建体育科技》2021 年第 1 期。

36. 万晓红、周榕、李雪贝："社会化媒体语境下体育赛事争议的对话性传播路径探讨——以平昌冬奥会女子 3000 米短道速滑判罚事件为例"，载《成都体育学院学报》2019 年第 2 期。

37. 吴春："'互联网+'背景下深化'放管服'改革的路径探析"，载《中共济南市委党校学报》2018 年第 6 期。

38. 中国行政管理学会课题组："深化'放管服'改革 建设人民满意的服务型政府"，载《中国行政管理》2019 年第 3 期。

39. 沈荣华、黄新浩："高质量发展背景下'放管服'改革的思路探索"，载《福建行政学院学报》2019 年第 2 期。

40. 曾飞凡："'放管服'改革进程中创新监管方式的研究——以福建省为例"，载《发展研究》2019 年第 6 期。

41. 羊许益："论地方政府'放管服'改革的推进路径"，载《社科纵横》2019 年第 12 期。

步履蹒跚，"无"重前行（代后记）

一

任何精心设计的游戏，都是在邀请你克服不必要的障碍。……他们希望探索、学习和改进，自愿从事不必要的艰苦工作，真诚地看重自己努力得来的结果。

如果游戏的目标真正具有吸引力、反馈又足以激励人心，我们会在相当长的时间里发挥创造力、满怀热情、真心实意地不断挑战游戏设置的重重障碍。

——简·麦戈尼格尔[1]

三年以前，在经受着第五部专著出版的"重重磨难"之时，我从未想过有朝一日还能像现在这样写作第六部专著的后记。

2018 年底，当有关城管执法的系列研究完成后，摆在眼前的问题就是寻找下一个研究对象。尽管我在行政执法领域已经"摸爬滚打"了十余年，并且在行政自制、行政参与、非强制行政等多个视角积累了较为丰富的研究成果，以及尽管在此基础上继续深入拓展是最具连贯性也最富效益的做法，但也明显感觉到，做了"一辈子"执法领域，已然有些"审美疲劳"；加之我的选题并无太多功利性考虑，不如索性换一个更贴合自身兴趣爱好或者说更"生活化"的方向。环顾四周，作为沉迷游戏三十年的"超·骨灰级"玩家，游戏早已成为我人生中不可剥离的一部分，或者说像阳光、空气、水一样必不可少。既然如此，不如为游戏做点事。而在"游戏"这一宏观概念下，我日常接触最多的"单机游戏"除知识产权外再无可研究的"点"，而知识产权非我所长；"网络游戏"问题虽多但研究成果早已汗牛充栋；只有"电子竞技"，无论是内含的

---

[1] [美] 简·麦戈尼格尔：《游戏改变世界：游戏化如何让现实变得更美好》（经典版），闾佳译，北京联合出版公司 2016 年版，第 27 页。

问题"点"还是研究空间，都非常适合作为一个长期的方向。于是，2020年1月27日，在通读了49部相关专著、大约800篇近五年的论文和报道，梳理了大约150件政策法规之后，即刻开启了对于电子竞技的系统性研究。特别幸运的是，这一主题得到了国家社科、辽宁省教育厅、辽宁省社科联的立项支持，不仅为我的研究工作提供了坚实的平台，而且代表着国家层面对这一选题的认可。

尽管无论是"电子竞技"，还是"产业政策"，对我来说都是"全新的挑战"，但研究方法和研究工具都是相通的，整体进展也较为顺利：2020年完成了电子竞技的"概念界定""政策梳理""主体构设""产业分层"四部分，2021年完成了"空间布局""假赛惩处""选手权益"三部分，2022年1月完成了"高校教育"部分，3月和4月用来组成书稿并精校三遍，又于9月21日补充完成了"执裁公正"部分，合计9个章节。虽然电竞领域至少还包括俱乐部运营、赛事规则、电竞直播等重要问题，但考虑到结项时间、论著篇幅等程序性事宜，相关研究暂时告一段落，未完成的部分则考虑更换视角和切入点再做进一步研究。

然而，未曾预料的是，相关论文的投稿过程极度不顺利。首先遇到的就是学科类别问题，虽然我在研究中使用的是法学和公共政策的研究方法，但绝大多数法学、政治学和管理学类期刊不是径行退稿就是告知"转投专业性期刊"。其次，体育类期刊有半数或接近半数认为电竞不属于体育，所以不予收稿。最后，能够接收电竞论文的体育类期刊中，亦有编辑老师直言电子竞技和《超级玛丽》特别是可以两人双打的《魂斗罗》是一回事，而发行这两款游戏的日本是世界第一电竞大国……这也让我逐渐意识到，拥有4.87亿国内用户规模的电子竞技，在学术领域其实是一个非常小众的话题，以至于我的"日记本"中持续记录着这样的话语："电竞论文究竟有多难发呢？这一年下来，即便是投普刊，退稿率也在95%以上，远远高于我以前研究的五个主题。""这一年半的心路历程是这样的：我要发顶级→算了，C刊就行→扩展也行→北核也将就了→怎么普刊也发不出去呢？→难道只能在我自己的公众号里发吗?!""明明现在做的电竞比我以往任何一个课题都更具开创性，只要发出来就是国内第一篇，怎奈就是发不出去……"所以，在酣畅淋漓地体验过"和游戏相比，现实破碎了"[1]

---

〔1〕［美］简·麦戈尼格尔：《游戏改变世界：游戏化如何让现实变得更美好》（经典版），闾佳译，北京联合出版公司2016年版，第3页。

之后，需要特别感谢的即是《上海体育学院学报》《武汉体育学院学报》《河北体育学院学报》等编辑部让我的研究成果能够以论文的形式得以公开，同样感谢人大复印报刊资料《体育》对个别论文给予的肯定。虽然步履蹒跚，终归有所收获。

二

最能让时间流逝或旅程缩短的莫过于一种能让人整个身心都沉浸其中的思考了，表面看上去，这种样子就像在睡梦中一样。由于这种影响，时间不再有准则，空间不再有距离，我们离开一个地方，到达另一个地方——就是这样罢了。

——大仲马[1]

2021年7月，在经历了11年的漫长等待，经历了"绝望—希望—再绝望—再希望"的反复拉扯，终于解决了带给我无尽困扰的职称问题。也正是有关电子竞技的一项成果为我补上了门槛条件的最后一块拼图。虽然我的绝大多数科研工作都不是专门/定向/纯粹地为了职称评审准备的，但我更渴望的是能够得到外界的认可或肯定性的评价，更希望在科研方面所做的工作并非毫无意义。当然，由于自身的能力、兴趣和身体状况等诸多限制，职称评审前后，我的科研工作不会发生实质性变化，也不会像同事和好友建议的那样将工作重心转移到其他领域；如果说还有什么区别，即是能将学术科研中的"随心所欲"再向前推进一步。

学生时代的我曾经一度痴迷于西方自由主义/个人主义经济政治理论，并且通读了从古典到当代的几乎全部经典著作，但直到遇见以赛亚·伯林（Isaiah Berlin）的"两种自由概念"[2]，才知道自己根本搞错了什么是自由——我所认同乃至追求的，其实只是"消极自由"或者说"不受打扰的自由"，而多数政治自由主义的主张不仅需要繁复的"人工操作"，而且可能侵害或损毁消极自由。特别幸运的是，参加工作至今，从教研室到学院再到学校都"宽容"甚

---

〔1〕 ［法］大仲马：《三个火枪手》，唐克胜等译，北京燕山出版社1995年版，第241页。

〔2〕 参见 ［英］以赛亚·伯林：《自由论》，胡传胜译，译林出版社2003年版。

至"纵容"了这种自由——明明是行政法学教师，却持续进行了三年多的电子竞技研究；明明身在法学院，却集齐了法学类、管理类、政治类、教育类和体育类 C 刊。可以说，现在的科研工作，已经进入了更为理想的环境，既没有职称评审的煎熬，也没有"命题作文"的牵引，可以更加充分地把我想要从事的课题和计划付诸实现，或者，已经接近了"消极自由"的最优形态。虽然"某些时刻，好像整个人生分出岔路，铺展在你眼前，即使你勇敢地选择一条路，你的眼睛还是会一直望着另一条路，想确定是否选错了"〔1〕，但于我而言，这样的重大抉择并不多见；虽然时至今日，科研工作实质上已经成了"不必要的艰苦工作"，但毕竟"游戏是让我们集中精力的大好机会，在游戏中，我们积极乐观地做着一件自己擅长并享受的事情"〔2〕，无从选择也无从放弃，所以我仍会在既定的轨道上，"无"重前行。

三

接着我开始检查腕骨，手腕关节上的小骨头非常像你可以在小溪河床或自家花园挖掘出的小石头。要区别左手右手的骨头不是件容易的事，这时，那具解剖学用骷髅就很派上用场了。我把它移近一些，把它满是骨头的手放到台子边，开始比对。我用相同程序比对末梢和基部的指骨，或手指的骨头。

——帕特丽夏·康薇尔〔3〕

再过五个多月，就是"正式搬家到大连"十周年纪念日了。虽然气候条件是大连无可替代的绝对优势，但自 2015 年 9 月开始，我的健康状况就呈现出没有最糟只有更糟的"华丽"情景：重度肾结石/手术→慢性阑尾炎→高尿酸血症→痔疮/手术→慢性咽炎→肺部多发性结节→右臂二头肌长头腱断裂/手术→肺炎（非新冠）→左脚踝韧带断裂→……七年前第一次住院让我倍感荒唐，如今早已习以为常；五年前某师姐一句"身残志坚"让我瞬间破防，如今已然习

---

〔1〕 ［美］朱迪·皮考特：《姐姐的守护者》，林淑娟译，南海出版公司 2008 年版，第 17 页。

〔2〕 ［美］简·麦戈尼格尔：《游戏改变世界：游戏化如何让现实变得更美好》（经典版），闾佳译，北京联合出版公司 2016 年版，第 29 页。

〔3〕 ［美］帕特丽夏·康薇尔：《首席女法医 残骸线索》，蓝目路译，南海出版公司 2009 年版，第76—77 页。

惯成自然；三年前还觉得频繁往返医院过于耗费时间，如今则刚刚创下了一年之内只有三个月"没"跑医院的光辉纪录。长此以往，比较常去的大医二院，几乎可以闭着眼睛摸到各个诊室的所在位置；而更常往返和"居住"的新华医院，已然体验过了地下一层和地上一层的所有医疗设备，或者说至少有两层已经彻底通关了；可惜作为"百年优质客户"，心心念念的"新华医院Vip紫金卡"仍然不予办理。于是，我按照累计消费数额对自己近十年的线下消费场所进行了排序，结果如下：

1. 大连大学附属新华医院
2. 大连医科大学附属第二医院
3. 东北财经大学中心食堂
4. 高济益春堂大药房
5. 东财梁苑美食城及好乐捷超市

……

有趣的是，随着身体上的种种状况，我的心理状况也在逐渐发生变化：

Ⅰ. 当我们觉得一团看不见的、但是浓密而沉重的迷雾进入胸膛，把那里的一切都紧紧地裹起来，向中间挤压的时候，该把这种感觉称作什么呢？懊丧？压抑？在这种时刻，我们只感觉到这团迷雾的收缩、凝聚，一时间甚至闹不清楚，究竟是什么压得我们透不过气来。[1]

Ⅱ. 一种处境一旦无法回避，它必须被接受，不要再去与之对抗和浪费精力。[2]

Ⅲ. 人生是一串由无数的小烦恼穿成的念珠，达观的人是一面笑一面数念珠的。[3]

在这三个阶段中，我已经平安告别了第Ⅰ阶段，稳步进入了第Ⅱ阶段，至于第Ⅲ阶段，我很向往，但还做不到。或者说，现在的我，已经学会心平气和地面对最糟糕的结果，但还难以"胸怀坦荡"地"和伤病做朋友"。我的"日记本"中也间歇性地记录着这样的话语："40岁之前，做过3次肠镜+1次灌肠+1次胃镜+1次输尿管镜，黑石礁方圆200里，有能超过我这纪录的吗？""三个月

---

〔1〕[苏联]亚·伊·索尔仁尼琴：《癌症楼》，姜明河译，漓江出版社1991年版，第209页。
〔2〕[南非]纳丁·戈迪默：《无人伴随我》，金明译，译林出版社2006年版，第221页。
〔3〕[法]大仲马：《三个火枪手》，唐克胜等译，北京燕山出版社1995年版，第450—451页。

做了四次核磁就离谱，要不我众筹一台核磁机器搁家放着？""术后两个月，距离康复已不再是十万八千里，而是 107 999 里。""今早起床久违地伸了个懒腰，然后一阵疼痛袭来，然后发现右臂还是抬不高。所以别问什么是幸福，能正常伸懒腰就是幸福。"虽然我时常会想，如果没有这些没完没了的状况，科研工作的上限是不是还能再高一点？然而"如果"终究只能是"如果"。虽然"无"重前行，仍旧步履蹒跚。

四

只有一种感情既能满足人与世界成为一体的需要，同时又不使个人失去他的完整和独立意识，这就是爱。爱是在保持自我的分离性和完整性的情况下，与自身以外的某个人或某个物的结合。

——埃利希·弗洛姆[1]

这本书的出版首先得益于东北财经大学出版基金和法学院学科建设基金的支持——学校和学院的资助使得本书的问世成为可能。感谢东北财经大学法学院邹世允院长，您对科研工作持续不断的支持和鼓励为我们提供了充分的动力和保障，也正是您的无私奉献让学院成了我们工作和生活中的温馨港湾！感谢王彦院长，正是您的鼎力相助才让我能够进入并顺利通过职称评审程序，您的恩情我会铭记在心！感谢石鲁夫副院长，您在教书育人方面付出的辛劳和汗水深深感染着我，您在教学各方面给予我的关照和帮助也一直让我心怀感激！上任伊始便成绩斐然的褚霞副院长和王博副院长，我会全力支持两位新领导的工作！感谢王洪微主任能够始终耐心且细心地指导我应对各种"程序性正当程序"，帮助并督促我不断地"积极要求上进"！感谢范春阳主任在科研、学科、研究生教学等诸多领域为我付出的辛苦劳动，虽然已不再具有"专属"性质，但在未来的工作中还请多多包容！宋学刚主任、安晓燕处长、李义书记，虽然已不在之远楼一楼办公，但我们的联系不会因此变得稀疏，并祝你们在新的岗位上蒸蒸日上！感谢即将回归的孙彦慧书记和刘鹏飞书记，感谢李莎莎老师、

---

[1] [美] 埃利希·弗洛姆：《健全的社会》，欧阳谦译，中国文联出版公司 1988 年版，第 29—30 页。

冯莉老师、王松老师，你们在教学、科研和生活中给予了我太多帮助！感谢导师王世涛教授和同在海事大学的陈国栋教授，你们的学术品格和敬业精神让我深深敬仰！最后需要感谢我的父母，感谢你们在医院内外陪伴了我无数个日日夜夜，有你们在身边就是最大的幸福！

自本科毕业论文开始，我的研究内容就不在传统/正统的行政法学范畴内，而自 2019 年之后距离这个范畴是越来越远了。按照目前的规划，我会继续选择社会影响较为广泛、学界关注尚不充分，并且在我研究能力之内的主题。如果距离"范畴"较近，我会尽力细化具体内容；如果距离"范畴"较远，我会做出新的探索和尝试——虽然风险很高，但会让我受益良多。"老实说，在我的……研究成果发表的时候，我没有丝毫得意的感觉。现在看来，那恐怕是骄傲心理吧？……那是第一次意识到自己的价值：把我同世人分开、区别开的东西，至关重要；除我而外，任何人没有讲也讲不出来的东西，正是我要讲的。"〔1〕虽然我还远远达不到这种境界，但追求这种境界本身，即是或痛苦或欣慰的充实旅程。

刘福元

2022 年 10 月 4 日

于杭州街 26A

---

〔1〕 ［法］纪德：《纪德小说选》，李玉民译，人民文学出版社 2006 年版，第 55 页。